U0368513

政府

公共关系教程

（第2版）

张岩松　张言刚／主　编

清华大学出版社
北京

内 容 简 介

本书首先对政府公共关系的内涵、特征、原则、职能、要素、程序等方面进行了系统的阐述,在此基础上,对国家形象、城市形象、政府领导形象和公务员形象塑造以及政府危机管理,特别是政府网络危机管理等政府公共关系的全新领域从理论和实践上进行了深入的探讨,从而形成了独特的政府公共关系理论和实务体系。为了增强本书的实践性和指导性,每章后面还辅以鲜活的政府公共关系典型案例、新颖的实训项目和丰富实用的课后练习题。

本书可作为应用型本科院校、职业教育本科院校、高职高专院校、成人院校、各级党校、行政学院的社会主义学院公共事业管理、行政管理、传播学、公共关系学等专业的教材,也可作为各级党政领导和广大公务员提高政府公共关系理论水平和实务操作能力的优秀读物。

本书封面贴有清华大学出版社防伪标签,无标签者不得销售。

版权所有,侵权必究。举报:010-62782989,beiqinquan@tup.tsinghua.edu.cn。

图书在版编目(CIP)数据

政府公共关系教程/张岩松,张言刚主编. —2版. —北京:清华大学出版社,2022.9(2024.2重印)
ISBN 978-7-302-61612-2

Ⅰ. ①政… Ⅱ. ①张… ②张… Ⅲ. ①国家行政机关－公共关系学－教材 Ⅳ. ①D035.1

中国版本图书馆 CIP 数据核字(2022)第 140702 号

责任编辑:张龙卿
封面设计:徐日强
责任校对:袁 芳
责任印制:曹婉颖

出版发行:清华大学出版社
   网 址:https://www.tup.com.cn,https://www.wqxuetang.com
   地 址:北京清华大学学研大厦 A 座   邮 编:100084
   社 总 机:010-83470000   邮 购:010-62786544
   投稿与读者服务:010-62776969,c-service@tup.tsinghua.edu.cn
   质量反馈:010-62772015,zhiliang@tup.tsinghua.edu.cn
印 装 者:三河市铭诚印务有限公司
经 销:全国新华书店
开 本:185mm×260mm   印 张:18.75   字 数:429 千字
版 次:2015 年 9 月第 1 版 2022 年 9 月第 2 版 印 次:2024 年 2 月第 3 次印刷
定 价:59.00 元

产品编号:095124-01

第2版前言

FOREWORD

政府是国家行政管理的主体,承担着协调、管理社会各方面事务的重要职责。

当今的中国,社会的发展日新月异,社会生活日趋复杂,这对政府的行政管理工作提出了更高的要求。传统社会中那种简单、粗放的管理模式显然已无法适应现代社会的要求。在这一背景下,政府要成功地履行自己的管理职能,就必须讲究管理艺术,注重管理手段、方法上的改进与创新,以适应管理内容的变化。现代科技的进步又为政府提高其管理水平奠定了物质技术基础。于是,政府公共关系应运而生了。在政府工作中,充分运用公共关系艺术,提高政府管理的整体成效,是一条已经得到实践证实的普遍经验。甚至可以认为,政府运用公共关系艺术的水准本身就是其管理水平高低的一个标志。管理水平直接决定着管理成效,管理成效又是政府建立并维持其合法性的重要基础。因此,任何现代政府如果在管理上故步自封,缺乏进取与革新的行动,都无异于自掘坟墓。

新形势下,各级政府及公务员需要科学地运用政府公共关系理论,直面公众,加强沟通,正视媒体,挑战危机,展示自我,塑造全新的良好形象。鉴于此,我们编写了《政府公共关系教程》一书。该书自2015年第一版出版以来,先后十余次印刷,受到兄弟院校和广大读者的欢迎。现在在此基础上进行了全面修订,补充了最新的内容,使本书特色更加鲜明,更富有理论性、操作性、指导性和可读性。

本书由张岩松、张言刚担任主编,刘嫣茹担任副主编。张岩松编写第一章;张言刚编写第二章至第六章,刘嫣茹编写第七章和第八章并制作本书PPT课件等教学资源。全书由张言刚统稿。

在本书写作的过程中,编者注重紧密联系中国实际,有针对性地研究和解决政府公共关系实践中的一系列问题,力求使本书兼具理论和应用价值。同时,尽可能广泛地借鉴和吸收国内外有关政府公共关系理论研究的最新成果,参考了大量文献,在此向各位作者表示衷心的感谢。

因受条件及编者水平所限,书中不足之处在所难免,敬请大家指正。

编　者
2022年3月

第1版前言
FOREWORD

政府是国家行政管理的主体,承担着协调、管理社会各方面事务的重要职责。当今的中国,社会的发展日新月异,社会生活日趋复杂,这对政府的行政管理工作提出了更高的要求。传统社会中那种简单、粗放的管理模式显然已无法适应现代社会的要求。在这一背景下,政府要成功地履行自己的管理职能,就必须讲究管理艺术,注重管理手段、方法上的改进与创新,以适应管理内容的变化。现代科技的进步又为政府提高其管理水平准备了物质技术基础。于是,政府公共关系应运而生了。

党的"十八大"报告指出:要更加注重改进党的领导方式和执政方式,保证党领导人民有效治理国家,加快形成党委领导、政府负责、社会协同、公众参与、法治保障的社会管理体制,加快形成源头治理、动态管理、应急处置相结合的社会管理机制。这标志着政府公共关系将大有用武之地,政府公共关系适逢难得的发展机遇,政府公共关系的时代到来了!

在政府工作中,充分运用公共关系艺术,提高政府管理的整体成效,是一条已经得到实践证实的普遍经验。甚或可以认为,政府运用公共关系艺术的水准本身就是其管理水平高低的一个标志。管理水平直接决定着管理成效,管理成效又是政府建立并维持其合法性的基础。因此,任何现代政府如果在管理上故步自封,缺乏进取与革新的行动,都无异于自掘坟墓。新形势下,各级政府及公务员需要科学地运用政府公共关系理论,直面公众,加强沟通,正视媒体,挑战危机,展示自我,塑造全新的良好形象。

蓬勃开展的政府公共关系实践需要理论的指导。站在理论的高度,系统地分析和总结我国政府公共关系事业所积累的经验,科学地探讨与回答政府公关实践中的规律和问题,建立并发展有中国特色的社会主义政府公共关系理论体系,从而为实践的发展提供理论指导,这已成为摆在公共关系理论工作者面前的重大而紧迫的课题。有鉴于此,我们编写了《政府公共关系教程》一书。

本书首先对政府公共关系的内涵、特征、原则、职能、要素、程序等方面进行了系统阐述,在此基础上,还重点对政府形象塑造、政府危机处理和政府网络公关等政府公共关系的全新领域从理论和实践方面进行了深入的探索,从而形成了富有创新意识的政府公共关系理论体系。为了增强本书的实践性,每章后还辅以最新的典型政府公共关系案例。

在本书写作的过程中,笔者注重紧密联系中国实际,有针对性地研究和解决政府公共关系实践中的一系列问题,力求使本书兼具理论和应用价值。同时,尽可能广泛地借鉴和吸收国内外有关政府公共关系理论研究的最新成果。

　　本书由张岩松、张言刚担任主编，王允、蔡颖颖担任副主编。张岩松编写第1～3章，张言刚编写第6～9章，王允编写第5章，蔡颖颖编写第4章。张国桐、王芳、刘思坚、蔡颖颖、王琳、高琳、潘丽、李健、刘桂华、王艳洁、陈百君、张昀、乌玉洁、穆秀英、赵静、张铭、刘嫣茹、宋英波也为本书资料整理做了很多工作。本书由张言刚统稿。

　　尽管笔者为完成本书付出了艰辛的劳动，倾注了大量的心血，但限于学识水平，不妥之处恐难避免，殷望大家教正。

编　者

2015年5月

目　录
CONTENTS

第一章

政府公共关系导论

政府的目标和活动的多样化比起公共关系实践的其他任何领域来说都要丰富得多。

——[美]斯科特·卡特里普

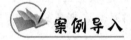 **案例导入**

"平安北京"着力政务微博建设警民公共关系

1. "平安北京"概况

2010年7月13日,北京市公安局公共关系领导小组成立,不久,筹建官方微博的工作也被纳入议程。经过两个星期的筹备,"平安北京"作为北京市公安局的官方微博与广大网友见面。"平安北京"微博一开通,其粉丝量就以平均每天6000的速度快速增长,并在几个月后突破百万大关,成为政务微博中的"网红"。截至2020年1月中旬,"平安北京"的微博粉丝量已达1258万,共发布6万多条微博,在2019年上半年政务指数排行榜中居全国公安微博第四名,具有较强的传播力、服务力、互动力与认同度。作为国内政务微博的领头羊,"平安北京"是北京市公安局党委在着眼建设"世界城市"和争创"一流警务",立足"首都稳,全国稳"的战略高度,全面推行警察公共关系建设的大背景下创办的,是北京市公安局公共关系领导小组及其领导小组办公室成立后开展的一项重点工作。

在新媒体环境日益复杂的背景下,全国政府机关的舆论引导工作都面临着巨大的挑战,公安部门的工作也是如此。为了积极开展警察公共关系建设,以坦诚的情感和态度,有效地运用现代化的传播手段和技术,与社会和公众进行真诚、公开和及时的信息交流和沟通,通过提高自身影响力树立良好的组织形象,协调好与社会各类公众的关系。"平安北京"微博成为北京市公安局应对传播环境的变化,以及着力打造首都警察公共关系的新名片。

(1) 以信息服务搭建互动平台。通过将"平安北京"的微博内容按突发事件信息、生活服务、形象宣传、休闲娱乐四类,抽取"平安北京"在2020年1月2日到1月7日共发布的 64 条微博进行整理分类,可以得到表 1-1,根据对其发布的微博内容,可以发现"平安北京"的微博内容有以下特征。

表 1-1 "平安北京"微博分类

主 题 内 容	篇数	点赞数	转发数	篇数所占百分比/%
突发事件	33	940	633	51.6
生活服务	18	400	311	28.1
形象宣传	11	551	256	17.1
休闲娱乐	2	185	45	3.2
总数	64	2076	1245	100

① 及时发布突发事件信息。突发事件一直是对政府处置危机能力的挑战,如何处理突发事件,避免其转化为公共关系危机是政府公共关系的重要议题。在新媒体时代,传统的传授关系已经被交互性的新媒体颠覆,即时互动性推动了传播效率的提高,同时也意味着只要有突发事件发生,用户参与其中并通过新媒体传播出去,就能很快形成"全民观看"的新型舆论态势,而且很多突发事件都是一些热点事件,与公众生活息息相关,互联网的便捷还进一步增强了公众对事件的关注度和黏性,此时,如果政府部门对突发事件的处置不妥当就会进一步激化社会矛盾,损害政府的公信力。

"平安北京"充分利用微博几乎"全速""即时""全域"的特点,持续跟进对突发事件的报道和相关信息公布,为公众提供实时消息,方便公众了解事件情况和警方的工作动态。而这种对公众关切的及时回应的一个重要原因,在于它在信息发布方面拥有较大的权限,对于拟定发布的信息,运作团队通常无须通过冗杂的程序层层上报,而是可以直接向有关领导汇报,提升了信息审核和发布的速度。同时,针对微博上热议的突发事件,"平安北京"还遵循"先研判,再发布"的原则,把握尺度和时机,适时发布微博,以保证信息传播速度的同时把控舆论导向。

② 贴心提供生活辅助信息。除了发布突发和意外事件的信息外,"平安北京"还会经常发布公共服务类信息,例如,每天的天气预报和车辆限号、生活中实用的应急抢救技巧、防寒防暑技巧、如何警惕春运期间的小偷等生活小贴士。这些微博涉及居民生活的衣、食、住、行各个方面,实用性和服务性突出,比较贴近民众的日常需求。利用新媒体搭建的平台,作为服务主体的"平安北京"可以和公众进行频繁且深入的互动,能够准确地了解服务对象的需求,从以人为本的理念出发,使微博内容能满足公众对公共服务的多元化需求,从而实现服务有效供给和公共资源有效配置。

③ 积极进行日常形象宣传。政府的社会形象体现了它的社会关系状态和社会舆论状态。良好的政府形象意味着良好的公众关系和社会舆论。良好的政府形象有利于政府建立良好的公众关系,争取公众与社会舆论的支持。[①] 因此,建设良好的政府公众形象也是政府公共关系活动的重要目标之一。政府形象具有系统化的特征,视觉识别、活动识别和理念识别从不同层次共同塑造政府形象,也意味着政府的各项工作都在无形或有形中

---

① 廖为建.政府公共关系[M].北京:中国人民大学出版社,2013.

影响着其公众形象。政府做好公共服务、廉洁勤政、依法行政、公开透明，能从外在行动上让公众切实感受到政府工作的尽职尽责，自发形成对政府的好印象，而政府内在形象虽难以实态展示，却是政府形象的核心部分，如何将政府理念识别层次的形象，如政府精神、风尚、目标外化展示出来也十分重要。

为了发挥新媒体的传播优势来塑造良好的警察公众形象和自我形象方面，"平安北京"每周发布"一周治安播报"，并通过对工作在各个岗位上的普通民警的报道，以宣传正能量的方式赢得不少网民的正面评价和积极转发。同时，"平安北京"还打破了政务微博严肃、公正、权威的一面，通过警察街舞秀话题参与等互动方式向公众展示了自己的亲民形象。从对公安工作人员执勤形象的输送，到对整个公安团队的工作形象的打造，"平安北京"以点到面，希望将公安局更加立体、多面的形象呈现在公众面前，增进警民之间的了解和信任。

（2）以多元策略拉近公众距离。内容是微博运转的重要基础，但只有运用好沟通策略，做到与网民互动沟通中，既能知道"说什么"，也能知道"怎么说"，才能让微博发布产生事半功倍的效果。

① 选择恰当的时间节点和活泼的语言风格。在日常信息发布中，"平安北京"注重将信息发布与新媒体时代人们的信息获取习惯和传播规律结合起来，例如，为了保证信息的到达率和网民的活跃度，"平安北京"的运营团队每天24小时在线，每天发10～15条微博，且分为上午（9—11时）、下午（14—16时）、晚上（19—22时）三个时间段进行，除特殊情况外，基本不在上下班点发微博，基本符合网民上网规律。同时，为了贴近广大公众和网络化时代的语言风格，"平安北京"摒弃了官样文章的形式，用大众喜闻乐见的方式和轻松的语言与公众沟通，同时还善用网络语言、流行语拉近和公众的距离，以凸显人文关怀的方式将自己塑造得更具有人情味。

② 开展线上线下联动运作。为加强与网民的互动并扩大影响力，"平安北京"还开设了"微访谈""微直播"和"微实验"等不同栏目。"微访谈"利用微博平台围绕不同话题进行访谈，如交通出行、绿色环保等方面，这些话题都来自微博的普通用户，会有访谈嘉宾一一解答并在微博上进行回复，充分发挥微博在互动性方面的优势。"平安北京"还抓住网民关心的话题，利用"微直播"与网民进行直播互动，并在后期与北京人民广播电台交通广播、北广网合作，每周推出一期访谈节日，并通过微博、网站和广播等方式实现文字、音视频的共同直播。

同时，警务工作的开展还可以通过与公众建立良好的关系得到推进，因为新媒体能以强大的信息传播能力和动员能力发动群众参与和协作警务工作，帮助警察收集更加全面翔实的涉及警察和警务的各种案件和舆情信息，通过筛选甄别出广大网友提供的可靠信息，可以提高案件的侦办速度，加强警民关系的同时，推动警务工作的有效开展，把警务工作也变得不再只是政府单向度负责的工作，而是多方参与及社会共同治理的双向互动沟通模式。

2. 面对新传播格局的不足之处

自2018年以来，以抖音为代表的短视频迅速流行，社会影响力不断增强，短视频的赋权使得公众更加方便和迫切地表达自己的意见和想法，微信、微博、QQ、视频直播等媒体传播工具的广泛使用，再加上新旧媒体的充分融合。全媒体已经不断深入人们的日常生活和工作之中，其快速性、全面性等特点给政府公共关系带来了巨大的挑战和机遇。只有掌握新时代媒体传播的基本技巧，遵循新媒体传播的基本规范，调整自己的公共关系策略，政府才能掌握住自己的话语权和主导权。

而"平安北京"政务微博上的较出色表现并没有拓展到其他媒体平台。尽管在2013年、2014年、2018年几年间"平安北京"分别开通了微信公众号、今日头条号、抖音和快手账号，也发布了不少动态，但在这些平台上发布的内容都各不相同且质量良莠不齐。例如，抖音账号上发布的多数是宣传教育类展现警务风采的视频，也有一些突发事件的通报；微信公众号上则是一些生活服务类信息，还有相关政策的发布信息；今日头条上基本是政府工作动态的公开，各个平台上的粉丝数量也不尽相同，差距较大。综合来看，在不同的媒体平台上，"平安北京"的政府公共关系建设效果参差不齐，内容和渠道上没有做到有效整合和联动，因此，其全媒体平台传播效果不够显著，再和公众舆论力量增强的趋势相比较，政府处理日常事务或者突发事件时需要应对的舆情会愈加复杂，而由于跟不上全媒体发展要求，政府工作会显得十分乏力，进而削弱政府公信力。

（资料来源：高萍.融媒体与政府公共关系[M].西安：世界图书出版西安有限公司，2020.）

问题：

1. 结合本案例谈谈你对政府公共关系内涵的理解。

2. 从"平安北京"政务微博来看，新媒体时代的政府公共关系应该如何优化？

第一节　公共关系概述

政府公共关系是公共关系的一种具体的、特殊的形式。所以，要了解政府公共关系，必须首先了解公共关系。

一、公共关系的含义

（一）"公共关系"一词的来源

"公共关系"一词来自英语 public relations，简称公关（P.R.），由于它是由两个英文单词组成的，所以包括两层含义：一层是 public，另一层是 relations。public 以两种词性表现出来：一种是形容词，意为公众的、公共的、公众事务的，与 private（私人）相对应，表明它是非私人的、非秘密性的；另一种是名词，意为公众、大众，表明它不是个体，而是集团、群体。relations 为名词，意为关系、交往等。一般来说，简单的关系是以个体与个体的形式联系在一起并进行交往的，是一种简单的、直接的交往，这种关系我们称为"人际关系"。

由于 relations 以特定的形式出现,其内涵更丰富,意义更深远。

首先,这种关系被复数所限定,表明它只能是在复杂的交往中体现出的多种关系。这种关系可能是直接关系,也可能是间接关系;可能是单向关系,也可能是双向乃至多向关系。

其次,这种关系被英语 public 所限定,表明它只能是社会组织在复杂的社会交往中与其各类公众及公众群体之间所建立起来的非个体、非秘密、非私人的关系,这种关系具有公众性、公开性、群体性、社会性等特点。

综合两个英语单词的内涵和特点进行分析,将 public relations 译为"公众关系"更为确切,因为它是站在一个固定的角度——社会组织来分析其所面临的各种关系。不同的社会组织,由于其业务特点、工作对象不同,会面临不同的公众对象,从而形成不同的公众关系。同一个社会组织,由于不同时期工作的重点不同,也会面临不同的公众,形成不同的公众关系。这说明"公众关系"并不具有"公共"性,它不可能像"公共电话""公共汽车""公共图书馆""公共浴室""公共厕所"那样具有普遍意义。但是因"公共关系"已经约定俗成并广为流传,这里也将其称作"公共关系",以便能被更多的读者所接受。

(二)公共关系的定义

尽管公共关系在实践上早已被各种社会组织所应用,但从理论上给它下一个科学的定义却并非易事,迄今为止仍是众说纷纭、莫衷一是。

公共关系作为一门新兴学科,以其综合性、应用型、边缘性等学科特征,使得国内外不同的公共关系专家从不同的角度对其进行阐述。概括起来,大致有以下定义。

被称为"公共关系之父"的美国公共关系职业创始人艾维·李认为,公共关系是一种公开的宣传活动[1]。

被认为是公关理论创始人的爱德华·伯耐斯,将公共关系视为社会科学的一部分,他认为公共关系就是社会组织引导公众对组织行为进行了解和产生亲善的行为[2]。

20世纪50年代以撰写被誉为"公关圣经"的《公共关系教程》一书而闻名公关界的斯科特·卡特里普与艾伦·森特提出的公关定义是:公共关系是这样一种管理功能,它建立并维护一个组织和决定其成败的各类公众之间的互利互惠关系[3]。

英国著名的公共关系学者弗兰克·杰夫金斯认为:公共关系就是一个组织为了达到与它的公众之间相互了解的明确目标,而有计划地采用一切向内和向外的传播沟通方式的总和[4]。

美国学者莱克斯·哈罗博士收集并总结了人们给公共关系做的472种定义后,给出了一个更详细的定义:"公共关系是一种独特的管理功能。它能帮助建立和维护一个组织与其各类公众之间传播、理解、接受和合作的相互联系;参与问题和事件的管理;帮助管理层及时了解舆论并且做出反应;界定和强调管理层服务于公共利益的责任;帮助管理层及时了解和有效地利用变化,以便作为一个早期警报系统帮助预料发展趋势;并且研究和

①②③ 斯科特·卡特里普,等.公共关系教程[M].明安香,译.北京:华夏出版社,2002.
④ 弗兰克·杰夫金斯.公共关系学[M].何道隆,等译.成都:西南财经大学出版社,1987.

利用健全的、符合职业道德的传播作为其主要手段。"①

当代美国公关界的权威代表詹姆斯·格鲁尼格从其研究成果"卓越公关"的角度,提出"公共关系是一个组织与其公众之间的传播管理,其目的是建立一种与这些公众相互信任的关系。"②

国际公共关系协会(IPRA)在1978年对公共关系所下的定义是:"为组织领导人承担咨询任务并贯彻实施计划的执行。"③

美国著名公关学家伦纳德·萨菲尔在《强势公关》中提出:"公共关系已经成为一门有影响力而且系统完备的成熟学科,能够通过强大而温和的手段影响人们的观念。如果使用得当,公关能发挥双向作用,既提供反馈信息,预测公关舆论,同时又制订计划,影响和引导舆论。"④

写作畅销书《公关第一、广告第二》的美国当代营销大师阿尔·里斯(Al Ries)认为:"就公共关系而言,核心是品牌塑造。"⑤

从上述国际著名的公关学者及机构对公关概念的界定可以看出,对公共关系概念的理解与社会经济发展水平同步演进、逐渐完善,这些表述既体现了公关概念的实用特性,也反映了公关理论的不断成熟性。

国内公关界根据自己的理解和实践,也提出了不少公共关系的定义。现介绍几种代表性的定义。

余明阳提出:"公共关系是社会组织为了塑造组织形象,通过传播、沟通手段来影响公众的科学与艺术。"⑥

居延安认为:"公共关系是一个社会组织在运行中,为使自己与公众相互了解、相互合作而进行的传播活动和采取的行为规范。"⑦

喻野平认为:"公共关系是一种劝服形式的协调活动。"⑧这个定义主要是针对"公共关系是一种协调活动"而言,因为"协调"是一个抽象概念,它没有指明采用什么样的具体行为来协调关系,而一些强制性的行为、非法的行为和不情愿的行为,也会起到协调关系的作用。但公关的行为性质必须是非强制性的、合法的、自愿接受的。

除此以外,还有一些定义非常具体直观。

● 公共关系是90%靠自己做得对,10%靠宣传。
● 公共关系即通过良好的人际关系来辅助事业成功。
● 公共关系就是促进善意。
● 公共关系不是一台打字机就可以买到,也不是一张订货单就可以延期,它是一种生活

①　艾伦·森特,斯科特·卡特里普.有效的公共关系[M].明安香,译.北京:华夏出版社,2002.
②　詹姆斯·格鲁尼格,等.卓越公共关系与传播管理[M].卫五名,等译.北京:北京大学出版社,2008.
③　斯科特·卡特里普,等.公共关系教程[M].明安香,译.北京:华夏出版社,2002.
④　伦纳德·萨菲尔.强势公关[M].梁浍洁,段燕,译.北京:机械工业出版社,2002.
⑤　阿尔·里斯,劳拉·里斯.公关第一、广告第二[M].罗汉,虞琦,译.上海:上海人民出版社,2004.
⑥　熊源伟.公共关系学[M].合肥:安徽人民出版社,2001.
⑦　居延安.公共关系学[M].上海:复旦大学出版社,2001.
⑧　喻野平."劝服说"能统一公关理论吗[J].贵州民族学院学报,2000(4):104-106.

方式,时时刻刻表露在各种态度与行动中,对工作人员、顾客以及整个社会都有影响。

- 公共关系就是争取对你有用的朋友。
- 公共关系是说服和左右社会大众的技术。
- 公共关系是创造风气的技术。
- 广告是要大家买我,公共关系是要大家爱我。
- 公共关系就是讨公众喜欢。

以上各种观点由于各自考察的角度不同,分别揭示了公共关系不同的侧面特征。这些定义对于理解公共关系的作用也是非常有用的,它们生动形象、直观明了。但它们只揭示了公共关系的部分含义,不够全面、准确。

我们认为,给公共关系下定义既要抓住本质,又要严密全面。这里我们赞同美国公共关系权威詹姆斯·格鲁尼格提出的定义:"公共关系是一个组织与其公众之间的传播管理,其目的是建立一种与这些公众相互信任的关系。"这个定义认为公共关系的主体是组织,客体是公众,手段是传播与沟通,同时强调公共关系是一种管理职能、管理行为。它不同于生产管理、技术管理、人力资源管理、财务管理、营销管理,它是对一个组织传播行为、传播资源、传播过程和传播媒体的管理。它的管理目标最终是调整组织与公众之间的关系,从而优化组织的所处环境,使组织的整体价值得到提升。①

综上所述,本书给公共关系的定义是:公共关系是一种现代管理职能。它是指一个社会组织通过有计划、有目的的信息传播手段与公众进行双向信息交流,从而树立良好的组织形象,赢得内外公众的信任和支持,为组织的发展创造最佳的社会环境。这个定义概括了公共关系的手段、对象、职能与目标,可以说是一个比较完整、科学的定义。

(三)公共关系的表现形式

关于对"公共关系"概念的理解,还可以从不同的角度去分析,这使其表现出不同的形式。

1. 公共关系状态

从静态公共关系的角度来看,公共关系首先是一种社会状态,即一个组织所处的公众关系状态和社会舆论状态。社会组织的公共关系状态是无形的,但却是客观的,无论是有意还是无意,任何社会组织都处在一定的公共关系状态之中,这种状态是与任何社会组织相伴的一种客观存在,是不以社会组织的意志为转移的。因此,就任何社会组织而言,都不存在有无公共关系状态的问题,而只有良好的或不良的、自觉的或自然的公共关系状态的区别。这种客观存在着的公共关系状态,形成对社会组织有利的或不利的内外环境,对组织的生存和发展起着积极或消极的作用。

---

① 杜创国. 公共关系实用教程[M]. 北京:清华大学出版社,2007.

2. 公共关系活动

从动态公共关系的角度来看，公共关系又是一种活动或工作。当一个组织通过自己的努力来改善自身的公共关系状态时，就是在从事公共关系活动和开展公共关系工作，这是主观见诸客观的一种实践过程。其实，任何一个组织，为了生存和发展，为了实现自己的目标和责任，总要处理方方面面的关系，这实际上就是进行公共关系活动和开展公共关系工作。在这方面同样不存在有无的差别，而只是可以区分为自觉的或自发的、出色的或不力的、有效的或无效的、专门的或兼有的。当然，只有自觉地、有计划地、创造性地开展有效的公共关系活动，才能积极构建组织良好的公共关系状态。一个组织也只有自觉地、有计划地进行公共关系活动，才能出手不凡、有所创造、事半功倍。因此，公共关系活动又被称为"公共关系艺术"。另外，随着公共关系活动专业化的需要，公共关系成为一项职业，有其专门的组织、机构及人员。

3. 公共关系意识

公共关系也是一种意识、观念，它是现代组织及其人员对公共关系客观状态的自觉认识和理解，是对公共关系活动经验的能动反映和概括。例如，塑造形象意识、服务公众意识、传播沟通意识、诚信互惠意识、广结良缘意识、立足长远意识、创新审美意识、危机忧患意识等。公共关系意识源于公共关系实践活动，因而对后者有明显的依赖性。公共关系意识一经形成，就具有相对的独立性和能动性，从而对公共关系实践活动具有指导意义。对任何组织来说，构建良好的公共关系状态，必须开展有效的公共关系活动，而这些活动又必然是在一定的公共关系意识指导下进行的。反之，没有正确的公共关系意识，就不可能自觉地进行公共关系活动，因而也不会形成良好的公共关系状态。可以说，公共关系意识是自觉构建良好的公共关系状态的思想基础和开展有效的公共关系活动的行动指南，是现代组织及其人员的必备素质。不同的社会组织及人员有无自觉的和正确的公共关系意识，确有天壤之别，而且其结果也大不一样。人们谈论公共关系，往往津津乐道那些独具匠心的各种手段和技巧，而忽视其中包含的公共关系意识和思想，这是公共关系不能上层次、上水平的关键所在。其实，公共关系本质上是一种思想，也是一种战略，只有在正确的思想和战略的基础之上，公共关系才能有精彩的运作和闪光的创造。

4. 公共关系学

公共关系学是一门新兴的管理学科，它以公共关系活动及其规律性为研究对象，既是一门多学科交叉并具有自己的概念、范畴及其系统的理论科学，又是一门具有明显的可操作特征的应用科学。这门学科在公共关系实践活动上受到社会重视，客观上需要在系统总结和理论升华的基础上建立和发展起来，同时又成为强化公共关系意识和推动公共关系实践的指南。学习和普及公共关系学，增加社会组织及其人员的公共关系意识，并且研究和运用公共关系学的基本理论指导企业和其他各类社会组织的公共关系工作，对企业经营管理水平的全面提高乃至整个社会的和谐与发展，都具有重要的意义。当今世界计算机技术的发展和在社会各个领域的广泛普及,已经极大地推进了整个社会物质和精神的文明与进步,公共关系学理论的发展和为各类社会组织的普遍应用,也同样会造就整个社会物质和精神的文明与进步。

上述公共关系的主要层次是互相区别又互相联系的,这些层次是在认识和说明公共关系概念时应当弄清楚的。

(四)公共关系的内在含义

公共关系是社会关系的一种管理职能,反映的是事物之间相互联系、相互作用的机制和状态。公共关系的基本含义应从以下几个方面加以把握。

1. 塑造形象的艺术

形象就是某一事物或人在公众心目中的印象,或者说是公众对某一事物或人的总体评价。"形象"一词的内涵和外延都很大。从构成社会的主体来说,有国家形象、城市形象、地区形象、组织形象、个人形象;就一个具体的企业而言,有企业形象、产品形象、商标形象、环境形象、领导形象、员工形象等。形象有好坏、优劣之分。影响形象的因素纷繁复杂,一个不利的因素就可能导致形象不佳,而最佳形象的获得容不得任何不利的因素。因此,公共关系特别强调:组织必须时刻注意建立和维护良好的社会形象,否则将会直接影响到目标的实现。

在当今社会,形象已引起了人们的重视,我们常说"维护祖国尊严""珍视企业信誉""创建文明城市""给人留下美好的第一印象"等,都是要求人们注重形象。

2. 建立和谐友善的关系

关系是人和人之间或事物之间通过人的相互作用、相互影响而形成的具有某种联系的状态。公共关系的定义强调公共关系是组织与其相关公众相互适应的状态,这种相互适应的状态就是指要形成一种和谐友善的关系状态。

人类自诞生开始就与自然界产生了一定的联系,人与人进行交往就产生了关系。随着人类的增多,关系愈加复杂。人们由于共同目标的需要聚集在一起,形成一定的群体或组织时,因人的作用和影响,这个群体或组织之间也产生了关系,进而形成了邻里关系、组织关系、社会关系、城乡关系、国际关系等。关系也具有双重特性:一方面,关系具有客观性;另一方面,关系又具有动态性。正是基于关系的双重特性,公共关系强调要利用传播沟通、相互协调、真诚合作、互惠互利等改善组织与公众之间的关系。公共关系界有一句俗话:"公共关系不能树立敌人。"公共关系要广结善缘、广交朋友,只有与社会公众形成一种和谐友善的关系,组织才能与公众相互适应、协调发展。

3. 强调真情的沟通

所谓"沟通",是指社会组织、公众运用信息符号进行的思想、观念、情感或信息交流的过程。一个组织要想在公众中树立良好的形象,首先必须把组织的有关信息告诉公众,让公众了解组织,同时必须了解公众的想法、意见、建议等。要做到这一点,组织必须进行沟通,否则就会出现信息阻塞,造成误解、偏见,出现矛盾,从而影响到组织与公众之间建立良好的关系。

真情的沟通能获得公众的理解、信任、支持与合作。公共关系强调运用真诚的沟通改善组织的对内、对外关系,为组织创造一个友善、和谐的生存与发展的环境。

4. 利用传播媒介开展有效的传播

公共关系不仅要求社会组织努力工作,还要善于宣传自己已有的成果。这一点似乎与中国传统的价值观念相悖,实际上这是个观念问题。中国的改革开放政策正是转变传统观念的结果。我国的各行各业,尤其是企业必须尽快转变观念,学会传播并善于推销自己,否则必然在竞争中被淘汰;同时,还要利用传播媒介探究传播技巧,进行有效的传播。因为,积极主动地开展有效的传播,才是提升组织形象的重要手段。

5. 建立一流的信誉

信誉,通常指信用、名声。公共关系强调建立一流信誉,就是要为组织争取到公众的信任、赞美和支持,提高组织的美誉度。组织良好信誉的建立,一方面需要组织内的所有员工在日常性公共关系活动中遵章守纪,讲究社会公德,说到做到,善待公众;另一方面需要组织在开展专门性公共关系活动中有意识地为组织树立一个可信任的形象,在出现突发事件、意外事故的情况下更要坚持组织的基本宗旨,这是对组织信誉的考验。信誉就是财富、信誉就是资源,建立一流信誉是公共关系追求的目标和努力的方向。

二、公共关系的界定

为了进一步明确公共关系的内涵和外延,有必要对公共关系做出界定。所谓公共关系界定,是指通过分析公共关系与相关事物之间的联系与区别来阐释公共关系的真实内涵,从而有助于我们进一步加深对公共关系本质的认识。

（一）公共关系与庸俗关系

所谓庸俗关系,就是通常所说的"拉关系""走后门",凭借地缘、亲缘、人缘或特殊权力,为牟取个人或小集团的私利,采取非法或不正当手段建立起来的关系。它与真正意义上的公共关系存在着本质的区别。

1. 二者产生的社会条件不同

公共关系是在商品经济高度发达、信息传播手段日趋先进、社会经济活动空前复杂的社会条件下产生的。庸俗关系从本质上讲,则是在前商品经济的条件下滋生的,是在封建血缘关系、等级关系的影响下形成的陋习。

2. 二者的目的不同

公共关系是以建立良好的组织形象、维护组织与公众双方的合理利益为目标。庸俗关系则仅仅是以谋取个人或小集团的私利为目的。

3. 二者的社会效果不同

由于公共关系和庸俗关系服务的目的有根本的区别,二者实施的社会效果也就明显不同。公共关系有利于促进社会合作,加强各方的沟通与理解,从而为经济的发展、民主政治空气的形成及精神文明建设创造良好的气氛与环境。庸俗关系由于其目的不纯,只会对社会风气造成污染,从而损害社会整体的利益。

4. 二者的交往方式不同

公共关系以组织为交往主体,是一种非个人化的关系,其交往方式讲求正大光明、公正诚实、信誉至上、遵纪守法,符合社会道德规范。庸俗关系则是幕后交易,以礼物、人情、原则做交易筹码,不惜放弃原则、违背道德,甚至违法乱纪。

5. 二者的理论依据不同

公共关系是一门科学和艺术,它严格按照科学规律办事,有规范化的组织形式、正规的工作程序和严格的职业道德。庸俗关系则毫无原则可言,只是充满了"庸俗性"的经验,其指导思想是"人不为己,天诛地灭"的灰色信念。

(二)公共关系与宣传

公共关系与宣传确有某些相似之处,但二者又有着明显的区别。

1. 从属性上看

宣传具有教育、劝说、诱导的性质;而公共关系的传播属于纯粹的信息交流。

2. 从内容上看

宣传旨在导向,重在说理,让宣传对象转变或提高认识;公共关系的传播旨在交流,重在事实,寻求理解。

3. 从过程上看

宣传遵循的是以我为主的单向模式,使客体向主体靠拢;公共关系的传播遵循的是相互关照的双向沟通,使主体通过调整自身行为以适应客体。

4. 从工作准则上看

宣传活动既可能奉行实事求是的准则,也可能奉行唯宣传者主观需要为是的准则;公共关系则只能奉行尊重事实、实事求是的准则，否则便无公共关系可言。

（三）公共关系与人际交往

人际交往是指发生在个人与个人之间的社会联系形式。公共关系尽管是一种非个人化的关系，但在外在形式上往往表现为人际关系。组织与公众之间的联系与沟通，往往是通过若干个人的行为来实现，从而使公共关系具有人际交往的某些特征。但是，二者的区别也是十分明显的。

1. 主体不同

人际交往的主体是个人，涉及的是个人与个人之间的关系问题。公共关系的主体是组织，它所涉及的是组织与公众之间的非个人化的关系问题。

2. 服务对象不同

人际交往是个人的事情，交往双方从交往中获益或受损，所以它服务的是个人。公共关系的状况如何，最终受影响的是组织。

3. 采用的手段不同

人际交往采用的基本手段是人际间直接的语言传播。公共关系的交往手段则要复杂得多，往往需要大规模地借助现代传播媒介和传播技术，策划各种专门活动，才能收到效果。

（四）公共关系与广告

广告是付费购买或使用传播媒介，以对产品、服务及某项行动的意见和想法进行推销、宣传的活动。开展公共关系有时需要以广告为工具，而有效的广告又需要以公关思想作指导，故二者有着密切的联系。不过，公共关系毕竟不同于广告，二者之间的区别也是明显的。

1. 目的不同

广告的目的是推销产品和服务，引起公众的购买行为。公共关系则是通过组织与公众的双向沟通来达到寻求公众理解和支持的目的。

2. 传播原则和特征不同

广告传播信息的原则是引人注目，形成轰动效应，故而其宣传手法具有倾向性、渲染性和夸张性。公共关系传播信息的原则必须客观、真实，为此公关工作强调在信息传播中要体现真诚、真情、真意。

3. 传播方式不同

广告基本上是单向传播、单向灌输。公共关系则是一种双向的信息交流。

第二节　政府公共关系的内涵与特征

在了解和掌握了公共关系的一般含义和特征之后,本节将就政府公共关系的含义、特征等问题进行专门的分析。

一、政府公共关系的含义

(一) 政府的含义、特征和分类

1. 政府的含义

政府是政府公共关系活动的最重要主体,也是政府公共关系活动最主要的策划者和执行者。在把握政府公共关系的基本概念和基本理论时,首先要对政府有基本的了解。政府这一概念一直在被不同国家、不同民族、不同时代的人使用着,但到目前为止,对于"政府"的标准定义人们尚未达成一致,都是在自己所理解和需要的层面使用政府概念。据《辞源》的记载和解释,在唐宋年间,封建社会各种体制已逐渐成熟,国家政权机构开始设置"三省六部制"。三省长官共同行使宰相的职责,负责处理国家政务。这些长官日常办公的处所称为"政事堂",号称"政府"。在西方文献中,"government"一词也出现得很早。大约在公元前 4 世纪柏拉图的《理想国》中就提到"政府"一词,强调"政府就是国家的统治机器"。15—17 世纪盛行的契约论从学理上阐明了政府的起源,主张政府的目的在于保护人的私有财产。[1]

关于政府,有广义和狭义两种解释[2]。

(1) 广义的"政府"是指国家各种权力机关的总称,它包括从中央到地方行使国家立法、行政、司法权力的所有机关。如美国布朗大学的陶曼(Taubman)公共政策研究中心对世界各个国家或地区的国家级政府网站进行评估时,对"政府网站"的界定是:这些网站包括行政执行机构(如总统、总理、政党领导、王室成员)、立法机构(如议会、国会)、司法机构(如主要国家级法院)、内阁机构以及提供政府关键功能的主要机构(如健康、人事、税收、教育、内部关系、经济发展、行政管理、能源、外交、外资、交通、军事、旅游和商业管理)。

---

① 姜波,于嵩昕.政府公共关系新论[M].南京:南京师范大学出版社,2019.
② 冯丙奇,齐小华.政府公关操作[M].北京:清华大学出版社,2011.

这里的"政府"明显指广义上的。

（2）狭义的"政府"通常是指一个国家除立法、司法部门以外的行政权力机关。[①] 它更准确地说应该是"政府机构"。

以往的文献也将中国共产党的机构划入"政府"范畴，相关的说法有："所谓政府，指国家权力的执行机构，即国家行政机关。例如，在我国，政府包括了中央人民政府，即国务院和地方各级人民政府，如省、自治区、直辖市人民政府及地、市、县（旗）、乡等政府机关和相应的中国共产党委员会。"[②]"这里的政府，指建立在社会经济基础上的上层建筑的核心部门，包括行使行政、立法、司法职能以及代表国家实行宏观管理的各级权力机构。在我国还包括执政党各级机构。"[③]这里也接受并采用这些说法。

总之，在阶级社会中，政府作为统治阶级行使权力的主要机构，是维护国家存在和发展的基本条件。一般来说，政府承担着对国家各方面的事务进行管理、指导、协调、服务、监督、保卫等基本职能[④]。

2. 政府的特征

作为一个国家的最高行政机关，政府拥有和其他社会组织不同的特征。这些特征一方面保障政府能够很好地行使其作为政府公共关系主体的全部职能，另一方面也使政府的公共关系活动处于公众的监督之下。政府具有以下几个特征。

（1）独特性和权威性。政府是一个特殊的社会组织，其特殊性最主要体现在政府拥有极大的权力，具有权威性。[⑤] 政府是社会组织的一部分，同时又居于社会组织之上，对其他行政部门起着指导、引领、管理的作用。政府在政治上有军事保卫、治安管理、民主政治建设、对外交往等职能，在经济上发挥着宏观调控、市场监管、提供公共产品和服务等职能，在文化、思想等方面更是具有不可替代的重要作用。政府在社会生活中的独一无二性和行政关系中的至上性赋予了政府独特的权威性。这种权威性拥有强制性的色彩，是以国家强制力为后盾，保证政府部门在政策执行过程中的"通行无阻"。这也在很大程度上体现了政府的行为方式是以强制手段为主的。

（2）政治倾向性。从上面政府的定义中我们可以看出，在阶级社会里，政治是以统治阶级的利益为服务目标的。政府公共关系活动的开展是保证国家安定团结的政治局面，缓解社会公众与政府之间的关系，强化政府的廉政建设，最终树立政府的良好形象，实现国家的长治久安的关键。可以说，所有这些活动的开展，都与执政党或政治集团的政治统治密切相关。很典型的一个例子就是，在美国、英国这种执政党和在野党轮换竞选争取执政地位的国家，一旦某个党派成为执政党，在制定国家政策及行使国家权力时，必定以自己所代表的党派的利益为根本出发点，满足其政治需要。

① 詹文都.政府公共关系[M].广州：华南理工大学出版社，2004.
② 徐美恒，李明华.公共关系管理学[M].北京：中国人民公安大学出版社，2002.
③ 居延安，赵构华，胡正娥，等.公共关系学[M].上海：复旦大学出版社，1989.
④ 孔德元.政府公共关系[M].青岛：青岛出版社，1997.
⑤ 李兴国.政府公共关系[M].北京：中国人事出版社，2014.

（3）广泛的服务性。虽然政府是一定政治团体的利益代表，但政府也是公民意志的代表。尤其是现代政府大多数都是由公民投票选举产生，成为执政党以后，他们的执政方针要听取选民的意见和呼声，充分体现选民的意志，否则，就面临着辜负选民、失去选民，最终不能获得连任甚至被选民"轰"下台的危险。因此，政府要为所有社会群体和阶层提供普遍的、公平的、高质量的公共服务。也就是说，从行为目标上来看，政府要以公共利益作为其根本目标。

3. 政府的分类

各个国家在各个不同时期对政府概念的理解是不同的，因此，他们对政府的分类同样会采用不同的标准。早在古希腊时期，亚里士多德就曾在其著作《政治学》中按照政府的宗旨和统治者人数的多少对政府进行过分类。根据前一种标准，他将政府分为照顾公共利益的正宗政府和照顾统治者利益的变态政府两类；根据后一种标准，他将政府划分为个人统治的君主政府、少数人统治的贵族政府和多数人统治的共和政府。当然，一个政府究竟体现谁的利益比较难以把握，而根据统治者的多寡划分政府的方式则一直被沿用至今。资本主义国家的总统制政府和内阁制政府就是典型的依据统治者人数命名的。

马克思主义根据国家的性质将政府分为奴隶制政府、封建制政府、资本主义政府和社会主义政府四种类型。马克思主义对政府的划分一直被西方学者认为是从实质上揭示政府本质的划分。他们认为马克思划分政府的标准是以民主衡量的。具体来看，一是区分一个国家的统治形式是民主的，还是反民主的；二是区分这种民主是多数人的，还是少数人的；三是区分这种民主是真实的民主，还是形式上的虚伪的民主。

比较具有普遍性意义的划分方式是按照管辖范围将政府分为中央政府和地方政府，实行联邦制的国家则称为联邦政府和邦（州）政府。中央政府或联邦政府是国家权力的最高行使机构，对国家事务具有统一领导、统一管理的职责。地方政府或邦（州）政府是地方或邦（州）的管理机构，一方面，受中央政府或联邦政府的领导和监督，在政策允许的范围内行使管理地方的权力；另一方面，地方政府或邦（州）政府在权力行使时拥有一定的灵活性，在西方很多国家的邦（州）政府甚至拥有自行制定地方法律、政策，自行决断地方事务的权力。

我国政府的划分以直线职能式结构为标准，这主要是由我国一党执政的政体所决定的。同时，这种政府形式的划分有利于政策的一以贯之和有效执行。按照这一标准，我国政府划分为中央（国务院），省、自治区、直辖市，自治州、县、自治县、市，乡、民族乡、镇四个层次。

不同类型的政府在政府公共关系活动的开展中扮演着不同的角色。中央级的政府起着制定政策，谋划方略，统领全局的作用，地方级政府则主要在政策实施以及人、财、物等方面提供支持。以中国北京申办第29届奥运会为例，申办奥运会是关系中华民族伟大复兴的大事，是构建中国对外形象，提升国家竞争力，增强民族凝聚力的一次重要举措。中国政府成立了北京奥林匹克申办委员会（简称"奥申委"），全权负责奥运会的申办工作。奥申委借鉴其他国家的经验，制订了一系列的会前、会中、会后的计划和方案，包括基础设施建设、媒体沟通、申奥网站开设、会期安排、门票发售、宣传活动、国际合作等。北京市政府作为举办地所在城市，负责将奥申委的各项政策加以落实，例如，海外新闻机构的接待、参赛队员的吃住行、宣传品的发放、志愿者的招募和培训、交通设施的安排和协调等。[①]

（二）政府公共关系的含义

1. 政府公共关系的英文对应概念

由于公共关系源于西方的英文国家，"政府公共关系"所对应的相关英文说法有很多。《政府公关操作》（冯丙华，齐小华）一书对此进行了较清晰的阐述，充分显示了这一概念"本来"的含义，现录于此，供参考。

（1）governmental public relations：从字面上讲，该概念的基本含义应当是"政府的公共关系"，说的是以政府机构为主体的公共关系。

（2）public relations in government：该概念字面的含义应当是"政府机构服务的公共关系"，其含义较狭窄。

（3）public relations for government：该概念字面的含义为"为政府机构服务的公共关系"，其含义不是十分清晰，因为只有以政府机构为主体的公共关系才能被称为政府公共关系。

（4）government public relations：该概念字面的含义为"政府公共关系"，与"政府的公共关系"相差不多。

（5）municipal public relations：该概念通常指一门课程，即"市政公共关系"。1966 年和 1977 年，研究者安德森和怀特各自出版了一本专著，专门讨论 municipal public relations。另外，一些学院也开设了名为 municipal public relations 的课程，如美国的达勒姆技术社区学院（Durham Technical Community College）与阿什维尔—本考波社区技术学院（Asheville-Buncombe Technical Community College）。该课程对市政府公共关系及其对政府工作影响进行了总体的概览，内容包括公共关系的原则、新闻稿、新闻发布会、公共信息公务人员、形象调查等。

（6）government public affairs：该概念字面含义为"政府公共事务"。

（7）administrative public relations：该概念应当与相关文献的"行政公共关系"较近，有时是指"管理性"的含义，如 administrative public relations director（行政公共关系主管）。

（8）government information work、government information programs 或 government communication：该概念字面含义为"政府信息活动""政府信息项目""政府沟通"等。

2. 政府公共关系的定义

目前我国国内相关文献已经对政府公共关系的定义进行了各种表述，具体可分为以下几类[②]。

---

① 姜波,于嵩昕.政府公共关系新论[M].南京：南京师范大学出版社,2019.
② 冯丙奇,齐小华.政府公关操作[M].北京：清华大学出版社,2011.

（1）强调政府公共关系是一种活动或政府与公众的互动。比如，"政府公共关系是政府为了更好地运行其职能，运用传播手段与社会公众建立相互了解、相互适应的持久联系，以期在公众中塑造政府的良好形象，争取公众对政府工作的理解和支持的一系列活动"。①

"政府公关是一种特殊类型的公共关系，是在市场经济条件下政府的一种职能。所谓政府公共关系是指政府为了更好地管理社会公共事务，运用传播手段与社会公众建立相互了解、相互适应的持久联系，以在公众中塑造政府的良好形象，争取公众对政府工作的理解和支持的社会沟通活动。"②

"所谓政府公共关系，就是政府为了更好地管理社会事务而运用传播手段与社会公众建立相互理解、相互适应的持久联系，以便在公众中塑造政府的良好形象，争取公众对政府工作的理解和支持的活动。"③

"所谓政府公共关系，是指某个特定的政府（国家或地方）在运用公共权力管理公共事务来实现政府公共关系管理根本目标的过程中，通过向公众提供真诚的服务和有计划的传播活动，达到与公众之间的利益协调和信息共享，进而树立良好的政府形象的一种管理活动。"④

"政府公共关系是指政府与社会和公众的良性互动，以塑造良好形象，最大限度地争取公众对政府工作的理解和支持。"⑤

（2）强调政府公共关系是一种关系状态。"政府公共关系，是指政府为了更好地管理社会公共事务而运用公关手段与社会公众建立相互了解、相互适应的持久联系，以在公众中塑造良好形象，争取公众对政府工作的理解、信任和支持的一种公共关系。"⑥

"从本质上讲，所谓政府公共关系就是指政府机构与其内外社会公众之间的一种联系状态。这种联系状态是维系推动政府机构存在和发展的社会网络机制。"⑦

（3）强调政府公共关系是公共关系的一个特殊领域。"政府公共关系是公共关系学的一个分支，属于部门公共关系，它是专门研究政府这一特定组织，为塑造形象，赢得内外公众的信任与支持，通过传播、沟通手段，采取相应行为规范影响公众的科学与艺术；是公共关系的一般原理在政府部门的发展和应用。"⑧

"政府公共关系是公共关系的一般原理在政府这一特定社会组织中的应用。它是政府运用各种传播手段或政民联系形式，与公众进行交流、沟通，并通过有效的管理和服务，建立相互间适应、理解、支持、信任的行为或职能。具体来说，就是作为公共关系主体的政府，通过各种咨询性、服务性、协商交流的机构或制度，针对党和国家的路线、方针、政策、法律、法规以及各种社会议题等内容，与公众进行广泛的沟通与交流。其目的是制定政

①　钟倩.新闻发言人制度与公共关系管理[J].当代传播,2003(6):79-80.
②　王洪萍.浅谈政府公关[J].天津市财贸管理干部学院学报,2000(4):36.
③　谢玉华.公共部门公共关系学[M].长沙:湖南人民出版社,2003.
④　谢昕,王小增.基于公共行政理念的政府公共关系发展历程探析[J].湖北社会科学,2005(9):14-16.
⑤　唐钧.政府公共关系[M].北京:北京大学出版社,2009.
⑥　傅箭星,陶长英.政府公共关系亟待加强[J].地方政府管理,1997(3):7-10.
⑦　王兴顺.政府公共关系概述[J].辽宁行政学院学报,2001(4):8-11.
⑧　吕景春,胡钧浪.政府公共关系理论与实践的若干思考[J].惠州大学学报(社会科学版),1996(1):18-22.

策，推行政令；消除误会，真诚合作；树立政府的良好形象和声誉，形成凝聚力和协同力，促进政府的目标和任务的完成。"[①]

参考以上定义，本书认为，所谓政府公共关系，就是指各种政府机构在遵循一般公共关系原理的基础上，为了更好地管理社会公共事务而运用传播手段与社会公众建立相互了解、相互适应的持久联系，以便在公众中塑造政府的良好形象，争取公众对政府工作理解和支持的活动。

3. 政府公共关系的构成要素

从这个定义不难看出，政府公共关系包括政府、社会公众、形象、传播四个基本构成要素。

第一，政府公共关系以政府部门和公务员为主体。政府公共关系与国情紧密相关。本书立足于中国现实情况，开展政府公共关系的研究。从广义上讲，政府组织包括中央和地方的全部立法、行政、司法机关以及执政党的组织机构；从狭义上讲，政府通常仅指国家的行政机关。一般情况下采用广义的政府概念，即包括中国共产党的组织机构、人民代表大会、政治协商会议、监察委员会、人民法院、人民检察院以及政府各个组成部门等。政府公务人员同样是政府公共关系的主体，在全员公关的理念下，政府每个成员都应对政府形象负责。其中，领导者和窗口行业人员是政府公关的重要途径和关键因素。

第二，政府公共关系以社会公众（包括政府内部成员）为客体。社会公众是政府公共关系的客体和对象，它由政府内部成员和外部公众两部分组成。针对政府内部成员做好内部公关，可以内求团结，增强政府组织的凝聚力和向心力；针对外部公众做好外部公关，能够外求发展，获得社会各界的理解、拥护和支持。公共关系本身就是一种"内求团结、外求和谐"的艺术。

第三，政府公共关系以塑造良好形象和获得公众支持为目标。政府信誉与形象均为公众对政府的态度与评价。要获得公众对政府工作的最大支持，必须塑造良好的政府形象，培育公信力。这是政府公共关系工作的出发点和最终目标，所有公关活动都是围绕这一目标而展开的。政府应当珍惜信誉，培养形象，自觉保护和美化形象，信誉和形象堪称政府的生命线。

第四，政府公共关系的塑造以传播和沟通为途径。政府和公众之间正是通过各种传播渠道来实现沟通和互动的。一方面，要将政府各方面的信息传播给相关公众，争取了解和支持；另一方面，也要注重从外部收集信息，为改善政府决策和行动提供依据。从这个角度来说，传播媒介是否先进，传播渠道是否畅通，直接影响着政府公关活动的效果。此外，沟通技巧对政府公共关系具有重要影响，是公关主体不可忽视的一环，应当注重改善沟通技巧。[②]

---

① 宋湘华.政府公共关系理论初探[J].行政论坛，1997(10)：32-33.
② 姜波，于嵩昕.政府公共关系新论[M].南京：南京师范大学出版社，2019.

二、政府公共关系的特点

政府公共关系是一种特殊类型的公共关系。所谓特殊类型，一方面是指具有一般公共关系的各种基本属性，另一方面是指具有不同于其他类型公共关系的特点。现吸收政府公共关系专家唐钧的观点，将政府公共关系的特点梳理为以下几个方面。

（一）公众的复杂性

与其他类型的公共关系相比，政府公关的公众范围是相当广泛的。政府机构的主要公众是与之相关的人民大众，包括社会的各个阶级与阶层、各个民族、各个党派、各种团体和社会组织等各种社会力量。一句话，政府所面对的实际上是整个社会公众。除此之外，由于政府承担并履行着外交、国防、外贸等涉外职能，它还必须面对国际公众。所以，政府公众的广泛性是其他任何组织所无法与之相比的。同时，政府公众的特殊性还表现为公众结构上的复杂性。政府面对的公众是以利益关系为基础的，并分为各种不同的利益群体。这些利益群体，既有公共的社会利益，又有各自不同的特殊利益。因此，对政府制定的有关政策和法令，不同的利益群体会持不同的态度，产生不同的意见。不仅如此，由于个体公众与组织公众交错在一起与政府发生关系，政府所面对的公众在结构上呈现出相当的复杂性。这是其他任何组织在开展公共关系时都不曾遇到的。

（二）主体的特殊性

公共关系所涉及和处理的是组织与公众之间的关系。组织是公共关系中的主体。从这个意义上说，公共关系实质上是一种组织行为。政府也属于社会组织的范畴，但它又不同于一般的社会组织。政府作为一种社会组织，其特殊性表现在：首先，政府拥有极大的权力，具有权威性。它可以制定政策、颁布法令，垄断并合法地使用暴力。这些都是其他任何社会组织所不能比拟的。其次，政府在整个社会中是独一无二的。一个国家或地区不可能出现几个政府。政府的独占性使其超然于其他任何社会组织之上，并且不受竞争规则的制约。

在表现形式上，政府作为公共关系的主体也有其"不同凡响"之处：其一，体系巨大。从中央到地方直至基层，政府机构形成一个完整的体系，其规模之大是绝大多数社会组织所无法相比的。其二，结构复杂。政府的行政管辖范围可谓包罗万象，从居民的衣食住行到社会的经济发展、文化教育、国防外交、环境生态，几乎人类生活的各个方面都已被纳入政府的行政管辖范围。与此相应，政府机构也就成了一个严密而全面的系统网络，分布于整个国家的各个领域，上下对口，层次分明，纵横交错。

（三）任务的特殊性

任何组织开展公共关系工作的任务都是为了提高组织的知名度和美誉度。其中，提高知名度是首要的任务。如果组织不为公众所了解，所谓组织形象也就无从谈起。对于政府这样一种特殊的社会组织来说，其公关工作中几乎不存在提高知名度的任务。一个国家或地区的人民，不可能不知道管辖他们的政府，所以，拥有较高的知名度是政府的天然优势。这样，与企业公共关系相比，政府公共关系的任务主要是提高美誉度的问题，即树立"创新、务实、高效、廉洁"的政府形象，争取公众对政府工作的理解和支持，以便为各项行政管理活动的顺利开展创造有利的社会环境和社会条件。

（四）传播的优越性

任何组织开展公关工作都必须借助于传播工具。传播是联系组织与公众的桥梁和纽带。政府公共关系的传播条件与众不同，它拥有其他任何社会组织都无法与之相比的巨大优势。

1. 政府本身掌握着大量的大众传播工具

在我国，主要的新闻单位及出版、电影事业都由政府管理，政府还有自己的报纸。这在客观上使得公共关系计划能够得到严格保证，使公共关系部门在围绕政府中心工作开展的公共关系活动中牢牢地掌握了主动权，并且可以通过多种新闻工具从各个角度大量地、反复地进行信息"轰炸"，来加深公众的印象，提高公关工作的效率。

2. 政府的组织传播最为严密而迅速

许多社会组织在小范围内组织传播效率尚可，一旦组织过大则往往成为松散的集团，组织传播的效率就会降低。政府机构虽大，却组织严密，对组织传播无论是纵向的还是横向的都非常有利，可以使信息准确而迅速地在组织内部流动。

3. 政府公共关系综合运用传播手段

政府公共关系经常综合、交叉使用各种传播渠道、传播手段和信息载体。政府的许多政策都是先采取文件形式实施内部的组织传播，尔后再采取大众传播方式。有时则两种方式并用。这种多种方式并举的方法，在其他组织中比较少见。它是政府公共关系有效沟通的优势所在。

4. 政府可以通过控制信息以调整形象

在一些实行新闻审查和书报检查的国家里，媒体所传载的信息预先要经过政府的筛选。这种通过控制信息以调整形象的做法，也是其他任何社会组织所无法办到的。当然随着互联网的普及和影响力的扩大,政府控制信息的能力也在减弱。

（五）环境的系统性

任何公共关系都与社会环境有着某种程度的联系,环境是公共关系生存与发展的空间和土壤。企业或其他社会组织的公共关系环境一般只与本组织相关,涉及组织利益的局部性环境,而政府公共关系面临的环境更为广泛和宏观。

1. 政府公共关系受环境因素影响

政府公共关系深受自然环境、经济环境、政治环境、社会环境、人文历史环境等众多因素的影响,需要权衡考虑的环境因素更为复杂,对政府综合全局和整体协调的能力提出了更高要求。

2. 政府公共关系对环境有巨大影响

反过来,政府公共关系又对环境产生更大程度和更深层次的影响,它涉及每个公民的切身利益,涉及广大群众发挥民主权利参与国家管理的程度与广度,涉及国家政治生活的性质和状态,涉及整个社会的稳定、发展与繁荣。

因此,政府公共关系应将环境置于战略高度,从全局的视角看待和处理公关环境,在适应环境要求的同时,力争对环境发挥积极的能动作用。

（六）目标的公益性

任何组织开展公共关系活动,都是为了在社会环境中更好地生存和发展,更好地实现自身利益。如企业公关活动的主要目标就是追求更高的经济效益,实现利益最大化。而政府作为公共部门,在开展公共关系活动时绝不能单纯追求自身利益和经济利益,而应把公共利益和社会效益放在首位。

1. 公共利益

政府公共关系要实现和维护的是绝大多数人的合理正当利益,而不是少数人的利益。对公共利益的追求,符合人民群众的根本利益和长远利益,应成为政府公关的基本着眼点。

2. 社会效益

概括而言,社会效益是指某种产品或服务对社会所产生的效应,主要表现在公众反应和社会评价体系上。政府公共关系的社会效益即是政府的公共关系行为给社会带来的影响和作用的综合反映,表现在对社会关系的调整、社会环境的改善、社会文明的发展、社会的和谐进步等方面。政府开展公共关系活动的目标众多,促进经济发展,以及实现和维护经济利益只是其中之一，更重要的在于协调社会关系，稳定社会环境，促进整个社会的文明、进步和发展，也就是促进社会效益的提高。

评价各级政府公共关系成效的标准，要看其是否坚持公共利益和社会效益至上。只有如此，才能够得到人民的信任、拥护和支持，政府公共关系的初衷和效果才能够真正实现。

（七）资源的公共性

政府公共关系的实施运用的大多是公共资源。公共资源属于公共产品，至少属于准公共产品。具体来看，它包括报纸、广播、电视、网络等。在所有权上，它由国家所有，不属于任何私人或组织；在使用权上，政府运用公共资源更能够体现出政府公共关系的公益性和服务性。

当然，政府公关活动也采用了一些公共资源以外的其他资源，如公关顾问或法律顾问等。这主要是基于其专业性和工作效率考虑，并不对政府公共关系的性质构成影响。从整体来看，公共资源仍然是政府公关活动采用的主要资源。

（八）战略的稳定性

战略是对组织整体态势和长远发展的全局把握。公共关系战略就是在相当长一段时期内对组织的公共关系起到宏观指导作用的原则或方针。当内外部环境改变到一定程度，就会使组织进入新的战略阶段，公共关系战略也应相应进行调整。

就企业而言，企业的战略期基本可分为创始、发展、成熟、衰退、变革等几个较为明显的阶段，它取决于市场的瞬息万变。因此，企业的公共关系战略更为灵活。而现代政府的战略周期普遍漫长，对于外界环境的反应也较为迟缓。因此，政府的公共关系战略一般相对稳定，不易发生剧变。

值得一提的是，在政府公关战略相对稳定的情况下，公关策略是可以经常改变的。它作为对实现政府公关目标的方法技术的设计和运用，只有保持更新，与时俱进，才能够适应政府公关活动的各种新要求，满足政府公共关系发展的需要。

（九）定位的服务型

为公众服务是政府的根本宗旨，政府良好声誉的获得和形象的建树，最终取决于政府提供服务的质量和水平。因此，进一步提升政府的服务功能，已成为改善政府公共关系的适时回应和必然要求。尤其是随着市场经济和民主社会的发展，管理方式逐步由刚性向柔性转变，重视公共服务职能的意义更为明显。

第三节　政府公共关系的由来和发展

一、政府公共关系的由来

作为一种社会文化现象,公共关系的历史渊源流长。公共关系的起源、历史发展和社会经济基础有着密切的联系,在经济活动较繁荣的国家孕育了最初的公共关系。由于古代西方国家的政治体制、国家管理方式与古代中国有很大的差异,因此,政府公共关系活动有着各自的表现方式和特点。

(一)西方古代国家管理中公共关系活动的孕育

随着国际化进程的不断加快,当今社会市场经济飞速发展,经济体制不断变革,企业、行业间的竞争日益激烈,公关所扮演的角色也越来越重要,在国际舞台上开始大放异彩。公共关系作为一门学科出现不过百余年,但作为一种社会关系和社会现象客观存在却有着悠久的历史。

1. 古希腊时期的公共关系

古希腊是西方文明的源头之一,古希腊文明持续了约 650 年(公元前 800—公元前 146 年),是西方文明最重要、最直接的渊源。古希腊时期,国家的社会组织程度相对较低,专制集权制度和神权政治思想尚未形成,奴隶主阶级和平民阶级的男子都拥有选举权,并且可以参与一些国家公共事务,他们从事的这些公共活动类似于政府公共关系活动。

(1)诗歌为社会舆论服务。西方公共关系的起源要从古希腊的诗歌说起,古希腊时期诗歌已经十分发达,且富有旋律,易于记忆和流传。一些富有的王公贵族为了塑造自我的良好形象,便雇人写赞美诗,宣扬自己的美德和功绩。

西摩尼得斯和品达就是当时写赞美诗的优秀诗人,他们用诗歌为政治家服务,是承担社会责任的宣传员,类似于后世的公关专业人员。西摩尼得斯(Simonides of Ceos,约公元前 556—公元前 468 年)是爱琴海凯奥斯岛的抒情诗人、警句作者,他的诗歌创作具有泛希腊的意义,曾使全希腊激动的那些事件在他的作品中都得到了鲜明的表现。他写过酒神颂歌、胜利者颂歌、铭辞等各种体裁的诗歌,尤以写挽歌和献给阿波罗的舞歌见长。他的挽歌催人泪下,同时又能使人在悲痛中得到某种安慰。他歌颂希波战争各战役中英雄事件的诗歌非常著名,为温泉关之役殉国的斯巴达将士所写的墓志铭举世传诵。他在创作酒神颂歌的比赛中,曾 56 次获胜。

品达(Pindar,约公元前 518—公元前 438 年),古希腊抒情诗人,他被后世的学者认为是九大抒情诗人之首。他的作品藏于亚历山大图书馆，被汇编成册。

（2）"劝服"公众的技巧发达。古希腊的演讲与辩论艺术非常发达，在元老会或露天会场上所发表的演说时常能决定重要的社会和政治问题。政治家充分把握各种时机，如利用公众集会、元老会、各类公共活动场所来发表演讲，以宣扬自己的德政、树立好的形象，从而扩大影响力。

（3）创造特别的选举方式。古希腊统治者曾创造了一种有趣的投票方式——贝壳放逐法。公众可将他认为有可能危害民主政治的人的名字记于贝壳之上，如某人的票数过半，则被流放到国外，这是关注公众舆论的表现。这种计票活动对后世的选举方式影响深远。

2. 古罗马时期的公共关系

古罗马是指公元前 9 世纪初在意大利半岛（即亚平宁半岛）中部兴起的文明，古罗马先后经历了罗马王政时代（公元前 753—公元前 509 年）、罗马共和国（公元前 509—公元前 27 年）、罗马帝国（公元前 27—公元 1453 年）三个阶段。古罗马时期的公共关系活动颇有特色。

（1）用诗歌劝服民众。古罗马人在古希腊诗歌的基础上做了进一步修改，以更加巧妙的形式融合到公共关系活动中。政府也往往利用诗歌进行公共关系活动。

（2）转移民众的注意力。古罗马的管理者将公共娱乐作为一种公共关系的手段，麻痹人们的意志，其目的是使人们不再关注统治者的荒淫无度、不公正等腐朽现象。在公共娱乐的欢乐中，让民众忘记疾苦，这有利于统治者的管理。恺撒大帝善于沟通，是一位优秀的公关人才，他把征战中获得的大量财富用于公共娱乐活动，来转移公众的注意力。公元前 44 年，恺撒遭暗杀身亡，享年 56 岁。恺撒死后，其甥孙及养子屋大维击败安东尼，开创罗马帝国，并成为第一位帝国皇帝。

（3）获取公众的支持。古罗马官方非常注重公众的呼声和意愿，他们创造了这样的表达方式"大众的声音，就是上帝的声音"，这成为古罗马帝国国家管理中很重要的准则。

（4）最早的公关书籍。恺撒大帝言辞优美，在唇枪舌剑的辩论中独领风骚，获得选民的青睐而登上了独裁者宝座。他创办了世界上最早的日报——《每日记闻》，作为自己与臣民沟通的工具。恺撒大帝为了标榜自己，专门写了一本记载他功绩的纪实性著作《高卢战记》，语言朴实生动。这本书曾被西方一些著名的公共关系专家称为"第一流的公共关系著作"。恺撒大帝所写的《高卢战记》共七卷，记述他在高卢作战的经过，从公元前 58—公元前 52 年，每年的事迹写成一卷。

3. 其他国家的公共关系

考古学家在伊拉克境内发现了一块 1800 年前的农场公告板，公告板记载了一些早期的公共传播活动：关于农民如何种庄稼、如何灌溉以及如何收割等知识。在古印度王国里也散见一些公共关系活动。如交流的职能除了从事传播活动外，还要负责在公众中散布有利于国王和政府的传闻，引导舆论。据古印第安人记载，国王特使的职能除了打探各类消息外，还包括保持国王与公众的联系，鼓动公众支持国王，制造有利于统治者的舆论思想。

（二）中国古代国家管理中公共关系活动的孕育

中国是文明古国之一，有着博大精深的思想与文化底蕴。中国早在古代就产生了公共关系思想的萌芽，具体表现为：奉行仁义，讲究礼仪和诚信，注重人和，重视民意，讲究技巧。它是中华民族宝贵的遗产，是现代公共关系思想的历史源流之一。在古代，以树立统治者良好形象和巩固统治为目的的公共关系活动和公共关系思想很普遍，主要体现在以下几个方面。

1. 注重民意沟通信息

民心、民意是一种无形的力量，自古就为统治者所重视。统治者常常用"民为贵"的思想收买民心、民意来巩固其统治。这是一种权为民所用的清醒，是情为民所系的智慧，是利为民所谋的信心，饱含着真诚的提醒、善意的告诫，以及交流式的教诲、警示性的诚勉。

2. 注重官方交往的礼节

礼节就是待人接物时注重言谈举止和着装等，以最恰当的方式来表达对他人的尊重。在古代社会，通过人际交往和国家交往形成了注重辞令，注重人事，注重礼仪的优良传统。根据不同身份、不同场合，规范言行举止，如国家之间、君臣之间、官民之间等在交往时，对仪式仪表、礼仪规范都做了相对严格的要求，使双方的交往更加和谐。

3. 提倡人和、信义思想

在人际关系方面中国古代思想家也曾提出过许多有价值的观点。"人和"是儒家思想的精髓。春秋时期，孔子认为"礼之用，和为贵""己所不欲，勿施于人"；孟子提出"天时不如地利，地利不如人和"的思想，强调人和是时、地、人中最重要的因素。墨子也提倡"兼相爱、交相利"等。

"与朋友交，言而有信""言而无信，不知其可也""人无信不立"，都强调要守信用，这与现代政府公共关系活动中建立信任和取得支持的原则相一致。

4. 对外公共关系

（1）体现在军事活动中。中国古代社会战乱不断，如何利用策略争取盟友及树立容贤纳良的形象，不断壮大自己的队伍，瓦解和孤立交锋的对手，成为一门很重要的学问。各个国家都建立了有利的政策和有效的军事公关战略，如统治者对少数民族的"和边""和亲"等怀柔策略。汉元帝竟宁元年（公元前 33 年）正月，时为匈奴单于的呼韩邪第三次朝汉自请为婿，王昭君奉命嫁与其为妻，号为宁胡阏氏。文成公主（唐朝和亲公主，松赞十布王后）为吐蕃（西藏）带来了先进的技术以及唐朝人的热情与友好。

中国古代的说服技巧已很发达，东周洛阳人苏秦周游列国，宣"和纵"之说，使六国结成联盟，与秦国和平相处了十几年；而魏国人张仪凭借"三寸不烂之舌"，宣传"连横"主张，帮助秦国瓦解了六国同盟。

（2）体现在建立"友好"的睦邻关系中。丝绸之路在某种意义上也是"公关之路"，开启了中西交流的新篇章。明代郑和的七次下西洋，历时28年，途经30个国家，既展示了中华民族的灿烂文化，塑造了国家和政府形象，又加强了与亚非各国经济和文化上的联系。

5. 古代政府关系的危机意识

贞观年间，魏征要唐太宗"居安思危"，在《谏太宗十思疏》中，他就对"思国之安者，必积其德义"这个在当时历史条件下安邦治国的重要思想做了非常精辟的论述，并详细阐述了"居安思危"的具体办法。

南宋著名词人辛弃疾针对南宋王朝的内忧外患，写成《美芹十论》献给宋孝宗，文中提出了"审势、察情"等观点，希望南宋方面充实国力、积极准备，及时完成收复北方失地的重任。

（三）古代社会准政府公共关系的特点

古代社会传播手段相对落后，主要是人际传播和口头传播。空间和时间的限制决定了公共关系只能在一定范围内进行。在一种封闭的状态下，公共关系活动具有以下特点。

1. 政治性

中国古代社会公共关系具有浓厚的政治色彩和伦理色彩，准政府公共关系行为涉及经济领域相对较少，主要体现在政治和意识形态领域，这与当时经济不发达、统治者的最终目的仅为维护政权和统治的稳定有关。

2. 自发性和盲目性

古代公共关系活动大多是临时的、投机性的、不系统的、盲目的，一旦达到其目的，公众利益往往就被抛弃在一边，缺乏明确的、长期的、系统的公共关系计划与实践活动。

3. 神秘性

古代的公共关系传播，往往借助一些编制的神话和宗教迷信赢得公众的信任。王莽篡权时，当朝大学者刘歆、扬雄等制造所谓"天书符命"，来证明王莽即位才能应天承运。这些伪造的"天书"都是用来麻痹公众，为自己行为的"合理性"找借口。

二、政府公共关系的发展

近代以来，随着商品经济的发展、民主政治形式的确立以及技术革命所带来的传播手段的日趋进步，公共关系逐渐成为一种独立职业、一种艺术、一门科学。

一般认为，现代意义上的公共关系创立于20世纪初的美国。19世纪末20世纪初，为适应美国竞选、修宪、筹措资金、提高票房收入等活动的需要,开始出现了以游说、报刊宣传、民意测验等内容的公共关系活动,并提出了公共关系概念。

公共关系在创立的初期,主要运用在企业和工商界,以后逐渐扩大到其他社会组织。第一次世界大战期间,美国总统威尔逊为适应战争的需要,建立了以乔治·克里尔为主席的公众信息委员会,这是美国政府正式建立的专门从事公共关系的政府机构。该委员会的主要任务是组织公众舆论支持战争。为了保证战争的胜利,美国联邦政府不仅投入了大量的财力和兵力,而且发动了一场大规模的政府公关运动。为调动各方面的力量支持战争,美国政府提出了"战争能使世界顺利走向民主"的公关宣传口号。为了战争的需要,美国政府对电话公司实施控制,要求新闻界实施自我新闻检查。粮食部门要求人们节约粮食。此外,美国政府还发动了一场"为自由而捐款"的运动,以便为战争筹集资金,结果取得了巨大的成功。

第一次世界大战结束以后,在美国及其他一些国家,政府公共关系逐渐从一种具有"应急性质的随机活动"变成了政府部门的日常工作。在20世纪30年代的经济萧条和"新政"实施过程中,罗斯福总统领导下的美国政府运用娴熟的公关技巧,有效地影响公众,赢得了他们对政府经济政策及改革计划的支持,从而为新政的顺利推行创造了有利的社会心理环境和舆论环境。

第二次世界大战(简称"二战")期间,各交战国更是大量而又广泛地运用公共关系手段来为战争服务,具有浓厚公共关系色彩的心理战从内容到技术都更趋完善,"精神战争"的术语被收入词典。罗斯福总统的战争情报办公室负责所有的公共关系和战时宣传服务,其工作不仅大大鼓舞了盟军的士气,而且在敌人那里埋下了怀疑和失望的种子。

"二战"以后,公共关系为越来越多的人所了解、重视和信服,有了长足发展。政府公共关系开始被越来越多的国家所认识,逐渐成为一种全球性现象。"二战"后政府公共关系发展具有以下特点:第一,由于科技的进步,战后政府公共关系的技术和手段日趋先进。电子计算机、卫星通信等技术手段的广泛运用,极大地提高了政府公共关系的效率,拓展了其工作范围。第二,机构和人员的日趋专门化和职业化。"二战"后许多国家的政府开始将公共关系活动列为政府的一项专门工作,设置了专门从事公共关系活动的政府机构;或者在政府的有关机构内设置处理公共关系事务的职能部门,配置素质较高的专门公共关系领导和工作人员。第三,公共关系开始进入政府的高级决策层,发挥重要的参谋和咨询作用,成为决策者的智囊团。信息是决策的基础,公共关系部门的信息优势使其成为政府决策过程中必不可少的因素。第四,政府公关活动不再局限于中央一级,成为各级政府当局的日常工作。

三、政府公共关系在中国

(一)政府公共关系在中国的发展

20世纪80年代以来,随着改革开放的发展,公共关系也逐渐被国人所认识,并很快风行于各行各业、各个领域。短短十几年间,中国公共关系的发展呈现出突飞猛进的势头,跨越了引入学习阶段、骤热阶段和冷静反思阶段,开始步入健康、稳步发展的轨道。

中国公共关系事业的发展,是由企业界率先起步的。20世纪80年代初,领改革开放风气之先的南方一些企业和具有较高经营管理水平的酒店、宾馆,依照国外现代企业的模式设立了公共关系机构。随后,国内企业界的人士逐渐意识到公关事业对于增进企业经济和社会效益的重要性。因此,20世纪80年代中期以后,公共关系便以燎原之势,从南到北、从沿海到内地迅速发展起来。

1988年年底,新华社两位记者以"政府形象"为题,报道了上海市实行廉政的情况,很快引起了研究组织形象的公关界人士的格外关注。人们据此分析,我国公共关系的热点已经不再局限于企业界,而开始进入社会政治生活领域。经过多年的发展,我国的政府公共关系事业已经逐渐步入正轨,取得了明显的成效。这主要表现在以下方面。

1. 政府公共关系活动普遍化

一些大中城市结合地方文化特色,以树立城市形象、开展经济和文化交流为目的,运用公共关系策划方案,成功举办了一系列公关色彩很浓的社会活动。例如,潍坊的"国际风筝节"、淄博的"陶瓷琉璃艺术节"、哈尔滨的"冰灯节"、上海和成都的"电视节"、呼和浩特的"那达慕"大会、青岛的"啤酒节"等,这些活动在提高城市知名度、招商引资等方面都产生了积极的作用。

2. 政府公共关系机构普遍设立

1991年,国务院新闻办公室成立,之后全国人大、政协决定设立新闻处。近年来,在全国与地方"两会"期间,新闻发布会频繁召开,新闻发言人制度也越发成熟,一些地方政府还专门设立了公共关系事务局。

3. 政府公共关系制度化

从中央到地方,将为民办事、密切与群众的联系、设立解决民众突出问题的通道进行体制化。通过各项制度的设立和执行,将政府公共关系制度化,如信访制度的不断完善,"市长热线""行风评议"、12345群众热线的开设等,以此加强政府与社会公众的直接联系与沟通,提高行政管理效率,树立良好的政府形象。

（二）政府公共关系在中国发展的历史必然性

中国政府公共关系虽然起步稍晚于企业界,但其发展势头和成效不仅毫不逊色,而且在许多方面大有后来居上之势。这种情况的出现绝非偶然,它同我国改革开放和社会生活的巨大变迁有着必然的联系。可以说,政府公共关系在中国的发展有着深刻的社会历史必然性。

1. 政府公共关系是社会主义市场经济发展的必然要求

建立市场经济体制是我国经济体制改革的总体目标。这一新经济体制的根本特点在于：使市场在国家的宏观调控下对资源配置起基础性作用，使经济活动遵循价值规律的要求；通过价格杠杆和竞争机制的功能，把资源配置到效益较好的环节中去，实现优胜劣汰；运用市场对各种经济信号反映比较灵敏的优点，促进生产和需求的及时协调。所以，社会主义市场经济是一种完全不同于过去的计划经济的新经济模式。

随着社会主义市场经济体制的确立，政府的经济管理职能和管理方法及手段都必然要随之发生变化。过去那种行政力量统辖一切经济事务和经济活动的集权管理模式将完全被政府对经济的宏观间接调控模式所代替。政府的经济管理职能将更多地体现在对市场的引导、监督、保证、服务等方面。同时，管理手段上也将由过去单纯地运用行政手段逐渐地转变为行政、经济、法律、公共关系等多种手段并用的新的管理样式。

经济体制的转型及相随而来的政府职能和管理模式的转化，使政府公共关系的意义、作用日益显现出来。在新的经济体制下，政府要有效、成功地履行好经济管理的职能，就必须借助于公共关系这一手段。卓有成效的政府公共关系，能够有效地协调社会各方利益，完善政府同企业及各类经济实体的关系，争取公众对政府各项经济政策及改革措施的理解和支持，为本国或本地区的经济发展创造良好的外部环境和条件。因此，在市场经济条件下，重视发挥政府公共关系的作用，乃是形势发展的客观需要。

2. 政府公共关系是推进国家治理体系和治理能力现代化的需要

党的十九届四中全会强调："坚持和完善中国特色社会主义制度，推进国家治理体系和治理能力现代化，是全党的一项重大战略任务。"[①]把"国家治理体系和治理能力现代化"作为全党的一项重大战略任务，对于新时代社会主义事业来说具有重大而深远的理论与现实意义。国家治理的独特性在于：它凸显了国家政权的管理者向国家政权的所有者负责；它强调国家政权的所有者、管理者和利益相关者等多元行动者与政府、市场、社会等合作治理的模式；它把提升人民的公共利益与维持国家的公共秩序放在同等重要的地位，而增进人民利益和维护国家秩序的能力就是国家治理能力的主要表现。[②]

国家治理意味着国家公共事务的治理主体是多元的，政府需要与其他非政府的治理主体形成平等的、协商式的合作模式，治理方式上也更偏重基于政府与公众之间互动的调节手段与行为模式，政府角色与行为需要适应国家治理理念，因此，作为承担沟通与传播职能的政府公共关系有了更大的平台与用武之地，政府公共关系体系和能力客观上要与国家治理体系和治理能力现代化相调适、相匹配。[③]

①　新华社.中国共产党第十九届中央委员会第四次全体会议公报[EB/OL].[2019-10-31]. http://www.gov.cn/xinwen/2019-10/31/content_5447245.htm.

②　何增科.理解国家治理及其现代化[J].马克思主义与现实,2014(1):11-15.

③　张志海.新时代政府公共关系:视域、问题与对策[J].党政论坛,2020(9):35-39.

3. 开展政府公共关系是维护社会稳定的迫切需要

稳定是发展和改革的前提,发展和改革必须要有稳定的政治和社会环境。我国当前正处于体制转轨时期,人们思想观念的转变需要一个过程,各方面利益关系变动较大,各种矛盾可能会比较突出,保持稳定因而具有重大的现实意义。一句话,没有稳定的社会政治环境,一切都无从谈起。

维护社会稳定的任务在于:消除群众的各种疑虑和误解,缓和或化解各种矛盾和冲突,以减少或消除可能发生的社会动荡,形成一种巩固、稳定、和谐的社会政治局面。要做到这一点,除了要依靠各项改革开放的决策正确、措施得力,并在实践中取得实质性进展之外,还需要通过政府公共关系方面的工作,来宣传、说明、解释政府的决策意图和配套措施,以争取群众的理解和支持。对一些涉及群众切身利益的热点、敏感问题,如住房、工资、物价等方面的改革,更需慎重。在改革前及实施过程中,必须加强与群众的联系,倾听他们的呼声,尽可能满足他们的合理要求,并采取相应的补救、配套措施,以确保有关改革前途的一些决策措施的实施,不至于由于缺乏沟通而引起群众的误解或不良反应,从而达到维护社会安定大局的要求。

4. 开展政府公共关系是对外开放的必然结果

对外开放是我们的基本国策。经验证明,开放是激发内部活力的重要条件。我们这些年来所取得的经济和社会成就,同对外开放政策的成功实施有着不可分割的联系。

对外开放不仅是经济开放,也包括政治、文化、信息方面的开放;不仅是国与国之间的开放,也意味着地区与地区之间、部门与部门之间的开放。在这种大范围、多层次、全方位的开放格局中,国家、地区、部门要建立和发展同外部世界的联系与合作,首要的前提是必须了解对方,并让对方了解自己;否则,所谓交流、交往与合作就成了盲目的行动。要达到相互了解的目的,就需要发挥政府公共关系信息采集、双向沟通的功能。从这个意义上讲,政府公共关系既是对外开放的要求,也是它的条件。

(三) 政府公共关系的发展趋势

政府公共关系是一项继往开来、与时俱进的工作,对时代变化和科技发展极为敏感,如今政府公共关系正向现代化趋势发展。

1. 政府公共关系基础理论的演变

政府公共关系学科研究的对象综合化,必须广泛吸纳社会科学、人文科学等学科知识,因而它是一门交叉学科。随着政府公共关系的发展变化,其基础理论也在不断地变化,由推销理论到传播理论,并向社会管理理论过渡。整个理论基础的转变,要求在政府公共关系工作中,应以公众的需要和社会发展需要为前提,来策划政府公共关系活动,并强调政府公共关系活动的宣传效应和社会效应。

2. 政府公共关系职能的扩充

20世纪80年代,政府公共关系在我国发展迅猛,但人们对其认识和理解是局部的、片面的,还仅仅局限于人际交往,故认为开展政府公共关系就是进行政府公共关系资源开发,将主要任务定位于"请客吃饭"等一些接待应酬的琐事,利用人际圈解决遇到的一些困难;"吃好""喝好""陪好""玩好"成为衡量政府公共关系成功的标准。经过十几年的发展,"交际""接待"已不再是政府公共关系的主要部分,而只是在政府公共关系职能体系中扮演一种辅助的形式。现代政府公共关系的职能体现在多方面:收集信息、政府形象塑造、协调沟通、传播设计、危机管理、参与决策、咨询建议等,这些职能大大拓宽了政府公共关系的活动范畴。

3. 政府公共关系运作的整体化

早期政府公共关系的整体运作模式处于一种零散化的、非专业化的状态,只是简单地开展活动、发布消息等,策划的公共关系活动既无法满足公众的需求,也与政府的初衷相背离,宣传活动之间不能形成连锁效应和规模效应。现代政府公共关系在具体的运作过程中,强调战略性、整体性和系统性,打破了传统政府公共关系"各自为政"的散乱状态。战略性主要指根据组织战略目标规划、开展政府公共关系策划等系列活动;就整体性而言,政府公共关系有一项基本的职能就是公共关系调查,不仅要了解社会公众的生存环境、思想理念、价值判断等方面,而且要掌握组织发展战略,做到"知彼知己,百战不殆"。政府公共关系策划中需要各方面的有机配合,因而强调系统性,如大众媒介和公共关系活动的结合,通过密集的、系列的公共关系宣传活动达到传播的目的。

4. 政府公共关系活动的手段、形式多样化

一方面,政府充分利用传统的大众媒介,如广播、电视、报纸等;另一方面,政府又利用现代网络等先进技术,针对不同性质的工作和不同公众,利用不同的传播方式进行政府公共关系活动。由此可见,政府公共关系活动的手段越发多样化,一些直接能够被群众接受的方式也运用到了政府公共关系活动中,比如自媒体、网络语言等。

5. 政府公共关系范围的全球化

全球经济的一体化促进了各国之间的交流,各国对外政治、经济、文化的交流成为必然趋势,但在交往过程中由于文化背景的差异性、利益的不对等性等,难免会产生一些误会和摩擦,这就需要各国政府公共关系活动应具有国际意识,在国际事务中充分发挥其应有的作用,进行跨国性的公共关系交流和合作。[①]

---

① 许开轶.政府公共关系学[M].南京:南京师范大学出版社,2016.

第四节　政府公共关系的基本类别

按照不同的标准划分,政府公共关系包含不同的类别。这里结合相关专家的研究,梳理内容如下。

一、按照政府公共关系活动性质划分

（一）政府常态公共关系

政府公共关系有轻重缓急之分,在日常状况下,政府运用公共关系的理论和方法,向公众开展的宣传信息、普及教育、推广政策等以塑造形象为目标的活动,统称为政府常态公共关系。

政府常态公共关系主要包括政府政策的宣传、政府日常工作的开展、定期新闻发布会的召开、宣传政府形象的公益广告、政府以及政府工作人员与公众的交流等。

政府常态公共关系是政府公共关系的重要组成部分,可以说,政府公共关系活动中有90％左右都属于常态公共关系的范畴。因此,政府常态公共关系在政府工作中发挥着举足轻重的作用。第一,政府常态公共关系要做好政策的宣传推广工作,以推动政策的顺利执行。政策制定和执行前,政府要通过多种渠道,包括宣传板、黑板报、媒体、网络等进行宣传,使公众充分了解政策的内容和意义,保证政策的顺利落实。政策执行期间仍要随时做好公众的说服、解释工作,减少公众的疑虑。政策执行后政府公关组织要针对政策的执行效果进行调查,了解公众的意见和态度,以便进行政策调整和完善。第二,政府常态公共关系的重要职能是协调政府与公众的关系。政府通过自己的公关机构以及政府全部人员的公关活动、日常工作拉近政府与公众之间的距离。改变政府一贯的严肃、刻板形象,增进公众对政府的了解,化解矛盾,使政府与公众之间形成良性互动的和谐关系。政府公共关系应成为连接政府与公众的桥梁和纽带,成为体现执政为民、展现亲民作风的一扇窗口。第三,政府常态公共关系有利于提高政府的执政水平,维护国家的长治久安。政府通过日常公共活动的开展,提高政府工作人员的服务意识、公关意识,将公仆精神贯穿到公共关系实践的每一个细节,进而加强政府的公关能力。一方面,政府公关能力的提升有利于政府政策的贯彻和执行,保证国家政治、经济、社会生活的有序进行;另一方面,政府公关能力的提升能够最大限度地增强公众对政府的支持和信任,从而建立政府与公众之间的和谐关系。第四,政府常态公共关系的根本职能是塑造政府形象。政府形象包括公众对政府价值标准、政府高层领导素质、政府工作人员形象、政策效果、工作能力等诸多因素的印象总和,体现着政府主体特征与公众感知反映的互动关联。政府形象的塑造不是一蹴而就的,它需要全体政府工作人员在点点滴滴的日常实践中坚持不懈的努力。因此,政府常态公共关系的持续、有效开展是塑造政府形象的基本手段。

政府常态公共关系贯穿于政府日常工作的始终，是公众了解政府、获知政治信息的窗口。同时也是政府树立形象，调解与公众关系，增强执政能力的有效手段。各国都把政府常态公共关系活动的开展纳入政府绩效考核范围，使之成为衡量政府是否有作为的重要指标。

（二）政府危机公共关系

与政府常态公共关系相对，政府危机公共关系是指在危机情境中，政府借用公共关系手段控制事态、解决矛盾、引导舆论、凝聚民心、挽回影响、重塑形象等。

随着公众民主意识的增强以及一些社会矛盾的加深，各种形式的危机事件频发，危及全体社会公众的利益。政府作为人民利益的代表，有责任也有义务加强对危机事件的管理。通常情况下，政府危机公共关系包括召开新闻发布会、成立应急处置小组、信息监测与传播、媒体关系管理等。

当危机事件发生时，政府危机公共关系对于修复、重塑政府形象起着关键作用。因此，能否及时、有效地处理危机事件，是检验现代政府抗风险能力的重要标准。面对危机事件，政府要做好以下工作：第一，政府相关部门迅速行动。危机发生后，政府相关部门的第一时间的反应至关重要。相关领导、人员、媒体、救援物资等要尽快到达，做好部署。第二，全面获取危机事件信息。通过各种媒介渠道收集并检测媒体传播的各种关于危机的信息。全面信息的获得，既可以帮助政府迅速地对危机事件的性质做出研判，尽快给出解决对策，又可以及时更正不准确的信息，预防谣言的负面作用。第三，协调各方面关系，统一思想。由于危机事件的不确定性和突发性等特点，使公众对危机事件的认识不清，容易产生恐慌、焦虑等情绪。这时，就需要政府公关部门以适当的方式，将全面的危机信息传递给公众，并将政府积极解决危机事件的理念巧妙地渗透在信息之中，增强公众的信念，凝聚公众团结一致对抗危机的信心。第四，善于发挥媒体的积极作用。公关人员应主动与媒体合作，提供报道材料，引导舆论报道。积极召开新闻发布会，统一口径，做到权威发布。第五，完善危机的后续处理。危机事件的后续处理工作经常被政府所忽视。其实，完善危机的后续处理，对于安抚群众、稳定人心、重塑政府形象意义重大。因此，政府公关部门在危机事件处理后期，仍要积极总结检查，及时向公众发布事件处理结果或整改措施，落实损失赔偿，提供善后服务等。

二、按照政府公关工作方式划分

（一）宣传型政府公共关系

宣传型政府公共关系主要是指政府通过各种传播媒介向公众表达自己的某种意愿，或将某个政府决策告知公众，以使政府信息快速到达公众，形成有利的社会舆论。政府日常工作中很大一部分都属于宣传型政府公共关系的范畴。例如，政府公益广告、宣传板、新闻发布会、记者招待会、交流会、印发宣传品、政府开放日活动等。通过宣传型政府公共关系活动的开展，政府的信息可以迅速地为公众所熟知，在社会上形成讨论，引发民众的参与兴趣，有利于政府工作的开展。

2010 年，上海市政府为世博会的召开所开展的公共关系活动，是宣传型政府公共关系的典型案例。2010 年 5 月 1 日至 10 月 31 日，第 53 届世界博览会在中国上海召开。为加强世博会的宣传推介工作，上海市通过组织新闻发布会、利用信息网络、杂志等各种平台不断加大宣传推广力度。通过互联网、多媒体等技术，将实体世博会的展示内容以虚拟和现实相结合的方式，呈现在互联网上，并由组织者、参展者和参观者共同构建一个能够进行网络体验、实时互动并具有其他辅助功能的世博会网络平台。上海市还携手其他传媒集团共同打造"城市之窗"的世博会主题秀，"迎世博 600 天行动"计划等活动，使公众可以通过各种不同渠道了解、熟悉世博会的情况。

（二）服务型政府公共关系

服务型政府公共关系是指政府通过提供各种类型的服务来获取公众的理解和信任，从而达到建立政府良好形象的目标。与宣传型政府公共关系相比，服务型政府公共关系更加强调政府通过实际行动为公众利益带来好处。服务型政府公共关系集中体现了社会本位和公民本位的理念，主要包括政府提供的各种便民利民措施、各种公益活动、文体活动等。服务型政府通过各种公共关系活动的开展，使内部更加顺畅协调，外部环境更加和谐良好。

服务型政府公共关系的开展需要以政府为主导，转变政府职能，对政府进行全方位的深化改革。首先，在行政理念上做到以民为本，公众至上。人民是国家的主人，政府是人民的公仆，政府必须为人民服务，对人民负责。只有在思想意识上坚定这样的理念，才能在实际工作中急人民之所急，想人民之所想，做到真正为人民服务。其次，在行政手段上开展电子服务。信息化时代和网络时代的到来，使政府可以做到"24 小时在线"，这样大大降低了行政成本，提高了服务效率，更重要的是使公众能够更广泛、更便捷地获得政务信息和服务。再次，在政府行政程序上做到公开透明。政府的政策、办事流程、常用法规以及办事结果等都要及时公开，接受公众的监督。最后，在行政规则上做到依法行政。只有依法办事才能摒弃行政过程中的"暗箱"操作，提高行政效率，减少腐败行为的发生，使政府权力真正为民谋福利。

（三）征询型政府公共关系

征询型政府公共关系是指政府为制定决策、开展活动等需要，通过信息采集、民意测验、舆论调查等方式向公众征求意见和建议，了解公众舆论和意向的公共关系活动。与宣传型政府公共关系主要向公众传播信息相反，征询型政府公共关系以向内汇集信息为主。

征询型政府公共关系的具体形式，包括政府部门开展的各种类型的咨询活动（如热线电话、市长接待日、市长邮箱等）、走访市民、民意测验、建立来信来访制度等。征询型政府公共关系要求政府积极采取措施，鼓励公众参与到社会公共事务的管理中，并给出他们提出意见和建议。政府工作人员在征询型政府公共关系中的角色是一个"倾听者",需要放低自己的姿态,虚心、认真地倾听民众的意见,做好政府与公众之间的中介,保持政府组织和社会环境之间的动态平衡。

近年来,成都、广州、铜陵等多个城市都先后开展"假如我是市长"的征文活动,虽然表面上只是针对中小学生的征文活动,但实际上是为政府职能部门出谋献策。如改善环境卫生,增加贫困地区教育投入,兴建幼儿园、福利院等公益设施,加强老旧房屋改造等建议,都逐步为政府所采纳,并落实到政府的日常工作中。同时,报纸、电视、网络等媒介也开展了相应的为政府献计献策的活动,鼓励市民参政议政,讲实话、讲真话。此类征询型政府公共关系活动的开展,收到了良好的社会效果。一方面,政府及时、广泛地了解了民众对社会生活的需求、对政府的期盼;另一方面,提高了公众对社会活动的参与兴趣,自觉地加入社会治理中,极大地增进了民众的凝聚力和向心力。

三、按照政府公关活动对象划分

(一)政府内部公共关系

政府内部公共关系是政府有关部门通过各种传播媒介面向政府内部工作人员开展的,以提高政府行政效率及提升政府组织形象为目的的公共关系活动。此类型的公共关系活动致力于在政府内部形成一种积极向上的行政文化,来引导整个政府公关工作的开展,使政府全部工作人员都自觉地为塑造政府良好形象不断努力。同时,政府内部公关力求通过以上的交流沟通过程,来了解政府成员对于政府的态度、意见和看法,为政府内部人事制度的改革以及各种内外部工作的开展,提供有效的参考信息和科学的决策依据。

政府内部工作人员不仅在行政上隶属于政府,同时他们作为政府机构的细胞,与政府的利益息息相关,是政府机构顺利运转的基础。建立和协调好政府与其工作人员之间的关系,对于政府社会职能的发挥至关重要。因此,政府内部公共关系要在以下几点上下功夫:第一,统一思想,形成内部凝聚力。政府机构要开展形式多样的教育活动,引导政府工作人员树立共同的目标和价值观,并在思想和行动上自觉地建立和维护政府形象。同时,政府机构要为其工作人员创造良好的工作环境、人际环境,满足他们的合理要求,提高其工作的积极性和创造性,形成内部凝聚力。第二,充分体现政府工作人员的"公众"地位。在政府内部公共关系中,政府工作人员是公关活动的服务对象,享有与公众一样的知情权、参与权和决策权。因此,要保证政府内部信息的双向交流,使工作人员能够充分地获得组织信息。同时,设置合理的参与渠道,保证工作人员能够平等地参与到政府决策的制定中,而不会因意见的不同被压制。第三,设置专门的政府内部公关部门。企业和政府的公关部门主要业务是对外的,很少涉及内部公关。鉴于政府内部公关可以有效发挥政府行政能力,促进政府危机的化解,是实施政府外部公共关系的基础等重要性,应该建立专门的政府内部公关部门,以协调和处理政府与其工作人员之间的关系。同时,政府公关人员的工作范围应包括:监测媒体报道,为政府领导发布信息并提供咨询,管理媒体关系,向公众直接发布信息,在不同政府部门之间共享信息,策划传播策略与活动,监测并评估舆论等。第四,加快政府内部公关相关理论的建设。我国公共关系理论方面的研究起步较晚,相关理论正处于完善中。政府公共关系理论更是有待于进一步的发掘。只有理论上的不断丰富和成熟,才能指导实践沿着正确的方向发展。

（二）政府外部公共关系

政府外部公共关系是指政府有关部门通过各种传播媒介与除政府职员以外的公众之间的双向交流,以促进政府与公众之间的和谐关系,树立"民主、法治、廉洁、高效"的政府形象。政府外部公共关系既包括政府与本国执政党、企事业单位、社会团体、普通公众等的关系,也包括政府与其他国际组织、其他国家的政府、公众之间的关系。

政府外部公共关系是政府公共关系活动的主要指向,直接决定着政府在本国以及外国公众心目中的形象。因此,一个国家的政府部门必然动用政治、经济、外交等多种形式的公关活动协调与外部公众的关系。第一,在处理同执政党的关系时,政府部门要在接受执政党的政治领导的同时,采取政策协调、管理协调、工作协调等方式共享信息、加强沟通、共同制定决策。同时,正确处理政府与执政党之间的矛盾,双方应该从国家的大局出发,互相理解,求同存异,加强团结,用积极的态度化解冲突。第二,在处理与企事业单位的关系时,要坚持政企分开、政事分开的原则。扩大企业的经营自主权,充分发挥企业的能动性,改变政府大包大揽的作风,使企事业单位独立组织经济生产和社会活动。同时,政府要发扬为人民服务的优良作风,自觉为企事业单位做好服务工作,加强和企事业单位之间的信息沟通。第三,在处理与社会团体的关系时,一方面,要建立制度规范,保障社会团体的合法利益,鼓励社会团体积极参与到政府的工作中来,发挥他们在决策咨询和稳定政局方面的作用;另一方面,建立与社会团体的沟通交流机制,积极听取意见,帮助其解决实际困难,加强双方的联系。第四,在处理与普通群众的关系时,要真正体现以民为本的思想。时时处处将人民的利益放在第一位,坚持走群众路线,多倾听人民的呼声,多采纳合理建议,改进政府工作。第五,在处理与国际公众的关系时,要在保证国家利益、国家形象高于一切的基础上,遵守现行的国际行为规范,采用恰当的交流方式与国外公众展开真诚的交流。[①]

第五节　政府公共关系的工作程序

政府公共关系工作纷繁复杂,形式多样,不仅具有较高的艺术性,而且具有较强的科学性,它使政府的形象管理具有高度的计划性、连贯性、节奏性和规范性。从事政府公共关系工作的人员已开始按照调查研究、制订计划、实施计划和评估结果这四个工作步骤,

---

① 姜波,于嵩昕.政府公共关系新论[M].南京:南京师范大学出版社,2019.

运用科学的理论和有效的方法处理和解决各种问题。这四个工作步骤前后相继、互相衔接，形成了一个完整的工作流程，被公关专家们称为"四步工作法"。

一、调查研究

政府公共关系工作中的调查研究，主要是了解那些受政府机构影响的社会公众对政府路线、方针、政策和行为的意见、观点、态度的反映，提出政府机构对自身形象的期望与社会公众对政府形象的实际评价之间所存在的差距。它是政府公共关系工作程序的第一个步骤，是做好公共关系工作的基础。

（一）调查研究的原则

1. 客观性原则

调查的客观性是政府公共关系人员应遵循的最重要原则。政府公共关系人员在调查过程中，应从客观实际出发，要注意区分公众的客观态度和主观臆想。在调查过程中，只有把握了调查对象的客观态度，才能对公众的有关评价得出科学、准确的结论。政府公关人员在调查过程中，切忌主观性，不可随心所欲地给客观事实加入主观猜测的成分，而应随时随地地从客观事实出发，不回避更不掩盖事实。只有这样，才能充分保证调查结果的信度和效度。

2. 全面性原则

政府公共关系调查的全面性要求公关人员在收集调查对象对政府组织形象的评价时，必须注意收集各方面公众的意见。这里应注意两点：一是调查对象必须能够代表公众。如果调查对象没有代表性，即使他们对政府组织的形象评价是客观的，也不能代表公众的整体态度。所以，必须用严格的科学方法收集所有有代表性的调查对象的客观态度。二是调查所得的资料必须全面。既要有调查对象的正面意见，也要有调查对象的反面意见；既注意一方面公众的意见，也注意另一方面公众的意见；同时，应注意各种意见之间的联系，不能一叶蔽目，不见泰山。以偏概全的调查对政府是十分有害的。

3. 计划性原则

公共关系调查是政府形象管理中的重要一环，政府不可期望通过一次调查获得所有的情报。公共关系调查工作应列入政府的整体运作计划中，使之制度化、规范化。政府公共关系调查的制度化、规范化不仅可以使政府适时得到有价值的信息，同时也可以不断地总结调查的经验，提高调查工作的质量。另外，对一项具体的调查工作来说，事前必须制订一个完整的、严密的调查计划，对调查任务及完成任务的人力、物力做出合理的安排，对调查中可能遇到的各种问题及其对策都要考虑充分。这样才能保证调查的顺利进行，提高调查工作的效率。

（二）调查研究的内容

1. 确认问题

政府公共关系人员只有将调查的有关政府自身形象和公众对政府形象的评价两方面的资料、数据进行整理、分析、加工，从而把握确认存在的问题，才能指导政府公共关系的开展。具体来讲，确认问题时应注意以下几点。

（1）要厘清头绪。政府公关人员调查得来的资料、数据往往是零乱的、纷杂的。为了厘清头绪，把握症结，政府公关人员首先要利用分组法，把情况、性质相同的资料按不同的标准分门别类，以划清影响政府公共关系的原因和因素，找出解决问题的对策。分组时要注意囊括所有的资料，类别内的对象是同质的，类别间的性质是相斥的。

（2）要抓住要害。政府公共关系人员在进行调查研究时，往往会发现很多问题。这就需要通过去粗取精、由表及里的分析，从影响政府公共关系活动效果的众多因素中找出那些本质的、主要的、为公众感兴趣的问题，这样才能取得明显的公关效果。

（3）要找出症结。找出症结，就是要对存在的问题进行因果分析，找出产生某些政府公关问题的原因。应注意把一般情况同整个复杂的系统联系起来，从总体上、本质上深入理解和把握问题的症结，对政府公共关系问题进行归因。

（4）要排列成序。政府往往有很多公关问题需要解决，这就需要根据轻重缓急排列次序。排列问题的方法有两种：一种是按问题的紧迫程度，把那些需要立即处理的问题排在前边，而把那些可以在今后一段时间内解决的问题排在后边；另一种是按问题的重要程度来排列。有时，这两种方法排出的次序大体相同，因为许多最重要的问题往往也是亟待解决的问题。但是，有时最重要的问题并不是马上需要处理的。这时，公共关系人员在着手解决那些亟待处理的问题时，要时刻想到还有最重要的问题等待解决。

2. 确定公众

社会公众是政府公共关系工作的对象。但是，公共关系工作中的"公众"是具有特定含义的，它表现为和本政府机构有重要利益关系或影响力的那一部分个人、群体或组织。一个政府机构到底哪些才是主要的公众，要由这个政府机构的性质和任务来确定；到底哪些才是一个政府机构具体公关活动的对象公众，要由这个政府机构在公共关系中存在的问题来确定。由此可见，所谓确定公众，就是一个政府机构的公关部门寻找和确定自己所要从事的活动的对象，以使公共关系有的放矢。

在确定公众时，必须调查清楚对象公众对某一种形势、某一项方针政策、某一项计划的知晓程度；调查清楚对象公众对各种问题所持的基本态度和价值取向；调查清楚对象公众对政府的政策、行为或某个有关问题准备或已经采取的行为，以及将会或已经产生的影响程度和范围。准确掌握这些资料，就能确定对象公众的构成、类型和所处的行为阶段，为正确确定公共关系工作的重点与最佳措施创造前提条件。

（三）调查研究的基本步骤

1. 确定调查任务

确定调查任务是公共关系调查的第一步。政府公共关系调查研究的任务是由调查的内容确定的，根据不同的调查内容，确定不同的调查任务。调查任务不同，调查中所使用的方法、技术手段和测量指标也有所不同。

2. 制订调查方案

首先，根据调查任务的需要，设计一个详细的调查提纲，将所要调查的问题详尽地列出来，使调查任务具体化、指标化。其次，在调查方案中应确定具体的调查范围、调查对象以及调查对象的选取方法。例如，调查是在全国范围内进行还是在全省范围内进行，是在一种公众中进行还是在几种公众中进行，是采用普查的方法还是采用抽样的方法。最后，还应给出具体的调查方法，说明用哪种方法或哪几种方法进行调查。

3. 收集调查资料

收集调查资料的过程，实际上就是调查方法的实施过程。在收集调查资料的过程中，必须注意技术手段的恰当合理运用。技术手段运用得合理与否，不仅影响所要收集的资料的数量，更重要的是影响资料的质量。没有足够的保证质量的调查资料作为依据是不可能得出准确结论的。

4. 处理调查结果

处理调查结果是政府公关调查的最后一步。它包括两项内容：一是整理调查资料，二是形成调查结果。整理调查资料就是对调查中所取得的全部资料进行检验、归类、统计等。对调查资料进行检验是必须要做的工作。通过检验工作，排除虚假的资料，补充缺漏的资料。形成调查结果是将经过统计的数据列成图表，用形象地位差距图显现出来，并对此进行文字分析，最后形成一份完整的调查报告；调查报告形成以后，应对调查结果和整个调查过程进行一次总体评价，就调查的科学性、准确性给予必要的说明。调查结果和调查报告应及时提供给政府中的有关人员。

二、制订计划

（一）制订计划的原则

制订计划是政府公共关系工作中的中心环节，政府形象的塑造在很大程度上取决于计划的成败。因此，政府公关人员在制订计划时，不可随心所欲，应坚持以下原则。

1. 尊重客观事实的原则

政府公共关系人员在制订计划的过程中，要始终坚持以客观事实为依据，并尊重客观事实。没有事实，便无所谓公共关系计划的制订。也就是说，在现实生活中不存在的事物，就没有政府公共关系传播的内容。出现了什么事情，就说什么事情。言出无据，只会失信于公众。另外，要据实公开，做到客观、真实、全面和公正。尊重客观事实的原则，对处于不利情况下的政府组织来说尤为重要。敢于承认不利的事实，才可能理智地制订计划。如果企图掩盖事实真相，只能使政府组织走向自己愿望的反面。

2. 独创性与连续性相统一的原则

不同的政府组织的主客观条件不一样。即使是同一个政府组织，其自身条件和环境也是不断变化的。所以，制订计划必须要有一定的独创性。政府公共关系人员要根据社会条件的变化、公众心理状况的变化、组织内部的变化制订新的计划，使政府公关活动能先声夺人、标新立异，取得更好的效果。值得注意的是，政府形象并非靠一两次成功的活动就能得到迅速改善并保持不变的，政府形象效果具有一定的累积性。因此，政府公关人员在制订公关计划时，不仅要考虑本次活动的独创性，还要考虑本次活动与前后活动的连续性，使独创性和连续性统一起来。

3. 计划性与灵活性相统一的原则

政府公关人员制订的计划，将列入政府组织的整体计划中，构成政府整体运行计划中的一部分。因其涉及政府各方面工作的协调，涉及人、财、物的配备，具有较强的计划性。所以，计划方案一旦确定，在通常情况下是不能轻易改变的。只有这样，才能保证整个计划的贯彻执行。但是，由于政府的主观条件和外部环境随时都在发生变化，政府公共关系人员在制订计划时，应使所选定的行动方案有充分的回旋余地，针对可能发生的情况，考虑灵活的补救措施，使公关计划方案具有一定的灵活性。只有坚持计划性与灵活性相统一的原则，才能保证计划目标的实现。

（二）政府公共关系计划的内容

政府公共关系活动计划一般包括确定目标、选择媒介、编制预算、审定方案等内容。

1. 确定目标

确定政府公共关系工作的具体目标是制订公共关系计划的前提。没有目标，公关计划无从谈起。公共关系工作的具体目标是同调查分析中所确认的问题密切相关的。一般来说，所要解决的问题也就成了公共关系工作的具体目标。政府公共关系工作的具体目标与公共关系的总目标乃至政府的总目标是不同的。具体目标应是总目标的一部分并受到总目标的制约。政府的公共关系目标是指导和协调政府公共关系工作的依据，是评价行动方案、实施效果的标准，是政府公共关系的出发点和归宿。从政府公共关系活动的作用来看,政府公共关系的目标就是向社会公众传播信息,联络政府与社会公众之间的感情;改变社会公众态度,引领社会公众行为。其中,传播信息是最基本的目标,联络感情是通过日积月累才能实现的目标,改变态度是主要目标,引起行为是最高目标。例如,政府要实行经济体制改革,就要通过公共关系向社会公众大力宣传改革的原因和改革的步骤、方法、目标等,由此引起社会公众拥护改革,并积极投身于改革。这样,宣传经济体制改革的公关活动就实现了最高目标。

确定目标必须注意以下几点:一要明确、具体。明确是指目标的含义必须十分清楚、单一,不能使人产生多种理解。具体是指所提出的目标是可直接操作的,要规定出定性指标和定量指标,要有明确的内容和任务要求,而不是泛泛的、抽象的口号。二要建立一个目标体系,即应有长期目标、中期目标、年度目标和具体工作目标四类。长期目标是建立完美的政府形象的理想目标;中期目标是 5～10 年中公共关系工作所要实现的目标;年度目标是一年中公共关系工作所要完成的任务;具体工作目标是为专门的公共关系活动制订的目标。三要具有可行性和可控性。所谓目标的可行性,是指确定的目标要现实,既不能太高,也不能太低,需通过一定的努力可以达到。所谓目标的可控性,是指所确定的目标要有一定的弹性,要留有充分的余地,以备条件变化时能灵活应变。

2. 选择媒介

各种传播媒介是公众与政府机构联结起来的纽带和中介。公共关系目标一旦确定,就必须选择传播媒介,通过传播媒介使公共关系目标在政府机构与公众之间确立某种联系。选择传播媒介的基本原则如下。

(1)根据公共关系工作的目标、要求选择传播媒介。各种媒介都有其特定的功能,适合为公共关系的某一目标服务。选择媒介首先应着眼于政府公共关系的目标和要求,如果政府机构的目标是扩大影响,让广大公众了解政府的信息,可选择大众传播媒介;如果政府机构的目标是缓和内部紧张关系,则可以通过人际传播与群体传播,通过会谈、对话等方式加以解决。

(2)根据不同对象选择传播媒介。政府公共关系面对的公众数量大、结构复杂,要想使信息有效地传达到目标公众,就必须考虑到目标公众的经济状况、教育程度、职业习惯、生活方式及他们通常接受信息的习惯等,根据这些情况再分析选用什么样的媒介。例如,对文化较落后又没有电视的山区农民采用有线广播与人际传播;对喜欢阅读思考的知识分子,应多采用报纸、杂志等传播媒介。

(3)根据传播内容选择传播媒介。不论是个体传播、群体传播还是大众传播,每种形式都有鲜明的特点和一定的适用范围。选择媒介时,应将信息内容的特点和各种传播媒介的优缺点结合起来考虑。例如,对内容较简单的快讯可以选择广播,它覆盖面广、传播速度快,对文化水平要求不高;对较复杂、需要反复思索才能明白的内容,最好选择印刷媒介,那样可使人从容研读、慢慢品味。

(4)根据经济条件选择传播媒介。俗话说:"看菜吃饭,量体裁衣。"政府的公共关系活动经费一般都很有限,而越是现代化的传播媒介费用就越高,所以制订计划时,要选择恰当的媒介和方式,以较少的开支争取最好的传播效果。

3. 编制预算

编制预算是指按照确定的目标，将完成这一项任务所需要的费用一一开列出来，编制一个详细的预算表，既能保证经费用得合适而有效，又有利于在落实计划过程中的资金控制。政府公共关系活动的经费大体由以下项目构成：①重大公关项目的专项费用，用于大型会议、纪念活动、影片制作、视听节目、展览会等；②一般公关项目的费用，用于制作宣传小册子和刊物、开展调查活动和民意测验、召开小型会议等；③器材购置费用；④日常办公费用；⑤特殊事件的费用。编制预算通常以一年为期。在所有公关预算项目中，除了一些经常性的费用之外，其余都有较大的伸缩性。因此，在编制预算时要以保证公共关系活动的正常开展和目标的实现为前提，既注意节约，又留有余地，力争符合高效、经济的原则。

4. 审定方案

（1）要进行计划方案论证，提高计划方案的合理值。这一般从增强方案的目的性、增强方案的可行性、降低耗费三个方面去考虑。计划方案的论证一般由有关领导、专家和实际工作者对计划的可行性提出问题，再由计划制订人员答辩论证，分析目标是否明确，公关计划的可行性如何，公关计划实施时可能发生哪些问题，如何防止和补救等。

（2）要形成书面报告。公共关系计划经过论证后，必须形成书面报告，每一项具体的公共关系计划都必须见诸文字。报告内容为综合分析的介绍、公共关系活动的计划书和方案的论证报告。这样做不仅便于工作的回顾和体验，也可以此向政府组织的决策层报告。

（3）方案要经过政府领导的审定。公共关系计划必须经过政府组织领导的审核和批准。其目的是使公共关系计划目标与政府组织的总体目标保持一致，使公共关系活动与政府组织其他部门的工作相协调、相配合。如果计划未经领导审核和批准，那么政府在决策时就很难通盘考虑公共关系工作。这种计划就有可能与机构管理方针脱节，在实施中得不到政府组织决策层和全体工作人员的配合与支持，因此也就无法顺利实现公共关系活动的预期目标。因此，方案的审定是十分必要的。

以下是美国科罗拉多州卫生部的政府公共关系计划与方案，现录于此，仅供参考。

1. 目标

在1977年8月15日至11月20日使3岁以上的230万科罗拉多人免疫，以防止1976年新泽西州流感引起的甲型水痘的潜在流行病威胁。为搞好这项工作，需要运用公共关系手段赢得医疗界、地方卫生部门和护士的合作，并鼓励市民的参与；反对医学界中因接种疫苗的必要性的不同看法而形成的消极态度和冷漠；消除公众对于接种反应的恐惧。

2. 计划

（1）会见科罗拉多医学会、科罗拉多大学医疗中心和科罗拉多卫生与环境理事会的有关代表,向他们说明本方案和计划。

(2) 组成一个由各个特定公众的代表构成的顾问小组,参加者有医药部门、护理机构、小型疗养院、医院、教育部门、州长办公室的工作人员,老年人和新闻媒介的有关人士。

(3) 举行一次全面的新闻吹风会,邀请科罗拉多报纸协会和科罗拉多广播协会会长、电视公共服务部主任组织的代表以及来自丹佛和外州的报纸及电视编辑的代表参加。撰写一份立即供医生以及其他卫生工作者使用的事实材料,以便回答公众的询问以及供新闻媒介使用。

3. 传播方案

(1) 通过《传播性疾病通告》向医生通报。

(2) 当年5月和6月在《科罗拉多卫生》杂志上发表一篇详尽的报道,由公共卫生工作者和社区领导通报。为本州的医学部门、小型的疗养院、护理医院、教育界和州的雇员出版物撰写专文。

(3) 拜访美国公共关系学会科罗拉多分会及科罗拉多商业传播者协会并争取他们的支持与报道。准备全套新闻材料,于7月1日前发送给所有的科罗科拉多报纸。准备广播、电视材料,于7月1日前发送给所有的科罗拉多电子媒介。

(4) 制作广告牌放置于学校、地方卫生部门、县医院以及医药团体附近的交通要道区域。

(5) 在广播与电视的对话节目中安排州卫生公务人员、医疗中心医生和医学会代表出头露面。

(6) 请科罗拉多大学为这次免疫活动制作一个"医疗热线"的电视节目。7月中旬以丹佛布朗足球队集体接种为起点开始媒介攻势。

(7) 在地方区域开始免疫以前的三周,向地方新闻媒介大量提供地方化的报道和节目,其中包括会诊的时间和地点。同编辑们私下交谈,争取有利的社论。给报纸提供免疫登记表,以便读者剪下、填写并带去就诊。

(8) 连续报道每个社区免于水痘流感的人数。

(9) 在大都市的日报和电视上不断公布全州免疫的人数,数字是滚动的。

三、实施计划

(一) 实施计划的特点

1. 实施过程中的动态性

政府公共关系计划的实施是由一系列连续活动构成的过程,是一个思想和行为需要不断变化、不断调整的过程。这是由于一方面,一项公共关系计划无论制订得多么周密、具体和细致,它总免不了与实际情况存在着一定的差距;另一方面,随着时间的推移、实施的进展、环境的变化,实施过程中仍会遇到一些新情况和新问题。

因此，不断地改变、修正、调整原定的实施方案、程序、方法、策略等则是实施活动中不可避免的正常现象。

2. 实施过程中的创造性

由于计划的实施是一个不断变化和需要调整的动态过程，实施者需要依据整个实施方案中的原则和自己所处的环境、面临的条件确定自己的实施策略。比如，准确地选择传播渠道、媒介与方法，合理地选择时机，正确地分配任务，灵活地调整步骤等。政府公共关系计划实施的过程绝不是一个简单的照章办事的过程，而是一个由一系列不同层次的实施者发挥主观能动性的过程。实施人员应该充分发挥自己的积极性、主动性和创造性。

3. 影响的广泛性

一项政府公关计划涉及众多的因素和变量，会对各类公众产生广泛的影响。然而，公共关系计划所产生的影响在方案策划阶段还只是纸上谈兵，只有在计划实施后这种影响才能真正地体现出来。一方面，会对众多的目标公众产生影响；另一方面，有时还会对社会的文化、习俗产生深刻影响。也就是说，一项政府公共关系计划的实施所产生的影响和作用往往不局限于计划本身所制订的目标，而对整个社会的进步产生推动作用。

（二）实施计划的内容

1. 确定传播媒介

公共关系活动实质上是针对目标公众而进行的信息传播活动。要想使这种传播活动取得最大的效果，必须使发出的信息全部或大部分为目标公众所接受，这就需要通过公众所使用的传播媒介或渠道来传递信息。根据目标公众的国别、居住地区、职业、教育程度、社会经济地位等特征，可以大体上判断出他们喜欢或习惯阅读的报刊、收听的广播和收看的电视节目等，并查明上述报刊、广播、电台、电视台的情况及有关编辑、记者的情况，以便根据这些情况开展广告、宣传活动，使政府的信息能够通过适当的媒介而为目标公众所接受。

2. 设计制作信息

设计制作能为对象公众接受的政府公共关系信息，是提高传播效果的关键。根据调查研究和制订计划过程中所了解到的对象公众的文化、社会、心理等方面的特点，公共关系人员在设计制作信息时就可以参照这些特点，通盘筹划信息的宗旨、内容、结构和语言、信息的传播时间和场合等因素。

3. 选择最佳时机

在实施政府公共关系计划时，应正确地选择传播信息的时机。首先，要注意避开或利用重大节日。凡是同重大节日没有任何联系的活动都应该避开节日,以免被节日活动冲淡。凡是同重大节日有直接或是间接联系的公共关系计划则可以考虑利用节日烘托气氛,扩大公共关系活动的影响。其次,要注意避开或利用国内外重大事件。凡是需要广为宣传的政府公共关系活动,都应避开国内外的重大事件,以免被重大事件所冲淡。凡是需要为大众所知,又希望减少震动的活动则可以选择在重大事件发生之时。例如,公布物价上涨的消息,可考虑在重大事件发生之时人们的注意力被吸引这一时机而进行,这样可借助于重大事件的影响减少舆论的压力。最后,还应注意不宜在同一天或一段时间里同时开展两项重大的公共关系活动,以免其效果相互抵消。总之,选择时机不能按照一种固定的模式去进行,而应根据当时当地的具体情况及整个公共关系目标而把握好时机,这样才能收到预期的效果。

4. 排除沟通障碍

政府公关计划实施过程中的传播沟通并非是一帆风顺的,它常常会因传播沟通工具运用不当、方式方法不妥、渠道不畅等而使实施工作不能如愿以偿。在计划实施过程中,常见的沟通障碍有语言障碍(语言不通、语意不明造成的障碍)、习俗障碍(不同的风俗习惯、礼节审美传统造成的障碍)、观念障碍(由一定的经验和知识积淀而成的诸如封闭的观念、极端的观念等)、心理障碍(人的认知、情感、态度等心理因素对沟通造成的障碍)、组织障碍(不合理的组织结构造成的沟通障碍)等。在政府公关实施计划过程中,一旦遇到了障碍,就要分析产生障碍的原因,然后对症下药,采取相应措施,消除或克服障碍,保证计划顺利实施。

5. 处理突发事件

对政府公关计划的实施干扰最大的莫过于重大的突发事件。这包括两大类:一类是人为的纠纷危机,诸如公众投诉、新闻媒介的批评、不利舆论的冲击等事件;另一类是不以人的意志为转移的灾变危机,诸如地震、水灾、火灾、空难等。这些突发事件来势迅猛,发生突然,常常令人始料不及,且影响范围广、后果严重,易给社会带来恐慌和混乱。妥善处理好重大突发事件对于树立政府形象至关重要。当突发事件发生以后,政府公关人员应该做到以下两点:第一,迅速掌握事件全貌,即事件的基本情况、后果、影响以及发展趋势等;第二,选择传播渠道,同与突发事件相关的对象公众进行沟通,即向外界公布事件的真相,根据政府机关领导关于处理突发事件的意见或决定,向对象公众进行宣传、解释、说明,争取得到对象公众的理解和支持。

这里我们介绍一下尼日利亚政府改换车位的实施计划,供参考。

目前,世界上大多数国家实行车辆靠右行驶的交通规则,但也有少数国家仍然是车辆靠左行驶。专家们认为,这种与众多国家交通行驶位置的差别,是造成交通事故多发的一个原因。因此,些国家逐渐将车辆行驶的位置从左改换到右,如瑞典、尼日利业。改换车位说来容易,实施起来则难度极大。试想这种新法则不可能先在某一城市和地区试行。因为这将意味着在同一个国家有的地区车辆靠左行驶,有的地区靠右行驶。在一个幅员广阔、车辆众多的国度里,一天之内奇迹般地将车位从左改换至右,谈何容易! 政府部门的决策者非常清醒地知道：一旦这种交通法规改革运转失败，那么危险的混乱将直接给国家带来一场灾难。正是基于这样一种考虑，目前一些国家不敢轻易地做出改换车位的决定。然而，尼日利亚政府不仅果敢地采取了改换车位的行动，而且做得非常成功。其具体组织实施这一计划的方法步骤如下。

1）政府确定这一计划的组织实施机构

尼日利亚联邦政府情报机构和地方政府情报机构为实施主体。这种官方的情报机构是尼日利亚政府有力的行政机构，并有其组织严密的情报网。

2）明确计划实施目标

决定在同一天内全国统一实施新的交通法规。车辆行驶位置从靠左行驶改换为靠右行驶。

3）划定目标公众

（1）城市公众与农村公众。

（2）机动车司机、非机动车驾驶员及行人。

（3）普通公众（接受能力较强）与特殊公众（文盲等，接受能力较差）。

4）实施计划

（1）第一阶段。

① 提前两年时间对机动车和非机动车驾驶员进行训练。

② 利用一切传播手段，在新交通法规实施一年前告知全国人民。

A. 利用广播、电视、报纸、杂志等大众传播媒介广泛宣传新交通法规。

B. 在海报、广播、电视节目宣传的基础上，拍摄新交通法规的纪录片，把所有宣传内容与形式融为一体。在电影院及派出流动放映队深入农村放映该纪录片，并开展教育农民的活动。

C. 交通警示范，指挥改换车位后的车辆行驶。

D. 印刷发行通俗的宣传品。在城市，国家情报机构辅助电视、广播、电影等媒介向人们宣传新的人行横道线。驾驶学校印了小册子，介绍新、老交通法规之间的不同。

E. 为此次交通改革，国家印发特种邮票。

（2）第二阶段。

① 发动一场海报运动，如为农村特制海报，画上当地司机和行人，便于人们接受。

② 在靠近学校、市场以及高速公路旁的大招贴板上张贴有关海报。

③ 在报纸上登载小型海报和口号，反复申明改换车位的日期。

④ 举行讨论会、辩论会及讲座，讨论新驾车制度的利弊。

⑤ 大众传播媒介用打油诗劝告司机和行人在该运动中应起的作用。

⑥ 地方广播站广播用当地语言编写的打油诗或以当地最有效的形式进行宣传。

⑦ 对文盲采用视听方法和直观教具。

在上述方法步骤实施之后，尼日利亚终于迎来了改换车位的那一天，情况比预期要好得多，全国并没有任何混乱，更没有造成严重的伤亡事故，而是一切正常。人们称赞这次改换车位的运动是一次计划周密、收效良好的政府公关活动。它的成功完全是由于政府开展了扎扎实实的公共关系工作——事先做好充分准备，在一段较长的时间内发起强大的宣传攻势,做好深入细致的工作。

四、评估结果

评估结果是政府公共关系工作程序的最后一个步骤,当任何一项公关计划方案实施以后,总要了解该项方案在政府内外造成了什么影响、产生了什么效果,有哪些问题和不足,都需要评估结果。评估得越充分,成绩与不足也就越明显;评估得越客观,今后开展公共关系工作的方向就越明确,对现存的差距和不足改进就越彻底。因此,每一项公关工作结束时,都要进行总结和评估。

(一)评估结果的作用

评估结果的作用主要表现在以下几个方面:向决策部门报告政府公共关系所做的工作;以数量、质量标准来衡量政府公共关系活动成果;总结经验,揭示问题,为下阶段的活动提供指导;积累活动成果,一步一步实现政府公共关系的长远目标。

(二)评估结果的内容

1. 报告活动情况

报告是对一段时间内所进行的政府公共关系活动及其成果的总结。报告内容包括:陈述工作及成果,比较实际活动与预期目标,预测今后工作。报告的主要形式有以下两种:一是非正式报告,即政府公关人员通过会见、电话或简短书面报告形式向政府机构负责人汇报活动的进展,这种形式占用时间不多,通常事先不做准备,可以较真实地反映工作情况;二是正式报告,即政府公关人员用详细的书面形式具体全面地向机关领导汇报政府公关活动的基本情况,对计划进行的公关项目,在完成以后,都应形成书面报告。

2. 评估活动成果

评估政府公共关系活动的成果,必须有一个科学的标准和依据。这个标准就是计划中的目标。所以,要正确评估成效,就必须将实施政府公共关系活动后的结果与目标进行比较。也就是说,应当以计划目标为标准,对成果的质和量、效率和效益、达到既定目标的程度等方面进行评估。在评估政府公共关系活动成果时,应注意多侧面、多角度地评价。其中,主要应进行以下三个方面的评估:一是政府公关人员的自我评估。每做完一项公共关系工作,总结一下做得怎么样,是否达到预期效果,自己扮演的"公关"角色在实践中是否得体,有哪些欠缺,这些欠缺造成了哪些损失。作为一名优秀的公关工作者,必须经常处于一种清醒的反思状态,经常对自己的举止言谈进行反省,以提高自身的素质。二是政府机构的领导和其他工作人员的评估。由于他们自身素质较高,对政府情况又了解,往往善于发现问题,并且能提出改进的意见和建议。三是社会公众的评价。我们在日常生活中经常可以遇到这样一种情况，某项工作经过重重审核和鉴定，获得了专家和有关方面的一致好评，但公众不以为然，不仅不对这一评定表示认可，反而还会酝酿出一股反感情绪，致使当事者及有关方面感到难堪。所以，政府公关人员对社会公众的评价要给予足够的重视。

3. 提出工作建议

综合分析了公共关系活动成果之后，就能够比较公共关系计划实施前后政府机构形象的变化情况，看到政府机构的形象是否得到了改善、公众不利态度是否得到转变，是否为政府机关的工作和行政目标的实现创造了一个良好的发展条件，进而找出问题之所在，并据此提出改进意见和工作建议。评估政府公共关系活动成果，得到的答案有三种可能，即效果好、没有效果、效果不大。对第一种情况，主要找出成功的原因，然后按照长远计划安排下一项公共关系活动。对第二种情况，主要分析没有取得成效的原因，并根据找到的原因，提出修正、补充和调整公共关系活动计划的意见。对第三种情况，也要通过原因分析，进而提出调整计划的意见。

案例研究：各级政府借开放日活动实现官民互动

当前，我国不同利益群体的诉求及表达方式多元化趋势日益明显，多样、多变；官民矛盾和博弈层出不穷，凝聚人心、达成共识、赢得民心的难度与日俱增。因此，政府部门敞开心扉，走出"象牙塔"，营造"玻璃屋"，倾听民意就显得非常重要。各级政府凸显其公共关系主体意识，运用官方网站、官网微博、会议论坛、新闻发布会、听证会、政府广告、短信平台举办政府开放日活动等多种传播手段和传播方式，与人民群众紧密联系，加强沟通交流，营造了良好的政府形象。作为各级政府公共关系传播的有效形式之一的政府开放日活动，近年来更是受到普遍重视，这里集中展示一下各级政府借开放日活动实现公共关系目标的案例。

1. 北京市消防中队的开放日活动

2011年9月9日，北京市所有消防中队向市民开放，并且在以后每个月的9日都会向公众开放。为了充分发挥消防中队为辖区群众进行消防宣传服务的作用，首都消防部门决定把每月9日定为消防中队开放日。开放日当天，所有消防中队向社会开放，组织群众参加烟雾逃生体验、消防知识讲座、火灾扑救演示、消防装备展示等活动。

此外，北京消防部门还建立消防中队"走出去"制度，每个消防中队成立两个流动宣传队，定期或不定期地在辖区商业网点、交通枢纽、社区街道设立"流动消防宣传站"，开展宣传材料发放、宣传展板展示、火灾扑救演示等教育活动。北京消防部门表示，在加大消防中队宣传教育硬件设施建设的同时，还将增加一些趣味性、互动性和针对性比较强的消防安全教育体验项目。

2. 北京市政法系统开放日活动

北京市政法机关2011年4月15日集中向市民开放，各类政法机关向市民开放，让他们了解政法机关执法办案程序,近距离接触警务装备,观看民警展示特色科目。北京市级政法单位和各区政法委共设立了 21 个主开放点,除工作性质特殊不宜对外公开的单位,全部面向社会开放,广泛邀请社会各界及广大人民群众走进政法机关,集中与人民群众开展互动交流,广泛征求意见建议,积极改进政法工作。

北京市司法局迎来一批特殊的参观者,他们是来参加主题为"阳光司法、司法惠民"的开放日活动的。

市民来到警营,参观分局勤务指挥大厅,了解 110 接处警的全过程,并听取民意,答复群众咨询。通过开放日活动,加深了市民对司法行政工作的了解、树立了司法行政亲民的社会形象。

北京市第一中级人民法院也有 30 名外来务工人员子女旁听一起校园的伤害案。学生们在整个庭审过程中都非常认真,庭审过后,以此次校园伤害案件宣判为契机,法官与孩子们就如何提高未成年人的法律意识、避免合法权益遭到侵害等问题进行了交流,结合案例,提醒孩子们要增强自我保护意识,防止校园伤害事件的发生。

3. 北京市疾病预防控制中心的开放日活动

北京市"公共卫生工作一日体验"活动在 2011 年 8 月 8 日拉开帷幕,北京市疾控中心向北京市民首批发送了病媒生物防治、传染病与地方病控制、营养与食品卫生三个专业的宣传材料,现场市民可通过体验活动了解疾病预防控制工作是如何开展的。本次活动吸引了北京市民参与体验,一些名人也出现在活动现场。

体验者可以在疾控中心专业人员的指导下直接参与蚊虫监测和标本鉴定与制作。在监测过程中,能够及时了解北京市不同环境中老鼠、蟑螂、蚊子等病媒生物的密度,密度过大就表明对附近地区的危害程度较大,这样能够为采取有效防治措施提供指导。另外,如何选择杀虫效果好的杀虫剂同样是老百姓最关心的。而北京市疾控中心承担的一项重要工作就是对杀虫剂的质量进行严格把关,所以,开放日当天,工作人员还为北京市民杀虫灭蚊活动提供指导并给出了参考意见。

4. 首个"德州市政府开放日"活动

德州市政府为了进一步增强政府决策的公开透明度和民主参与度,充分保障公众知情权、监督权和参与权,根据国家、山东省有关要求,于 2019 年 12 月 7 日印发了《关于邀请市民代表列席市政府常务会议工作制度的通知》,通知发出后引起了社会各界的广泛关注。经过层层筛选,最终确定了第一批 43 名市民代表。2019 年 12 月 23 日下午,首个"德州市政府开放日"活动举办,市民代表们参加了此次活动,近距离感受和了解政府工作。

在活动中,市民代表首先观看了《阳光政务为您服务》宣传片,5 名市民代表发言,为德州发展建言献策。随后,市民代表先后走进市司法局、市行政审批服务局、市住建局、市场监管局,在讲解员或者相关负责人的介绍下,了解各单位的职能及服务事项、工作流程等。在市住建局,市民代表了解了全市住房保障工作,工作人员对棚户区改造、公共租赁住房、经济适用房及租赁补贴等工作进行政策解读及业务介绍。在市行政审批服务局,工作人员就"企业开办一日办结实现了吗?""买了房子我咋办?""那些与我工作生活密切相关的证件"等与市民息息相关的问题,一一进行解答。

市政府开放日活动创新了政务公开渠道,加强了与群众的沟通,让市民代表近距离了解市政府及市政府各部门的具体工作,促进了政府决策的科学化、民主化、法治化,树立了德州市政府的良好形象。

5. 国家统计局的统计开放日活动

2011 年 9 月 20 日,国家统计局又一次敞开大门,邀请网民等公众代表前来参观、交流。早在开放日活动之前,国家统计局就已在其网站上发布了通告,告知本次活动的主题及详细展示统计数据生产过程。并声明凡在 9 月 1—7 日参加人民网"中国统计开放日"活动问卷调查的网友,就有机会参加开放日活动。

通过网络报名、随机抽取的网友代表,以及来自基层的优秀采价员、记账员、辅助调查员共计近百人在参观了中国统计资料馆后,又来到统计局大楼三层会议室,与国家统计局有关负责人共聚一堂,围绕热点统计问题展开坦诚的交流。

当"CPI 是怎么统计出来的"视频播放完后,国家统计局相关负责人向大家解读了CPI 指标。有网民在这场活动的微博直播中发问:"美国物价比中国高,但为什么中国CPI 比美国高?""老百姓感受猪肉价格高,怎么 CPI 涨幅落了?""为什么 CPI 数据那么低,而日常生活中接触到的价格涨幅都很高?"国家统计局相关负责人做出了耐心通俗的解答。"老百姓更关心的是日常生活中经常接触到的商品价格。统计局有没有考虑过,把大家关心的商品的价格变动都公布出来?"来自河北的网友常磊在现场提问。国家统计局局长马建堂回答说:"这是个好意见。CPI 具体到规格品是 600～1000 个,应当把具体的分类价格指数也都公布了。现在统计局网站上每 10 日公布一次全国 29 种食品价格。统计局今后要努力把更具体的价格信息告诉大家,大家也要会从统计局网站上查询信息。"在居民收入和支出数据如何获取的短片播出后,高收入阶层的收支情况如何获得,以及是否会拉高平均收入的问题又引起新一轮的热议。两个半小时之后,这场发言踊跃、回答坦率的交流才结束。

6. 河南市场监管局首个"公众开放日"活动

为了让广大人民群众更多了解监管工作,更多支持监管工作,让市场监管工作更好地服务于人民群众,2019 年 10 月 10 日,河南省市场监管局在郑州市郑东新区举行首个"公众开放日活动"。相关领导以及该局机关及其局属各二级单位干部职工,部分省级人大代表、政协委员、企业界特邀代表,以及通过电话预约报名的群众代表等 1000 余人,参加了当天的开放日活动。

(1)科技监管严密守护群众舌尖安全。在活动现场,前来参加开放日活动的群众争先恐后地从桌子上领取自己需要的《12315 消费维权手册》。监管局工作人员介绍,这些科普资料全部免费发放给群众,希望大家能通过这些资料的学习,了解掌握更多的消费常识,更好地维护好自己的合法权益。在河南省市场监管局一楼大厅,放置着四个液晶计算机显示器,显示器上方分别写着"明厨亮灶""商标自助办理""企业信用信息查询""企业档案自助查询"的大字。在"明厨亮灶"显示器前,河南省市场监管局餐饮食品安全监督管理处的工作人员,正向大家介绍着"明厨亮灶"智慧监管系统。随着其演示的进行,大屏幕上呈现出了郑州市阿五黄河大鲤鱼总店后厨加工场所的实时画面。随后,屏幕上又不断出现了数家食品生产企业和一家幼儿园学生食堂后厨的实时画面。从计算机显示器屏幕上显示的数据获悉,目前,河南省市场监管局的此套"明厨亮灶"智慧监管系统已接入单位18431家,接入摄像头信息50630个,其中,社会餐饮9101家,学校食堂4049家,职工食堂454家,阳光车间108个。"明厨亮灶"活动已成为保障餐饮食品安全,转变监管方式,促进社会共治的重要载体。河南省市场监管局还在全国率先推出"明厨亮灶"升级版——"互联网+明厨亮灶"。国家市场监督管理总局在河南省召开了"明厨亮灶"工作现场会,推广河南省经验。参加活动的群众代表表示:"参加了这次市场监管局的开放日活动后,对市场监管部门有了更深、更全面的了解,今后的消费信心更足了。""现在市场监管部门对食品安全的监督力度真大,今后,吃的、用的、买的更加放心了。"

(2)高效服务让河南市场驶入发展"高速路"。在一楼大厅东侧的宣传展板前,里三层外三层站着数十名群众。这里展示着河南省市场监管局在积极推进商事改革及不断优化经济发展环境中的阶段性发展成绩。

商事改革叫响全国,市场发展活力无限。近年来,河南省市场监管部门登记注册工作在全国打造了多个河南改革品牌。"企业登记全程电子化全国领先。在全国率先建成无纸全程电子化登记系统,打造'一网办、零见面、一次办妥'的现代化服务平台。实现从'面对面'线下办理到'键对键'线上办理的根本变革。全省企业登记全程电子化办理率高达80%,居全国前列,被推荐为国务院常务会议演示汇报内容,部分省辖市办理率达98%。"

"35证合一"改革获李克强总理批示肯定。首先在开封成功试点"22证合一"改革,随后在全省全面实施"35证合一"改革,将涉及23个部门的35项证照整合到营业执照上,服务全业"一照走天下"。李克强总理亲自视察,两次作出重要批示,给予充分肯定,国务院第四次大督查通报表彰……

企业开办时间大幅压缩。牵头会同省公安厅、税务局、社保局等部门,将全省企业开办时间由20多个工作日压缩到4个工作日,提前完成国务院任务,积极打造河南省企业开办"一网通"网上服务平台。

"企业登记身份管理实名验证系统成功上线""证照分离改革有效降低制度性交易成本""企业注销'一网通办'""12315:'五线合一'"等,让前来参加开放日活动的企业代表备受感动和鼓舞。

河南省市场监管局此次"公众开放日"活动,加强了与人民群众的沟通和交流,树立了河南省市场监管局的良好形象,是一次成功的政府公共关系活动。

在上述一组案例中,我们足以看出各级政府在开放政府形象这一软资源中所做出的努力。也许,开放制度的不成熟还使得这个过程存在着一定的欠缺,但是从无到有、从少到多的进步是政府心态的转变。双向对等沟通,以及完善的传播渠道和机制,是获取最广大公众的理解与好感的前提条件。

(资料来源:齐小华,殷娟娟.政府公共关系案例精析[M].北京:中国人事出版社,2012;孙明.河南市场监管局首个"公众开放日"活动纪实[J].食品安全导刊,2019(10):10-13;杨鸣宇.首个"德州市政府开放日"举办[N].德州日报,2019-12-24:A01.)

思考与讨论：

1. 本案例中的政府开放日活动，体现了各级政府怎样的公共关系意识？

2. 各级政府的开放日活动有何共同特点？

3. 各级政府的开放日活动收到了怎样的公关效果？

实训项目：进行某政府部门公共关系工作总结

1. 实训目的

通过总结某政府部门近三年来政府公共关系工作的开展情况，进一步把握政府公共关系的内涵、特征、构成要素、功能及作用。

2. 实训要求

（1）通过互联网、报纸、杂志等形式收集目标政府部门的资料。

（2）拟定调查提纲，用网络调查与走访相结合的方式了解此政府部门对政府公共关系的认识及政府公共关系工作的开展情况和资料，发现其政府公共关系的成功做法和案例。

（3）撰写《××政府部门公共关系工作总结》。

3. 实训组织

（1）将全班同学分成若干个小组，每组 5～6 人，并选出小组长，与组员一起做好分工写作工作。

（2）以小组为单位收集资料，讨论后完成调查提纲。

（3）以小组为单位撰写出《××政府部门公共关系工作总结》，并在全班交流。

（4）老师对各组进行指导。

4. 实训考核

（1）学生自我总结占 30%。

（2）同学互相评价占 30%。

（3）教师总结指导占 40%。

5. 实训手记

通过训练，我的收获是：＿＿＿＿＿＿＿＿＿＿＿＿＿＿＿＿＿＿＿＿＿＿＿＿＿。

课后练习题

1. 什么是政府公共关系？请谈谈你的看法。

2. 政府公共关系在国家现代化进程中有哪些意义？

3. 收集关于政府公共关系的案例，并择其一进行分析。

4.开展政府公共关系应坚持怎样的工作程序？

5.试论建设有中国特色的政府公共关系。

6.案例评析。

《香港十年》纪录片展香港新容颜

通过媒体塑造政府形象，并不单指利用电视、广播、报纸、网络这些媒体的新闻报道向公众传递有关政府部门的信息，一些精心制作的电视、电影作品同样可以蕴含政府的执政理念，帮助宣传塑造良好的政府形象。2007年中央电视台推出的庆祝香港回归十周年的《香港十年》纪录片就是其中的代表。

这部精心摄制的全面呈现回归十年后香港最新形象的纪录片是作为国务院港澳办、国家广电总局重点宣传节目立项的，由中央电视台海外中心承制，展现了十年间"一国两制"从构想到成功实践的过程。对绝大多数没有亲身到过香港的内地民众而言，通过精彩的电视画面了解香港的最新变化，对他们来说是非常具有诱惑力的；而对于海外受众而言，国际都会香港回归十年的变化，对他们来说同样也具有很强的吸引力。《香港十年》纪录片的高收视率很好地证明了这两点。

该纪录片采用一种容易被人接受的方式向海内外观众说明香港十年所发生的巨大变化和"一国两制"在香港的成功实践，而这就是《香港十年》纪录片所承载的历史使命。

通过记录香港普通人的真实生活来反映香港回归后"一国两制"下香港人命运的变化，使所有人都能直观地感受到十年来香港的"变与不变"。"不变"即"一国两制"下的香港，十年来仍保持着自己原有的社会、经济制度和生活方式不变，其作为自由港和国际金融、贸易、航运中心的地位也没有改变。"变"则包括两方面的含义：一是回归之前，香港是漂泊的"游子"，而回归之后香港这个"游子"能真切感受到来自内地这个强有力的支持的力量；二是港人的"人心回归"。

（资料来源：洪建设.政府公关[M].北京：北京大学出版社，2010.）

案例思考：试运用政府公共关系的相关知识分析评点这一案例。

南京申办2014年青奥会的政府公关

2014年8月28日第二届夏季青年奥林匹克运动会在南京落下帷幕，"南京青奥会"取得圆满成功。这是一次政府公共关系活动，而南京当初能够成功申办更是离不开政府公共关系。

2010年2月11日凌晨五点，国际奥委会决定，将第二届夏季青年奥林匹克运动会举办权授予中国南京市。一年的努力，终于梦想成真。

由于首届青奥会将于2010年8月在新加坡举办，按照连续两届奥运会一般不在同一个洲举办的不成文惯例，南京并无十足的把握。南京的竞争对手——波兰波兹南市、墨西哥的瓜达拉哈拉市都各有优势，因此唯有精心准备方能取得成功。在申办过程中，南京市政府国际国内公关发挥了积极作用。

（1）媒体宣传。2009年9月24日南京青奥办开通了南京青奥会申办网站，网站具有申办工作介绍、城市形象展示、新闻动态发布、网络互动参与四大功能，开设了"关于青奥会""南京申办计划""南京申办优势""文化教育体育""新闻活动""支持我们"和"问答"共七个栏目。

该网站具有以下四个方面的显著特点：一是多语种，用中、英、法三种语言面向全球发布；二是多媒体，突出网站的视频功能，发布申办宣传片、视频新闻和现场直播等主题内容；三是全互动，充分运用最新的网络技术，鼓励建立以青年主导的独立虚拟空间，吸引青年人参与，并与中国奥委会和各类知名网站链接，扩大宣传效果；四是南京元素，在网站设计页面上点缀城墙、梅花等南京元素，突出简约、明快的特点，更加贴近青年人喜好。

南京申办成功后，申办网站转为2014年青奥会的官方网站，在文化教育活动、赛事报道和青奥会推广等各方面发挥主导作用，并在青奥会后继续在世界青年交流中发挥建设性作用。

青奥会网站的建设，同时以网站为中心积极发挥各类媒体的宣传报道功能，扩大了南京的国内外影响，为南京申办青奥会营造了良好的氛围。

（2）公关活动。为了吸引更多的青少年和普通市民关注、支持青奥会，青奥办组织了多次大型公关活动。

① 征集活动。青奥办从2009年9月24日到11月30日用两个多月的时间面向全国公开征集青奥会申办理念和口号。应征的理念和口号要充分体现"四个性"，即国际性、青年性、本土性和互动性，语言简洁明快，要有强烈的感染力和号召力，做到吸引人、打动人，真正为申办工作加分。两个多月时间内，共有近两千名群众参加了口号的创作，最后确定为"与青奥共成长，Grow with you!"。

在征集申办理念和口号的同时，做好网络征集签名、郑和宝船网络行和网络征文等活动，为青奥会申办工作营造良好的氛围。

② 奥林匹克教育活动。青奥办组织开展了青少年奥林匹克教育示范学校创建活动，在全市选择了10所中学和10所小学作为青少年奥林匹克教育示范学校，并组织开展奥林匹克教育课堂、体育与健康论坛、冠军成长讲座等文化教育活动，进一步宣传普及奥林匹克价值理念。

③ 志愿者宣传活动。在2009年国庆节期间，在全市设立20个志愿者服务站点，发放青奥会申办宣传单，征集申办签名，普及奥林匹克价值理念，积极争取广大市民对申办工作的支持。

④ 全民健身活动。以"与青奥同行，为申奥加油"为主题，利用全民健身平台将奥林匹克理念和青奥会知识宣传普及社区群众和广大青年中，通过展板宣传、健身会演、趣味问答等多种形式宣传普及奥林匹克知识。2010年南京元旦长跑活动里增加了"盼青奥"的主题。

一系列公关活动取得了良好的效果，民意调查显示，有97%的南京市民支持申办青奥会，93.38%的人愿意当志愿者。年龄在35岁以下的群体中，有96.52%的人想当青奥会志愿者。

（3）寻求国外名人支持。由于对市民的广泛宣传，一些市民主动加入申办活动中，他们以个人身份与国际名人联系，寻求他们对南京申办青奥会的支持。

2009 年 10 月,69 岁的刘奎龙给萨马兰奇和罗格写信:"虽然是青奥会,但每个市民都会支持。"说这番话的刘奎龙在 1998—2008 年的十年间,和萨马兰奇通信 20 多封,北京奥运会上约萨马兰奇"来古城南京走一走"的话眼看就要实现了。

2009 年 11 月,南京市汉江路小学四(1)班的孩子们掀起了一场"签名支持南京"的活动,活动地点却远在德国。曾经到过南京的哥廷根市市长欣然成为首个签名者,德国的北京奥运会银牌得主、足球先生、莱比锡市市长等也纷纷签名支持。德国当地的《哥廷根日报》《建议专刊》《隙望》等媒体,也以《Mayer 支持中国城市》《哥廷根市民支持来自中国的申请》等标题,对哥廷根市市长 Mayer 签名支持南京申办青奥会进行了报道。

(4) 早餐推介会。申办活动的最后冲刺是在温哥华面对奥委会委员的陈述并接受委员的投票。

对于两座候选城市南京和波兹南,南京在亚洲很有名,波兹南在欧洲很有名。然而因为文化的差异,南京在国际上的知名度并没有波兹南大。如何在短暂的时间里把南京推荐给奥委会的委员们成为当务之急。

每天早上 6:30,申办代表团团长朱善璐就带人去委员们下榻的酒店餐厅,趁委员们来吃早饭的时间上前打招呼,进行交流沟通,介绍南京,一直到 9:30。通过这种方式,每天和 20 多位委员见面,通过这种方式,给对方留下南京人"谦和有礼"、积极主动的感性印象,同时对南京这样一个古老而充满生机的城市产生一定的好感。

(5) 人性化传播。陈述中播放的 3 分钟短片,需要向世界呈现南京最美的一面,可谓"精雕细琢",总共改了 100 多次。从 2009 年 12 月到 2010 年 1 月,创作团队打磨了两个多月才完成初稿。为了保证作品的国际视野、国际品位,有关方面又邀请了北京奥运会的专业团队,以及屠铭德、蒋效愚等老申奥专家联合审片,加以调整和充实。

南京市副市长、申办代表团副团长王受文是 3 位陈述人之一,他对自己的陈述词要求不仅英文要准确,还要有韵律,要朗朗上口,读起来有诗意。按照这个要求,为了真正做到至善至美,到了温哥华,陈述词还在反复修改中。直到陈述的最后时刻,陈述组还在不断找不足,按照"世界第一"这一标准不断"打磨"。

"我有一个 14 岁的儿子,我觉得,举办青奥会不仅是一个巨大荣誉,也是一项重大责任。在我小的时候,我和我的伙伴们走路或骑车上学,运动是乐趣,是我们生活的一部分……"最终,敲定陈述稿以这种人性化的、符合国际传播规律的方式切入。

(资料来源:费爱华,李程骅.政府媒体公关[M].南京:江苏人民出版社,2011;许开轶.政府公共关系学[M].南京:南京师范大学出版社,2016.)

案例思考:

(1) 南京市政府申办青奥会的成功得益于什么?

(2) 申办最后冲刺阶段其在政府公共关系方面所做的工作对你有何启示?

第二章

政府公共关系的职能

政府公共关系是政府与社会的"接触面",是政府的"窗口",也是社会的"眼睛"。

——唐钧

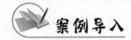 **案例导入**

《青岛往事》中青岛城市形象的塑造与呈现

《青岛往事》是由中共青岛市委宣传部策划,山东影视传媒集团联合青岛广电影视、青岛凤凰影视传媒共同出品的年代剧,由张新建执导,赵东苓编剧,黄渤、黄小蕾、刘向京、巩峥、萨日娜、王凯等主演。《青岛往事》于 2015 年 7 月 30 日登陆天津文艺频道,旋即在央视八套黄金档播出,2016 年登陆山东卫视黄金档二轮播出。该剧播出后好评如潮,不仅受到观众好评,业内评价也非常之高。该剧曾先后获得"第十九届华鼎奖"、中国百强电视剧满意调查百强榜第四名、第十一届电视制片业"电视剧优秀作品"奖、第十二届精神文明建设"文艺精品工程"电视剧优秀作品奖等奖项,出演该剧男主角的黄渤更是凭借此剧获得中国百强电视剧最佳男主角奖。

《青岛往事》以抗日战争为背景,以三位异姓兄弟在青岛创业故事为主线,讲述了青岛第一代移民的奋斗史。少年王满仓在养母去世后到青岛寻找亲生的母亲,被靠卖艺为生的智障者姜某收留。王满仓在寻找与相认生母的过程中,与陈天佑结下了很深的感情,此后又结识了夏德发,兄弟三人合开了商行"德佑聚",开始了在商场的闯荡之路。在抗日战争的背景下,兄弟三人经过了分家等矛盾之后,重新凝聚力量,沉重地打击了侵华日商。故事结尾,满仓与妻子小嫚儿、老丈人一起留在了青岛。

1.《青岛往事》中城市形象的影像细读

《青岛往事》中,含有较多的青岛特色地理景观与人文历史沉淀,对塑造"青岛形象"具有重要作用,详见表 2-1。

表 2-1 《青岛往事》中的青岛地理景观

地理景观	城区	《青岛往事》故事本身主要发生在市南老城区,因此市南老城区在剧中出现的次数最多。市南老城区标志性的"红瓦绿树"出现在人们的视野,是展现青岛的第一名片
	街道	(1) 江苏路:剧中的俾斯麦街就是现在青岛的江苏路,江苏路是青岛最早建成的马路之一,现在的江苏路上仍保留着不少当年的德国建筑。 (2) 中山路:中山路是青岛市的"名片",该路长 1500 米,堪称青岛的"母脉"。德国占领青岛后,一度将中山路划ส欧人、华人两个区域,中山路的商业格局因此形成了洋行与华人店铺分据南北的局势。 (3) 山东街:山东街在电视剧中出现,有着与弗里德里希街(中山路)不同的风格。路上行走的都是中国人,做的都是小生意,掺杂各种叫卖声,人们的衣着也是粗布长衫,表现出典型的中式服饰特点
	交通点	王满仓在寻找俾斯麦街大街的过程中来到了胶济铁路的通车仪式现场,这里就是青岛火车站。此时的德国人身着华美服饰,为胶济铁路的通车举办一场盛会,宴会上有美酒与美食,更是有乐队烘托氛围。反观另一侧的青岛市民站在铁路道旁,对火车一无所知,认为铁牛开动的时候能够挤进好多人。这样的对比镜头让人们清楚地感知,在德国殖民统治下,一方面带来了社会的进步,另一方面又显得中国人的地位更加低下
	景点	(1) 劈柴院:建于 1902 年的劈柴院位于中山路,德国占领青岛后开始规划筑路、建房,人们在这里卖劈柴,故改名叫劈柴院。到 1910 年左右,这里逐渐被饭店、说书场取代。现在的劈柴院是青岛的一个旅游景点,里面有各式各样的青岛特色小吃。 (2) 崂山:王满仓、陈天佑、夏德发兄弟三人决定去崂山为翠翠婶子的东家弗里希先生找工人,当时的崂山属青岛附近的穷乡。他们决定去崂山招工也是因为乡村经济落后,居住在崂山的村民只能外出找活。 (3) 德国风情建筑:德国建筑在剧中有着相当的分量,当时青岛处在德国殖民时期,德国人建造了很多德国风情建筑,几乎每一集中都可以看到德国建筑的剪影。 (4) 大海:大海作为青岛的标志性象征,在剧中多次出现。可以说大海是剧情的一个见证者,它见证了三兄弟的发家史,见证了革命党人的命运,见证了青岛的历史变迁
人文历史	市区	(1) 戏法:剧中姜傻子一家以在劈柴院中变戏法为生计,所用道具皆为日常之物,真实地再现昔日青岛人民的生活画面,有较强的历史感。 (2) 方言又称"白话",指的是区别于标准语的某一地区的语言。剧中方言的运用也是人文历史的具体体现。如幼时王满仓初到青岛时与一位卖包子小贩的对话,温暖的人情味漫溢出来,为剧情增色很多

由表 2-1 可以清晰地看出,在具体的城市形象符号中,自然景观所占比重较大,且形象直观;人文历史虽有较多涉及,但并未突出青岛的城市人文特色。

2.《青岛往事》中青岛城市形象的核心要素

《青岛往事》所塑造的城市形象:一是客观象征;二是精神内核。主要包含以下几点。

(1) 红瓦绿树、碧海蓝天的城市景观。红瓦绿树、碧海蓝天体现了浓浓的青岛风味。红房子虽然是德国风格的建筑,但是它早已经融入青岛的土地之中,成为青岛的标志性建筑。作为青岛第一名片的大海,在《青岛往事》中就多次出现,见证着青岛的每一次变迁和发展。

（2）身处逆境仍不断发展的城市品格。《青岛往事》在第一集中，就以旁白形式展现了故事发生的背景——1897年11月，德国以"巨野教案"为借口派兵强行占领胶州湾，将德国远东舰队司令部设在青岛，并于1898年3月迫使清政府签订了丧权辱国的《胶澳租界条约》。青岛由此以自由港的身份被拉入世界格局中，从此揭开了一段影响深远的历史，也拉开了青岛城市兴起的大幕。故事开篇时，青岛已经成为德国的殖民地，主人公王满仓到青岛后，电视剧镜头在大海蓝天之后便是青岛中山路的场景，只看到外国人的面孔，少见中国人的容貌。这是因为德国占领青岛后，在中山路上将华人与德国人的居住区做了明确的划分。由于帝国主义压迫导致经济得不到良好的发展，华人区与德侨居住区形成鲜明的对比。华人不管是从服饰上还是饮食起居上，都明显落后德国人很多。在青岛成为日本的殖民地后，商业的发展更是举步维艰。

电视剧也表现了青岛在殖民空间中的蹒跚艰难的发展，影片中青岛开通胶济铁路时的情况就极具代表性。胶济铁路是当时中国为数不多的铁路之一，它带动了交通运输业的发展。此外，商业也在艰难的处境中不断发展，以王满仓为代表的青岛商人与以吉村为代表的日本商人斗智斗勇，不断促进青岛的商业发展。尽管身处异态时空，但青岛人从未停止过前进的步伐，这也是青岛这座城市的独特品格。

（3）爱国团结的城市凝聚力。《青岛往事》中青岛市民的爱国行为，主要表现在团结一致进行抗日。针对日本舰队想要在青岛登陆，国民政府派军队驻扎青岛，青岛市民自发采取行动，包围了日本人的住处和企业。在日本商人低价收购棉纱以做后期军需之时，青岛商界联合起来控制市场价格，使日本人低价购置棉布、棉纱的阴谋没能得逞。青岛政府也全力抵制日本在青岛登陆，最终日本军队也没能成功登陆，日本的企业也受到重创。正是这种爱国团结的城市凝聚力，让青岛度过了艰难困苦的殖民岁月，这种城市精神是青岛砥砺前行的动力。

3.《青岛往事》对青岛城市形象传播的影响力

《青岛往事》于2015年11月22日在央视八套播出，同时还有爱奇艺、央视网、腾讯视频、优酷视频在线网络平台进行网络转播。根据收视数据显示：该剧首集播出便取得了1.1的高收视率和6.53的收视份额，在所有央视平台上播出的电视剧中位居前列。开播当晚，"青岛往事"的同名话题阅读量高达3300多万，讨论次数达3万余次，关于"青岛往事"的搜索量突破20万。随着该剧影响力的不断扩大，人们也从关注剧情逐渐转向对青岛城市本身的关注。在电视剧播出不久后，人们被剧中出现的青岛元素所吸引，蔚蓝色的大海，充满异域风情的建筑，王满仓曾经生活过的劈柴院，都吸引了大批的游客前来游玩。青岛劈柴院客栈总经理曾表示："在《青岛往事》播出后不久，不少外地游客'按图索骥'游青岛，对于电视剧中经常出现的地点都要去走一遍。"①《青岛往事》的制作是成功的，不管是电视剧本身的收视率，还是对于城市的传播宣传，都达到了预期的效果：第一，《青岛往

---

① 何笙.“往事”如昨，感念至今——《青岛往事》引发青岛旅游、商业等各界持续关注[J].走向世界,2016(7)：19-21.

事》有效地彰显了青岛的地域特色,让人深入了解了青岛曾经的殖民地历史,在影视剧中出现的德国风情建筑,深深地印在了人们的脑海中。第二,电视剧起到了集聚效应。《青岛往事》播出后,吸引了众多大众聚焦报道,新浪娱乐、青岛日报、青岛微书城等都曾前后发表过相关文章,这种媒体的聚焦,大大地增加了城市信息的传播量,让城市形象更深入人心。第三,电视剧在一定程度上扩大了城市的知名度。《青岛往事》是针对青岛特定历史所打造的电视剧,电视剧耐人寻味的情节,让青岛这座城市走进了很多观众的心中。

（资料来源:张丽娟,王越.《青岛往事》中青岛城市形象的塑造与呈现[J].名作欣赏,2020(4):45-46.）

问题:

1. 青岛市推出《青岛往事》是政府公共关系举措吗? 为什么?

2.《青岛往事》的成功播出,反映了政府公共关系的哪些职能?

顾名思义,政府公共关系职能是指政府公共关系活动在政府日常工作中所发挥的作用和担负的责任。随着现代政府的逐步建设和完善,政府公共关系职能逐渐从附属地位发展成为独立的、相对完整的职能体系,很多政府机构已经开始建立自己的政府公共关系部门。政府公共关系获得了前所未有的重视和发展,人们对于政府公共关系的职能,即它在政府的工作中到底应该扮演什么样的角色,政府公共关系的工作范围有哪些,如何发挥其作用,这些认识在逐渐拓展和加深。对政府公共关系职能的清晰界定,应深刻认识到以下三点:一是政府公共关系职能是一个不断流动、变化的系统。政府公共关系的职能不是一成不变的,它要随着时间、地点、主体、对象、环境等的变化而变化。这就要求政府公关活动人员拥有较高的公关意识和公关能力,能根据变化的情境,随时调整公关活动的目标。墨守成规、因循守旧的思想不利于现代政府公共关系的开展。二是政府公共关系职能是一个不断丰富、发展的系统。政府公共关系的发展经历了漫长的过程。在不断探寻的过程中,人们对于政府公关的作用和职责的认识不断加深。过去的宣传模式已经不再适应社会的发展,甚至有"欲盖弥彰"之嫌,增加公众对政府的不信任,影响政府的形象。因此,现代政府的公关活动应更注重与公众信息的共享,倾听公众的心声,与公众达到双向交流,在协调沟通中促进政府与公众和谐关系的建立,最终建立政府信誉,树立政府的良好形象。三是政府公共关系职能是一个坚持基本立足点不变的系统。尽管政府公共关系是不断变化和发展的,但其基本内核没有发生质的变化,政府公共关系活动的基本落脚点和最终归宿都是要增进公众对政府的了解,加强两者的双向沟通,建立良好的政府形象,促进社会的和谐全面发展。[①]

政府公共关系的职能涵盖范围非常广,目前,学术界对其划分也比较多样。无论哪种划分方式,其相互之间都有一定的重合性,这也在一定程度上说明政府公共关系是一个内部相互勾连、互联互通的整体,其每一项职能的发挥都是与其他职能的发挥紧密相连的。本书将政府公共关系职能划分为信息的采集与处理、政府形象的塑造与调整、政府与公众的沟通协调和政府决策的资政建议这四个部分。同样,这四项职能之间也是相互联系、互相渗透的,存在着层层递进的关系。

---

① 姜波,于嵩昕.政府公共关系新论[M].南京:南京师范大学出版社,2019.

第一节　信息的收集与处理

在当今时代,信息作为社会普遍联系的形式,广泛地渗透于人类生活的各个领域,成为每个组织行动和发展的前提。企业如此,政府更是如此。由于政府所承担的工作是全局性的,所以它对信息的依赖更为明显。离开必要的信息,政府工作无异于盲人骑瞎马,寸步难行。

公共关系活动的本质就是通过双向沟通,有效地达成组织与公众之间的信息交流。因此,采集和处理信息便成了政府公共关系活动的首要职能。

一、政府公共关系信息的内容

所谓信息,是指包含新知识、新内容并可以进行传递的消息。信息原是一个自然科学概念,后被引入社会科学之中,成为与物质和意识具有同等重要性的普遍范畴。政府公共关系信息是指政府为了更有效地履行其职能所采集和传播的各种消息。它包括两方面的内容:一方面是需要通过公共关系工作加以收集的信息;另一方面则是需要通过不同途径和渠道、以不同形式在不同的范围内进行传播的信息。政府公共关系需要采集的信息有以下几点。

(一) 政府形象的信息

政府形象是指公众对政府在运行中所显示的行为特征、精神面貌和管理水平的总体评价和全面反映。良好的政府形象是政府开展各项工作的必要条件,也是履行其所承担的各项职能的基本保证。政府不同于一般的社会组织,它的形象如何,具有全局性的意义。树立良好的形象不仅是政府开展各项工作的条件,也是增强政府号召力和整个社会凝聚力的要求。

政府形象方面的信息主要有以下内容。

1. 社会公众对政府机构的评价

政府内部或外部公众通过与政府某一机构的接触、交往,自然会形成对政府机构一定的看法,如机构是否健全,设置是否合理,运转是否灵活,办事是否有效等。公众对上述内容的肯定程度越高,意味着政府形象越好。

2. 社会公众对政府人员素质的评价

政府的各项工作是由各级各部门政府工作人员去推动和完成的。公众正是通过与政府工作人员的接触和交往来认识政府的。政府人员在日常工作中所体现出来的工作能力、文化水准、办事作风、廉洁情况、精神风范都会给公众留下印象。他们是代表政府履行公职,故公众对他们不是作为某个人而是作为政府的一员来认识的。他们的一举一动都在造就着政府形象。特别是一些具有"窗口"性质的政府管理部门,如交通、海关等,其工作人员的素质和风貌更是直接影响到政府形象。

3. 社会公众对政府管理水平的评价

政府的所有工作最终都要落实为"政绩"。公众通过对政府的决策水平、管理效率、价值取向来认识和评价政府。例如,一个地区或部门出现重大决策失误,那么它所带来的就不仅是财力、物力上的损失,也会使政府形象受损。如果政府能急公众所急,想公众所想,解决公众最关心的问题,为公众"办实事",则十分有利于提高政府形象。这些年来一些地区和城市的政府一直坚持为当地群众办若干件实事,年初提出目标,年底完成,赢得了群众的赞许,改善和提高了政府形象。

（二）政府工作环境及其变化的信息

社会是一个大系统,政府则是其中的一个子系统,二者是相互联系、不可分割的整体。不同的社会背景,构成了政府工作的不同环境。社会是一个动态系统,这意味着政府工作环境经常处于变化之中。所以,政府要想有效地履行其职能,就不能以不变应万变,而应当尽可能地了解环境、适应环境,甚至引导环境朝着自身希望的方向发展变化。为此,了解环境及其变化的有关信息,就成了政府公关工作的一项重要内容。这方面的信息包括以下两个方面。

1. 公众态度变化的信息

政府与公众是相互影响和相互依赖的。政府工作不能不考虑和顾及公众的意愿、要求和呼声。这些意愿、要求和呼声也就是我们通常所说的"民意"。对于政府来讲,"民意"是关系到它能否成功地履行其职能的重要因素。了解并顺应"民意",是对政府工作的基本要求。要做到这一点,就必须随时注意了解、分析、掌握公众态度的变化,以改进政府工作。

2. 社会条件变化的信息

政府工作总是在既定的社会条件下展开的。社会条件是政府一切行为的基础,它包括社会的经济发展状况、政治生活状况、文化心理状况及国际环境情况在时空上的变化。政府在制定政策、开展各项工作时,必须考虑这些方面的变化,并针对不同情况及时采取或调整政策,以适应变化了的条件。同一种政策在不同的时间和地点可能会产生不同的甚至截然相反的效果。如果缺乏对这方面信息的了解,政策缺乏灵活性,则会大大降低政府工作的效率。

（三）政务信息

政务信息是指国家政务活动和特征的信息。它以国家机关在政务活动中公布的文件、报表、簿册等为载体，通过固定的渠道和程序加以发布、传播。政务信息将政府工作与公众联系起来，使公众了解政府及其工作情况，做到上情下达。这也是政府与公众双向信息交流中不可缺少的一个方面。

二、政府公共关系信息的特征和分类

（一）政府公共关系信息的特征

由于政府公共关系具有特殊的性质，政府公共关系信息也有自己的特征。

1. 政府公关信息有其特定的名称和形式

信息本身的性质、作用，沟通主体的组织地位，沟通线路等因素，决定着每条信息所应采取的名称和形式。随意采用政府公关信息的名称和形式，会导致信息沟通的混乱。

2. 政府公关信息都有明确的沟通规则

政府公关信息都有明确的沟通规则，必须按规定的沟通线路、范围和期限来沟通。这是政府工作严肃性和科学性的必然要求。

3. 政府公关信息的沟通有特定要求

政府公关信息的沟通有特定要求，它以严肃的法律或行政责任为保证，以求信息沟通的准确性、及时性和保密性。信息沟通中的失误必须由沟通主体承担与失误相应的责任。政府机构及其工作人员的欺上瞒下、虚报假报行为，将导致信息沟通发生故障，从而给政府工作带来严重损害，其责任必须受到追究。

4. 政府公关信息的沟通必须有国家及其代表机关参加

国家及其代表机关是政府公共关系的主体，政府公共关系信息的沟通必须有国家及其代表机关参加。

（二）政府公共关系信息的分类

为了便于对政府公关信息的研究，需根据一定的标准对其进行分类。由于分类标准不同，同一条信息可以列入不同的门类。通常情况下，有以下几种分类方法。

1. 按信息的来源划分

按信息的来源可分为内源信息和外源信息。内源信息是指反映政府系统内部状况的信息;外源信息是指反映政府系统外部环境变化的信息。

2. 按信息的性质划分

按信息的性质可分为正面信息、中性信息和反面信息。正面信息是指反映事物发展状况和进步程度的信息,如政策的执行成效、经济建设成就、文化教育事业的发展等;中性信息主要是指对客观情况的描述,使人借以了解变化了的形势和事物的进展情况等;反面信息主要是指揭露现存的问题和社会阴暗面的有关信息,它暴露的是前进中的困难和社会弊端,这同样是政府更好地开展工作所必需的信息。

3. 按信息所发生的领域划分

按信息所发生的领域可分为经济信息、政治信息、文化信息、政策信息、舆论信息、市场信息和环境信息等。

4. 按信息的处理程度划分

按信息的处理程度可分为原始信息和处理后信息。原始信息是指人们对某一事物或活动所做的最初的反映和描述。这种信息往往是零碎的、直观的,但它具有感性强、信息量充分等特点。处理后信息是指经过处理程序和沟通环节后向其他沟通主体散发的信息。这种信息已掺杂了沟通主体一定量的主观因素,即信息增值。

对政府公关信息的分类,除了以上划分方法以外,还有其他一些分类方法。例如,按时态划分,可分为过去信息、现实信息和未来信息;按传递渠道和场合划分,可分为正式信息和非正式信息等。

三、政府公共关系信息的收集与处理

(一) 政府公关信息的收集

1. 政府公关信息收集的重要性

收集信息是政府公共关系工作的重要职能之一,其目的是为政府决策提供科学的依据。从某种意义上讲,政府管理工作的科学性和效率性,主要取决于它对信息的掌握和利用程度。原因如下。

(1) 政府只有广泛收集有关信息,才能发现问题,找到问题的症结所在,了解问题的成因,从而正确地确立决策目标,制订可供选择的决策方案。

(2) 政府只有充分、全面、准确地收集和掌握有关信息,才能对决策进行科学的分析、论证、评价,从而尽可能地减少决策失误,降低决策带来的负效应。

（3）为了完善政府决策，就必须将决策执行情况的反馈信息以报告、报表、资料汇编等形式反馈回决策中心，以便决策者及时了解决策执行的效果和执行中出现的新情况、新问题，及时对原决策进行补充、修正和完善。

由此可见，政府决策只有在全面、准确、及时地掌握有关信息的基础上，才能不断地提高质量。

2. 政府公关信息的收集方式

大体上说，政府公关信息的收集有直接收集和间接收集两种方式。

（1）直接收集。直接收集是指政府机关和公务人员为有效地开展政务管理，通过调查研究、听取汇报、接待来访、协商对话或者专线电话等途径直接收集所需信息，以求了解事情发展的最新情况，掌握有关的第一手材料，及时有效地解决存在的问题。调查研究是政府管理工作者直接收集信息的重要渠道。勤于调查研究的行政领导，可以有效地防止和克服工作中出现的"情况不明决心大，信息不全主意多""瞎指挥"等盲目蛮干的官僚主义倾向，使决策与管理更具针对性、现实性、科学性和可行性。信息的直接收集方式具有很多优点：①信息交流迅速；②信息内容丰富、形象生动；③信息失真率小；④有利于加强党和政府同人民群众的血肉联系，改善党和政府的形象，增强党和政府的凝聚力和号召力。当然，信息的直接收集方式也有一些不足之处，如采集面不广，典型性和代表性不足，时间、精力、费用限制较大等。

（2）间接收集。间接收集是指政府及公务人员通过诸如大众传媒、简报、情况综述等途径收集经过处理的第二手信息资料，以达到更广泛、更深刻、更准确地了解面临的形势及特点，认清事物的本质和发展趋势，更有针对性地采取有效措施，解决存在的问题的目的。大众传播媒介是信息间接收集的主要途径。这是因为大众传播媒介是现代化的信息传播机构，具有传递速度快、信息收集面广、影响大等特点。此外，政府系统内部编辑发行的简报、情况综述、内参刊物等也是信息间接收集的重要渠道，其特点是信息价值大、接收率高、保密性强、易保存。但是，间接收集方式由于受沟通主体自身经验、阅历、理解表达能力的限制，信息内容容易掺杂沟通主体的主观成分，失真的可能性较之直接收集要高。所以，直接收集与间接收集两种方式应配合使用，取长补短。

3. 政府公关信息收集的注意事项

对于政府机关来讲，信息收集必须注意以下几点。

（1）应注意信息采集的全面性。"兼听则明，偏信则暗。"信息收集切忌片面性，既应注意收集正面信息，也不应忽视中性信息和反面信息，这样才能形成对事物的完整、正确的认识。在决策过程中，只有全面掌握有关信息，既看到有利方面，也重视不利方面，才能使决策更符合实际，更具有可行性。

（2）应注意信息采集的准确性。所谓准确性，是指信息要真实地反映事物的本来面目。真实是信息的价值所在。虚假信息或伪信息不仅丝毫无助于科学地决策，反而会误导决策，招致重大失误。这不仅会给政府管理工作带来损失，而且会损害政府形象。所以，政府机关及公务人员在收集信息的过程中，必须对信息进行核实、辨析，以确保信息的真实、可靠。

（3）应注意信息收集的及时性。所谓及时性，是指要力争在最短的时间内收集、汇总相关信息，从而使决策者能及时了解问题、解决问题。如果由于某种原因，信息不能及时上达，往往会错失解决问题的最佳时机。在信息不能及时到位的情况下匆忙形成的决策，必然会缺乏针对性和可行性。

（二）政府公关信息的处理

1. 政府公关信息的处理手段

信息处理是一个相当复杂的过程。由于信息对于政务活动具有至关重要的意义，信息处理也就必须以服务于政府工作为主要目的。信息处理的主要手段如下。

（1）分类。分类就是按一定的标准，如时间、空间、事件、问题、目的或要求，对蜂拥而来的信息进行梳理，使之各归其类，以便分析。

（2）比较。比较是一种分析研究工作。通过比较，分析出信息的真伪、主次、信息价值的大小及信息之间的内在联系，使信息选择更为准确。

（3）选择。信息纷纭繁杂、真伪并存。这就要求政府公务人员必须针对所要解决的问题，依据一定的标准对众多的信息进行选择、取舍，以免信息过量而对决策产生干扰。

（4）综合。信息的各个方面和层次并不是主次分明、清晰可辨的，同时未经加工处理的信息往往是粗糙、零碎和散乱的，因此必须围绕着要解决的问题对众多信息进行综合处理。

（5）研究。信息加工者投入智力劳动，以便从纷繁的信息资料中形成新的概念、结论，也就是更富决策指导意义的信息。

（6）新编。把各方面的信息资料进行汇总、编目和编制索引，为利用者提供手续上的便利。

2. 政府公关信息的处理原则

要使信息处理工作更富有成效，除了科学、熟练地运用信息处理的基本手段外，还必须掌握处理信息的一些基本原则。

（1）创新性原则。这一原则要求处理信息必须具有开拓创新的精神，善于从平淡无奇的信息中发现其价值，善于透过纷乱杂陈的信息表象抓住信息内含的本质。因循、固执、直观、刻板是信息处理的大忌。

（2）针对性原则。这一原则要求信息的处理必须针对所要解决的问题，收集处理与问题有关的一切信息。缺乏针对性的处理，信息就不会有很高的使用价值。

（3）析义性原则。这一原则要求分析信息的真实意义，把握信息的精髓，切不可望文生义。析义性原则要求在处理信息时把信息作为事实的表征，进行由表及里的辩证分析，从中获取有价值的东西。

（4）综合性原则。这一原则要求信息处理必须注意信息内容的综合，以求形成一个全面、完整、系统的认识。综合的方式大体分为兼容综合、扬弃综合和全息综合三种。每一种综合方式各有长短，结合起来运用才能完备。

（5）时效性原则。这一原则要求信息处理必须适时。过早处理恐难以形成一个准确而全面的认识和判断；反之，信息处理迟滞，则有时过境迁、信息贬值之虑。因此，要确保信息的使用价值，必须善于把握时机，适时处理信息。

（6）适用性原则。适用性是信息价值的一个综合性评价指标。信息处理的各项工作都是为了提高信息的适用性，使信息对决策部门更具有参考价值。

上述原则是信息处理规律的概括和总结。只有遵循这些原则，才能有效地提高信息处理的效率。

第二节　政府形象的塑造与调整

政府形象对政府的生存和发展有着至关重要的意义。良好的形象是政府赢得公众的信任和支持、充分发挥其效能的重要条件，在一定程度上决定着政府的前途和命运。所以，政府在开展各项工作的过程中，必须有自觉的形象意识和相应的行为，以保证管理机器正常、有效地运转。

从根本上说，良好的政府形象来源于政府的具体实践，也即政府在管理过程中的具体作为和表现。如果一个地区或部门的政府机构不注重扎实的工作，缺乏让人称道的"政绩"，而是靠虚伪来支撑门面，靠粉饰来打扮自己，非但无助于树立良好形象，反而会进一步损害自己的形象。

实践表明，政府形象的塑造与维护必须借助于公共关系活动的开展。公共关系被人们称作"塑造形象的艺术"。如果没有公共关系理论的指导及相应的科学手段的运用，所谓形象只能停留在表层，很难获得提高和完善。因此，塑造和维护政府形象便成了政府公共关系工作的一项重要职能。

一、政府形象的含义、构成和特性

（一）政府形象的含义

"形象"一词的本意是指人与物的形体、相貌、外观。公共关系学所讲的组织形象是社会公众对组织的内在精神和外显事物的整体印象和评价。政府是一种特殊的组织，政府形象也不同于一般的组织形象。它指的是公众对于政府综合认识所形成的整体印象的评价。它是政府机构的静态实体（如政府设施、组织机构、政令政策及法规文件档案等）和政府人员的动态言行等因素综合作用于政府内外公众主观意识的产物。

公共关系理论认为，衡量一个组织形象的基本指标有两个——知名度和美誉度。对于政府来说,知名度并不是塑造形象时所追求的目标,它的特殊地位已经赋予了其他任何组织所无法相比的"知名度"。这样,美誉度——公众对政府的信任、支持、赞美的程度,便成了塑造政府形象的首要甚至是唯一的追求。

(二) 政府形象的构成

政府形象是一个整体概念,它由以下一些具体要素构成。

1. 组织

在政府公共关系中,组织是由各级领导和广大公务人员组成的。其中,领导往往是社会公众关注的焦点。因此,领导必须严于律己,成为自觉塑造和维护政府形象的楷模。政府普通公务人员由于经常广泛、大量地接触社会公众,所以同样是政府形象的塑造者和承受者,也必须以全员公关意识来规范自己的行为举止。

2. 目标

目标是政府宗旨的直接体现,也是政府形象的具体化。政府形象可分解为许多具体目标来加以实施。目标的实施过程也就是形象的确立过程。

3. 政策

政策是政府为实现自己的路线和任务而规定的行动准则,具体包括各种法令、法规、纪律、制度等。它是政府实现既定目标的有效保证,能起到引导公众和规范自己的双重作用,所以是构成政府形象的一个要素。

4. 效率

效率是政府活动的综合体现,反映着政府的工作作风、人员素质、体制机构等各方面的状况,因而也是公众评价政府形象的一个重要标准。此外,政府的地理位置、环境状况、物质设施等客观因素也是构成政府形象的重要方面,在具体的公共关系工作中同样不可忽视。

(三) 政府形象的特性

政府形象的社会特性有以下内容。

1. 政府形象具有阶级性

政府是阶级统治的机关,不同的阶级对政府形象自然有不同的标准和要求,而政府形象又必然会反映并服务于它所代表的那个阶级的利益。一般来说,一个政府究竟要树立何种形象,是受统治阶级的利益支配的。阶级性是政府形象区别于一般的组织形象的根本所在。

2. 政府形象具有时代性

政府形象并非一成不变。即使是同一个阶级的同一政府，其形象也会随着社会环境和历史条件的变化而变化。当然，这种变化不会改变其本质特征。

3. 政府形象具有社会性

尽管不同政府的本质和目的各不相同，但客观上政府都必须承担整个社会的管理责任。这样，政府就必须面向全社会的公众树立形象。政府的某些公益性活动，如发展义务教育、进行抗险救灾、举办福利性公共工程等，会得到社会各阶级、阶层的普遍认同和肯定。

二、政府形象的形成与评估

（一）政府形象的形成

政府形象的形成实际上是一个完整的公共关系活动过程。由于树立形象是政府公关的一个重要内容和直接目的，因此它在整个公共关系活动中所占的位置也更重要、更突出。

政府形象的形成一般要经历以下几个阶段。

1. 目标确立

政府首先要将自己所要塑造的形象分解为具体的目标体系。例如，按实施阶段可以分为长期、中期和近期目标；按内容可分为总体目标和各种具体目标；按形象承受体可以分为各级政府不同的形象目标和工作人员个人的行为规范目标。

2. 价值评估

目标在一定程度上只是行政首长和有关部门的主观愿望，因此还有必要结合政府部门的实际状况、环境条件及公众对政府的期望等多种因素，对目标价值进行分析论证，以免实施过程中出现失误。

3. 形象塑造

借助于各种传播渠道和方式及全体公务人员的工作实际表现，把形象目标直接呈现给公众。

4. 形象反馈

一个具有实际评价意义的形象并不取决于政府单方面的行为，最终还应由公众来下结论。这一环节必须通过采用组织形象评估工具图等方式对公众评价进行反馈才能实现。当形象在反馈基础上重又表现为具体现实的数据指标后，完整的政府形象才得以真正形成。

（二）政府形象的评估

1. 政府形象的评估内容

政府形象的评估主要是为调整和完善政府形象提供依据。其内容是指通过调查分析，对政府形象做出科学的、实事求是的评价。

政府形象的评估包括两个方面的内容。

（1）对政府自我期望形象的评估。自我期望形象为政府树立自身形象提出了努力的方向和目标。这虽然不等于实际形象，但却可以转化为实际形象。政府中的领导和普通公务人员是政府形象的直接实践者和承受者，他们的主观期望、设想必然会转化为具体的行动和工作表现，从而影响和造就政府的实际形象。因此，有必要在塑造形象之前便进行一番可行性预测和价值评估，以求尽早发现问题并加以修正。

（2）对政府社会实际形象的评估。实际形象是经政府努力且获得公众认可的形象，是政府塑造或调整形象的最终追求和落实，所以对政府实际形象的评估更为重要。这种评估是对政府塑造自身形象结果的检验，也是纠正过失、总结经验、进一步调整完善自身形象的前提和依据。

2. 政府形象的评估步骤

评估政府实际形象的具体步骤如下。

（1）明确把握相关公众。公众对政府来说有主次之分，且自身结构又十分复杂，因此只有通过科学分类和调查手段先找准相关公众，才有可能通过他们来准确地评估政府形象；反之，就有可能导致形象评估的失真。

（2）对形象评估定位。具体可通过组织形象的四象限图对形象的美誉度做出本质的分析总结。

（3）测量形象的实际分值。通过分解、剖析具体指标，把形象从定性阶段引入定量阶段。通常可采用组织形象要素调查表和内容间隔图等图表进行分析评价。这样，政府形象的总体估价和各项指标优劣程度的结论也就产生了。

三、政府形象的塑造与调整的实现

（一）政府形象的塑造

政府究竟以何种形象呈现给社会公众，公众对政府形象做出怎样的评价，归根结底是由政府在政务活动中的具体作为决定的。一个无所作为的政府，不管施以多么强大的公关宣传，都不可能给公众留下良好的印象。

然而，这只是问题的一个方面。政府在努力创造政绩的同时，还必须借助于一定的渠道、途径、方式将其显示给公众，将自身追求的形象转化为公众对政府的实际认识，这样就离不开公共关系这门"塑造形象的艺术"。

公共关系对于塑造政府形象的作用，主要表现在以下几个方面。

1. 公共关系是政府确立形象意识、构筑形象基础的前提

由于政府所处的特殊地位，它的一举一动都会成为公众注目的焦点。公众正是通过政府的各种活动、政策及政府公务人员在公众场合的表现来认识和评价政府的。所以，强化形象意识是提高政府形象的重要条件。它要求政府部门及公务人员，尤其是高级领导人必须有正确而强烈的形象意识，注意给公众留下良好印象，以维护政府形象。要做到这一点，就离不开公共关系理论的科学指导。

2. 公共关系是政府策划形象传播、优化形象显示的有效途径

良好的形象需经公众认可才能实现。这是一个从客观到主观、从具体到抽象、从现象到本质的复杂的多层次的心理反应过程。公众自身的复杂性又为这一过程增加了难度。这就需要通过公共关系的双向传播手段来优化政府的形象显示。

3. 公共关系是政府寻找形象差距、调整形象目标的手段

政府与公众间的"形象差"用一般方法很难检测，但如果运用公共关系中的组织形象评估工具图及民意测验、新闻调查等方法，这些问题便可迎刃而解。

4. 公共关系是政府克服形象失真、不断完善形象的有效保证

在塑造形象的过程中，由于受各种主客观因素的影响，有时难免出现形象失真状况。这就需要通过卓有成效的公共关系活动，借助于公共关系手段加以消除。例如，采用矫正型模式，通过对公众的反馈调查，找出失真原因并切实加以改进，使政府形象更趋完善。

由上可见，良好的政府形象的塑造离不开公共关系这一手段的保证。正是这一手段将政府与公众联结起来，把来自政府方面的有关信息真实、有效、及时地传达给公众，使公众从中获得对政府的认识；同时，它还将来自公众方面的信息反馈给政府，使政府能及时发现不足，弥补缺陷，防患于未然。

由于各种因素的变化，无论是政府自我期望形象还是经公众认可的政府实际形象，都不是一成不变的。这就涉及政府形象的调整问题。所谓政府形象的调整，是指对形象目标的改进和完善。

（二）政府形象的调整

政府形象调整的具体过程包括以下几个方面。

1. 找出"形象差距"

这是指找出政府事先的自我期望形象与公众认可的实际形象之间的差距。只有找

到、找准差距,才能发现问题之所在,才能进一步有的放矢地开展工作。

2. 调整实施计划和过程

造成"形象差"的原因是多方面的,比如,有的是目标不合适,有的是传播途径和方式选择不当,还有的则可能来自客观环境的干扰和公众自身的素质差异。这些显然都会给政府形象的塑造带来不利影响,因而需要加以调整,例如,可通过放慢进程、转换渠道、优化环境等多项措施予以调整,使之更符合实际。

3. 将调整后的计划重新付诸实施

计划的目的是实施。通过对公众反馈意见的处理而形成的调整计划,要转化落实为具体的实践,这样整个过程才能算结束。同时,又由于调整后的计划要重新经受实践和公众的检验,因此它又是下一个过程的开始。政府形象由此而不断得到提高和完善。

第三节　政府与公众的沟通协调

一、政府与公众的沟通

(一)政府与公众沟通的意义

政府与公众的沟通是指政府作为公共关系主体与公众之间通过多种途径和方式所进行的思想与信息的交流过程。沟通的目的是促进政府与公众之间的相互了解和信任,从而为政府工作创造更有利的环境与条件。因此,沟通是政府公共关系的重要职能之一。具体来说,政府与公众沟通的意义如下。

1. 沟通是发扬民主、实现科学决策的需要

人民群众参加国家和社会事务的管理是社会主义制度的本质要求。公民参政、议政和监督政府工作的基本权利的实现,是以"知政"为前提的。这就要求通过沟通来及时、全面地将有关信息传达给公众,使公众能够了解事实真相。这样,公众才能对国家发展的大政方针和一些具体政策形成自己的意见和看法,才能有效地行使监督政府工作的权利。同时,强化沟通一方面可以将政务活动的情况更多、更及时地告知公众;另一方面也可以使公众的意见、建议、要求、呼声更及时地为政府所了解,并将其中的良计良策纳入政府的决策中,使之有更广泛的民意基础。

2. 沟通是增加透明度、提高政府形象的需要

政府要得到公众的信任和支持，就必须密切与公众的联系。公开政务活动、增加透明度正是政府贴近公众、争取公众支持的有效途径。在现代社会里，随着人们参与意识的逐步提高、公民意识的日益增强，与公开化相违背的办事方式和程序往往会受到指责和怀疑，自然也就会影响政府的声誉和形象。同时，沟通渠道的阻塞或不畅，也不利于创造一种政府与公众之间以诚相见的合作气氛。

3. 沟通是提高办公效率、增强政府职能的需要

沟通所强调的是双向的信息交流。对于政府工作而言，信息沟通的顺利、畅达、及时、准确是提高效率的重要保证。来自政府方面的决策、设想、计划、安排等如果不能及时到达公众那里，则会影响其落实、实施的过程。同样，来自公众的反馈信息不能及时为政府所掌握，也会影响政府的进一步行动。所以，政府必须利用现代化的传播手段和媒介，同公众加强联系。例如，利用热线电话、现场办公、新闻发布会、座谈会、接待来信来访等形式来加快双向信息交流的速度，提高工作效率。

（二）政府与公众沟通涉及的问题

政府与公众的沟通主要涉及以下几个方面的问题。

1. 沟通类型

沟通类型包括政府内部沟通和政府外部沟通两种。政府内部沟通是指政府内部上下级之间、同级部门之间及领导人与普通公务人员之间的沟通，其目的是增强政府内部的凝聚力和运转效率，这是政府公共关系的基础；政府外部沟通是指政府与外界各类公众之间的沟通，其目的是增进政府与外界公众之间的相互了解和信任，以协调一致地实现政府和全社会的总体目标，这也是政府公共关系的重点。

2. 沟通形式

沟通形式有下行沟通、平行沟通、上行沟通三种。下行沟通是指政府自上而下与公众进行的沟通，如新闻传播、文件报告等；平行沟通是指政府与同级组织或其他社会团体间进行的平等沟通，如座谈、对话、协商等；上行沟通是指公众自下而上与政府进行的沟通，如专线电话、信访等。

3. 沟通效能

沟通效能是指沟通所达成的结果，它是评价沟通的主要标准，也是选择沟通方式和媒介的依据。它要求在沟通过程中尽可能地避免或有效地防止三种损耗，即迟缓损耗（由于传播拖延时间过长而失去了吸引力所造成的损耗）、阻塞损耗（传送的信息量超过了公众接受需求能力和媒介容载程度所造成的损耗）、干扰损耗（两种或更多的信息在同一时空发生矛盾所造成的损耗)。

二、政府与公众的协调

政府与公众的协调是指政府作为公共关系活动的主体,通过协商、调节、沟通等方式来调适、理顺政府与其内外公众之间的关系,为政府开展各项工作创造适宜的环境和条件。

在社会主义社会里,政府同公众(主要是广大人民群众)之间的根本利益是完全一致的,两者之间并无根本的利害冲突。但是,这并不意味着在社会主义社会里政府与公众之间的关系始终是和谐融洽的。相反地,由于种种原因,如认识上的差异、局部利益上的冲突、沟通上的障碍、体制上的缺陷等,政府与其内外部公众之间难免会产生一些矛盾和纠葛。这就要运用公共关系手段和方法加以调整,以求协调一致。因此,协调与公众的各种关系便成了政府公共关系的重要职能。

政府与公众关系的协调主要包括以下方面。

(一)政府内部领导与一般公务人员关系的协调

实践表明:领导与工作人员的关系协调与否,会直接影响到政府效能的发挥。政府同其他组织一样,只有做到"内求团结",才能达到"外求发展"的目的。成功的内部公共关系能培养工作人员的归属感、认同感,增强政府的凝聚力,形成和谐、融洽的人际关系和齐心协力的工作气氛,使工作人员处于轻松愉快的工作环境中,从而积极主动地做好本职工作。要做到这一点,就需要发挥公共关系的沟通职能,使领导能及时了解和把握下属人员的思想动向、精神状况和意见呼声,从而合理地通过调整政策和自身行为来求得下属的理解、信任和支持,使工作人员能及时准确地把握领导本人的意图、动向,从而自觉地加以配合。

(二)政府内部职能部门之间关系的协调

政府如同一部庞大的机器,它的有效运转有赖于组织这部机器的各个"零部件"的通力协作。所以,各职能部门协调一致的默契配合,是政府发挥其整体效应的前提条件。但是,由于各部门的管理职责不同,立足点有异,加之可能发生的信息交流上的不畅,便可能导致步调不一致的状况。有时由于局部和全局利益的冲突,也会发生部门或地区之间的矛盾、误解等现象。在管理工作中,也会因为种种原因,发生部门间的互相推诿、扯皮等现象。这就要求通过发挥公共关系的职能加以协调、疏通,以消除误解,解决矛盾,克服或防止推诿、扯皮现象的发生,从而形成一种互相配合、精诚合作的良好内部工作环境,提高工作效率,树立政府的良好形象。

(三)政府与外部公众关系的协调

政府在进行行政管理的过程中,必然会同外界环境和社会公众发生关系。由于各种原因,彼此之间的关系并不一定始终处于一种和谐状态,协调的必要性也就由此产生了。政府是一种特殊的组织,它所面对的公众不同于一般组织,其成分是相当复杂的。政府与外部公众关系的协调也因此变得格外困难和复杂。一般来说,对外部公众关系的协调,最根本的方式是进行反馈调节,即广泛收集各类公众对组织的期望和评价意见,有针对性地采取对策,通过调整或改进自身政策行为来满足公众的需求,这样才能树立良好的政府形象,使政府与外部公众关系保持和谐。当然,协调与公众的关系并不等于一味地迎合公众的需求。由于政府外部公众的复杂性,他们的某些需求可能是不合理的、不切实际的或是政府暂时难以满足的。对此,政府作为公共关系的主体,应理所当然地做好解释疏导工作,以消除误会、减少摩擦、化解矛盾。

三、政府与公众纠纷的预防和处理

（一）政府与公众纠纷的预防

在现代社会中,政府所面临的和需要处理的各种关系极其复杂多变。由于种种因素的影响,社会生活中必然会充满矛盾,隐藏着各种危机。如果对此缺乏足够的认识和准备,举措失当,就会引发政府与公众之间的纠纷。因此,如何有效地预防和正确处理与公众可能发生的纠纷,就成了政府公共关系的重要内容。

其实,政府公共关系纠纷并非不可避免。它作为一种事态、现象,总有一定的前兆和苗头。政府如果能从加强信息沟通、交流工作入手,及时掌握公众对政府决策的情绪、意见、要求和行动意向,并采取有效的调整、改进措施,就有可能把纠纷消除在萌芽状态,防患未然。因此,在现代社会里,政府必须建立健全一套完善、高效的预警机制。就我国的情况来看,政府对公共关系纠纷的预防应当从以下几个环节入手。

1. 建立全方位的信息网络

政府除了充分运用官方的信息渠道之外,还必须注意保持与公众的直接接触与交流,认真接待来信来访,设立举报中心,开通热线电话等。政府借此接收的直接来自公众的信息,往往是公关纠纷的重要信息来源。只有建立全方位的信息网络,密切保持与公众的接触,政府才能从中获取、筛选、综合出有关信息,以尽早采取适当的预防措施。

2. 建立政府自查制度

政府应通过建立健全自我监督约束机制,定期检查自身在运行过程中是否存在侵害公众利益的行为,从而做到防微杜渐。自查制度的建立应同相应的责任制结合起来。部门负责人必须对本部门的政府行为负责。如果由于自身原因而引发公共关系纠纷,责任主体必须为此承担责任。只有这样,才能增强政府自查的自觉性、主动性,避免自查制度流于形式。

3. 加强公共关系调查研究

调查研究是政府运用人际传播方式与公众进行的直接沟通。它可以减少许多中间环节而直接与公众发生联系,具有较强的真实性和可调节性。相对于"下情上传"的信访等形式,它与公众的联系也更为直接。因此,加强调查研究也是预防政府公共关系纠纷的一项重要而有效的措施。

（二）政府与公众纠纷的处理

政府公共关系纠纷一旦发生,就会对政府与公众的关系造成损害,任其发展势必会造成侵犯公众利益和损害政府形象的严重后果,甚至危及社会安定,动摇政权的基础。因此,对公共关系纠纷切不可等闲视之,必须及时予以处理。

一般来说,处理政府公共关系纠纷需经过以下四个步骤。

1. 听取意见

纠纷产生后,公众或投书,或来访,或通过新闻媒介向政府提出一些批评和意见。不管这些意见采取何种方式,如何尖锐甚至存有偏见,只要是善意并有利于政府工作的,都应认真听取。只有广泛听取各方面的意见,政府才能了解纠纷产生的原因及所造成的后果,从而为正确采取应对措施打下坚实的基础。

2. 查清事实

查清事实是解决纠纷的关键。政府需对纠纷事态的发生、经过和结果进行查证分析,了解事实的真相,寻找问题的症结,制订解决纠纷的方案。需要查清的有关纠纷的事实有以下几个方面。

（1）纠纷产生的客观背景,即纠纷是在何种条件下发生的、产生了何种影响。

（2）纠纷发生的主要经过,即纠纷发生的时间、地点、当事人、标的物和过程。

（3）纠纷的性质,即根据纠纷发生的具体情况、严重程度及内容来判明其性质。纠纷的性质不同,处理的对策当然也会不同。

（4）纠纷的责任,即纠纷的过错者及其应承担的责任。

3. 交流意见

在听取意见、查清事实的基础上,政府应当与公众充分交流意见,求同存异,以求达成谅解,这是解决纠纷的重点。交流可通过新闻传播、座谈会等形式进行。

4. 总结协调

纠纷双方达成谅解后,政府还需要通过民意测验、追踪调查等手段,来了解公众对引起纠纷的原因及解决纠纷过程的看法,同时还要总结经验教训,追究有关责任者的责任并给予相应的处理,对工作中的失误采取切实有效的补救和改进措施,力求工作不断达到新的水平。

第四节　政府决策的咨询建议

现代社会的管理是一项极其复杂、庞大的系统工程。社会生活的日趋繁杂及社会情势的瞬息万变，使得任何仅凭政府领导本人的知识、经验、智慧进行的所谓"经验决策"都无法适应社会发展的需要。因此，充分重视和发挥公共关系的咨询建议职能，就成了提高政府决策水平的一个重要条件。没有成功的公共关系活动，就很难有成功的政府管理和科学的政府决策。

一、咨询建议在政府决策中的作用

政府决策是指政府为实现管理目标，在若干种预选方案中选择最优化方案的过程。决策是政府政务管理中一项主要的和基本的活动。事实上，政府机构的全部管理工作都是围绕着政府决策展开的，所有的政府人员也都在不同程度上、以不同的形式直接或间接地卷入了决策过程。所以，政府决策是政务管理的首要环节，是实施政府管理职能的基础，它贯穿政务管理的各个方面和全过程。

正因如此，政府决策成了实现政府管理目标的关键。决策质量的高低将直接影响政府工作的成效，进而影响到社会的治乱盛衰。所以，如何保证决策质量，提高决策水平，是任何一个政府都必须予以高度关注的问题。

影响决策质量的因素是很多的，如决策者素质如何，决策机制是否完善，决策程序是否合理等。从公共关系的角度而言，充分发挥咨询建议的参谋作用，同样是保证决策质量不可或缺的条件。

所谓咨询建议，是指公共关系人员向决策层和管理部门提供公共关系方面的情况和意见、建议的活动。

公共关系的咨询建议与沟通信息密切相关。获取信息是咨询建议的前提。没有足够的信息沟通，一切咨询建议都只能是空谈。信息沟通只有通过向有关决策层提供咨询建议，才能发挥其参谋功能，实现其价值。

咨询建议对于政府决策的作用主要表现在以下两个方面。

（一）促进政府决策的民主化

社会大众的广泛参与是现代政治区别于传统政治的一个显著特点。人民群众参与国家大事的讨论，是他们的基本权利和作为国家及社会的主人翁地位的体现。这就要求政府必须将决策意图、打算和面临的困难如实地告知公众，以征求他们的意见和建议。公共关系的咨询建议功能就在于将来自公众的各种信息分门别类地加工整理，向决策者提供有关咨询建议,从而保证在最终形成的决策中能广泛地吸收来自公众的合理化意见、建议,汲取群众的智慧,使决策尽可能建立在广泛的民主基础之上。

(二)促进政府决策的科学化

决策科学化是现代管理的客观要求。现代社会节奏快,信息量大,不确定因素多,任何高明的决策者都不可能做到"全知全能"。因此,要实现科学决策以避免决策失误所带来的损失,就必须重视和发挥公共关系的咨询建议功能。通过公共关系活动所收集的数据、资料、情况一般都是来自社会各方面的真实信息。公关人员可依靠这些信息资料,广泛征询公众及有关专家集团的意见,同时监测环境变化,预测社会变化趋势,以供政府决策,使决策更具科学性。

总之,民主化与科学化是保证政府决策质量的基本条件,它反映着政府机构的管理水平和运转效能。在现代社会里,决策的民主与科学不仅是管理成败的关键,也是政府赢得社会大众信任与支持、建立其合法性的基础。决策频频失误的政府是无能的政府,无能的政府显然不能得到群众的拥护。

二、咨询建议的内容

咨询建议既然是保证政府决策民主化与科学化的重要条件,那么在政府决策过程中,哪些方面的咨询建议最为关键和重要呢?这就涉及咨询建议的内容。一般来说,为提高决策质量,减少失误,政府至少有必要了解和掌握以下几个方面的情况和意见。

(一)关于政府形象的咨询建议

良好的形象是政府赢得公众信任和支持、充分发挥其管理效能的重要条件,甚至在一定程度上决定着政府的前途和命运。因此,政府在决策过程中,必须参与对自身形象问题的考虑。对于政府决策者来说,不能仅仅把注意力放在决策问题本身,同时也应对方案付诸实施后可能对政府形象产生的影响有足够的、清醒的认识。否则,一旦由于决策不当而使政府形象受到损害,就会对政府的长远利益产生不良影响。要有效地避免这一点,就需要充分发挥公共关系的咨询建议功能。

政府在决策时应通过成功的公共关系活动来全面收集公众方面有关政府形象的信息,然后进行慎重分析及加工整理,并及时、准确地提供给决策中心参考,使决策者在决策过程中对政府在公众中的具体形象做到准确把握、心中有数。当政府形象由于某种原因受到损害时,有关部门更应及时地收集、汇总、反映情况,以便决策部门能及时采取正确的应对措施,挽回形象。

有关政府形象的咨询建议,需要注意以下两点:一是要坚持实事求是的原则,客观公正地反映情况,既不能依据少数人的意见以偏概全,也不能凭主观意志想当然,要防止片面性。对收集来的有关信息要系统分析、科学鉴别,做出综合性的评判。二是要注意了解掌握公众变化着的评价标准，及时提出更新政府形象的新建议。随着社会经济、文化和民主政治的发展，公众的素质、观念和需要也必然会随之而变化，对政府的评价和期望值也会发生改变。要维护和提高政府形象，就必须不断地适应公众变化着的评价标准。

（二）关于公众意向的咨询建议

政府在决策过程中必须纳入对公众意向的考虑，即通过各种途径向有关机构或组织了解公众意向，借此制订、修正和调整政策，使之更符合公众的意愿和要求，充分实现公众的利益。在社会主义国家，政府决策尤其需要加强对公众意向的咨询。这是因为：第一，人民群众是国家的主人，而政府及其工作人员是人民的公仆。政府决策必须秉承人民群众的意志，最大限度地实现人民群众的利益。第二，公众是政府决策的最终承受者，也是最权威的评价者。公众对政府决策的态度，会直接影响决策执行的效果。因此，为了提高决策执行的有效性，就必须努力使决策更符合公众的意愿和要求，以争取公众对决策的理解、认同和支持。

公众意向咨询建议的主要目的是使政府在决策时能了解公众的疾苦，倾听公众的呼声，掌握公众的心理、态度，把握公众的情绪，从而在决策中体现公众的意愿。此外，政府还要善于听取公众对政府有关决策的意见和建议。当然，政府决策也并非唯公众意志是从，而是在了解、掌握公众意向的基础上，进行科学分析，辨明合理与不合理、主流与支流，择其善者而从之。

（三）关于政府方针、政策执行情况的咨询建议

政府的方针、政策是决策的产物。方针、政策在出台之后，在执行过程中由于情况的千变万化及制订过程中对某些问题的考虑不周，极有可能出现一些预料不到的新情况、新问题，不利于预期目标的实现。因此，政府必须对付诸实施的各项方针、政策进行跟踪调查，监测执行情况，以便及时发现问题，采取必要的措施防止问题的恶化。这样，政府决策者就必须通过有关机构和途径获得以下几个方面的咨询建议：一是方针、政策的执行后果，即给社会带来的积极效果或不良影响，给公众带来的利益或损害；二是给政府形象带来的影响，即提高还是损害了政府形象，原因何在；三是各类公众有些什么反映，即拥护的主要是哪些公众，反对的主要是哪些公众，他们为什么拥护或反对。

政府除了需要得到以上三个方面的咨询建议外，还应注意了解和掌握方针、政策的实施过程中哪些方面走了样以及为什么会走样，哪些方面应当坚持，哪些方面应进一步补充完善，哪些方面需要调整、舍弃，从而使方针政策的执行更有益于社会的根本利益。

三、咨询建议的途径

政府决策离不开成功的公共关系活动，公共关系的咨询建议功能对于保证决策的科学化与民主化发挥着重要作用，所以，公共关系方面的机构和人员要以提供咨询建议的形

式参与政府决策的全过程,其参与决策主要是通过以下途径实现的。

(一)确定决策目标时的咨询建议

确定目标是决策的第一步。政府的决策最终能否收到理想效果,同预设目标是否科学、合理、可行及能否照顾和协调公众利益直接关联。公共关系方面的咨询建议,通过为决策层提供有关的数据、材料、事实情况等信息服务,对政府决策目标的科学确定发挥着作用。

同时,由于政府工作面向全局,所涉事务庞杂、领域众多,整体决策目标往往需要分解为各职能部门和下级机构的专门、具体的决策目标。各职能部门和地区政府机构往往将决策的焦点凝结于部门或地区利益,使整体决策目标在执行中发生偏离。因此,就需要通过公共关系活动,从公众的角度来观察决策目标的不足和偏差。决策者应当根据公关机构和人员这方面的咨询建议,及时修正可能导致不良社会后果的决策目标。

(二)获取决策信息时的咨询建议

信息是决策的基础和依据。在决策目标确定之后,就要尽可能全方位地收集和整理影响决策目标实现的各种限定因素和数据资料,并在此基础上运用各种有效的科学分析方法,对其进行综合分析,制订出达到决策目标的各种备选方案以供选择。显然,只有在充分掌握信息的基础上,才能制订出达到目标的可靠方案。在这一过程中,公共关系以咨询建议的形式,为政府决策中心提供着决策所需的各种信息。

(三)拟订决策方案时的咨询建议

拟订方案是决策过程的重要环节,其任务是为实现决策目标确定具体的原则、方法和步骤。拟订的方案要经得起严格论证和仔细推敲:一是要预估影响决策目标的全部因素,其中必须包括长远因素、无形因素、间接因素、社会因素等公共关系方面的因素;二是对所拟方案的执行后果进行正反两方面的确切评估,实事求是地充分估计有利方面和不利方面;三是在预计方案执行结果时,既要考虑技术和物质因素,更要充分考虑人的因素。只有符合公众利益的决策方案,才能充分调动人,即社会公众的积极性。以上这些内容和信息,都必须通过公共关系方面的咨询建议来获取。也就是说,只有在充分重视和认真听取公共关系咨询建议的基础上,政府决策方案才会更切实可行、顺乎民意。

(四)实施决策方案时的咨询建议

实施方案是决策过程的最后一个环节。在这个阶段,政府公共关系工作的任务:一方面是协助决策者向各执行部门传达和解释政府决策方案的目标、意义和内容及实施步骤和要求,并沟通政府与公众的联系,将决策信息及时、准确、充分地传递给公众;另一方面就是要注意收集执行部门和公众对实施中的决策的意见和态度，并对实施效果进行观察、分析和评估，发现新情况、新问题，及时以咨询建议的形式将有关信息反馈回决策层，以便决策者能根据实际情况对方案做进一步的修正、完善，从而有效地促进目标的实现。

案例研究：九江市政府的"民声直通车"

2009年年初，九江市政府负责人明确指出，市政府将进一步使百姓诉求建议渠道畅通，建立市民直通政府的"民声直通车"工作体系，整合各类群众的意见、诉求、建议信息，将其统一纳入市政府"民声直通车"体系受理办理，实行阳光政务、快速反应、统一接入、分点受理、限时办结，更好地关注民生、体察民情、反映民意、服务民众。此后，九江市政府以完善"民声直通车"为起点，形成了一整套高效的公众诉求回应体系。"民声直通车"在现有行政体制的框架内，最大限度地整合了各种诉求渠道，形成了统一的民声服务平台、高效权威的问题解决机制、办理民声诉求的环环相扣的"程序链"与公民导向的回应机制。

第一，形成了统一的民声服务平台。加快整合现有的各类民生诉求平台，是"民声直通车"高效运行的基础工作。建设这一平台，经过了两个发展阶段：第一阶段，市政府办公厅经过深入调查、认真研究，与中国移动九江分公司共同投资70余万元，合作研发建立了集信访投诉、查询、转办、督办、分析、统计等功能于一体的"民声直通车"网上信息自动化处理平台，实现了对全市15个县区级政府和市直70多个部门单位全覆盖。第二阶段，整合了政府公共部门的各种热线，包括市长热线、市长手机、110报警服务台、120急救中心、114号码百事通、12318文化稽查热线、12319市民服务中心、12369环境投诉中心、95598电力服务热线、12365质监举报热线、12315消费者举报中心、12358价格举报中心、运管投诉热线、企业之声、安全生产热线、药品质量举报中心、版权扫黄打非热线、旅游监督热线、劳动保障咨询台、城乡困难群众救助热线、广电网络故障受理热线、客商投资代理服务热线等政府热线电话。各种政府热线是政府与公民（顾客）联系的重要渠道，是接受人民群众各方面民生需求的主要渠道，对这些热线的整合与规范使政府拥有了一个统一的公民服务平台。

第二，建立了高效权威的问题解决机制。一是完善了"民声直通车"的责任主体。"民声直通车"按照"属地管理，归口办理"的原则划分办理责任，责任主体主要包括市县政府、政府职能部门、受理中心及受理分支机构。市政府主要领导作为"民声直通车"的总负责人，全面负责全市"民声直通车"工作。二是打造了"统一接受、分类处理、快速反应、限时办结"的民声信息处理体系。涉及县区级的民生诉求信息，通过"民声直通车"信息化自动网络平台转至县区级政府办公室办理，各县区级政府主要领导为第一责任人，办公室主任为直接责任人；涉及市本级的诉求信息，由相关部门办公室负责具体办理落实，各责任部门单位的主要领导为第一责任人，办公室主任为直接责任人，其对口的市政府分管副秘书长为协调责任人，分管副市长为最终责任人。三是建立了自动化、刚性的办理机制。受理中心将通过各种渠道收集到的诉求信息，在1小时内完成统一登记、编号、受理，并根据诉求的不同情况，分别实行自办、转办交办和报送市领导批阅后重点交办。实现了办理的无缝衔接和责任的自动升级，改变了过去办理的脱钩、监督的缺位和反馈的随意性,强化了办理责任和督办的刚性,提高了办理质量。

第三,形成了办理民声诉求的环环相扣的"程序链"。通常情况下,"民声直通车"信息化自动网络平台主要包括六段严密相连、有序运行的"程序链":一是公开诉求渠道。通过公文、电视、广播、网络、报纸、期刊、短信等群众容易接触的方式公布受理中心和分支机构的20多个专门热线号码,便于群众知晓,做到有诉能投,投诉有门。二是收集诉求信息。热线电话、市长手机、市长热线、市长信箱、短信平台、网上信访由受理中心专职工作人员全天候受理;其他渠道民生诉求由市政府办公厅各专业处室兼职人员收集。三是受理诉求事项。受理中心将根据诉求的不同情况,分别实行自办、转办交办和报送市领导批阅后重点交办。在此基础上再按诉求的轻重缓急及处理的难易程度,将办结时限分为6类,分别为当日、3日、1周、15日、30日、60日。四是落实办理任务。受理中心通过信息化自动网络平台,按照一对一对接和层级负责制,将整理好的诉求信息移交至相关责任部门办理,并全过程跟踪督办。五是反馈办理结果。反馈办理结果的方式与诉求群众提出诉求的方式相对应,电话反映诉求的电话回复,短信反映的短信回复,网络反映的网络回复。诉求的处理结果还会同步在"民声直通车"网站和市级报纸上刊登,最大限度地方便市民查询。六是兑现考核奖惩。"民声直通车"工作体系建立了完善的考评机制,对各县区、各部门办理群众诉求情况实行每月一通报,并将其列为市政府年度考核内容,实行年终总考评。

第四,形成了公民导向的回应机制。本着对基层对人民群众"有请必示、有求必应、有问必答、有难必帮、有险必救"的原则,完善了政府各部门、各县办理"民声直通车"的快速机制,形成了迅速回应公民需求的政府工作新格局。一是诉求更加便捷。过去老百姓咨询、建议、诉求的途径不够多,渠道不够畅通,有时候找到了部门却找不到人,咨询得不到及时解答,建议得不到及时采纳,难事得不到及时办理,群众很有意见,影响了政府形象。现在,群众不仅可以通过受理中心和分支机构的20多个专门热线号码、手机短信、实体信件、来人来访等多种渠道准确直接诉求,还可以通过网络留言、论坛发帖、报纸投诉等途径表达诉求,市政府办公厅相关处室会派人员主动收集网络、报纸等媒体上的相关信息进行办理。二是网络更加畅通。通过服务热线资源整合,各专业服务热线作为市政府"民声直通车"的分支和延伸,与受理中心网络互联互通,政府公开服务实现了全覆盖,市民通过任何一条热线渠道提出建议和诉求,都能得到受理。有的虽然不属本热线受理范围,或涉及多个部门,受理人员便将情况直接转到其他热线,或是报至"民声直通车"受理中心。三是办理更加高效。诉求渠道整合前,各责任部门单位存在各自为政、多点受理、多头办理、重复反馈的情况。现在通过多条渠道受理,一个平台打理,既减少了多头办理、重复办理和回复不一的问题,杜绝了推诿、扯皮等现象的发生,同时也节省了人力、物力和财力,减少了中间环节,提高了工作效率。

九江市政府"民声直通车"通过两年多的成功运营,对改进政府管理、加快服务型政府建设起到了重要的促进作用。

一是市政府主要领导作为总负责人,使"民声直通车"的职能明确、权威性强、执行效果好,大大提高了处理民生诉求的效率。"民声直通车"运行一年多来,取得了很大的成功。

二是整合了老百姓的诉求渠道，集中受理，多部门联动，整合了各层级政府和各政府职能部门的力量，最大限度地克服了现行体制中存在的多头行政的积弊。

三是增加了办事的刚性，通过自动化平台处理，确保了交办的民生诉求有回音、有着落、有反馈。"民声直通车"受理中心通过网络自动化平台将民声建议诉求交办到责任部门，手机短信同步跟踪到经办人手机上，提醒经办人员上网查看并办理，如经办人员未能在规定时间内办结并反馈到中心平台，手机短信则会自动跟踪发至该部门办公室主任，要求办公室主任进行跟踪、督办，办公室主任未能在限期办结，系统将自动升级催办信息发送至该部门分管领导，如还不能及时办结将升至该单位的主要领导直至市政府的分管副市长。

四是以民生问题作为政府工作的导向，使"民声直通车"成为关爱民生的连心桥，有助于解决老百姓关心的公共服务问题。"民声直通车"工作人员依法、依理、用心、用情处理好每一件民生诉求，力争使每一个诉求人都能得到满意的答复，这种服务至上的理念改善了政府形象，畅通了人民群众的诉求渠道，降低了诉求成本；公众与市长直接对话，拓宽了公众反映渠道，使老百姓心理平衡，同时也创新了政府社会管理机制。

五是"民声直通车"促进了政府部门自觉执法，改善了部门工作，促进了部门对公众诉求的回应速度，提高了政府办事效率。"民声直通车"改善了与老百姓直接打交道的各部门工作，如九江市人力资源和社会保障局建立了网上信箱，处理民生诉求。"民声直通车"平台不仅能提升政府服务效益，更重要的是促使政府部门切实履行职责，在社会管理、经济管理等各方面发挥自身应有的作用。

"民声直通车"开通一年多来，办理并解决了一系列群众诉求，取得了突出成绩。但是，在"民声直通车"办理的过程中，还存在一些困难和问题。主要表现在以下几个方面。对有关单位和部门承办"民声直通车"诉求的督促力度不够，部门诉求处理缓慢，特别是一些垂直管理部门回复不及时；一些涉及部门之间和部门内部职能交叉的事项，主动沟通、互相配合、共同解决问题的自觉性不够，责任意识不强，工作协调配合有待进一步加强；受政策和条件制约难以办理，使一些群众反复诉求的办理事件难以回复等。对于这些存在的问题，需要在进一步完善"民声直通车"运行机制的过程中加以克服。

（资料来源：李军鹏.完善政府公众诉求回应体系，打造回应型政府——以九江市政府"民声直通车"为例[J].行政论坛，2011（3）：86-91.）

思考与讨论：

1. 九江市政府的"民声直通车"体现了政府公共关系的哪些职能？

2. 九江市政府的"民声直通车"为什么能够取得良好的成效？

3. 如何解决九江市政府"民声直通车"开通以来的困难和问题？请谈谈你的看法。

实训项目：策划某市政府的形象宣传活动方案

1. 实训目的

目前，城市政府形象问题越来越成为摆在各国城市政府面前的一个庞大的系统工程和义不容辞、任重道远的课题,已引起城市政府的高度重视。良好的城市政府形象不仅是城市对外联系的窗口,还是促进城市发展的重要手段,同时也是政府公共关系目标的重要组成部分。请为你所在城市的政府策划一次旨在加强城市形象宣传的政府公共关系活动。

2. 实训时间

2 课时。

3. 实训地点

多媒体教室。

4. 实训步骤

(1) 全班分成以 5～7 人为单位的若干小组。
(2) 查阅资料：某城市的政府公共关系状况,近年来已开展的相关政府形象宣传活动及其实施效果,发现城市政府公共关系存在的问题等。
(3) 结合所选城市的特点策划城市政府形象宣传活动方案。
(4) 小组成员介绍、展示城市政府形象宣传活动方案。

5. 实训手记

通过训练,我的收获是 _____。

课后练习题

1. 政府公关信息的内容与特征是什么？通常有哪几种分类？
2. 政府公关信息的采集方式有哪几种？在政府公关信息的采集过程中应注意哪些问题？
3. 政府公关信息的处理手段和原则是什么？
4. 什么是政府形象？政府形象的构成要素和特性是什么？
5. 政府形象形成过程各阶段应该做好哪些工作？
6. 政府与公众沟通的意义是什么？沟通主要涉及哪几个方面的问题？
7. 政府与公众关系的协调主要包括哪些方面？
8. 政府与公众纠纷的预防应从哪几个环节入手？有哪些处理步骤？
9. 咨询建议在政府决策中的作用是什么？咨询建议的内容和途径有哪些？
10. 案例评析。

昆明市政府的公众评议

公众评议是富有中国特色的公民参与政府绩效评估的有效形式之一,公众评议对于提高政府行政效率,提升公共服务水平,提高公众满意度,作用都是不可小觑的。

　　2014年，云南省昆明市群众评议市直机关行业作风工作，是在昆明市委、市政府的领导下，围绕为民务实清廉要求，通过组织群众有序对87个市级部门和27个公共企事业单位的工作作风进行公开评价，进一步改进工作作风、密切联系群众，推进机关行业作风建设取得新成效的公众评议。

　　第一，评议主体构成及评议办法。评议采取问卷测评、网上测评、定向测评和日常考评相结合的方式进行，以综合得分（以百分制计算）为评议结果。问卷测评部分，由包括市党代表，市人大代表，市民主党派负责人代表，市级离退休干部代表，市级领导、各机关干部职工代表等在内的五千多名各界代表，通过填写"昆明市2014年群众评议市直机关行业作风问卷测评表"（以下简称"问卷测评表"）完成。网上测评部分，由社会各界群众登录昆明信息港网站通过网上测评完成。"满意"为100分，"基本满意"为85分，"不满意"为50分，"不了解"为无效票且不计分。问卷测评和网上测评的得分均为各类别测评分之和。

　　第二，评议内容。评议内容主要有五点：一是贯彻落实中央"八项规定"和省委"十项制度"、市委实施细则的情况；二是落实市委、市政府关于"四风"方面突出问题专项整治工作部署的情况；三是党的群众路线教育实践活动意见建议整改落实的情况；四是履行职责提高行政效率和服务水平的情况；五是"春城热线"等新闻媒体反映群众投诉举报问题办理的情况。"问卷测评表"和网上测评中对全部114个参评单位都只有一个评估指标，即对参评单位行业作风的评价。另外，"问卷测评表"比起网上测评多一张昆明市市级机关行业作风问卷调查表，问卷仅包括3道题，单选题"对市级机关作风的总体评价"，多选题"市级机关行业作风还存在的突出问题"以及"加强全市机关行业作风建设的意见建议"的开放式问题。

　　（资料来源：胡晓东，陈珏如.我国政府绩效管理中的公众评议研究——以昆明市政府公众评议为例[J].人力资源管理，2016(1)：12-13.)

　　案例思考：

　　(1)试运用政府公共关系相关知识，分析昆明市政府公众评议存在的问题有哪些，以及造成这些问题的原因是什么。

　　(2)昆明市政府公众评议怎样才能取得理想的政府公共关系成效？

第三章

政府公共关系的原则

不以规矩，不能成方圆。

——《孟子·离娄上》

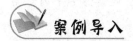 **案例导入**

水门事件与尼克松下台

20 世纪 70 年代，美国爆出了令人瞠目的政治丑闻——水门事件。在强大的舆论压力之下，尼克松总统被迫于 1974 年 8 月 8 日宣布辞职。在总结水门事件的教训时，下台后的尼克松意味深长地说："这是公共关系的失策！"水门事件与公共关系有何瓜葛？一个政府在发生危机时不能进行有效的公关，为何最终导致总统的下台？

1. 危机事件发生

1972 年 6 月 17 日，5 名尼克松政府白宫监视组成员潜入华盛顿水门公寓民主党主席奥布莱恩的办公室，以取得 1972 年的总统大选中民主党内部竞选策略的情报。在安装窃听器并偷拍有关文件时，他们被警察当场逮捕。事件见诸报端，美国国内舆论哗然，社会上关于尼克松政府采取了不道德做法的传闻广为传播。

事件发生后，尼克松曾一度竭力掩盖开脱，一系列的活动特别是总统的表演暂时欺骗了公众。大选结果是，尼克松以少有的压倒性优势击败了民主党候选人乔治·麦戈文，获得连任。在第一次竞选连任的记者招待会上，尼克松信誓旦旦地向美国公众表示："白宫班子和本届政府中，没有一个现在受雇佣的人卷入这一荒唐事件。"他还故作镇定地表示："令人痛心的不在于发生了这类事，因为在竞选中一些过于热心的人总会做些错事。如果你企图把这类事掩盖起来，那才是令人痛心的。"

正当尼克松和助手们为了大选得胜而弹冠相庆、得意忘形的时候，一封又一封匿名信寄到法院，密告水门事件还有隐情。在随后对这一案件的继续调查中，尼克松政府里的许多人陆续被揭发出来，并直接涉及尼克松本人。

2. 危机应对过程

（1）尼克松政府的反应。尼克松非但没有向公众对此事做出合理的解释，相反，他奉行"鸵鸟政策"，对此保持了沉默。他对他的两位高级助手说："我们对此少说为妙，传闻自会过去，不必为此顾虑。"

尼克松还试图以控制政府方面的新闻发布来控制新闻界的消息来源，他对一位助手说："我们得留神这件事，只能给他们提供其中的一些情况，而不能提供全面情况……"尼克松政府为采访调查设置的障碍以及"闭口不言、充耳不闻"的做法，并未能熄灭水门之火，反而使人们对水门事件的关注更为强烈了。

当事件的真相被媒体逐渐剥离出来后，尼克松命令他的助手开列一份记者和反政府人士中的"敌对分子名单"。他说："我想要一份有关所有那些力图把我们牵扯进去的人的最广泛记录。"据尼克松的助手说，采取这一步骤，是为了使用"可应用的联邦机器去勒紧我们的政敌"。事态向着激化的方向进一步发展，甚至导致了严重的宪法危机。

1973 年年初，参议院水门事件调查委员会请总统和他的助手出面接受调查，但他们却以"行政特权"拒绝接受。这一做法更加愚蠢，因为这个调查委员会起着影响全国新闻报道的关键作用，总统与媒介的关系越来越恶化。

1973 年 7 月，尼克松的一位助理证实，自 1970 年以来，尼克松把所有在他办公室里的谈话都秘密录了音，这些录音可能有关于水门事件的证据。为了挽回局面，尼克松再次发表声明，表示事先不知道水门事件，事后也没有任何阻挠调查的行为，并为窃听活动辩护，说这些都是为了国家安全，是合法的、必要的，从罗斯福总统时开始，每一个总统都这么干。

1973 年 10 月，司法部门介入调查此事时，尼克松不仅命令司法部部长罢免特别检察官的职务，更是动员 FBI 封锁特别检察官及司法长官、次长的办公室，宣布废除特别联邦检查局，把此案的调查权移回司法部。尼克松滥用行政权力来维护自己的做法，招来了国民的严重指责。

（2）国会及司法部门的调查。民主党占优势的国会，决定成立一个特别调查委员会，对总统竞选活动进行彻底调查。

1973 年 10 月，特别检察官考克斯对总统尼克松的调查进入关键时刻。他要求尼克松交出与水门事件有关的证据。

10 月 20 日，尼克松下令，要求司法部部长理查德森罢免考克斯的职务。但理查德森拒绝了总统的要求，随即辞职。司法部副部长拉克尔·肖斯接任司法部部长后，也因拒绝罢免特别检察官而辞职。最后，司法部的三号人物博克成为司法部代理部长，他答应罢免特别检察官。

10 月 31 日，美国众议院决定由该院司法委员会负责调查，收集尼克松的罪证，为弹劾尼克松做准备。

（3）媒体的反应。从 1972 年 6 月 17 日詹姆斯·麦科德等 5 人闯入位于水门大厦的民主党全国总部开始，一直到 1974 年 8 月 9 日尼克松总统辞职，《华盛顿邮报》的两位记者鲍勃·伍德沃德和卡尔·伯恩斯坦对整个事件进行了一系列的跟踪报道。正是由于他们报道内部消息，揭露了白宫与水门事件之间的联系，从而最终促使了尼克松的辞职。

在水门事件的大部分案情被揭露之后,鲍勃·伍德沃德和卡尔·伯恩斯坦于1974年和1976年先后出版了两本关于水门事件内幕的书《总统班底》和《最后的日子》,两位记者在书中详细记录了采访、报道以及挖掘整个事件的全部过程。

当尼克松政府以控制政府方面的新闻发布来控制新闻界的消息来源时,新闻媒介拒绝停止调查。《华盛顿邮报》的两位青年记者充分运用了"让事实说话"的策略,把有关水门事件的信息由外向内一层层报道给读者,一般没有评述,没有议论,没有超脱,报道客观,水门事件的端倪渐渐显露出来。

3. 危机解决

1973年11月,尼克松当着几百名报纸编辑的面说:"在我从事公务活动的所有年代里,我从未妨碍过正义。我觉得可以这么说,在我从事公务活动的所有年代里,我欢迎这一类的检查,因为人民必须知道,他们的总统是否是一个不正直的人。然而,我不是一个不正直的人。"

过后,尼克松让他的新闻秘书在回答新闻媒介的实质性提问时说:"你要避而不谈,但要做得像平常那么自信,要自我掩饰。"然而,所有的这些努力都是徒劳。1974年6月25日,司法委员会决定公布与弹劾尼克松有关的全部证据。司法委员会陆续通过了三项弹劾尼克松的条款。7月底,尼克松以"妨碍司法程序,滥用职权,以及不肯交出录音带犯了蔑视国会罪"而受到弹劾。8月8日,尼克松宣布辞职,第二天生效。

(资料来源:夏琼,周榕. 大众媒介与政府公关[M]. 北京:人民出版社,2014.)

问题:

1. 在总结水门事件的教训时,下台后的尼克松意味深长地说:"这是公共关系的失策!"请分析一下尼克松为什么这样说。

2. 假设你是总统的公共关系顾问,你如何避免水门事件的发生?

政府公共关系要取得成效必须遵循一定的法则和标准,这就是政府公共关系的原则。具体包括利益一致原则、讲求真实原则、政务公开原则、整体出发原则、持续努力原则和科学指导原则。

第一节　利益一致原则

一、利益一致原则的含义

(一) 政府与公众利益的一致性

政府公共关系的对象即公众,主要包括各种社会组织、人民群众等,而最主要的公众就是人民群众。政府开展公共关系的根本目的是使政府更好地为公众服务,主要是为人民群众服务。因此,政府公共关系的一切活动应处处体现公众的利益。反过来,通过政府的公共关系活动,公众为了自身的利益,向政府提出各种意见、建议,传递各种正确的信息,使政府了解真实情况,进行正确决策,提高办事效率,树立良好形象,也符合政府的利益。

（二）政府机构内部利益的一致性

政府机构由各个职能部门组成,各个政府机关在开展公共关系活动时,其利益是一致的,不存在根本利益的冲突。这是由政府的共同属性和共同的服务客体所决定的。

二、利益一致原则的依据

（一）我国政府的性质和为人民服务的宗旨决定了必须坚持利益一致原则

任何一个国家的一级政府,总是经过一定的形式,代表了部分或大部分公众的利益。我国政府是社会主义的政府,是根据宪法、经人民推选产生的。它的宗旨是全心全意为人民服务,是全体人民的代表,不是少数人的代表。政府不可能有离开人民利益而为自己谋取的特殊利益,它的一切政策、法令都是人民利益的具体体现,它的所有公共关系活动也正是由其性质决定的,必须时时、处处、事事为人民群众服务,和公众利益保持一致,更好地带领人民群众进行更有效的物质文明和精神文明建设。

（二）塑造政府形象、赢得公众的支持和拥护需要坚持利益一致原则

公共关系理论认为,公众是组织公关工作的对象,没有公众就无公关工作可言。公众的态度和行为与组织的命运直接相关,对公众负责实际上就是对自己的组织负责,维护公众的利益实际上就是维护自己组织的利益。同样,政府的法令、政策及各项决策的实现,取决于政府机构在各个公众心目中的地位和形象,取决于社会公众对政府是否拥护和支持。政府利益和公众利益实现一致,就能使公众感到自身价值的实现和政府的工作密切相关,就愿意和政府同舟共济,这样,政府就能更好地行使对社会各方面事务的管理、服务、协调、保卫等职能。如果政府的公共关系违背了社会公众的利益,就得不到公众的支持和拥护。

三、利益一致原则的贯彻实施

（一）强化公众意识

所谓公众意识，就是指政府对所面临的公众的重视态度、反应和认识等。政府要尊重公众、重视公众、了解公众、服务公众、争取公众，政府的一切公共关系活动都必须体现社会公众的利益。因为政府公共关系工作的根本，就在于协调和处理好与公众的关系。只有不断强化公众意识，才能更好地坚持利益一致原则。为此，政府制订每一项公共关系计划，采取每一项公共关系步骤时，都要考虑政府利益和公众利益的一致性；否则，公众意识淡薄，公共关系工作就会出差错，或收不到预期的公共关系效果。

（二）把握利益"热点"

政府公共关系的利益一致原则，不是通过抽象的说教，而是通过具体的政府公共关系工作来保证的。政府的形象不是通过产品，而是通过对公众的服务和公共关系工作来体现的。所以，在政府公关工作中要尽力寻找和把握政府与公众利益相一致的"热点"，为生产服务，为基层和企业服务，努力解决社会公众突出关心的问题，倾听公众的呼声，运用一切公共关系手段，多做一些受公众欢迎的事；同时，在公共关系活动中处处注重社会的经济效益、生态效益、心理效益和综合效益，最大限度地体现出政府与公众的亲密联系。例如，天津市政府很善于把群众意见最大、最需要解决的问题作为办实事的重点，20世纪80年代，针对天津市当时的"三大怪"现象——"自来水腌咸菜，汽车没有骑车快，临建棚到处盖"，努力着手解决，不到1年的时间拆除了地震后遍布全市的十几万间临建棚，8年建起了相当于两个旧天津的住房，16个月完成了震惊中外的引滦入津工程，10个月在繁华的市区建成了中环线，1年建成了71公里长的外环线，17个月完成了天津站铁道枢纽改造工程……由于把握住了公众的利益"热点"，天津市政府赢得了广大公众的支持，政府威信大幅提高了。

（三）兼顾各方利益

政府开展公共关系活动从根本上说是为了公众的利益，但在微观层次上有时也会出现一些局部的、暂时的利益冲突。政府要通过各种公共关系手段和技巧来协调好这些矛盾，尽可能地减少摩擦系数，消除隔阂，以求政府与公众间的和谐一致。在处理矛盾时，要做到兼顾国家利益与部分公众利益、长期利益与眼前利益、全局利益与局部利益，协调好国家、集体、个人三者之间的关系。

为实现双方或多方利益的最大化，利益博弈就不可避免。政府由于拥有公共权利和公共资源而处于强势地位，这就需要政府在平等的基础上树立互利互惠的公关意识，积极构建与其公众间的战略合作关系，实现共赢的局面；否则，就容易损害合作方的利益，也就难以通过建立长久的合作关系来实现共同发展，甚至造成政府和公众双方利益的损失。

（四）建立信息网络

一个政府是否维护了公众利益、效果如何，往往不能由政府自身进行回答。有时政府认为符合公众利益的事，公众却不这样看，所以，在坚持利益一致原则的问题上，组织固然应当扎扎实实地去开展工作，但也不能不沟通，宣传交流及沟通信息应成为政府公共关系的重要手段。比如，一些农业生产资料如化肥、农药、柴油、农具等提价幅度过大，而粮食等的价格没有提升，农民会有意见。浙南山区有位叫卢阿寿的农民就曾写过这样一副对联，上联是"高价化肥我不买"，下联是"平价粮食我不卖"，横批是"政府莫怨"。这副对联贴在了大门上，这实际是在发牢骚，这牢骚是发给政府听的。当时一些农民发这种牢骚是可以理解的，因为农业生产资料提价了，粮食等却没有提价，农民有点吃亏。解决问题的关键在于我们要通过工作，向农民讲清楚农村价格改革的必要性和步骤，使农民了解改革，支持改革，促使农民和政府能相互沟通。政府应建立实用高效的信息交流网络，这不仅能及时收集到公众的信息，了解他们的愿望要求、批评建议，还能让公众了解政府的情况，真正实现政府与公众的双向沟通，这对维护双方的利益一致，消除误会和怀疑，增进相互间的谅解与合作是十分有益的。

（五）加强联系合作

政府要与各方面公众加强联系，在交往中努力寻求共同利益，彼此多给对方创造条件，以促进相互合作，达到"投桃报李"的效果。这也是实现政府与公众利益一致的重要保证。

在国际公共关系工作中也是如此，我国各级政府应将"共赢"作为处理国际公众关系的理念和准则，应加强联系合作，促进政府间在招商引资、产业转移和优化升级、教育科技文化等方面的合作。

2019年6月，中国与俄罗斯共同确定2020—2021年举办中俄科技创新年。这是继中俄互办"国家年""语言年""旅游年""青年年""媒体年"和"地方交流年"之后，两国再次举办国家级主题年活动，明确了下一阶段中俄关系和务实合作发展的重点方向，这也体现了双方持续推进合作，不断提升两国关系水平的强烈愿望和坚定决心。2020年8月26日，中国国家主席习近平和俄罗斯总统普京分别致信祝贺中俄科技创新年开幕。中俄都是世界科技大国，俄罗斯在基础研究和原始创新方面具有雄厚基础，中国在信息通信、卫星导航、无人机、超级计算机等方面具有独特优势。在双方共同努力下，科技创新年计划实施活动已超过1000项，充分体现了中俄科技创新合作的巨大潜力。"中俄科技创新年"是两国关系步入新时代后的第一个国家级主题年，是两国从战略高度擘画科技合作的重大举措，也预示着中俄各领域合作将获得更强有力的科技支撑，合作之路将越走越宽。双方不断加强联系合作，是政府公共关系的利益一致原则的集中体现，既为两国带来社会经济效益，又有利于在国际竞争中塑造良好的国家形象。

第二节 讲求真实原则

一、讲求真实原则的含义

政府公共关系中的讲求真实原则,是指政府在开展公共关系活动中实事求是地传递信息,通过同内外公众之间的双向信息交流来建立并维护相互信任的关系,树立政府在内外公众中的良好形象和信誉。具体来说,包括以下两个方面。

(一)实事求是地进行信息传播

政府在开展公共关系活动中,以事实为基础,客观、真实、全面、公正地进行信息的传播与双向交流。这就是要尊重事实,据实反映,说真话、讲实事。政府通过新闻媒介把信息真实地、不走样地传播给公众,不主观捏造,也不故意隐瞒,更不歪曲。

(二)力求反映事物的客观规律

政府在传播沟通中,除了把真实情况告诉公众之外,还应努力告诉公众造成这个事实的原因及发展趋势,以帮助公众更好地通过政府传递的信息认清事物的本质。

二、讲求真实原则的依据

政府公共关系坚持讲求真实原则,不仅直接决定着公共关系活动的效果,而且是政府有力量的表现,能更好地树立政府在公众中的良好形象。

(一)讲求真实原则是确定政府良好形象的客观基础

要使公众信赖政府,必须对公众说实话,这就要在双向传递中,实事求是地向公众传递信息。有些人害怕说真话,怕失去公众信任,怕有损政府形象,以致在一些常见的简报、宣传小册子中也出现了一些虚假现象。实际上,如果不敢面对事实,怕揭露矛盾,违背真实性,反而会失去政府威信。因为问题是客观存在的,只有采取积极的态度,努力加以克服,并将真实情况及时告诉公众,才能使公众信任政府。政府说了真话,反过来,公众也会向政府说真话,此所谓将心比心。双方有了互相信任的共同基础,政府的良好形象自然会树立起来。

（二）讲求真实原则是维系政府与新闻媒介良好关系的前提条件

社会主义国家的新闻事业虽然是在党和政府领导下的人民的事业，是党和政府的"喉舌"，但新闻媒介的职业特点就是讲求真实。目前，新闻部门的消息来源、新闻线索的获取主要来自政府的方针政策、领导同志的讲话与活动、各种会议及简报等。政府提供了真实材料，就为新闻媒介创造了条件，政府和新闻媒介之间就能得到很好的配合，使新闻媒介更好地为政府服务，也有利于双方形象的塑造；反之，如果政府提供的材料是虚假的、片面的，通过新闻媒介向公众传播，其结果新闻媒介和政府的信誉都会受到损害。同时，政府坚持真实原则，不仅反映在提供材料上，而且体现在正确处理新闻媒介如实传播政府自身方面存在的问题上。当新闻媒介的真实报道涉及政府的问题时，政府要有勇气正确对待报道事实，鼓励新闻界坚持原则，并给予如实报道的自由，千万不可掩盖事实，混淆视听，阻碍新闻媒介的如实报道。

（三）讲求真实原则是公共关系学本身的要求

早在 20 世纪初，"公共关系之父"艾维·李就以其公共关系实践雄辩地证明了开展公共关系活动必须"说真话"，他的这一思想早已融入公共关系学的理论构成之中，并成为公共关系人员的座右铭。艾维·李运用这一原则在企业开展公共关系活动和处理劳资纠纷、社会摩擦方面，收到了十分明显的效果。今天我们的政府公共关系也要借鉴公共关系实践者的宝贵经验和理论，在政府公共关系工作中努力坚持讲求真实原则。

三、讲求真实原则的贯彻实施

在政府公共关系中，坚持讲求真实原则不是一件容易的事，必须在思想方法上、在实际工作中努力做到以下几点。

（一）强化求实观念

讲求真实实际上是一个思想方法问题，就是要树立坚持辩证唯物主义、承认客观存在是第一性的思想，就是要做到实事求是。要认识到能不能坚持真实性原则是一个坚持什么世界观、方法论的原则问题，必须坚决摒弃虚假作风，真正确立以马克思主义认识论和方法论指导政府公共关系行动的正确观念。

（二）加强道德教育

英国公共关系协会顾问、英国公共关系学院教授弗兰克·杰弗金斯认为："公共关系工作者的信誉取决于他们提供信息的真伪；提供真实信息是公共关系工作者的职责，也是判断其人品的依据。"[①]世界各国公共关系协会和国际公共关系协会都把诚实可信、实事求是作为公关人员职业道德的重要内容，并提出具体细致的要求，制订严格的纪律予以保证。因此，对社会主义的公共关系来说，培养教育政府公共关系人员自觉遵守这项职业道德准则，是更应重视和做得更好的问题。坚持真实原则，光靠领导不行，还必须靠广大政府公关人员自觉遵守。一般来说，政府公关人员如实向组织报告信息比较容易做到，因为他们的切身利益与组织的利益密切相关。因此，对于政府来说，主要是要求公关人员及其他人员提高信息准确、全面程度的问题。公关人员虽然有向政府组织提供信息，但他提供的信息不确实、不全面，组织决策的根据不充分，也势必会给组织造成严重损失。如实向公众报告组织的信息不易做到，这同样牵扯到一个利益问题。因为公关人员会很自然地想到：政府的过失或问题一旦披露出去，就会损害组织声誉，影响组织利益，也会影响自己的个人利益，于是采取秘而不报或真情假报的手段，为组织"隐丑"。这就要求政府组织要注意培养教育公关人员加强公关理论的学习，提高自身素质，自觉地遵守诚实可信、实事求是的职业道德准则，自觉遵守真实性原则。

（三）注重调查研究

坚持讲求真实原则，以事实为基础，实事求是，最好的体现就是搞好调查研究。因为只凭感觉很难准确地把握事实，有时还会被假象和错觉所迷惑；社会交往、社会公众的来函、新闻媒介的评论，虽然可使领导者了解一些情况，但缺乏普遍性和代表性，所以必须有计划地开展公共关系调查研究，全方位地调查公众情况。在调查中要努力排除主观因素的干扰，在严谨地对客观实际测定的基础上发挥主观能动作用，做出符合实际的判断。还要以统计分析为手段，以量化形式揭示公众的态度、兴趣、爱好等各种意愿和倾向，避免模棱两可、含混不清的分析。只有这样，才能真实、全面、准确地掌握关于公众态度和志愿的信息，了解社情民意，从而采取适当的公关措施和行动来维持、加强或改善社会环境。

比如，天津市委、市政府就很善于运用科学的调查手段，了解和把握公众的真实情况，每年会进行一次千户居民抽样调查，每张问卷有上百个问题，广泛征求群众意见。诸如："今年最满意的 10 件事是什么？最不满意的 10 件事是什么？当前最需解决的 10 件事是什么？明年要求干的 10 件事是什么？你对哪个干部有意见？你认为哪个干部工作最好？……"市委、市政府将调查结果作为决策的重要依据，大大提高了决策的科学化、民主化程度，有力地避免了决策的盲目性和随意性。除此之外，还会进行实地调查、统计调查、信访调查等，这样就保证了来自公众信息的真实性和可靠性。

（四）坚持据实报告

讲求真实必须有勇气和决心，因为真实和虚假本身就是一对矛盾，坚持真实必定会遭到各种虚假因素的干扰，所以政府在与公众的沟通中要努力排除干扰因素，坚持据实报道，不

---

① 弗兰克·杰弗金斯. 公共关系学［M］. 何道隆，等译. 成都：西南财经大学出版社，1987.

浮夸，不掺假，这样才能树立起政府的良好形象。政府坚持据实报道还表现在，政府要既讲成绩更讲问题，既讲长处更讲短处，既报喜更报忧，这样才能受到公众的欢迎，赢得公众的信任和拥护。例如，近年来各级政府已经形成这样的一种制度，那就是每年年终都要公布年初确定的为群众办的数十件实事的完成情况，对未能完成的事情，各级政府能够做到据实报告，特别向群众交代清楚，做出解释，同时总结经验教训，使以后的工作更扎实、稳妥。

（五）注重真抓实干

讲求真实除了体现在政府与公众的双向信息沟通过程中之外，最根本的是体现在政府全心全意为人民服务之中，政府实实在在的行动是政府形象最好的证明。政府要从抓实事做起，将为人民服务的思想落到实处，并且一抓到底，抓出成绩来，从而打开政府公共关系工作的新局面。政府公共关系坚持真抓实干，为群众办实事，要避免几种偏向：一是做表面文章，应付式地办实事。不从群众普遍关心的热点问题入手，而是避大就小，避重就轻，结果捡了芝麻，丢了西瓜，这样"真抓实干"的结果是干得越多，群众意见越大。二是不顾实际，超越能力地办实事。为了炫耀政绩，不顾自身承受能力，故意小事大做、廉事专做，拆了东墙补西墙，这种实事还是不办为好。三是抽象空洞，好说难做。办实事无衡量标准，无具体措施，内容空泛，纸上谈兵，说起来好听，做起来困难。四是东拼西凑，办假实事。明明是已做过的事，却说成马上要做的实事；明明是长远规划中的大目标，却说成眼下要办的实事；明明是下属部门所做的事，却说成自己的实事——这是将办实事的标签到处乱贴，根本没有真抓实干的诚意。

第三节　政务公开原则

中国政务信息公开的实践大概可以追溯到1991年，为了贯彻中国政府推行的改革开放政策，进一步扩大对外经济贸易往来，使境外的投资者能及时了解中国对外经济贸易管理制度，在当年的12月5日，对外经济贸易部公布了7件内部管理文件。此后，有关政务信息公开的政策与立法陆续出台。2007年1月，国务院第165次常务会议通过《中华人民共和国政府信息公开条例》（以下简称《条例》），《条例》对政府信息公开的主体、范围、具体程序以及监督保障制度做出了明确的规定。虽然《条例》是针对整个政府信息公开的，但是其中涉及的相关内容对政务信息公开制度建设有着重要的借鉴意义。2016年2月，中共中央办公厅、国务院办公厅联合发布的《关于全面推进政务公开工作的意见》中指出：要全面推进政务"五公开"（决策公开、执行公开、管理公开、服务公开、结果公开），让权力在阳光下运行。同年11月，《〈关于全面推进政务公开工作的意见〉实施细则》（国办发〔2016〕80号）指出：要开展基层政务公开标准化规范化试点工作，探索适应基层特点的公开方式，通过两年时间形成县乡政府政务公开标准规范，总结可推广、可复制的经验。

2017 年 5 月,《开展基层政务公开标准化规范化试点工作方案》(国办发〔2017〕42 号)从全国挑选出 15 个省的 100 个试点县(区)在 25 个领域中开展基层政务公开标准化规范化试点。2020 年 1 月,按照《国务院办公厅关于全面推进基层政务公开标准化规范化工作的指导意见》(国办发〔2019〕54 号)等文件要求,各地方政府精心编制本级政务公开事项标准目录,同时编制、修订政务公开工作制度,规范政务公开工作流程,优化政务服务,不断完善政务公开内容,公开调整机制,满足群众信息需求,为一站式政务服务模式提供全面信息资源支持。

一、政务公开原则的含义

政府公共关系的政务公开性原则,就是增加政府公共关系工作的透明度,让内外公众在可能的条件下尽量多地了解政府各方面的情况,并采取措施让人民群众有更多的机会参政、议政。通过政府内外公众了解政府情况,包括让公众了解政府组织的有关情况和内外部环境态势,从而做到重大事情及时让公众知道,重大问题随时征询公众意见,将对话协商制度化,这是衡量政府是否尊重公众的知晓权利和参政、议政权利的一把尺子。这一原则主要包含两方面的内容。

(一)公开信息传播过程

政务公开首先是向公众公开政府公共关系的过程,即公开政府公共关系传播信息的过程。例如,何时开展调查工作,怎样接待群众来访及处理群众来信,何时何地开新闻发布会等,都应公开透明。这不仅可以更好地提高公共关系活动的效果,而且更有利于公众参政、议政。

(二)把政府的有关情况公开

把政府的有关情况公开包括政府的性质、工作方式、机构设置、人员构成、工作范围以及政府的各项活动。例如,领导人的选举,工作人员的任免,法律程序的确定,法院的审判,预算和发展规划的制订及实施,重大建设工程项目及有关经济财政、贸易方面的重大决策,各地发生的重大事件及政府采取的措施,国际外交方面的重大行动等,都应通过各种适当的信息传播媒介和渠道让公众了解,并听取各界公众的意见,同时把有关问题及公众意见、建议的处理情况反馈给公众。

二、政务公开原则的依据

(一)政务公开原则是实现政府行政管理目标的需要

美国前司法部部长克拉克曾在《情报自由法》序言中写道:"如果一个政府真正的是

民有、民治、民享的,人民必须能够详细地知道政府活动,没有任何东西比秘密更能损害民主,公民没有了解情况,所谓自治,所谓公民最大限度地参与国家事务只是一句空话。"只有建立在了解客观实情的基础上进行政务公开,才能消除公民的疑虑和担忧,增加公民对政府的信任度,才能通过树立良好的民主透明政府形象来促进政府行政管理目标的实现。反之,如果政府公务人员采取"信息垄断"的方式,就可能导致部分人出于对政府公共利益的觊觎,不通过正式渠道而通过关系在幕后搞"暗箱操作"和"以权谋私"的自利性活动;仅仅将公众作为政府信息被动的接受者,将媒介作为传声筒,就会加剧政府和公众信息不对称的"马太效应",导致公众无法全面理解和接受政府政策及相关行动,甚至产生对政府的猜疑和抗拒心理,严重影响公民对政府民主透明形象的评价。尤其是政府办事的神秘现象容易滋生以权谋私、贪赃枉法的行为,会让公众感到与政府及其公务人员有着很大的隔阂。因此,要实现政府行政管理目标,政府就必须坚持政务公开原则。

(二) 政务公开原则是促进政府同内外部公众双向沟通的需要

　　坚持政务公开是做好传播、实行双向沟通的首要条件和前提。首先,实行公开性是尊重内外公众的需要。搞封闭性的官衙门作风,是丝毫谈不上尊重公众的。公共关系中主客体的彼此尊重是建立和维持良好的公共关系状态的前提条件,这里不仅指对公众一视同仁,诚恳地以"公仆"身份对待公众这个"主人",而且指互相敞开,让公众充分了解政府,这样才能实行真正的双向沟通。不公开就谈不上互相尊重(当然,特殊情况例外),不互相尊重就谈不上平等交流,这是很简单的道理。其次,公开性是取得公众信任、理解和支持的需要。公众对政府的喜爱和反对都可能建立在误解的基础上,而公开性正是克服误解的唯一办法。如果我们政府有了公开性,就可以使人民更深刻地了解我们过去如何、现在发生了什么事、我们在努力干什么、我们的计划是什么,因而能够更加自觉地参加改革。最后,公开性是政府更好地履行信息收集功能的需要。政府实行公开性原则,公众了解了情况,就会向政府提供政府所未能掌握的情况,政府也能有机会听到公众反映的意见。假如不实行敞开式,搞封闭式,政府如何接近群众,群众又如何向政府提供情况呢? 政府收集不到情况,又怎么去制定政策和措施呢?

(三) 政务公开原则是推进政治民主化进程的需要

　　公开性既是政府集思广益的需要,又是提高全民参政议政能力的重要条件。政治民主化的进程是和政府行为的透明度密不可分的。政府只有把政策和行为公开,公众才能知道计划是什么、是怎样实施的,其结果如何,才能提出自己的看法,并通过各种途径、方式反馈给政府,使政治民主化不断巩固、完善。这种集中各种各样意见和观点的方法,在很大程度上正是由于发展了公开性。同时,公开性也是公众监督政府的有效形式,是帮助政府纠正缺点的强有力杠杆,是加强政府自身建设的一条重要途径。我国的民主监督制度建设近几年有了很大的发展,如各级政府机关、司法部门设立的举报制度,将举报和查处沟通起来,收到了一定的效果。

（四）政务公开原则是促进政府廉政建设的需要

随着我国社会主义市场经济体制的建立与发展,政府作为国家权力机关中的执行机关,如何为发展生产力和社会主义市场经济更好地发挥宏观控制管理作用,已成为当务之急。这就要求把政府工作纳入依法治政的轨道上来,加强政务公开,有效地防止和杜绝各种腐败现象的发生,不断提高行政质量和水平。

三、政务公开原则的贯彻实施

贯彻实施政府公共关系的政务公开原则必须从以下几个方面体现。

（一）消除思想误解

政务公开原则是科学进步、民主政治代替专制政治的必然要求。贯彻政务公开原则,首先要从思想上拨开阻挡公众视线的雾障。例如,政府机关人员本身旧的衙门观念没有彻底肃清,旧的工作习惯改变后难以适应,怕增加工作量,怕权威减少,怕被坏人利用,担心公众的误解,这些看法必须纠正。要进行观念的转变,要对公开性原则有一个正确的理解,有一个自觉、积极的态度,以保证沟通的公开性。

（二）打通沟通渠道

坚持政务公开的原则,必须在硬件上下功夫。政府要增加沟通的工具、渠道和手段,减少沟通层次,克服沟通中的障碍,保持沟通渠道的畅通。不要总是通过一两个渠道进行沟通,更不要使用已经失效的方法,而应尽可能地使用较多、较新的渠道。例如,广州市率先在全国开展了"假如我是市长""评聘市长参谋""市长专线电话""市长专邮"等一系列政府公共关系活动,让民众与各级政府机关以及政府公务人员进行多种渠道、多种形式的双向交流、平等对话,直接参政议政。政府和政府公务人员在公众中的"公仆形象"变得比过去具体了:电话里可以听到声音,屏幕上可以看见形象,政府机关的神秘色彩有所淡化,越来越多的公众开始逐步了解政府在做什么、想些什么和为什么要这样做。通过举办"政府机关现场办公"等活动,使过去老百姓心目中高不可攀、难以接近的政府公务人员的形象开始变得更接地气,也更加平易近人。

（三）完善监督体制

监督体制的完善是政务公开的根本保证。建立、完善和强化监督体制的内容十分丰富,任务也十分艰巨,这要求纪检、监察、检察等部门加强自身建设,不断提高人员素质,完善法规。要充分发挥民主党派、无党派爱国人士和群众团体在国家政治生活中的民主监督作用；要按照干部管理规定和法律程序，吸收符合条件的民主党派和无党派人士担任各级监督部门的领导职务；要为群众团体在所在地区和单位发挥监督作用提供条件和方便；同时，要求加强舆论监督，利用报纸、电视、广播来宣传法制，弘扬社会正气，揭露党和国家机关工作人员的违法违纪行为，借助舆论形成强大的威慑力量。

（四）处理好公开与保密的关系

实行政务公开，既要有原则的坚定性，又要有策略的灵活性。首先，要区别不同的公众。公众可以分为内部公众和外部公众、组织公众和非组织公众、临时性公众和稳定性公众、国内公众和国外公众等。由于公众不同，造成沟通的方法方式不同，公开的内容不同，公开的程度也有所区别。对国外公众更要看具体国家、对象而定。其次，要区分不同的时间、条件和场合。同样一项可以公开的内容，会有严格的时间要求，如调价方案的出台，是为了保障国家经济利益，防止人民群众的经济损失，防止市场混乱，在方案未出台前就要严格保密。政府的一些重大决策行动也要看条件是否成熟，决定要不要公开，有的政府往往把几年甚至几十年前的事情放到几年或几十年以后才公开。公开的场合也要讲究策略性，如同样一个内容，有的可通过举办中外记者招待会公开，有的在单独会见政府领导的场合公开。最后，要区分党纪国法、制度规定界限的不同。有些内容似乎可以公开，但法律、纪律规定暂时不能公开，就必须严格按法办事。例如，国家武装力量、党和国家的核心机密，就必须严格保密。在国际交往中同样要服从形势发展需要，要讲究策略，该讲则讲，不该讲则不讲。没有这个准绳，会引起不必要的麻烦和混乱，造成政府形象的损害和工作的不利。

（五）开展政务公开建设的专题活动

开展关于政务公开的专题活动，提高政府工作人员尤其是领导人员对政府信息公开积极性和必要性的认识，坚持政务公开的规范化、制度化，公布的信息力求细致具体，而不是笼统的粗线条信息，以减少信息的不透明性。2010 年 3 月 30 日，国土资源部在官方网站上发布了"2010 年部门预算"，成为我国第一个公开部门预算的中央部委。中央机关"晒账本"彰显了建设透明政府的决心，但仍有不少网友质疑这些账本线条粗，过于专业深奥，只有简单账目而没有公务招待、购车款项等详单。由此看来，只有预算账本详细易懂，才能让公众判定钱是否该花，预算是否公开合理和有效，这样才能真正对政府财政活动进行监督[①]。

---

① 李丽辉. 政府预算账本"看得到"，还要"看得懂"[EB/OL].[2010-05-27]. http://www.prcfe.com/web/meyw/2010-05/27/content_815259.htm.

第四节　整体出发原则

一、整体出发原则的含义

所谓整体出发原则,是指政府公共关系机构和公共关系人员在从事政府公共关系时,要从政府公共关系的整体出发,即为了政府的整体效应而彼此配合协调,也就是从整体角度来审度政府的公共关系。整体性原则的具体内容包括以下两个方面。

(一)政府全体成员自觉维护政府的整体形象

政府机关是一个整体。在公共关系活动中,政府的公关部门和其他职能部门都是为了同一个政府机关的公共关系政策,为了本政府机关的同一个公共关系目标服务的。这个政府机关的所有职员都要自觉维护本政府机关的整体形象。一旦相互之间发生矛盾,也能以整体的公共关系利益统一行动,并能互相促进,形成合力。

(二)各级政府机关及职能部门要维护我国政府的整体形象

各级政府机关及职能部门都对整个国家的中央人民政府负责,维护全国政府的整体形象。各级政府机关的公共关系目标是一致的,在相互之间的公共关系活动中可以取长补短,密切配合,发挥各自优势。要通过横向联系,形成一个有机的政府公共关系的系统;要尽量避免各个政府部门在公共关系活动中单枪匹马、互不通气,甚至互相拆台的现象;要使政府形象在公众中有整体性、统一性。

二、整体出发原则的重要性

整体出发原则是决定政府公共关系能否取得更大成效的一条原则,在社会主义国家更是本身制度优越性的体现。

(一)整体出发原则是由政府工作的整体性所决定的

塑造政府形象的根本目的是使政府能更好地履行自己的职责,而政府工作不像一般企业那样具有独立性、个体性。政府的政策都是整个国家利益的体现,各级、各类政府机关没有离开国家整体利益的自己的特殊利益。同时,全国所有的政府机关必须是全国一盘棋,统一步调,统一指挥,统一行动,而绝不允许自行其是,不服从全局的整体需要。这一政府工作的整体特点决定了政府公共关系必须坚持整体性原则，不可能是互不相干、各搞一套。即使在方法上、局部目标上有不同的特点和内容，在总体目标上仍必须体现整体性。中央人民政府制定了经济政策后，地方各级政府就必须同时围绕中央制定的政策统一宣传口径，贯彻这一精神。

（二）整体出发原则是塑造政府整体形象的需要

各级、各类政府机构在塑造自身形象时，是互相影响的，都受整体形象的制约。每个政府的具体形象都是政府整体形象的组成部分和缩影。各地各级政府的良好形象是政府整体形象的基础，中央政府的良好形象又是地方各级政府良好形象的保证。另外，同一个政府机关内部，不管是哪个部门、哪个公务员，都要维护政府的总体形象。个人、部门的形象同样和政府总体形象不可分离。因此，坚持整体出发的原则是十分必要的。

三、整体出发原则的贯彻实施

整体出发原则的贯彻实施需注意以下三方面内容。

（一）强化整体意识

各级政府机构开展政府公共关系不应孤立地看待和处理自身与各种公众的关系，应把本组织机构置于整个社会大系统中，分析自身与社会的关系，从与社会共同利益的基点上处理并协调政府机构与整个社会的关系。这就要求政府公关人员必须具备整体性的公关意识，要认识到政府公关工作是统一的政府管理工作中的有机组成部分；政府公关工作本身也是一个整体，它要求政府的所有成员都要增强公关意识，在各自的岗位上完成规定的工作任务，把本职工作作为政府公共关系的一个部分，做好本职工作，提高本组织的公关水平。如果在思想上整体性观念淡薄，行动上就会做出有损整体性形象的行为。例如，部分政府工作人员认为政府形象靠领导去塑造，同自己关系不大，或者认为只是公共关系部门或公共关系人员的事，就会出现行动上的不自觉。只有树立整体思想，才能有统一行动，塑造好政府的整体形象。

（二）开展全员公关

公共关系工作取得成功，不仅需要依靠专职的政府公关机构及其工作人员的不懈努力，而且有赖于政府机构中全体成员的整体配合。要求一个政府机构中上至最高领导、下至每一个成员都成为公关人员，通过开展全员公关，使政府机构进入一个理想的公共关系环境，这是从行动上坚持政府公关的整体出发原则。

例如，2015年7月31日，北京携手张家口成功获得2022年冬奥会举办权，张家口瞬间成为世界的焦点。成功申办2022年冬奥会以来，张家口的名气一飞冲天，从养在深闺人未识的"村姑"成为国际舞台上的"名模"。面对机遇和挑战,有幸成为奥运之城的张家口市,举全市之力,开展全员公共关系,把筹办冬奥会的工作与京津冀协同发展、建设可再生能源示范区两大机遇统筹起来,树立"世界眼光、国际标准、奥运思维",着力推进赛事核心工程、支撑保障工程、带动发展工程,为举办一届"精彩、非凡、卓越"的冬奥盛会做出自己的贡献,与世界人民共结"冰雪奇缘",向世界呈上一份满意的答卷! 张家口市总工会举行职工"助力冬奥 建功冬奥 决胜冬奥"誓师大会,发布《张家口市总工会决战决胜冬奥会致全市工会组织和广大职工倡议书》,提出三点要求和号召:一是全市职工要在服务冬奥、保障冬奥中体现责任担当。张家口是冬奥会雪上项目主赛场,全市职工要心往一处想,劲往一处使,主动服务冬奥工作,积极参与志愿服务,以自身的努力推动国家大事落地见效,以此展示张家口"主人翁"的责任和形象。二是要在服务冬奥、保障冬奥中彰显过硬本领。冬奥会举办过程中,需要安全的供水、供电、供热,需求安全畅通的通信保障,需要高效快捷的医疗保障,这些都离不开专业突击队的辛勤付出。希望冬奥保障突击队的队员们继续履职尽责、事无巨细、精益求精,开展常态化演练,提前做好各种防范预案和物资准备,下足日常功夫,做好绣花细事,确保冬奥会赛事期间不出问题、万无一失。三是要在服务冬奥、保障冬奥中展示良好形象。广大志愿者要积极参加"我为冬奥做贡献"活动,大力开展导游解说、餐饮美食、物流快递等职业技能竞赛,持续提升服务冬奥的水平。要通过开展形式多样的宣传活动,引导更多人参加冰雪运动和体育运动,大力营造人人助力冬奥、人人建功冬奥、人人决胜冬奥的浓厚氛围。近年来,张家口广大市民也积极行动起来,不断为冬奥会做贡献。首先,做一名身体力行的环保者。为了响应冬奥会"绿色办奥、共享办奥、开放办奥、廉洁办奥"的理念,为了让比赛时有更蓝的天、更清新的空气、更明媚的阳光,从自身做起,多乘坐交通工具,减少汽车尾气的排放,减少雾霾,随手关灯,节约用水,不浪费粮食,积极宣传节约理念。其次,做一名奥运精神的宣传者。人人关注奥运,心系奥运,向身边的家人、朋友乃至陌生人宣传奥运精神,加深对 2022 年冬奥会所提倡的"绿色、共享、开放、廉洁"理念的理解。最后,做一名文明守礼的传播者。为了展现礼仪之邦的风采,广大市民随时随地都注意到自己的言行,形成健康文明的行为规范和生活方式,做到谦恭礼让,文明出行,讲礼貌,守秩序,从自身做起,为城市文明的建设做出自己的一份贡献,让爱护环境及讲究礼仪成为每个人的行为准则,塑造"文明、友善、大气、包容"的良好市民形象。张家口人民在张家口市委、市政府的领导下,通过开展全员公关,向世界展示出了自身良好的城市形象,呈现出一幅环境优美、特色鲜明、富有活力的美丽画卷。

（三）进行整体协调

公共关系是一项全局的工作,它要求一定的有序性。为更好地坚持整体出发的原则,政府公共关系人员必须使公关工作具有整体协调性。

1. 政府要与公众相协调

政府在开展公共关系活动时必须排除盲目性,开展政府公关活动要有一定的目标,这个目标必须是组织与公众所共同关注的。随着目标的实现,政府与公众便能相互适应,政府与公众之间的关系才能处于最佳状态。根据这一要求，政府必须与公众相协调，任何公共关系项目都要满足这一协调的要求。

2. 要使投入政府公共关系工作中的人、财、物诸要素相协调

公共关系活动离不开人、财、物三个方面，要使政府公共关系活动得以顺利开展和取得成功，就需要使三者比例得当，使其结构呈最佳状态。

3. 要使政府公共关系机构与组织的其他职能部门相协调

政府公共关系机构的一项基本任务就是促进其他各部门之间相互协调，使其最大限度地发挥作用。因此，从某种意义上来说，政府公共关系部门不仅仅是一般的职能部门，而且有横向连接的作用，与其他职能部门一起构成政府行政管理的一个系统。在这个系统中，政府公共关系部门起着协调和维系各职能部门的作用。

4. 要使政府公共关系部门内部的各方面相协调

公共关系活动需要有各种专业技术特长的人，而政府公共关系机构中也要配备有各种专长的人员。所以，在实施政府公共关系工作时，要注意发挥每个人的特长，彼此配合，以保证政府公共关系工作的出色完成。

第五节　持续努力原则

一、持续努力原则的含义和依据

政府公共关系的持续努力原则是指政府公共关系是一项长期的工作，必须经过坚持不懈的努力才能真正达到目标，其依据有如下四点。

（一）从目标本身看

政府公共关系的根本目标与其行政管理的根本目标是基本一致的，都在于促进社会发展进步。显然，这个目标不可能一步到位，必须经过长期努力才能实现。

（二）从公共关系所处的环境和条件看

作为一种社会关系，公共关系必然会受到所处环境中各种复杂的社会因素不同程度的影响与制约，因而其目标的实现需要较长时间的努力，有的还会随着时间和条件的变化而变化，需要在实践中不断地巩固或调整，使之更加完善。

（三）从公共关系的对象看

社会公众的素质客观上存在着很大差异。这种差异使得同一个公共关系目标在不同的公众中会产生不同的理解和效果，从而使目标的实现呈现出不平衡性。因此，只有通过持之以恒的工作才能实现目标的总体平衡，而这也是政府公共关系所要达到的最终目的。

（四）从公共关系工作的成果看

公共关系工作的开展是为了争取公众的理解和支持，为了达到这一长远目标，每日每时进行的公共关系工作就必须都能产生连续性效果。也就是说，每一项公共关系计划的实施都应是以往计划的延续，并且在实施过程中还要考虑与下一个计划的衔接，为以后公共关系活动的开展创造有利条件。如果政府机构认识不到公共关系效果的积累性，今天推出这种形象，明天又推出另一种形象，只能给社会公众留下一种零敲碎打的杂乱印象。这种心血来潮及"三天打鱼，两天晒网"的做法是公共关系的大忌。另外，政府公共关系中每一次具体的工作或活动，也不可能马上看到直接明显的效果。对已经取得的潜在效果，如果不加以维护和加强，一段时间后，它也会消失。因此，公共关系工作需要前后一致地进行，工作成果需要不断积累，才能产生明显的效果，这就决定了政府公共关系工作的持续性和连贯性，需要持续努力才行。

二、持续努力原则的贯彻实施

在政府公共关系中，坚持持续努力原则必须在实际工作中努力做到如下三点。

（一）加强平时联络

在充分认识政府公共关系工作的长期性、防止急于求成或消极等待等各种错误意识出现的同时，注意加强与公众的平时联络，"宜未雨而绸缪，毋临渴而掘井"。要与公众普遍建立关系，不要有选择、分薄厚，不能只注重同眼前与自己有利害关系的方面进行"热线"联系，而对"在野者"不予重视，这会对政府公关工作产生障碍。

（二）长计划与短安排相结合

政府公共关系工作是一项与组织机构同在的永不间歇的事业。良好的组织形象的建立和保持，靠的是既符合组织机构的整体发展目标，又与公众利益相一致的公共关系工作的不断开展。因此，在实施公共关系方案时，应该做到长计划和短安排相结合，这是持续努力原则的重要表现形式之一。长计划是与政府组织机构的整体发展目标相一致的，它对政府公共关系工作提出了客观要求，是战略性的计划；短安排是针对某一具体问题而制订的,例如,召开某次会议,进行一次沟通活动等。政府公共关系所考虑的是政府组织机构的长远目标,即赢得广大政府公众的理解和支持,塑造政府的美好形象。为了实现这一目标,公共关系的短期任务都必须遵守争取长期社会效益的原则,这样做才能使长期目标与短期任务有机地结合在一起。

（三）一般情况和特殊情况相结合

政府公共关系的日常工作主要是大量例行的事务性工作。由于这些工作经常进行,其规律性比较容易把握。对于政府公共关系人员来说,难以掌握的是突发事件和特殊情况,例如,天灾人祸的出现、社会上的流言、组织形象受到损害等。这些情况发生突然,往往使政府机构处于被动的局面,这就需要政府公共关系人员立即采取应急措施,防止不利影响的扩大,维护政府的形象。突发事件虽不经常出现,但在日常工作中应考虑其产生的可能性。在制订政府公共关系计划时,应包括防御性内容,以对万一发生的问题事先有准备,有备无患。在具体处理突发事件和特殊情况时,政府公共关系人员应遵循这样的工作法则,即临时做出的一切反应和行动,都必须同一贯的公共关系工作保持一致,在危机中不能损害平时树立起来的形象。处理的结果,应该有助于维护和促进政府公共关系工作目标的实现,这也是持续努力原则的根本要求,做到了这一点,就会由被动变为主动,化不利因素为有利因素,使危机变为塑造政府形象的契机。汶川地震后,我国积极应对突发情况,塑造国家形象的例子充分证明了这一点。

2008年5月12日14时28分,四川汶川发生了8.0级大地震,全国很多地区均有震感,灾情极其严重。中国地震局当天就接连举行了四场新闻发布会。中央电视台、四川电视台以及其他一些中国主流媒体的竞相报道,使得公众在第一时间对事件情况有所了解,避免了因为信息传播不畅而让人惊慌失措。中央电视台在震后32分钟就开始直播《关注四川地震特别节目》,并且连续播送长达一百多个小时。此外,政府网站、新闻媒体等公开披露各项数据,包括伤亡人员、财产损失、救援物资等一系列清晰明朗的数字,这传达给我们一条信息——中国信息公开化、透明化已经走向了一个较为成熟的阶段。

汶川地震发生后,面对重大突发灾情,我国政府积极应对,重视第一信源的重要性,利用宣传媒介,及时、充分、持续地向国内外准确发布信息,介绍地震灾情和救灾工作,把握舆论话语权,稳定民心。汶川地震发生后,主流媒体控制了信息源,阻隔了无效信息甚至虚假信息,因此避免了流言和谣言对公众心理的干扰,有利于稳定民心,便于抗震救灾活动的开展。另外,值得肯定的是,这次全国救灾行动中,新媒体特别是网络媒体扮演了十分重要的角色。传统媒体毋庸置疑是我们危机事件处理过程中需要重点考虑使用的媒体,通过传统媒体,如报纸、电视等与公众进行沟通,向公众传达信息。然而,随着网络媒体的日益兴盛,越来越多的公众开始从网络获取信息,特别是网络有着比传统媒体更加突出的方便、快捷等优势,能够在危机发生的第一时间向公众发出信息,并且短时间内迅速更新信息,牢牢把握了我们的话语权。这些特点使得网络媒体在这次抗震救灾活动中发挥了巨大的作用,有效地稳定了公众情绪。新周刊评论说:"在中国传媒史和传播史上,这种信息的透明度是里程碑式的,并因其对生命的关注、对政府的行为和灾情的严重性所做的客观传播而堪称伟大。"中国政府还突出强调公共关系危机处理当中的人性化原则。生命永远是最高准则。汶川地震的危机处理中,从地震开始我们党和政府就始终把人民的安危放在万事之首,不惜一切代价组织救援工作。除正常搜救外,心理救援也是本次危机公关的一大人性化体现。从心理上对公众进行救援和帮助,这种行之有效的心理危机干预,很好地体现了公关危机处理中的人性化原则。危机前后可以明显地让人感觉出中国政府在危机处理上的成熟,看到中国政府正逐渐向世界展示真实的自己,这就意味着中国政府开始掌握国际形象塑造的主动权。事实证明,这样的应对是行之有效的,更容易获得世界人民的理解与信任,从而塑造良好的国家形象,以达到增强国家软实力的目的。

(四)强化绩效管理

我国的行政体制和行政文化决定了坚持持续努力的政府公共关系原则并非易事,克服政府急功近利的行为需要在政府绩效管理方面下功夫。首先,要改革政府绩效评价标准,坚持把公众而不是把上级对政府部门公共服务的评价作为绩效评估的主要根据。在以往的政府绩效评估工作中,缺乏有效明晰的政府绩效评估制度,仅把上级是否满意作为行政绩效评价的标准,导致政府对上负责和对下不负责;眼光局限于公务人员自身短期利益的满足,忽视政府和公众之间和谐关系的培育和长期发展目标的实现。为解决这些问题就迫切需要政府组织树立"权为民所用、情为民所系、利为民所谋"的行政理念,选择以民生为重、社会协调发展的综合指标为参照系,建构完善的行政绩效评估体系。其次,在政府绩效评估方式选择上,应把对上负责和对下负责有机结合起来。即在对政府部门及其公务人员的政绩考核过程中,不仅要依据上级的意见,更要将政府服务对象,即广大公众的意见作为主要依据。公众参与政府绩效评估不仅有效真实,而且有利于形成对政府工作全方位的监督约束机制,能够有效地治理并调动公务员的工作积极性[①]。

第六节　科学指导原则

一、科学指导原则的含义

(一)用科学的理论指导政府公共关系工作

在瞬息万变的现代社会,无论哪个政府部门的周围都聚集着浩瀚无际的信息,每天都会遇到成堆的问题,并要求对这些问题立即做出反应和决策。我们只有运用理论联系实际、理论来源于实践又指导实践的原理,从我国现阶段的实际出发进行探索,运用现象和

---

① 刘梦琴,刘智勇.论政府公共关系的基本原则[J].软科学,2012(1).

本质的原理来研究各种信息之间的本质联系，研究协调关系的数量与质量的辩证关系，并运用一切事物都是互相联系、互相制约的原理来观察组织机构的变化规律，才能把握问题的实质，进行科学的决策和行动。

（二）用科学的方法分析政府公共关系现象

公共关系工作要与人打交道。人的主体意识和选择意向使公共关系在表面过程的背后隐藏着异常复杂和丰富的内容。这需要运用科学的方法去考察政府组织与公众相互作用、相互影响的过程，考察公众构成及其变化，从而获得各种具体的材料和数据，进而在获得关于客观世界的素材基础上进行科学的判断和分析。

（三）用科学的手段开展政府公共关系活动

在政府公共关系大量活动中应尽可能采取先进的科学设施和方法。这包括选用现代化的传播通信设备、电影电视广告以及提供咨询服务等。

古代公共关系活动处于原始的、不自觉的状态，缺少科学理论的指导，基本上是凭经验、凭直觉行事，从科学角度来考察，充其量也只是处理人际关系的一些方法而已。现代早期公共关系艺术成分多于科学成分。至今仍有人认为，公共关系有"术"无"学"，只要掌握它的实务技巧，会周旋，善应变，擅长待人处事，开展公共关系活动也就绰绰有余了。可以说，公共关系确实是一门实践性很强的应用学科，实务技巧也确实是其中的重要组成部分，但是公共关系并非无规律可循，也绝不仅仅是经验的积累和拼凑。科学指导原则的确立，不仅从根本上划清了现代公共关系同古代公共关系的区别，而且澄清了人们对公共关系有"术"无"学"的误解，使公共关系向艺术与科学结合的道路发展。所以，现代政府组织的公共关系活动再也不能像古代和公共关系产生初期那样只有艺术而没有科学，不能只凭直觉、凭经验进行，而是要借助于现代科学的理论和方法来指导政府公共关系的活动。

二、科学指导原则的依据

（一）科学指导原则是现代政府公共关系复杂化的需要

现代政府公共关系活动不仅与早期公共关系活动不同，也与一般的人际交往不同。它面临的是复杂多变的社会环境和类型、数量众多的公众，因此，要及时了解社会环境的变化，全面掌握公众的各方面情况，对政府组织自身也要有透彻的认识，要运用大众传播媒介进行沟通和传播等。这一切如果没有科学理论的指导，政府公共关系是很难有起色的。

（二）科学指导原则是提高政府公共关系效率的需要

如果说企业组织的公共关系以"内求团结，外求发展"为宗旨，那么政府公共关系的宗旨该如何表述呢？从政府公共关系的职能来看，用"内求协调，外求沟通"是十分恰当的，而无论是协调还是沟通都离不开信息。当今社会被称为信息社会，各种信息以每年 40% 的增长率增长，每 20 个月信息总量就增加 1 倍。大量信息以惊人的速度传向社会的每一个角落，影响着社会上的每一个人。传统的"公关"方式满足不了信息社会的要求，无法适应政府机构的需要。现代的科学技术、现代的科学理论和方法可以减少政府公共关系活动的盲目性，增强自觉性和预见性，避免人力、物力和财力的浪费，提高政府公共关系活动的效率，取得事半功倍的效果，以适应社会的需要。

（三）科学指导原则是我国公关实际状况的需要

　　长期以来，我国公共关系人员缺乏理论思维的能力，对科学理论和方法没有给予应有的重视，决策者在实践中习惯于以直觉经验和主观想法作为公共关系活动的出发点，忽视对实际情况的深入调查和对数据资料的精确分析，往往造成实践活动事与愿违，达不到预期的目的，因此，强调科学理论和方法的指导对我国开展政府公共关系活动有着特别重要的意义。

三、科学指导原则的贯彻实施

（一）加快学科建设

　　要尽快建立起符合中国国情的社会主义公共关系学。公共关系学产生于西方工业发达国家，美国的公共关系实践和理论研究成果为世界各国之冠。我国自觉地开展公共关系活动，进行公共关系理论研究还只是近年来的事，如果照搬西方或美国的公共关系理论，而不顾中国的国情和社会主义制度，那显然是不科学的。因此，尽快建立起符合中国国情的社会主义公共关系学是坚持政府公共关系的科学指导原则的根本途径和保证。怎样建立符合中国国情的社会主义公共关系学呢？要在马克思主义基本理论的指导下，划清社会主义公共关系学同资本主义公共关系学的界限，划清社会主义公共关系学同"庸俗关系学"的界限，客观地介绍外国的公共关系学并批判地汲取其有益的理论和经验；要从中国国情出发，充分考虑中国的经济体制、政治制度、思想文化传统，使其既有科学性，又具有中国特色，能够全面、系统地指导中国社会主义公共关系的实践，指导我国政府公共关系的实践。

（二）提高理论素养

　　要坚持政府公共关系的科学指导原则，必须提高政府公共关系人员及广大公务员的理论素养。政府与公众进行双向信息交流是政府公共关系的一项重要工作。如何最大限度地扩大传播范围和提高传播质量，是衡量一个政府公共关系人员是否合格的主要标准，也是一个政府公共关系人员经常考虑的问题。因此，与此相关的许多现代科学理论如新闻学、传播学、舆论学、信息论等,应当成为政府公共关系人员必须具备的理论知识。政府公共关系人员还应当能够熟练运用现代科学知识和手段分析处理公众的信息,并能迅速地提供有关公众意向的预测材料。因此,政府公共关系人员还必须具备社会学、心理学、管理学、预测学等学科知识。只有提高了理论素养,知晓多方面的知识,才能在政府公共关系工作中以科学为指导,使政府公共关系工作取得成功。

（三）实行定量分析与定性分析

坚持科学指导原则,必须在政府公共关系工作中运用定量分析与定性分析相结合的方法解决公共关系问题。定量分析方法注重描述、记录事实,以求得对事实的精确把握,如组织抽样调查、群体控制实验、公共关系民意测验等都是其常用的分析方法。在政府公共关系实践中,运用这种理论和方法,可以从量的层次上把握政府与其公众的关系,准确判断这种关系的状态和发展趋势,分析公众的构成与变化,考察政府组织与环境相互影响、相互作用的过程,从而获得切合实际的数据和资料,为正确制订公共关系计划、从事公共关系活动提供科学的依据。定性分析方法是强调研究人的主体意识的方法,是人文主义的研究方法,注意对社会历史问题的阐述或描述。定量分析的方法是科学主义的研究方法,虽然可以正确描述公共关系现象,但它不能充分说明这种现象,不能洞见造成这种现象的内在原因和机制。公共关系归根结底还是一种人与人之间的关系。人是有丰富思想和复杂情感的,人的思想和情感使公共关系表层现象的背后蕴藏了异常复杂的内容。要深入了解这些内容,必须运用人本主义的理论和方法进行定性分析,侧重从文化角度观察分析政府公共关系问题。公共关系在一定意义上可以说是一种文化关系,因为任何组织和公众都是一定文化发展过程的产物,都要受到一定文化环境的影响和制约。因此,运用定性分析方法从文化角度透视政府公共关系,可以揭示公众的社会心理、价值观念、思维定式、道德观念、风俗习惯等文化作用机制,洞察政府公共关系的深层结构,从而准确把握公共关系的脉搏。总之,在辩证唯物主义和历史唯物主义指导下的定性分析和定量分析相结合,不仅体现了科学指导的政府公共关系原则,而且会使政府公共关系活动更加富有成效。

（四）遵循国际惯例

国际惯例是指在长期的国际交往实践中形成的一些成文和不成文的规则,虽然没有法律强制约束,却是国际上的通用规范。遵循国际惯例也是政府公共关系科学指导原则的具体体现。

政府在开展国际公共关系时既应根据自身的国情和特殊性,坚持突出本国民族文化特色,也必须遵守各国共同的行为规范,只有这样才能增进与各国在政治、经济、文化、军事等各领域的交流合作,才能塑造有礼有节、友好负责的大国形象,掌握国际社会的话语权和扩大影响力。迄今,国际公共关系协会制订了不少行为准则。如早在1961年,国际公共关系协会就制订《国际公共关系协会行为准则》;1965年,又在雅典通过了《国际公共关系协会行为准则》。这两份文件对国际公共关系从业人员的行为规范提出了一些原则性的要求，如注重信息的真实性和充分的交流，尊重和维护人类的尊严，对社会和公众利益负责等。

国际公共关系作为公共关系的一个重要类型，越来越多地承担起对外交流与沟通、塑造与传播国家形象的责任和使命，其重要性正日益受到广泛重视，且已成各国有意识、有目的、有计划地塑造和传播国家形象，维护和发展国家利益的新手段、新途径、新举措。[①]国际惯例根植于各国政府间的交往实践，要求政府处理国际公共关系和开展相关活动时必须熟悉和遵守各种国际惯例，在世界范围内树立负责任的国家形象，争取更多的国家间交流合作和机会，赢得更多国际社会认同和利益机会。[②]

案例研究：精心打造警民和谐关系的公安分局

在传播快、影响大、作用大、难控制的信息化时代背景下，公安工作传统的群众工作方法已明显滞后于形势的发展，执法环境敏感、充满挑战，警察的公信力受到质疑，针对这一执法环境和社会背景，常州市公安局戚墅堰分局党委进行了认真思考，全警上下转变警务思想，树立公共关系理念，打造戚墅堰区警察公共关系品牌，构建和谐警民关系。

1. 项目调研

云南晋宁"躲猫猫事件"、杭州飙车事件等，折射出因长期脱离群众形成政府相关部门公信力缺失，公安机关在事件处置中承受了巨大的舆论压力。目前仍有为数不少的基层民警，在对自身的定位和对"人民"的认识上存在偏差，较少考虑服务对象的需要。

经过实地走访、座谈讨论和调查研究，常州市公安局戚墅堰分局发现造成群众投诉的主要原因有如下几方面：一是群众不知道我们的法律政策和工作规范；二是民警耐心解释不够；三是无法满足个别群众的利益诉求。归结起来，其根本原因在于警民之间缺乏必要的交流沟通。

2. 项目策划

2009 年以来，常州市公安局戚墅堰分局着力以公安信息化、执法规范化、和谐警民关系"三项建设"为载体，根据"公共关系＝和谐警民关系"的理论，推出新举措，提升警察亲和力。

首先，响亮地喊出"我们来自百姓"的口号，教育民警不断树立执法为民的理念。

其次，不断搭建警民沟通的桥梁，媒介时代既给公安工作带来挑战，同时也给发展警民关系提供了更多载体，占领媒体阵地，化被动为主动，才能把握警民沟通主动权。

再次，创新适应和谐警民关系建设的警务机制，加强警民之间的联系互动。

最后，畅通监督渠道，建立有效的沟通及监督通道，确保可能出现的警民不和谐因素

---

① 吴有富. 政府国际公关在塑造中国国家形象中的作用[J]. 探索与争鸣，2009(2)：73-76.

② 刘梦琴，刘智勇. 论政府公共关系的基本原则[J]. 软科学，2012(1)：59-61,67.

发现要早,尽可能化解在萌芽状态。

3. 项目执行

(1)刊发《平安戚区报》。常州市公安局戚墅堰分局聘请专业人员进行采访、编稿,在内容上改变传统警方刊物侧重于自我宣传推销的做法,紧紧扣住与社会公众息息相关的问题开展警民互动。该报电子版同时与常州市戚墅堰区政府网站及常州市公安局戚墅堰分局内网、外网实现连接。《平安戚区报》每月出版 1 期,每期印发 1.5 万份,通过民警或辅警上门走访,免费发放给全区企事业单位、居民群众、流动人口群体。

(2)发放防范扑克牌。对多发性、侵财性等涉及群众切身利益的案件进行分析,从中找出人民群众法律知识盲点和安全防范薄弱点,按照"防盗抢、防诈骗、防事故、防毒害"等内容编排 56 个安全防范知识,逐一配上动画、卡通图片,印制成"平安戚区、和谐戚区"防范宣传扑克牌,面向全区各界群众发放。

(3)建立平安短信沟通平台。广泛收集全区人大代表、政协委员、企事业单位、行业场所、外来民工、近几年内的信访投诉群众及居民群众代表手机信息分类纳入分局短信平台,编写制作"预警提示""温馨祝福""警务监督""短信课堂""平安指数"等多种短信,不定期分类发送给平台用户,以及时的"治安气象播报"提醒公众做好安全防范,用温馨的话语拉近彼此的距离。平安短信沟通平台通过接报警情、实有人口登记、电动车注册登记,每日采集辖区群众手机号码。

(4)开展防范短信和摄影作品征集大赛。常州市公安局戚墅堰分局与《常州日报》报社联合举办以"祝您平安,重在防范"为主题的"平安戚区"杯防范短信大赛,举办"祖明风警民情"摄影作品征集大赛,向辖区群众广泛征集反映常州市公安局戚墅堰分局民警在维护社会治安及服务人民群众方面展现的精神风貌,特别是反映警民鱼水情深的摄影作品,受到全国各地读者和网民的热烈响应。

(5)开展"祖明有约"警民恳谈活动。刘祖明系常州市公安局戚墅堰分局潞城派出所副所长兼社区民警,是在常州乃至全国都是群众知晓率很高的先进典型。分局依托刘祖明这一典型,蓄势推出"祖明有约"系列之"所长与您谈防范"警民恳谈活动,并通过播放宣传片、PPT 解说等现代传播手段宣传防范知识,"零距离"接受群众质询,为群众答疑解惑。

(6)搭建网上警民互动平台。常州市公安局戚墅堰分局及各派出所均建立互联网门户网站,并将"网上分局""网上派出所"建成网上警民互动的平台。突出服务与互动,设置了"法律咨询""预警提示""警务监督""网上报警""在线交流""为您服务"等栏目,安排网络评论员实时在线,接受群众报警、咨询,实时更新警务新闻,加强正面宣传引导。

(7)建立民意调查制度。接处警和勘查现场时发放"防范宣传卡",案件办理中发放"案件告知卡",接处警后进行回访,填写"满意度测评卡",群众对警情处置是否满意进行反映;每月对各派出所 100 起警情进行家访,对不满意警情逐一倒查;每月对各社区开展民警熟悉率、群众满意度和安全感测评。

(8)每日发布平安指数。通过"短信平台""网上互动平台"等载体向辖区群众发布"每日、每周治安播报",发布每日平安指数。同时,由情报指挥室 24 小时实时监控警情变化,即时下达巡防、布控指令,配以"扁平化指挥""网格化巡防"机制实现精细化、点对点打防。

(9) 推出电动车注册登记制度。针对电动车被盗案件高发、群众防范无力的状况,常州市公安局戚墅堰分局推出电动车注册登记制度,并在全区推广。同步自主开发"电动自行车管理软件",在服务器上建立"电动车数据库",实时检索查询,并不定期发放防范手机短信,提醒车主提高防范意识。

(10) 确立考核评价体系。常州市公安局戚墅堰分局把群众和服务对象测评的满意度、安全感作为决定社区民警、派出所考核评价的第一标准,制订并出台了"1＋X"绩效考核机制,引入常量及系数概念,在第一标准考核的基础上,配套社区民警、接处警、执法质量等单项考核,突出抓执法源头、执法细节、执法言行,从根本上树立起民警和谐执法及公共关系的理念。

4. 项目评估

2009 年,常州市公安局戚墅堰分局公共关系品牌系列项目不断推出并深入经营,各项举措以经常性、常态性工作成为常州市戚墅堰区公安基层基础工作的重要内容,成为爱民、亲民、为民的自觉行为,成为常州市公安局戚墅堰分局的亮点与特色。

分局的各项举措不仅提高了民警的群众工作能力,在调解纠纷及排解矛盾中占据了主动,更拉近了警民之间的距离,也赢得了群众的理解和信任。同时,通过民警的走访、宣传,群众的自我防范意识也得到明显增强,安全防范知识和技能普遍得到提高。这些举措不仅获得了各级领导的支持、肯定以及兄弟单位的认可,更获得了良好的社会反响。

(资料来源:中国国际公共关系协会. 最佳公共关系案例[M]. 北京:企业管理出版社,2010.)

思考与讨论:

1. 常州市公安局戚墅堰分局精心打造警民关系的活动对塑造警察形象发挥了怎样的作用?

2. 本案例对你有哪些启示?

实训项目:组织会理县"悬浮照"事件案例讨论会

1. 实训目的

通过举行会理县"悬浮照"事件案例讨论会,加强对政府公共关系原则的理解和掌握。

2. 案例简介

2011 年 6 月 26 日 20 点左右,天涯社区一则名为《太假了,我县的宣传图片》的爆料帖在网络上疯传。四川省凉山州会理县(注:现升级为会理市)——一个当时在川西名不见经传的小县城顷刻"风雨满楼",成为全民网络舆论关注的焦点。而此刻,全县上下正全力以赴积极筹备即将举办的大型国际拳击赛事:中国•会理"昆鹏杯"WBC 洲际拳王金腰带争霸赛。

该帖子曝出会理县官网的一条新闻——"会理县高标准建设通乡路",新闻中的配图是用 Photoshop 软件处理后，将三位县领导照片放到了一条公路上，照片下方说这几位领导正在某乡镇检查新建成的公路。该图上面的领导都悬浮在公路上，故被网友戏称为"悬浮照"。帖子还附上会理县政府官网截图。该帖爆出后，网友们兴趣高涨，只见"各路'潮人''�···主'纷纷'围观''灌水''拍砖'"。顷刻间，网上铺天盖地出现了无数将三位县领导编辑合成进去的搞笑照片，让他们"上九天揽月，下五洋捉鳖""穿越古今、无所不能"。一个政府网络危机事件就此爆发。

从此次事件来看，危机从一个帖子酝酿爆发，到网民疯传，危机升级，再到最终舆论发生转向，可分为三个应对阶段。会理县政府在这三个不同时期，依据主力传媒、网民态度的不同，分别采取了针对性的有效措施，构成了此次舆情危机政府处理过程的完美配合。

第一阶段："悬浮照"网络危机发酵。会理县政府官网这一新闻照片一经曝光，引发广大网民围观，他们纷纷跟帖、转载，迅速在互动媒体上传播开来。一夜之间，网民跟帖量猛涨。县政府官网也因大量网民突访而瘫痪。当晚，技术人员发现这一异常情况，立即向上级汇报，由于时间太晚，县政府未回应，错过了最佳公关时机。

此后网站一直无法访问，引发网友诸多猜测：是不是有意回避网民而关闭了网站？县领导是否真的到了现场视察？第二天，有关负责人的手机几乎被媒体打爆。虽然县领导态度十分明确，表示"正面回应""有什么说什么"，但面对汹涌而至的各方媒体，如此简单的回应加上媒体发布的时间差，对于高涨的民意来说，只能算是杯水车薪，根本无法平息网民的质疑。

第二阶段："悬浮照"网络危机升级。网民舆论继续高涨，出现的质疑、指责铺天盖地。在意识到"悬浮照"事态升级，危机扩散、蔓延后，会理县政府对舆论的始发地和扩散地高度重视，决定开微博和发帖，让网民了解真相，应对舆情危机。第二天 17 点左右，随着拳击赛事的准备工作就绪，会理县在其官网上挂出了《向网络媒体、各位网友致歉信》，同时还贴出了原图和经过处理后的图片，称"视察是真，照片是假""对于因原照片角度不佳等原因而产生的不良影响深深地表示歉意"，同时坦诚、公开地接受全国媒体记者的采访。这样就及时、有效地打消了媒体和网民心中的疑虑，立体、全面地还原了事情真相。随后，该照片的始作俑者也开通微博并真诚致歉。

第三阶段："悬浮照"网络危机逆转。政府导控舆论及时转向，网民舆论回落，城市营销顺势推出。第三天，"悬浮照"危机得到基本控制，一场漂亮的城市营销正在拉开帷幕，照片制作者开始了令人叫绝的公关：先是"感谢网友让领导免费'周游世界'"，而后是"请网友'参观'两千多年历史文化、古南方丝绸重镇的会理古城"，接着又诙谐地说出一句"看看镜头下美丽的会理吧，绝对没有经过 Photoshop 处理"。这轻松有趣的幽默感博得网民会心一笑，冰释前嫌，并得到网友的力挺，舆论顿时逆转。第四天，会理政府官网和微博也顺势展开了轰轰烈烈的城市营销攻略，以图文并茂的方式大势推介旅游资源。网友对会理的兴趣再次高涨，而这次是被会理迷人的风光所吸引。很快风景图片又得到了上万次的转发评论，且舆论几乎是一边倒的褒扬之声。

由此，这场政府信誉危机成功逆转，华丽转身为城市营销。整个过程引发外界赞叹为"高智商、高情商""几乎完美"，甚至网上有人喊出了"学习会理好榜样"的口号。

（资料来源：肖敏.一次"化危为机"的政府网络舆情公关——对会理县"悬浮照"事件的思考[J].宁

德师范学院学报(哲学社会科学版),2013(2):36-39.)

3. 实训步骤

(1) 全班分成以5～7人为单位的若干小组。

(2) 结合本章"政府公共关系原则"的内容,分组讨论此案例并形成发言提纲。

(3) 各组选一名代表重点发言。

(4) 教师总结。

4. 实训手记

通过训练,我的收获是 _____。

课后练习题

1. 政府公共关系的利益一致原则的含义和实施依据是什么?

2. 如何贯彻实施政府公共关系的利益一致原则?

3. 政府公共关系的讲求真实原则的含义和实施依据是什么?

4. 如何贯彻实施政府公共关系的讲求真实原则?

5. 政府公共关系的政务公开原则的含义和实施依据是什么?

6. 如何贯彻实施政府公共关系的政务公开原则?

7. 政府公共关系的整体出发原则的含义和重要性是什么?

8. 如何贯彻实施政府公共关系的利益一致原则?

9. 政府公共关系的持续努力原则的含义和依据是什么?

10. 如何贯彻实施政府公共关系的持续努力原则?

11. 政府公共关系的科学指导原则的含义和依据是什么?

12. 如何贯彻实施政府公共关系的科学指导原则?

13. 案例分析。

长春长生疫苗事件

长春长生疫苗事件是重大的公共卫生事件。事件爆发以来,从中央到地方政府以及主流媒体都做出了积极的反应。正是在第一时间的介入、政府高层发声、信息权威性发布、官媒持续表态等一系列正面措施的多重作用下,疫苗事件才没能进一步发酵成更大的政府危机。

2018年7月15日,国家食品药品监督管理局发布通告指出,根据举报线索,组织检查组对长春长生生物科技有限责任公司(以下简称长春长生)生产现场进行检查,发现长春长生在狂犬病疫苗生产过程中有记录造假等严重违反《药品生产质量管理规范》的行为。由此引发长春长生疫苗事件[①]。后进一步查明长春长生编造狂犬病疫苗生产记录和

① 《人民法治》编辑部. 长春长生疫苗案[J]. 人民法治,2018(17):49.

产品检验记录,随意变更工艺参数和设备,这些行为严重违反了《中华人民共和国药品管理法》《药品生产质量管理规范》有关规定,国家药监局责令企业停止生产,收回药品 GMP 证书,召回尚未使用的狂犬病疫苗,并会同吉林省局对企业立案调查,涉嫌犯罪的移送公安机关追究刑事责任。狂犬病疫苗问题的调查尚未结束,又经有关部门查明,长春长生百白破疫苗效果测定不符合规定,应以劣药论处。7 月 23 日 15 时,长春市公安局依据吉林省食品药品监督管理局《涉嫌犯罪案件移送书》,对长春长生生产狂犬病疫苗涉嫌违法犯罪案件迅速立案调查,将主要涉案人员带至公安机关依法审查。7 月 29 日,对 18 名犯罪嫌疑人以涉嫌生产、销售劣药罪向检察机关提请批准逮捕。8 月,对其涉嫌违法的子公司进行查封,紧接着对部分股份冻结,并对 7 名省部级领导和 35 名非中管干部进行问责,还对原国家食品药品监督管理总局党组成员、副局长吴浈进行立案审查。11 月,深圳证券交易所宣布启动对长春长生重大违法强制退市机制。至此,一个无视生命、违法乱纪的企业终于受到了法律的制裁。

长春长生疫苗事件发生后,习近平主席做出重要指示:要求一查到底、严肃问责。李克强总理连续做出两次批示,要求相关部门彻查此事。党中央、国务院、原国家食品药品监督管理系统、卫生系统、工商管理机关和政法机关立即行动起来,合力出击,采取了如下行动。

(1)国务院建立专门工作机制。国务院派出调查组进驻长春长生进行立案调查,一查到底,调查事实真相。吉林省成立省市两级案件查处领导小组,配合国务院调查组做好相关工作。

(2)严肃问责,依法从严处理。吉林省纪委监委启动对长春长生疫苗案件腐败问题调查追责,涉嫌犯罪的移送公安机关追究刑事责任。

(3)全面排查高风险药品企业,全面开展疫苗生产企业的治理整顿。对所有疫苗生产企业进行检查,吉林省食品药品监督管理局已收回长春长生狂犬病疫苗药品 GMP 证书,停止该企业狂犬病疫苗的生产及销售,暂停该企业所有产品批、签发。

(4)权威媒体主动引导公众发声,引领舆情正面走势。《人民日报》、新华社、中央电视台、《光明日报》等官媒相继就该事件发表评论,并将质疑指向问题疫苗流向,长生生物是否隐瞒事实,监管为何频频失守等焦点问题。

(5)对疫苗全生命周期监管制度进行系统分析,研究完善我国疫苗管理体制。

(资料来源:赖辉兵.公共卫生事件中的政府危机公关研究——以长春长生疫苗事件为例[J].中国管理信息化,2019(12):174-176.)

案例思考:政府在处理长春长生疫苗事件的过程中,坚持了政府公共关系的什么原则?

第四章

政府公共关系主体

政府接触到社会的方方面面,实际上政府的每一个层面都能与公共关系紧密相连并有赖于公共关系。

——[美]斯科特·卡特里普

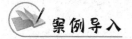 **案例导入**

德国总理下跪

在 20 世纪以来的不算太长的历史期间,人类遭受了两次世界大战,特别是第二次世界大战给大多数国家的人民带来了深重灾难,受过伤的各国人民至今难以忘记那种刻骨的疼痛。德国是发动侵略战争、挑起第二次世界大战的轴心国,但由于战后政府反省战争的积极态度和行为,为德国赢得了受害国的谅解,重塑了德国政府的良好形象。

德国和日本两国在历史上有很多的相似之处。德国有一位前总统认为,德国和日本两国在 20 世纪上半叶都采取了军事手段扩大势力,几乎同所有的邻国都处于战争状态,在第二次世界大战中都宣布无条件投降,其后两国在经济方面都取得了戏剧性的复兴,因而两国均可以称为"战争的失败者及和平的受益者",所有这一切都是众所周知的事实。在战争刚刚结束的时候,当时的德国国内对战争给他国人民造成的罪行的认识,与日本国内目前的状态也相差不大,对于诸多德国人来说,他们确实不愿意承担战争的历史罪责。大多数人还认为自己是希特勒乃至其追随者的受害者,是这些人把德国拖进了深渊,然而,战后德国的许多政治家勇于承担历史责任。1970 年 12 月 7 日,德国总理勃兰特的一次正式访问波兰的日程中包括在华沙犹太人纪念碑前逗留数分钟,在那里,他为当年起义的牺牲者敬献了花圈。在拨正了花圈上的丝结之后,勃兰特后退几步,突然双膝下跪,这举动事先并没有计划。据说事后,勃兰特说:"我这样做,是因为语言已失去了表现力。"德国总理下跪谢罪的画面传遍了全世界,在德国国内也引发了强烈反响,许多人批评指责,但更多的是表示尊敬。当时担任德国内政部长的根舍后来回忆这一场面时说:"我被这一举动深深地感动了。勃兰特以他全部的人格,向每个人做出了明确的表述。"2010 年

12月7日，武尔夫总统在德国艾伯特基金会主办的活动中发表讲话，说勃兰特通过他的一跪，代表德国人向数百万大屠杀受害者（其中大多数是波兰公民）表达了无与伦比的尊重。武尔夫说："他（勃兰特）承担了过去、现在和未来意义上的责任。由此产生了一个不同的德国人形象、一个不同的德国、一个自由民主和平的德国形象，它寻求与邻国的和解。"他说，当年只有11岁的他，对勃兰特的下跪印象深刻。勃兰特谦卑、寻求和解的举动至今让人们铭记在心。1970年12月7日签署的《德波协定》首次承认了波兰的领土完整——勃兰特做了一件他的前任拒绝做的事情：他承认了奥德—尼斯河为德波国界。波兰历史学家特拉巴这样说道：对波兰而言，这一协定至关重要，因为德国首次承认了波兰的西部边界。此后，勃兰特的下跪谢罪，则超出了任何人的期待。这一举动成为欧洲实现和解的象征，成为东西方之间、德国同波兰之间和解的象征。

自此之后，两国间互换留学生以及在经济、科学和文化领域的合作日益加深。许多人尤其是年轻一代，利用这一契机扮演了更重要的角色。莱特求学时选择攻读日耳曼学。波兰转型之后，他成为首任驻德大使。他回忆道："那是一个前往新世界的发现之旅。这个协定第一次给波兰人提供了前往德国的奖学金。它无论在政治还是在社会方面的意义，今天来看，都是无与伦比的。"后继者则将这一势头发扬光大，德国时任总统武尔夫就表示，他和波兰总统科莫罗夫斯基希望在两国签署《华沙条约》40周年纪念日这天寻求德波关系的"新的开端"。

德国是一个历史上的侵略者，曾给世界和欧洲人民带来极大的伤害，但是，德国政府正视历史，正视事实，愿意改正错误，勇于承担历史的责任。德国总理的下跪，表明了德国政府的清醒和远见。这一跪，表明了德国政府与过去罪恶决裂的勇气，表明德国对以往死难人民的忏悔之心。德国政府的行为赢得了欧洲人民的又一次信任，重新获得了尊严，德国政府的形象大为改善，德国成功地返回欧洲社会，并成为欧洲共同体的核心成员，这是必然的结果。

（资料来源：许开轶.政府公共关系学［M］.南京：南京师范大学出版社，2016.）

问题：

1. 时任德国总理勃兰特下跪，为德国政府带来了怎样的政府公共关系效应？

2. 政府应怎样发挥主体作用，才能更好地开展政府公共关系？

第一节　政府公共关系机构

一、政府内部公共关系机构

政府内部公共关系机构是政府开展公共关系活动的主要的、基本的力量。同外部公共关系机构相比，政府大量的、经常性的公共关系业务是由其内部公共关系机构承担的。正因如此，内部公共关系机构的建立健全，对于政府公共关系活动的有效开展产生着直接的影响。由于政府的行政管理涉及社会事务的各个方面，其管理的覆盖面之宽，所面对的公众之复杂，信息流量之大，都是任何其他组织所无法相比的，这就要求政府内部必须有专门的机构去承担和完成传播沟通、信息咨询、协调引导等公共关系工作，以保证政府机器的正常、有效运作。当然，政府内部的公共关系机构未必要冠以"公共关系"的字样或名称，有些承担着公共关系职能的机构也承担着其他方面的一些业务。但是，政府内部必须有专职或兼职的机构去处理公共关系，这已成为不争的事实。

（一）政府内部公共关系机构设置的必要性

政府工作是面向全社会的，它的任何一次活动、一项工作、一种政策都会在部分公众或全体公众中产生这样或那样的反响，因而具有或能体现出公共关系的效能。但是，这毕竟只属于一种"边际效应"，实际上难以保证公共关系整体作用的发挥和主体目标的实现，所以，要求得政府公共关系工作的满意效果，还必须依赖相应的职能部门或职能机构。

从理论上讲，现代系统论的原理告诉我们：一个系统的功能效应是"整体大于部分之和"。也就是说，一项有系统的整体工作，如果是由一个相应系统的组织机构来完成，而不是由个体或松散的小团体去兼做，那么其整体功效将超过这些个体总和的效应。公共关系工作本身作为一个整体，也须有相应的整体机构来完成，这样才能获得最佳的功效。

从实践上看，随着公共关系在政府管理工作中重要性的日益凸显，大量的公共关系方面的事务需要处理。如果没有相应的机构去承担和履行这方面的职能，政府的整体运作效能势必会受到影响。

具体来讲，政府内部公共关系机构设置的必要性来自以下四个方面。

1. 社会发展的客观要求

在现代社会，公共关系工作作为一种日益复杂的社会现象和日益重要的社会活动，已引起包括政府在内的各种社会组织的重视。由于政府承担着维护社会秩序及推动社会全面进步的重要职责，又身处异常复杂多变的环境中，面对的是成分异常复杂、数量异常之多的公众，还有每时每刻必须进行的大量的信息输入和输出，必须大力强化和有效协调与环境的关系。从一定意义上讲，政府与环境的协调能力是公众借以判断一个政府管理水平与能力的重要标尺。显然，要适应现代社会发展对政府公共关系工作提出的新的要求，就必须设立专门机构来承担和履行这方面的职能。

2. 提高政府公共关系工作水平的需要

高度的专业化分工是当今人类社会的一个显著特点。政府管理组织的科层制正是适应这一形势而生的。科层制强调的重点就是组织内部各职能部门的专业分工与协作，并将其视为提高组织整体效能的重要保证。在传统上，政府公共关系方面的工作，是由其他一些职能部门兼做的，这种情况很难适应现代社会公共关系职能日益复杂化、专业化的发展趋势。只有建立专业化的公共关系职能机构，政府的公共关系工作才有可能持续发展并不断提高水平，才有可能制定出长远的战略、科学的策略。

3. 提高政府领导层工作效能的需要

政府领导层的主要职能是宏观决策，所以没必要事必躬亲，一些微观决策和活动应由具体的事务部门去组织完成。由于政府每天甚至每时每刻都面临着大量的经常性的公共关系事务，若没有专门的机构负责处理，则领导层势必陷入文山会海，难以从接待应酬的事务中脱身，这对其成功地履行自己所肩负的主要职能显然是不利的。

4. 公共关系技术发展的要求

公共关系工作是高度专业化的。它与特定的技术手段相联系，而非任何机构、任何人都能胜任的。在公共关系活动中，技术的运用情况往往会直接决定活动本身的成败。无论是策划形象、处理信息、专业制作，还是各种具体活动的组织、策略的运用，都需要专门的理论、知识和技术。对于政府人员尤其是政府重要领导人来讲，其在公众场合的待人接物、言谈举止也有必要得到公共关系部门的策划咨询。如果举措失当，不仅其本人形象会受到损害，也会使公众对政府本身产生不良印象。凡此种种，都说明公共关系工作的高度专业性是任何其他职能部门都不能完全代替的。

正是由于上述原因，自第二次世界大战以后，随着各国政府公关意识的普遍加强，一些国家政府内部包括政府各部门内部相继设立了规模不等、名称各异的专门负责处理公共关系事务的机构。这些机构的设置对于提高政府公共关系工作的成效并进而对政府各方面的工作都起到了重要作用。例如，美国联邦政府中，几乎各政府部门都设立有专门的公共关系机构。联邦调查局设立有"涉外事务处"，洲际商务委员会建立了"传播与消费者事务办公室"，甚至连神秘莫测的中央情报局也设立了一个由20人组成的"公众事务部"。受雇于联邦政府各部门与公共关系业务有关的人员更是类型众多、数目庞大。公关事务方面的经费支出更是数目可观，高达数十亿美元。

由于国情不同，我国各级政府内部大多尚未建立专门的公共关系机构。政府公共关系工作分别是由其他一些职能部门如新闻、宣传、信访、调研等机构来完成的。随着改革开放的深入和社会主义市场经济体制的确立，这种局面同形势的发展日益显得不相适应，所以，从长远来看，政府内部设置专职的公共关系机构，配备门类齐全的公共关系专业人员，成为一种必然。

（二）政府内部公共关系机构的特征和职责

1. 政府内部公共关系机构的特征

政府内部公共关系机构是整个政府机构的有机组成部分，它同政府内的其他职能机构一样，是政府运作流程中的重要环节。政府内部公共关系机构的地位和作用，是由它区别于政府其他职能部门的特征决定的。

（1）政府内部公共关系机构是政府内部处理公共关系的专门机构，是政府公共关系任务的主要承担者。它依据政府确定的公共关系目标全权、自主地开展工作，而不受政府其他职能部门的指挥和干扰。当然,这并不意味着公共关系部门不需要政府其他职能部门的合作。恰恰相反,公共关系部门要有效地开展工作,必须同其他职能部门的工作相协调,取得它们的配合与协作。

(2)政府内部公共关系机构是政府内部的一个协调部门,其职责之一就是协调政府内部的各种关系,增强内部向心力、凝聚力和协同性,从而创造出政府协同运作的最佳功效。

(3)政府内部公共关系机构相对于其他政府职能部门或机构而言,往往最靠近核心领导层,或受最高领导层领导,或同其保持"热线联系"。但是,它并非凌驾于其他职能部门之上,而是介于领导层与其他职能部门或机构之间的"中间环节"。它的主要任务是沟通协调,而非指挥领导。

(4)它既是执行政府决策的职能机构,又具有咨询、反馈、协调功能,在决策参谋、情报信息收集和对外联络方面发挥着重要作用。

政府内部公共关系机构的以上特征,决定了它在政府系统中无法替代的地位和作用,这是它成功地履行政府公共关系职能的前提。

2. 政府内部公共关系机构的职责

政府内部公共关系机构是政府开展公共关系的主体力量,是政府各种公共关系活动的主要策划、组织、实施者。它肩负着采集和传播信息,树立和维护政府形象,沟通、协调政府与内外部公众的关系,以及为政府决策提供咨询建议等重要职责,这些职责渗透在政府公共关系机构大量日常的事务性工作和各种专题活动之中。也就是说,它所承担的任何一项职责,都需要通过各种具体的,甚至是琐碎的工作才能得以完成。

具体来讲,政府内部公共关系机构的主要工作内容如下。

(1)促使政府的政策法规得到公众的接受和承认。一项新的政策法规出台后能否顺利地得到贯彻实施,关键取决于公众的态度,即是否能得到他们的理解和支持。这就要求政府的公共关系部门借助于各种途径和方式加强政府与公众的沟通,代表政府就有关政策法规的内容、实施的必要性与步骤,以及政府推行该政策法规的意图打算等,向公众做出必要的宣传和解释,以消除疑虑,减少阻力,从而为政策法规的贯彻创造良好的环境和条件。

(2)激发公众对政府推行的某项活动或规定的兴趣,减轻公众的不安。例如,1986年夏,美国东南部地区发生旱灾,政府决定采取各种节水措施。为配合这一行动,政府公共关系人员展开了大量的宣传活动,以激发公众保护水资源的兴趣和节水的自觉性,缓和公众对新的用水规定的不安情绪。

(3)帮助公众了解政府管理活动的有关内容、程序、方式、范围、对象等,以便使人们能够更充分有效地享用政府为公众提供的各种服务,通晓与政府有关部门发生联系和接触的具体途径和方式。例如,我国所推出的消费者权益保护法和一些地方制定的反暴利法规,都是消费者维护自身权益的有力武器。政府利用各种传播媒介对这些法律、法规做了充分的宣传,使公众了解了当自身权益受到侵害时如何寻求政府执法部门的保护。

(4)沟通政府与公众之间的信息交流,促进信息的输入和输出。一方面,公共关系机构和人员应及时准确地向公众传达政务活动的有关信息,宣传解释政府的政策法规,消除公众中存在的对政府及其政策的某种误解,以协调政府与公众的关系;另一方面,应广泛收集来自公众和环境方面的有关信息,并跟踪监测社会环境的变化,然后将有关公众态度、社会舆论、民众意向等信息以咨询建议的形式提供给决策层,促进决策的科学化与民主化,使政府决策尽可能地符合公众的利益和要求。

(5) 为政府机构及其行动安排做争取公众支持的工作,以便化解可能产生的冲突和不满情绪,在需要时能得到公众的理解和支持。例如,美国宇航局(NASA)在法律授权下,向美国公众充分提供有关其宇航计划的各种信息。这样做的目的就在于争取公众支持,并将这种支持"储蓄"起来,以便在需要时加以"使用"。所以,当"挑战者"号航天飞机发射失败,造成巨大的生命财产损失以后,美国公众并没有主张撤销宇航机构或取消宇航计划,平时的公共关系工作在这个关键时刻发挥了作用。

(6) 在政府部门与外界的交往中发挥联络作用,例如,新闻发布,交涉处理政府与外界可能发生的摩擦和纠纷,接待来信来访等。政府内部公共关系机构一方面可以沟通政府与社会公众之间的理解和信任,减少政府与外部环境之间的摩擦系数,为政府工作创造一种"人和"的气氛;另一方面也使政府领导人从纷杂的日常事务中解脱出来,将精力集中在战略任务和战略决策上。

(三) 政府内部公共关系机构的设置原则

提高管理水平是社会发展对政府工作提出的客观要求。管理水平的提高取决于多种因素,如改进决策机制,优化人事管理,理顺政府内外部各种关系,运用先进的物质技术手段等。加强政府组织制度的建设也是提高政府管理水平的重要途径,这就要求政府依据社会发展的具体实际和形势发展的要求来适时地从组织体制、机构设置上加以应对。也就是说,政府管理组织和机构应具有"弹性",在形势已经发生变化的情况下,能够灵活地加以调整,从而适应社会发展对政府管理提出的新要求。在政府内部设置专门的公共关系职能机构正是体现了这一要求。

从长远来看,随着公共关系意识的增强和活动的日益频繁,结合政府机构改革和职能转换,各级政府及多数政府职能部门均有必要设置专门的机构,配备专职人员,以处理不断增多的公共关系业务,强化政府的管理职能,提高管理水平。

根据国外政府公共关系机构的设置情况,结合我国的具体实际,政府内部公共关系机构的设置应遵循以下一些基本原则。

1. 规模适宜原则

政府分为不同的层次和级别,它们分别在不同的区域、范围内承担着轻重不同的行政管理任务。我国的行政组织设置分为中央、省(直辖市、自治区)、地(市)、县、乡(镇)五个级别。不同级别政府的行政业务分量和涉及的公众数量有很大区别,因此,公共关系任务也就有了不同。规模适宜原则要求各级政府内部公关机构的设置应同自身所承担的管理任务及工作需要的程度相适应。

2. 针对性原则

政府内部由于分管内容和行业的不同,分为不同的职能部门。每一个职能部门都有自己特定的管理对象和具体的管理内容。例如,作为我国最高行政机关的国务院,就是由经济、教育、文化旅游、卫生、科技、民政、司法、外交、国防、公安等职能部门组成的。其中,经济管理部门由于分管对象和行业的不同,又分为工业、农业、财贸、金融、交通(铁路、民航)、环保等部门。由于政府各部门管理内容、任务、性质及面对的公众都有很大区别,公共关系机构的设置模式也应依据具体情况而定。

3. 专业化原则

公共关系对于政府工作的重要性已经在理论和实践两方面得到了充分证明,而政府公共关系的成效在一定条件下又取决于公共关系机构的组织建设情况。由于公共关系本身是一门艺术和科学,因而不是任何其他机构和任何人员都能做好的。专业化原则要求必须确保公共关系机构的专业性质,使之成为由受过专门训练,具有专门知识和技能的人员组成的专业化的职能机构。

4. 协调性原则

公共关系机构本身是个系统,同时又是整个政府系统的一个有机组成部分,是其中的一个子系统。要想有效地开展工作,充分地发挥其职能作用,公共关系机构必须同政府其他职能机构的工作相配合,保持某种协调。

以上只是政府内部设置公共关系机构的一般性原则,至于每个政府部门内部公共关系机构的设置还应同本部门的工作实际结合起来,以促进本部门的管理工作为出发点,切不可不顾实际盲目照搬。

(四)政府内部公共关系相关部门

政府大量的、经常性的公共关系活动,是由政府内部公共关系机构所承担的,因此,政府内部公共关系机构是否健全,直接影响到政府公共关系活动能否有效开展。政府中承担公共关系工作的主要有以下一些部门。

1. 综合部门

作为职能综合部门,政府办公厅(室)承担着政府大量的公共关系事务,同时也发挥着公共关系综合职能的作用。它既要承担整理文书档案、收发信息、协调关系等具体工作,又要协调政府各部门的横向关系,并与政府外部有关组织进行沟通。办公厅、办公室联系广泛,它的公关对象既包括上下级政府和同级政府及其工作人员,又包括党委、人大、司法、工会、妇联、共青团及其他社会组织团体和企事业单位。因此,它在收集与传递信息、缓解矛盾、协调关系、塑造形象等方面都具有十分重要的作用。

2. 新闻部门

新闻部门是政府与社会公众沟通信息的职能部门,如国务院新闻办是政府专门的新闻发布机构。它主要负责沟通与协调政府各部门和新闻媒体的联系,传达政府意图,协助新闻界及时了解政府的各项工作,并听取新闻界的意见和反映;其公共关系工作的顺利开展有助于塑造良好的政府整体形象,形成有利的社会舆论。在实际运作中,有些地方政府的新闻部门隶属于同级党委的宣传部门,接受其领导。

3. 调研部门

调研部门是负责收集情报及提供咨询的专项职能部门,如研究室。调研部门主要负责对政策执行情况、社会经济形势变化以及带有全局性、倾向性的问题进行事实调查和分析研究,以便及时向政府决策层反映,提出具有可行性的对策建议。这些调研部门大多由专家组成,专家能够准确地理解政府意图,同时对公众的了解较为自觉。因此,调研部门提出的意见和建议较为中肯,往往被看作是政府"智囊团",发挥着重要的决策咨询功能。

4. 信访部门

信访部门负责接待、处理公众向政府提出的申诉和要求,并解决具体问题,如人民来信来访办公室。信访部门通过受理来信来访者的申诉、要求和问题,依据实际情况提出处理意见,提交给相关政府部门并督促其尽快解决。尽管信访部门没有直接处理问题的权力,但其实际上发挥着教育引导、宣传解释、沟通协调等作用。公众可以从信访部门的工作中对政府的决策、工作效率和作风等做出评价,这直接影响公众对政府的信赖程度。

5. 外事部门

塑造政府的国际形象有赖于政府的国际公关,外事部门在国际公关工作中扮演着重要的角色,如外事办、侨办等,是政府处理境外事务的专门机构。外事部门主要负责国际往来及港、澳、台地区的事务:一方面要处理好境外投资、中外合作、国际交往等涉外事务;另一方面还要组织、推动和协调政府有关部门对外介绍我国的工作。随着对外开放的发展,涉外事务越来越多,外事部门在发挥其协调和处理境外事务作用的同时,也在努力消除外界对我国的各种隔阂和偏见。外事部门在塑造政府良好的国际形象,增进国际社会对我国的了解,以及在交流与合作方面发挥着举足轻重的作用。

6. 举报中心

举报中心的任务是受理人民群众对国家公职人员违法犯罪活动的检举,并依法进行处理。政府通过举报中心对国家公职人员的违法犯罪活动进行查处,以保持政府机构的清正廉洁,这对提高政府的威信、塑造政府的形象起到至关重要的作用。

二、政府外部公共关系机构

政府外部公共关系机构是指与政府无组织上的联系，不存在隶属关系，但可为政府提供公共关系服务的各种商业性、专门化的公关组织。在国外，公共关系已构成社会分工的一部分，成为一种职业和专业。公共关系的产业化，导致社会上产生了各种规模不等、特征各异、服务内容有别的职业化公共关系组织。这些公关组织面向全社会，甚至全世界，为包括政府在内的各种组织提供各种形式的公关业务服务，并以此作为自己存在的条件。对于政府来讲，在努力建设内部公共关系机构的同时，也不应忽视外部公共关系机构的作用，在某些情况下，外部机构对于提高政府公关效能的作用，是内部机构无法替代的。

（一）政府外部公共关系机构的优势

在公共关系比较发达的国家，政府在努力完善内部公关机构的同时，也十分重视利用外部公共关系机构的特殊优势来为自己服务。一般情况下，政府内部的公共关系机构主要是负责处理日常的公共关系业务，而一些大型的，技术要求高、难度大的公共关系活动则非内部机构所能胜任，往往需要委托给专业的公共关系公司来承包组织。这说明在公关意识普遍增强、各种组织内部公关机构纷纷设立的今天，社会上的商业性、专职化的公共关系公司仍有其存在的意义和必然性。其中的原因就在于它具有组织内部公共关系机构无法与之相比的有利条件。它的优势体现在以下方面。

1. 职业水准比较高

公共关系公司拥有大量有丰富的知识和经验及各种专长和技能的职业专家，故职业水准比较高。它可以根据委托者的要求和项目内容，选择配备不同专长的人才去完成不同的任务。公共关系公司在人才结构和人员素质上的优势是组织内部公共关系机构所无法相比的。

2. 独立性和主动性强

公共关系公司与委托单位在组织上不存在隶属关系，它们之间的联系仅仅是一种商业性的合同行为，因此，公共关系公司具有较强的独立性和主动性。它不受委托单位内部错综复杂的人事关系的牵累，也不必看委托单位某位领导的眼色行事，因而更有可能客观、公正、全面地分析处理问题。

3. 与社会公众联系广泛

公共关系公司服务于全社会，受理来自社会各界的公共关系业务，因而与社会各界保持着广泛而持久的联系，形成了跨行业、跨区域，甚至跨国界的社会关系网络。这种广泛的社会关系使公共关系公司拥有迅速、有效、多层次、多渠道的信息系统，开展高效率的公共关系服务。

4. 具有较高的社会声誉

由经营服务能力、水平和社会联系等因素决定,公共关系公司一般具有较高的社会声誉。受竞争机制的影响,注重服务质量是公共关系公司的经营之本。服务质量主要表现为它所提出的建议和方案必须具有权威性和可行性。美国的盖洛普公司正是由于其高水平的服务质量,而在民意测验中独领风骚。它的测验数据赢得了人们的信赖,具有无可争议的权威性。

5. 节约费用

由于公共关系公司开展公共关系活动往往有较高的效率,因而更能节约费用。某些组织受人、财、物条件的限制,难以设置固定专职的公共关系机构,但它们也存在方方面面的公共关系工作,这样,利用外部公共关系机构的服务就显得经济而实惠了。

当然,公共关系公司也有自己的弱点和不足,它的优势是相对而言的。对于政府及其他组织来说,应注意扬长避短,立足于内部机构开展公共关系工作,同时在适当的情况下注意利用外部机构之所长,实现两者的功能互补,使公共关系活动更富有成效。

（二）政府外部公共关系机构的类型

社会上所存在的独立的、专门化的公共关系组织,依不同的标准,分为不同的类型。从服务性质上看,有综合性的公关咨询服务公司和专项公关咨询服务公司;从经营方式上看,有独立经营的公关公司,也有兼职经营的公关公司;从服务范围上看,有地区性的公关组织,也有全国性乃至全球性的公关组织。

从为政府提供公关服务这一点来看,外部公共关系机构一般包括以下三种类型。

1. 公共关系顾问

公共关系顾问是受聘于政府,为政府提供公共关系咨询服务的具有丰富专业知识的技术专家。顾问既可以是一人,也可以是由若干人组成的一个小组;既可以是国内公众,也可以是国外组织;既可以长期服务,也可以短期为某个项目服务。政府部门外聘公关顾问的主要目的是提高自身的公共关系水平,取得更好的公共关系效果。尤其是政府要开展某项影响大而复杂的专项公共关系活动时,其内部公共关系人员由于各方面条件的限制而难以胜任,这时就有必要聘请有经验、有专长的公共关系顾问来为活动的成功提供咨询、策划服务。

2. 公共关系公司

公共关系公司简称公关公司。公关公司拥有人、财、物方面的明显优势,它的公关业务范围显然要比政府内设的公共关系机构丰富、广阔得多;其社会联系广泛,技术水平也高。当政府要组织开展某项大型的、技术水平要求高的公共关系活动时,公关公司的优势便显示出来了。这时政府可将该项目委托公关公司承担,以收取更好的效果。

3. 各类新闻机构

各类新闻机构包括报社、杂志社、电视台、广播电台等,这类机构有现成的、优越的信息传播渠道,在塑造政府形象、传播政府活动新闻、宣传政府政策、消除公众误会等方面具有独特的作用,从而也能以特有的形式为政府的公共关系服务。当然,政府与新闻媒介的关系不同于它同公关顾问或公关公司的关系,不具有委托承办的性质。在许多情况下,政府也不能靠行政权威或运用行政手段强行插手新闻机构的运作,但政府可以发挥它的强大影响力,有意识地引导新闻媒介为自己的公共关系目标服务。

(三)政府外部公共关系机构的选择原则

政府在开展公共关系活动时,既可以依赖内设的公关机构和有关职能部门,也可求助于外部的公共关系机构。在外部公关机构中,既可以求助于甲,也可以求助于乙,这样,就产生了公共关系机构的选择问题。所谓公共关系机构的选择原则,就是指政府选择公共关系机构应遵循的一些基本要求。

1. 效率性原则

效率是一切现代组织的生命力之所在。政府工作也不例外。效率原则要求政府在开展公共关系活动时,应考虑成本核算,即根据各种机构的投入—产出关系,选择投入最少而效益最大的机构来开展工作。如果不讲求效益,一方面会造成人力、物力、财力的浪费,降低公共关系活动的效果;另一方面也会损害政府在公众中的形象。

2. 客观性原则

政府系统分为不同的层次和部门,分别在不同的范围内承担着不同内容的管理任务。由于它们的管理对象不同,面对公众也不同,因此公共关系的内容、性质也有区别。客观性原则要求各政府机构从本身情况出发,决定公共关系机构的选择问题。一般来说,管理任务复杂而重要的政府机构及与公众联系密切、接触频繁的政府部门应自设专门的公共关系机构,同时也应加强同外部公关机构的合作,必要时借助它们的力量来完成某些内部机构所无法胜任的大型、复杂的公共关系活动项目。其他一些政府机构,受其任务和工作性质所限,则无必要设置专门的公关机构,在需要时可借助外部公共关系机构的服务。

3. 统一性原则

无论是政府内设的公共关系机构述是外部的公共关系组织,都承担着相同的职能,它们各有所长,也各有所短。统一性原则要求政府通过对不同机构利弊的比较,来确定在什么情况下利用什么机构开展活动,将不同的选择统一起来。

4. 协调性原则

政府本身是一个系统，其内部各部门既有分工，又必须合作，保持协调。同时，政府又是整个社会大系统的一部分，它同外界环境不间断地进行着物质、能量、信息的交换。因此，政府与外界环境也要保持协调。协调性原则所强调的是：政府在选择公共关系机构时，以不破坏这些协调关系为前提。也就是说，如果内部公关机构的设置和运行同其他职能部门是协调的，不存在矛盾，则可以利用内部公关机构开展活动；反之，则应利用和发挥外部公共关系组织的作用。

第二节　政府公共关系人员

政府公共关系人员是指在政府公共关系职能机构中专门从事公共关系工作的各类人员，他们是政府开展公关工作的主体力量，是公关活动的设计者和实际操作者。因此，选择和配备好公关人员是做好政府公共关系的前提，公关队伍本身的状况及素质直接决定和影响政府公共关系的效能。

一、政府公共关系人员的类型结构

公共关系人员由于在公共关系机构中的地位、职责、作用及所从事工作的性质不同，可分为不同的类型。这种类型上的划分，仅仅着眼于公关人员角色和分工方面的区别。其实，任何组织机构都是一个系统，其内部各要素以一种有机的形式结合起来，这样才能保证系统作为一个整体来有效运行。如果内部要素配置不全，系统的整体功效势必会受影响。政府公关机构是由各类人员组成的一个整体，每一类工作人员无论负责什么具体工作，都是其中不可缺少的组织部分。所以，要保证公共关系的效能，政府公关机构的人员配置必须齐全、合理、得当。按照结构—功能主义理论的观点，结构是影响功能输出的基本因素。这就要求政府内部公共关系机构的组织建设必须注重人员结构的科学配置。

政府公共关系工作人员主要包括以下三类。

（一）领导人员

领导人员是指政府公共关系部门或机构的决策者、组织者和管理者，是公共关系机构的核心。领导人员的任务是由其工作地位所规定的，同时又与所在的政府机构的性质、规模、任务相联系。一般来说，作为公共关系职能机构的负责人，领导人员承担着促进政府机构公共关系工作的重要职责，其任务主要如下。

（1）组织制定和实施所在政府机构公共关系发展战略和工作计划。

（2）领导制定并监督执行本机构的工作制度和各种规则。

（3）组织和领导某些公共关系工作，处理解决某些重要问题和矛盾。

（4）协调本机构内外的各种关系，领导全体工作人员有序而有效地开展工作。

（5）代表本机构接受上级组织布置的任务，并向上级组织汇报任务的进展情况和本机构下一步的打算、设想，听取新的指示。

（6）作为决策参谋，为所在政府机构的决策层提供各种信息、咨询、建议和方案。

（7）对外代表本机构，负责处理内部和外部的各种公共关系。

（8）作为本机构的发言人，负责与外界的沟通工作。

（二）专业技术人员

专业技术人员是指公共关系工作的专业设计者、策划者和指导者，是公共关系机构的骨干。专业技术人员由于具有较为丰富的专业知识和良好的专业技能，在政府公关机构中发挥着特殊的作用。一般而言，他们的任务在于策划、指导或直接从事以下一些工作。

（1）撰写和编辑。指撰写和编辑有关公共关系方面的文件和宣传材料等。

（2）新闻和宣传。指组织新闻发布与传播活动并与媒体保持接触联系。通过各种媒体和宣传工具向公众传达政府活动有关信息，解释政府政策，塑造政府形象。

（3）调研和预测。指通过各种方式和手段，监测社会环境，预测未来发展趋势，提出科学的公共关系决策方案和建议。

（4）顾问和咨询。指对政府的有关公共关系政策和行为提出建设性意见和建议。根据政府领导和有关部门的要求，提供相关信息和决策方案。

（5）规划和设计。指规划和设计某些公共关系活动的方案，并具体指导其实施。

（6）培训和指导。指培训公共关系活动人员，指导其工作。

当然，政府部门公共关系专业技术人员的任务并非是一成不变的，由于时空条件的变化，专业技术人员的任务也会有所不同。

（三）事务人员

所谓事务人员，是指公共关系工作的具体承担者，他们是政府公共关系机构的基础。事务人员的任务实际上是领导人员和专业技术人员任务的延伸和具体化。也就是说，他们在领导人员和专业技术人员的组织、指导下，承担某些具体的事务性工作，从而最终完成领导者和专业技术人员的某些工作任务，这样，他们的工作及其成效往往最终通过整个公共关系工作及其各项专业技术工作的状况反映出来。具体来说，他们的任务主要在以下方面。

（1）收集和处理公共关系方面的有关信息，并对其进行初步的加工整理。

（2）从事各种文书工作。

（3）编辑、印刷和发送各种内外部文件、刊物、资料汇编等材料。

（4）保持同公众的联系，如接待来访、处理来信、记录来电等。

（5）具体组织、操办各种公共关系活动。

（6）接受公共关系教育、培训。

事务人员虽然只负责一些具体的日常性工作，但其重要性是不言而喻的。任何好的公共关系设想、计划、方案，只有经过他们的努力，才会转化为实际效果。就政府公共关系来看，他们位于同公众接触联系的"前沿阵地"，因而也是公众观察、认识政府的一个窗口。他们的素质修养、精神风貌、言谈举止代表和反映着政府形象。

二、政府公共关系人员的职业素质

所谓公共关系人员的职业素质，是指专门从事公共关系工作的人员所应具备的知识、能力、性格、兴趣、气质、品德、作风、素养等各方面条件的总和。公共关系工作人员的素质是决定其工作状况及成效的根本性内在因素。政府工作就其复杂性、严肃性和重要性而言，是社会任何其他组织无法与之相比的。这就对公共关系工作提出了更高的要求。因此，政府公共关系人员必须具备良好的职业素质，方能胜任这一工作。

政府公关人员的职业素质主要体现在以下七个方面。

（一）政治方面

1. 坚定的政治立场

政府公共关系工作人员必须坚持四项基本原则，坚定不移地贯彻执行党和国家的方针、政策和路线，与党和政府在政治上保持一致。政治立场坚定与否，是关系到政府公共关系方向的根本性问题。

2. 较高的理论、政策水平

政府公共关系人员必须具备一定的马克思列宁主义理论基础，谙熟党和国家的各项方针、政策和路线。政府公共关系工作的任务之一，就是推动国家政策的顺利实施。这就要求公共关系人员必须完全领会政策的意义，掌握政策的内容，并能准确地加以解释。

3. 强烈的法制意识

行政机器的运作是以法律为依据并以执行法律为归宿的。高度的严肃性和规范性是政府活动区别于其他一些社会活动的重要标志。因此，政府公共关系工作必须严格遵守各项法律，在法制的轨道上运行。公共关系人员在开展工作、组织活动时，必须符合有关的法律规定，成为自觉守法的模范。

4. 敏锐的政治眼光

政府公共关系人员面对的是复杂的社会生活，要接触和处理大量的、纷繁复杂的信息。因此,政府公关人员必须善于观察、善于分析,敏锐地发现和捕捉与社会政治系统有关的信息,准确地判断事物的性质和发展趋势,能够从平静的表象中看出潜伏的危机。只有这样,才能为政府决策中心提供高水平、高质量的咨询建议。

(二) 思想方面

1. 为人民服务的思想

在社会主义国家里,政府的根本宗旨就是为人民服务,包括公关人员在内的所有政府工作人员都是人民的勤务员。为人民服务的思想要求政府公共关系人员在工作中必须替公众着想,为公众服务,对公众负责,全心全意地维护公众利益。能否做到这一点,是衡量政府公共关系人员是否称职的重要标准。

2. 实事求是的作风

实事求是,维护真理,是对政府公共关系人员的基本要求。只有实事求是,公关人员才能在收集、分析、处理、传播信息时保持客观公正的态度,不讲假话,不隐瞒真相,不粉饰现实,将真实可靠的信息如实地传达给政府和公众。只有实事求是并敢于维护真理,公关人员才能在关键时刻不畏缩,才能对政府工作的现状及政府形象做出符合实际的真实判断,才能为决策中心提供准确可靠的、有价值的相关信息。

3. 强烈的社会责任感

政府公共关系人员肩负着维护政府形象、为政府决策和为社会各界公众提供信息服务的重要使命。在外交场合,政府公关人员的工作更是同国家形象、民族利益直接相关。因此,政府公关人员应有强烈的社会责任感,充分认识政府公共关系的重要性和严肃性,本着对政府和公众高度负责的态度,认真细致、一丝不苟地履行自己的工作职责。

4. 高度的组织纪律性

政府公共关系是一项十分严肃的工作,因而必须建立起严格的内部约束机制。这就要求政府公关人员在开展工作时必须自觉地严格遵守有关规章制度和行为规范。对违反规定和纪律者,要给予严肃处理,直至将其清除出政府公关队伍。

(三) 道德品质方面

1. 公正廉洁,作风正派

政府公共关系人员首先应公道正派、光明磊落。待人处事应毫无偏见、客观公正。在代表政府进行社会交往和协调关系时,应坚持原则、公正无私。同时,公关人员工作面广,社会关系复杂,利害得失较多,故应克己奉公、洁身自好,绝不能利用自己有利的地位和条件为个人谋取私利,或徇私枉法、玩忽职守。

2. 真诚待人,信守诺言

真诚与守信是公共关系人员基本的职业道德准则。所谓真诚,就是政府公共关系人员必须以诚实无欺的态度来对待公众、处理问题,绝不能靠弄虚作假来愚弄公众,也不可以虚饰谎言来欺骗公众。所谓守信,就是政府公关人员必须忠实履行承诺,言必信,行必果。公关人员倘若违背了真诚与守信的道德准则,势必会失去公众的信任,造成严重的公关危机。

3. 正直谦和,气量宽宏

政府公关人员应具有为人正直、不徇私情的优良品质。在是非面前敢于坚持原则,在权势面前敢于坚持真理。对上不奴颜卑骨,对下不盛气凌人。执行任务的公关人员无论身处何种场合,都应做到不卑不亢、态度谦和。同时,公关人员也应具有宽容精神,能够容忍别人的意见、批评甚至误解,能够同不同性格、不同习惯、不同爱好、不同观念的人和平共处。

4. 尊重他人,平等处事

政府公关人员的工作特点之一是经常要同内部和外部的各类公众打交道。在同公众的接触交往中,公关人员应有平等意识,尊重他人的尊严和权利。平等待人是赢得他人信赖和尊重的前提,也是获得别人友情和合作的条件。

（四）知识方面

1. 基础知识

政府公共关系涉及的范围和领域十分广阔。公关人员要同各方面的事务和公众打交道,因而应当具有广泛的知识素养,掌握一些与公共关系较为密切的相关学科的知识,如传播学、社会学、心理学、经济学、新闻学、管理学、民俗学等。有涉外关系的公共关系人员,还应有一定的外语水平。宽广的知识面是政府公关人员提高思维能力,拓展视野,开阔思路,驾驭各种复杂环境的需要,也是不断完善自我的需要。

2. 公共关系专业知识

公共关系是政府公关人员的本职工作,因此,掌握公共关系方面的专业知识,是对公关人员的起码要求,也是他们有效开展工作的必要条件。首先,公关人员应掌握公共关系的基本理论知识,包括公共关系的概念、职能、原则、要素、程序等;其次,还应掌握必要的公共关系实务方面的知识,如调研、宣传、策划、组织等。

3. 开展政府公共关系所需要的特殊专业知识

政府公关人员的任务是履行政府的公共关系职能,为政府的公共关系目标服务。因此,除了需要掌握必要的公共关系专业知识以外,还需要了解政府本身的特点、目标、运行方式与程序、内部结构以及由此而造成的政府公共关系的特殊性。这是政府公共关系人员必须掌握的具体的业务知识。

(五) 能力方面

1. 组织协调能力

公关工作是一项有步骤、有计划的活动。公关人员在开展各项具体活动时,需做大量的事务性工作,包括收集处理信息,确定目标和计划,进行人员协调,安排实施细节,调控工作过程,处理应急事件等,头绪众多,内容繁杂。这就要求公关人员必须具备较强的组织协调能力,尤其是一些重大的专题活动,更需要做到计划周全、安排合理,以保证活动有条不紊地进行。

2. 表达传播能力

政府公关人员的重要任务之一,就是将政府信息及时、准确地传达给公众,所以必须掌握基本的传播技巧。表达传播能力体现在口头表达和书面表达两个方面。口头语言表达能力要求公关人员必须掌握说话的艺术,注意语词、语气、节奏的运用,把握好说话的时机和分寸。书面表达能力要求公关人员具有一定的笔墨功夫,掌握一定的写作技巧,使自己编写的文字材料既准确、严谨,又富有可读性。

3. 创造策划能力

公共关系是一项极富挑战性的工作。它要求公关人员必须头脑清晰、反应敏捷、洞察力强。公关人员应善于发现、捕捉、洞悉有关环境变化的任何情况和信息,在充分发挥想象力和创造力的基础上,运用多种知识、经验和智慧,推出有影响的、可行的公共关系方案和构思,以保证公共关系活动取得最佳效果。

4. 社会交往能力

广泛的社会交往,是公共关系的职业特点。因此,公共关系人员必须具备一定的人际交往能力。社交能力的核心在于正确处理好人际关系。以心换心及坦诚相待是人际交往的感情基础。公关人员要善于理解、宽容他人,细心体察不同公众的行为及心理特征,在各种社交场合中能应付自如、举止得当。在这方面,良好的修养、丰富的知识和机智幽默的谈吐是提高交往水平及增强交往效果的关键。

(六) 心理气质方面

1. 顽强的意志品质

政府公共关系工作是一个长期的复杂的过程。一项公关目标的实现往往需要公关人员付出巨大而艰苦的努力，难免出现困难和挫折，这就要求公关人员必须保持顽强的斗志，在逆境中百折不挠、坚韧不拔地追求目标的实现。

2. 广泛的兴趣爱好

公共关系人员要同各行各业、各类公众接触交往。公众的性格各异、爱好不同，而广泛的兴趣爱好能使公关人员在同公众联系交往中找到共同感兴趣的事物和话题，使双方产生亲近感和认同感，这对提高公共关系工作的效果是有好处的。

3. 开朗和善的性格

广泛的社会交往是公关人员的工作内容之一，开朗和善的性格无疑有助于人际间的沟通与接触。性格外向随和的人一般易于被人接受，也易于接受别人，因而也就易于获得更好的交际环境和条件。

4. 较强的自控能力

公关人员应善于支配和控制自己的情感，无论身处何种情况，都应保持情绪和情感的稳定，不能感情冲动；甚至面对某种具有敌意和侮辱性的言辞和场合，也应保持冷静，控制自己，以免事态恶化，加大解决问题的难度。

（七）仪表、举止方面

公共关系是一项塑造形象的事业，公关人员因而首先应注意保持自身的良好形象。在一些重要的社交场合中，公关人员的仪表形态、衣着打扮、举止谈吐本身就具有一种公共关系效应；尤其是具有涉外职能的政府公共关系人员，其形象更代表和反映着一个国家和民族的精神风貌，任何疏忽都有可能导致对国家形象的损害。所以，公关人员在公共场合必须注意自己的仪表和举止，衣着得体，谈吐不俗，举止大方，以便给人留下良好的印象。

三、政府公共关系人员的教育培训

公共关系工作的成败，主要取决于公关人员的素质，一支高水平、高质量的公关队伍，是政府有效开展公共关系工作的基本保证，此正所谓"治国之道，首在得人"。高素质的公关人员的获得，离不开教育和培训，只有经过系统的教育和严格的训练，才能造就具有实际才能并符合时代发展需要的合格人才，政府公共关系事业才能不断走向兴旺发达。

（一）政府公共关系人员的培养目标

根据我国当代政府公共关系的工作需要及个人特点，可以着力培养两种不同类型的公共关系人才，即"专才式"的具体公共关系人才与"通才式"的公共关系领导人才。

1. "专才式"的具体公共关系人才

"专才式"的具体公共关系人才是指精通某一方面的公共关系技术的政府公共关系人员，如新闻写作、编辑制作、市场调查、广告设计、美工设计等。由于大量的政府公共关系具体工作都需要公共关系人员去完成，因此"专才式"的工作人员在组织中越多越好。"专才式"的工作人员需要经过专门训练，他们经过一段时间的工作实践或专门的指导培训，也有可能成为"通才式"的工作人员。

2. "通才式"的公共关系领导人才

"通才式"的公共关系领导人才是指知识面广泛，具有专业的知识结构、能力结构和适宜的个性气质的政府公共关系管理人员。他们在工作中能够独当一面地处理各种问题、矛盾和冲突，能够充当公共关系具体工作的组织者和指挥者，领导公共关系人员有效地推进公共关系工作。"通才式"的领导人才，一般在政府公共关系组织结构中不需要太多，但他们对公共关系事业的成败关系重大。因此，必须通过系统的理论训练和培养，造就一批"通才式"的公共关系领导人才。

（二）政府公共关系人员的培养原则

政府公共关系人员的培养要遵循以下几个原则。

1. 专业知识与综合知识相结合

政府对公共关系人才的培养与教育，需要加强专业课程的设置，并且每项教育活动的开展都需要围绕公共关系专业目标进行。由于公共关系学是各学科知识高度综合的产物，因此，现代公共关系人才应具有较扎实的专业知识和广博的综合知识。

2. 科学理论知识与思想品德教育相结合

开展公共关系培养与教育，既要深入学习公共关系理论和相关的学科知识，对公共关系的概念、定理、原则、规律等必须保证其内容的准确性和科学性，又要对公共关系人员进行思想政治、道德品质等方面的教育，同时将二者有机地结合起来。

3. 因材施教与因人施教相结合

公共关系人才的培养与教育，必须根据不同的学制、不同的教育形式和教育方法来进行，同时，还应根据受教育者的智力、能力、兴趣、个性等不同特点有差异性地进行。公共关系人才的培养教育不仅具有普遍性、适应性，还具有特殊性，强调将因材施教与因人施教相结合，充分发挥每个公共关系人员的个性潜力。

4. 理论学习与具体实践相结合

众所周知，实践对认识具有决定作用，认识对实践具有反作用：一方面，理论离不开实践,实践是认识的来源和目的,是认识发展的动力,是检验真理的唯一标准;另一方面,科学的认识对实践具有积极的指导作用。因此,培养与教育公共关系人员必须理论联系实际,强调在实践中灵活运用理论知识,在实践中提高运用理论解决实际问题的能力。同时,引导其在具体实践中更深刻地理解理论知识,不断提升自我的理论修养。

（三）政府公关人员教育培训的途径

根据我们国家的实际情况,政府公共关系人员的教育培训主要应通过以下途径进行。

1. 院校的系统培训

目前,我国已有许多高校开设了公共关系专业和公共关系院、系,一些省市还开办了公共关系专业的自学考试。学员通过在院校的系统学习,可以全面地掌握公共关系的基本理论和实务知识,熟悉精通各种公关技术手段,打下坚实的业务功底,也为其以后有效地开展政府公共关系工作奠定了坚实的基础。

2. 短期培训

短期培训是指在较短的时间内集中讲授公关的基本知识,传播公关的有关信息,探讨公关实践中的具体问题。短期培训的主要特点是具有较大的灵活性:时间上可长可短,内容上可以视学员自身情况和具体要求灵活确定;既可做普及性的公关理论讲座,也可做专门性的公关实务技巧的探讨。

3. 业余学习

主管部门应采取措施,鼓励公关人员在业余时间钻研学习公共关系方面的理论和技巧,使每一位在岗人员有学习的冲动和欲望,产生提高自身业务素质的不懈追求,只有这样才能适应形势发展的需要。

4. 实践锻炼

公共关系是一项实践性很强的工作。政府公共关系人员要成为政府公共关系方面的专家,必须加强实践锻炼,在丰富的政府公共关系实践中锻炼自己,多面向企业,面向基层,面向社会公众,这也是一条培训政府公共关系人员,并完善其能力素质的重要途径。

（四）政府公关人员教育培训的内容

就政府公共关系来讲,结合我国实际情况,对公关人员的教育培训应着重强调以下三个方面的内容。

1. 思想作风的培养

政府公共关系的特殊性,要求公关工作者必须具有优良的政治、思想素质和良好的道德修养。思想作风方面的教育培养,目的在于提高他们的政治觉悟和政策水平,培养他们实事求是的作风和高度的敬业精神,提高他们的道德水准,使他们在政治、思想、道德等方面都能胜任政府公共关系工作。

2. 知识的教育

知识教育的主要任务是培养、提高公关人员的专业知识水平,使他们既能掌握与公共关系有关的广博的知识,又能熟悉公共关系本身的专业知识和公关实务方面的知识。知识素养的高低,是检验公关人员是否合格的一项重要标准,进行系统的知识教育因而就成了公关人员教育培训的重要内容之一。

3. 能力的训练

能力训练的目的是使受训学员能掌握开展公共关系工作所必需的各种技能,如写作、演讲、策划、编辑、计算机操作、摄影等。能力训练是公关人员教育培训的重要环节,从一定意义上讲,公关人员素质的高低,最终要反映和体现在能力上。

四、政府全员公关管理

政府公共关系能否取得良好效果,首先取决于政府专职公关机构和人员的努力工作,但是,离开其他政府部门和全体政府工作人员的协调配合,公关职能部门和专职人员无论如何都难以从根本上推进政府公共关系。因此,不能把公共关系工作仅仅看作政府专职公关部门和人员的事情,正如美国学者吉尔伯特所说:"只要你是政府的一员,你就处在公共关系中。政府所做的一切事情都包含着公共关系的因素。"政府全员公关管理正是适应了这一点。

政府全员公关管理的意思是指政府内部的全体工作人员,不论其具体工作的内容和性质如何,都应当具有公共关系意识,都必须关注政府的公共关系工作,并按照公共关系的要求去履行公务。

（一）政府全员公关管理的特殊意义

与一般公共关系工作相比,政府全员公关管理具有特殊的重要意义。

1. 人民政府的根本宗旨是为人民服务

政府的每一位工作人员,上至高层领导,下至普通公务员,都是人民的公仆。为人民服务,为基层组织服务,是对政府工作人员的基本要求。

2. 政府组织要面对不同的公众,要处理各方面的关系

公共关系工作要取得成效,首先必须建立在全体工作人员具有公关意识的基础之上。

只有全体工作人员都能予以积极配合，想公众所想，急公众所急，才能真正协调好各方面的关系。

3. 政府形象是靠全体工作人员的集体表现来体现的

如果每一位政府工作人员在同公众的接触中都能保持强烈的形象意识，自觉地树立政府形象，增加公众对政府的好感，那么政府整体的良好形象也就塑造起来了。

（二）实现政府全员公关管理的途径

1. 普及公共关系知识，培养公共关系意识

要想从整体上推进政府公关水平，就必须教育每一位政府工作人员认识和理解公共关系的重要性，并将这种认识自觉地贯彻到自己的本职工作中。当政府的各个部门和全体人员都能从各自的具体工作出发，自觉地服务于公共关系目标时，政府公关事业也就具有强大的基础和可靠的保证。要做到这一点，就必须强化对政府工作人员的公共关系教育，增强他们的公关意识。

2. 宣传政府的理想形象

维护和塑造政府形象，是政府公共关系工作的重要内容。政府理想形象是政府性质和活动方向的体现。要树立政府的理想形象，固然离不开公共关系人员的工作，但更需要政府全体工作人员的努力配合，这就要求政府所有工作人员都能明白政府追求的是何种形象，并通过自己的工作来维护和塑造这种形象。由于政府工作人员都是政府形象的承载者，公众正是通过他们来认识政府的，所以，必须教育每一位工作人员理解自身工作的公关效果，以自己的实际工作表现去实现政府的理想形象。

3. 强化全体工作人员的整体意识、全局意识

政府是一部整体的机器，协同配合是其正常运作的条件。从公共关系的角度讲，情况也如此。政府公关机构和人员的工作，离不开其他政府部门和工作人员的配合，这样才能保证政府公共关系活动的成效。整体意识和全局意识就是要求政府全体工作人员都必须积极配合公共关系部门的工作，给予必要的支持和帮助；同时，在自己的工作中也应及时主动地寻求公共关系部门的协作，获取有关信息和咨询建议。

4. 加强政府公共关系工作的文化建设

要在政府领导与普通工作人员之间、工作人员与所在政府组织之间达成一种文化认同，使之在价值观念、行为准则上协调一致，在情感方面亲密无间，从而增强政府内部的凝聚力和向心力，形成一种强大的精神力量。政府公共关系工作的文化建设，其意义就在于改善政府组织的精神面貌，提高政府的形象和活动效能。

案例研究：从"问题疫苗"看政府公关

1. "山东疫苗事件"的缘由

2016年3月18日,一条由澎湃新闻发布的标题为《数亿元疫苗未冷藏流入18省:或影响人命,山东广发协查函》的新闻爆出。山东省济南市某母女涉嫌非法经营二类疫苗被查出,涉案金额达5.7亿元,流入了全国十几个省、市、区,一时间引发社会极大关注。

3月19日,山东省食品药品监督管理局公布涉案上线及下线名单,线索涉及24省、市、区。

3月20日,山东省食品药品监督管理部门经对警方提供的关于庞某非法经营疫苗案查封疫苗品种的清单进行核实,发现实有疫苗12种、免疫球蛋白2种、治疗性生物制品1种。

2. 面对"山东疫苗事件",政府做了什么

3月18日,国家食品药品监督管理总局新闻发言人表示,总局对此事件高度关注,已经责成山东省食品药品监督管理局会同公安和卫生计生部门,立即查清疫苗等相关产品的来源和流向,第一时间向社会公开相关信息。3月19日,山东省食品药品监督管理局发布了该事件的有关线索,以及公布了300名买卖疫苗人员名单。

3月20日,国家食品药品监督管理总局发布《关于非法经营疫苗案件查处工作有关事项的通告》(2016年第62号文件),要求各级食品药品监管部门成立专案组,尽快核实涉案嫌疑人身份,即时查明疫苗非法购销情况。

3月21日,国家食品药品监督管理总局、公安部、国家卫生计生委联合发布通告,联合成立相关工作组。

3月22日,李克强总理就"问题疫苗"流出事件做出批示并指出:此次疫苗安全事件引发社会高度关注,暴露出监管方面存在诸多漏洞。食药监总局、卫生计生委、公安部要切实加强协同配合,彻查"问题疫苗"的流向和使用情况,及时回应社会关切,依法严厉打击违法犯罪行为,对相关失职渎职行为严肃问责,绝不姑息。同时,抓紧完善监管制度,落实疫苗生产、流通、接种等各环节监管责任,堵塞漏洞,保障人民群众生命健康。

3月28日,国务院批准组织山东济南非法经营疫苗系列部门联合调查组,进一步开展案件调查、处理工作。

(资料来源:薛沁心,郑萍钦,廖琳.从问题疫苗看政府公关[J].公关世界,2016(6):68-71.)

思考与讨论:

1. "问题疫苗"事件的公关主体是什么?

2. 如何看待与评价政府在此事件中的公关策略?

实训项目：政府公共关系组织建设实训

1. 实训目的

（1）通过实训，了解政府公共关系组织机构的设置原则和基本职能。

（2）通过资料的准备和情景演练来认识一个合格的政府公共关系人员应具备的素质和能力。

2. 实训内容

（1）分组讨论。你所在城市的市政府内外部公共关系部门有哪些？这些部门各发挥了怎样的公共关系职能？

（2）情景模拟。你所在城市的市政府拟成立"应急管理办公室"，通过面试来选择公共关系人员。你作为一名政府其他部门的公务员打算参加此次选拔面试，请同学们分别扮演考官和应聘者。

3. 实训步骤

（1）将学生划分成5～7人的学习小组。

（2）进行分组讨论，完成实训内容（1）的题目；每个小组派代表发言，教师总结。

（3）完成实训内容（2）。每个小组通过图书馆和网络等渠道收集资料，然后设计好面试的题目。教师将各个小组的题目汇总，形成正式的面试题目。各小组选出一名同学组成招聘小组，选出一名同学扮演应聘人员，其他同学观摩。

（4）教师对同学的整体表现进行评价。

4. 实训考核

教师根据学生知识的掌握程度、资料准备和实训现场参与情况等做出评价。

（资料来源：朱晓杰. 公共关系理论与实训［M］. 北京：清华大学出版社，2009.）

课后练习题

1. 政府内部公共关系机构的特征和职责是什么？
2. 政府外部公共关系机构有哪些类型？
3. 政府公共关系人员应具有哪些职业素质？
4. 政府全员公关管理的特殊意义与途径是什么？
5. 案例评析。

假如我是广州市市长

广州市委、市政府先后举办过直接为市长做参谋的"假如我是广州市市长"征文活动

（后定名为"市长参谋活动"），为政府职能部门出谋献策的"房改方案千家谈""菜篮子工程千家谈"等"千家谈系列活动"，讨论广州市风和广州人精神的"羊城新风传万家"和"羊城居委新形象"等大型公众活动等，运用报纸、杂志、广播、电视等媒介，动员了成千上万的市民参政议政，各抒己见，都收到了良好的社会效果，提高了市民的凝聚力。

案例思考：试运用政府公共关系相关知识分析评点这一案例。

政府与公关公司的合作

在一定情境下，政府可与专业公共关系公司合作开展政府公共关系活动。我们这里以南非德班（Durban）市民税收态度转变的政府公共关系活动为例来说明。

20 世纪 80 年代，德班的一些居民为了抗议种族隔离，拒绝交税。西内区政府聘请一家公关公司设计了一次态度转变活动，目的是促使 17500 多个家庭户主，了解这个城市的运转经费是如何筹措起来的，并扩大纳税人的基础。活动的主题是"一个城市，一个税收体系"。该活动经历了 3 个月的研究与培训，6 个月的实施。同时在实施过程中，西内区政府每月对关键问题进行接收反馈。活动过程中，总共有 22600 人参加了 630 次社区集会。活动不仅增加了税收，还提高了社区中的协商与宽容精神。国际公共关系协会给予该活动 1997 年度"卓越公共关系世界金奖"。南非政府的"政府传播与信息系统"关于"媒体内容分析与议程设置"（即媒体监测）项目的招标公告的部分内容如下。

（1）背景。政府传播与信息系统是政府的传播机构，目标是在政府传播活动中提供领导作用，保证公众对政府活动有所了解。所以，政府传播与信息系统，需要持续地对政府与公众传播的环境进行评估。为了实现这个目的，政府需要对印刷媒体、广播与网络媒体关于政府项目与活动的报道进行全面的监测。

（2）媒体分析的主要目标。政府传播与信息系统，希望当需要时，能按照自己的意愿对南非的主要印刷与广播媒体，以及关键的国际媒体进行持续、详尽、扎实的内容分析，以便能有助于政府传播与信息系统：①有效地评估媒体关于政府报道的趋势；②通报政府的传播策略；③通过对与政府的项目与活动相关的传播环境进行的分析来协助其他的政府部门与机构。

（3）工作范围。媒体样本有日报、周报、杂志、南非广播公司电视新闻与在线电视新闻、国家级广播电台黄金时段内容、重要国际性出版物。分析方法为投标人必须说明具备如下能力：对媒体内容进行持续、详尽、逐句分析的能力；对议程设置、观念形成过程、信息流理论的实际应用能力；创造性地整合使用定量与定性研究方法的能力；能有效地控制数据的准确性与一致性；能应急性地对与政府主要传播事件相关的主题进行分析；能对24 小时内的国际新闻进行监测。

（4）预期结果。投标者必须说明具备如下能力：能提供对报道趋势进行的月度分析报告；不仅能提供日常性的报告，还能进行特别的报告；能提供持续、及时的咨询；在特别活动过程中，能提供逐日的报告。

（5）专业资格。投标者选择的标准是：拥有上述第（3）项与第（4）项所要求的能力，并得到证明；对媒体内容进行分析的广泛经验、专业技术与成就，并得到证明；对南非以及国际媒体与传播环境进行分析的专业能力与经验，并得到证明，即报告上述分析结果方面的广泛经验的证明；熟悉政府并能与目前政府内部的发展节奏同步；投标者必须展示对项目中外包部分的重视。

（6）证明人。投标者必须提供最近曾经合作过的客户的详细联系信息。

（7）合同期限。合同期限为两年，依据工作表现可延长一年。

（8）经费问题。投标者必须说明合同期限内管理项目的方法，并保证能及时地提供相关票据；政府传播与信息系统保留需要时缩减所需服务的规模的权利；政府传播与信息系统可以要求服务提供方向，其他政府部门提供分析服务，额外的费用由政府传播与信息系统和服务双方进行协商。

（资料来源：许开轶.政府公共关系学[M].南京：南京师范大学出版社，2016.）

案例思考：试运用政府公共关系相关知识分析评点这一案例。

第五章

政府公共关系公众

一个典型的组织要面对许多异常挑剔但又极为重要的公众,组织必须与他们进行直接而频繁的沟通。组织必须对各类公众的私人利益、需要和关注点都保持相当的敏感度。

——[美]弗雷泽·西泰尔

 **案例导入**

济南市打造"城管行走泉城"服务品牌　推进城市管理现代化、精细化

近年来,济南市按照习近平总书记"城市管理要像绣花一样精细"的指示要求,把以人民为中心的发展理念和精细化管理引入城市管理中,加快建设"大强美富通"现代化国际大都市,城市发展速度、发展规模、发展质量得到快速提升。但快速发展的同时,城市管理领域的新矛盾、新问题开始凸显,为适应现代城市发展需求,济南市积极探索城市现代化、精细化管理新模式,着力打造"济南城管行走泉城"服务品牌,取得明显成效。

1. 以"行走城管"为载体,推动城市管理向城市服务延伸

为真正把学习贯彻新发展理念的成效,转化为破解城管"顽疾"的有效举措,从群众的视角检视城市管理工作,促进城市精细化管理水平的全面提升,2019 年 5 月,制定印发《关于开展"济南城管行走泉城"行动实施方案》,在全市范围内开展"济南城管行走泉城"行动,号召全市城管系统"用脚步丈量泉城街巷,用真情服务市民群众"。全员行走,构建城市管理新格局。紧紧围绕破解群众普遍关注、迫切需要解决的问题,出台加强作风建设12 条措施,定责问效,把"行走城管"行动贯穿城市管理各个层面、各个环节,城管系统干部职工全员行走,以 12345 市民热线为民情民意"风向标",以市民关注的热点难点问题为重点内容,行到问题现场、走到市民中间,各级领导干部身体力行,明责实干,深入现场找对策,"面对面"引领担当作为,狠抓落实;基层城管部门整合力量,网格化管理,现场处置,落实责任,"马上就办"解决群众烦心事,"办就办好"给市民增添更多幸福感和获得感。今

年以来，我们为群众解决了 27 万个"心头事"，用一个一个问题的解决，拉近了与群众"心与心"的距离，赢得了民心民赞。健全机制，创新环境治理新模式。进一步完善高效协作的工作机制，用好智慧城管、12345 市民热线、电视问政等平台大数据，创新推出单兵、前置、互联、科技、舆情、携手"行走六法"，对照城市管理"平、亮、绿、美、净、齐"标准，聚焦治脏、治乱、治差、补短板，实行清单式管理、跟踪式推动、销号式验收。针对建筑工地夜间施工噪声扰民、占道经营、环卫设施选址"邻避"矛盾等热点难点问题，创新"会商式"管理执法模式，采取"圆桌式对话"画出同心圆，寻求各方满意的最大公约数，使管理更精细，服务更主动，推动"问题清单"转变为"满意清单"，真正让"行走城管"行在痛处、改到实处、走出成效。"圆桌对话"听民声解难题，"走出来"的风景公厕成为网络热词，各路媒体竞相报道。公众参与，营造全民城管新环境。积极倡导"人人参与城市管理，共建共享美丽泉城"的理念，把公众参与作为破解城管"顽疾"的前置程序，与"两代表一委员"、专家学者、工商业界、新闻媒体、群众代表建立常态化联系制度，完善城市管理社会化参与机制，充分调动社会各界在城市管理中的积极性和创造性，以共享引领共建，以共建推动共享。以"行走城管"为载体，抓住群众身边事，深入开展"问计于民"恳谈会、"圆桌对话"共商会，邀请社会各界走进城管，了解城管，参与城管。社会各界积极回应，推动"百姓城管""诚心城议"和城管"蒲公英"志愿服务，"厕所开放联盟"和"环卫工爱心早餐"等公益活动的深入开展，营造了全民城管的浓厚氛围。

2. 以路长制为突破，推进城市管理向城市治理转变

为推动城市管理走向城市治理，把精细管理标准和责任落实到"最后一米"，2019 年 9 月，制定印发《济南市推行城市治理工作"路长制"实施方案》，在全市推行"路长制"，初步实现了城市管理组织体系的重塑和城市治理由粗放向精细、由单一向综合、由静态向动态的转变。加强顶层设计，破解路面问题谁来管的难题。针对街面、道路问题涉及部门多，特别是"视而不见、见而不办、办而不好"的问题，在学习借鉴的基础上，结合济南实际，充分发挥市、区两级城管委的作用，建立起城管委统筹指导、城管委办公室牵头推动，各区城管委组织实施的架构，由各区数字巡查员担任路长，实行包路责任制，每日对所包道路从墙根到墙根沿线立体综合精细巡查，切实把路面问题管起来。优化工作流程，突破路面问题怎样管的瓶颈。路长发现问题通过"城管通"软件上报各区数字城管智慧平台，由平台第一时间根据职责分类转派到街道办事处、区直有关部门单位办理。属于市级层面的，第一时间直报市数字城管智慧平台，分类转派市直有关部门单位办理。同时坚持多方联动，积极对接 12345 市民服务热线、济南电台政务监督热线，围绕市民群众反映的热点难点问题开展路长制巡查活动，实现多元发现、多方联动、多方处置。实施综合评价，消除道路问题办不好的顾虑。采取日常监督、专家评议、月度考核相结合的方式，对推行城市治理路长制工作情况进行综合评价。市级通过数字城管智慧平台，对路长制各方履职情况进行监督考核，定期组织专家学者、人大代表、政协委员、群众代表等，对市直有关部门履职情况进行满意度评价，切实提高问题发现和处置效率，真正实现"路长吹哨、部门报道，哨响人到，人到事结"。

3. 以绩效考核为抓手,促进专项行动向综合治理提升

为进一步强化城市综合管理能力,结合新一轮机构改革,重新调整和加强了城市综合管理委员会及其办公室,切实发挥城市管理综合考评"风向标""指挥棒"作用,以考促改、以考促管、以考促靓,着力打造顶层推动、高位协同的城市综合管理新模式。突出操作性,合理确定考核内容。市城管委办公室定期组织市政府有关部门、新闻媒体、专家和第三方机构,采取部门考评、社会评价、第三方测评的方式,对各区县的城市综合管理水平进行千分制考评。聚焦群众生活密切相关的垃圾死角、交通拥堵等"脏乱差"问题,既兼顾城乡差异,又体现"绣花"精神,精细到路面尘土计量、污物及乱贴乱画具体数量,细化的考评指标多达 605 个,考评过程注重日常,考评结果实时滚动,充分体现公开公正。增强时效性,引入专业考核机构。按照"问题导向、效率优先、更加公正"的原则,通过公开招标引入市场化的第三方测评机构,按照"发现—取证—转办—整改—反馈—复核—结案"测评流程,对发现的问题超时整改、重复反弹实行加倍翻倍扣分,直至问题落实到位。第三方测评数据全时全域公开,实现了"实时对接分析,月度梳理小结,季度全市通报",有效避免了政府部门"既当裁判员又当运动员"的尴尬,进一步提高了考评工作的公开透明。加强导向性,强化考核结果运用。市城管委办公室每季度对 16 个区县进行考评排名,向市委、市政府及市城管委成员单位报送情况通报。每季度实施经济奖惩,公开"奖前三罚后三"。市政府每季度召开全市城市管理综合考评点评会,公开奖前罚后,实施经济奖惩,形成了"比学赶超"的浓厚氛围。

(资料来源:市委改革办. 济南市打造"城管行走泉城"服务品牌 推进城市管理现代化、精细化[EB/OL]. [2019-12-04]. http://www.jinan.gov.cn/art/2019/12/4/art_44646_3529322.html.)

问题:

1. 城管在公众心目中存在着一定的负面性,济南城管打造"城管行走泉城"服务品牌及推进城市管理现代化、精细化的用意何在?

2. 从政府公共关系的角度,谈谈济南城管是如何赢得广大市民群众的认可的。

第一节 公众的含义和特征

政府公共关系的对象称为公众,它是公共关系学中的一个基本概念。正确理解这个概念,对于把握公共关系的真谛至关重要。

一、公众的含义

在公共关系学中,公众这个词特指任何被共同利益或共同关心的问题联结在一起的群体。公众与政府组织的相关性,即对特定的组织机构具有利益的相关性,即公众的意见和行动对该组织的目标和发展具有实际或潜在的影响力、制约力；而组织的决策和活动，对公众某些问题的解决也有实际和潜在的影响力和制约力。

"公众"一词，最早见于南宋著名理学家朱熹的《朱子语类》（卷十六·大学三）中："譬如一事，若系公众，便心下不大段管；若系私己，便只管横在胸中，念念不忘。只此便是公私之辨。"这句话的意思是说，辨别公私的关键就在于是以公众为心，还是以个人为念，强调做事情之前的心理出发点，而不是以行为的形态作为划分标准。在早期的文学作品中，"公众"一词也常有出现。例如，在晚清吴趼人的小说《恨海》中就有以下的描述。"棣华大惊道：'这个如何使得！医院虽说有人服侍，那都是公众的人，要茶要水，怎得便当？'""公众"一词早期的用法多指大家或者大众。这与我们现在所说的大众意思相近，是一种比较随意、广泛的用法，比如人民大众、劳动大众、消费者大众等。它的内涵比较模糊，可以说涵盖了所有的公民。

自20世纪80年代开始，随着我国经济的发展、西方传播学以及公共关系学的传入，"公众"的概念逐渐进入中国人的视野。"公众"这一概念在公共关系学中有其特定的含义，正确理解"公众"的含义，梳理正确的公众意识，对于科学地理解和把握公共关系工作的实质具有指导性意义。"公众"有两个基本含义：一是"公开的"，即属于社会的，在词性上属于形容词；二是社会群体，在词性上属于名词。

从公共关系学的一般意义上说，公共关系的"公众"是指因组织行为引起而面临某种共同问题所形成的社会群体。分析这个定义可以看出：一方面，社会组织的行为，诸如该组织的政策、方针、目标，对社会群体产生了现实或潜在的利益关系或影响力，因此受社会组织行为制约和影响的群体才称为公众；另一方面，特定的社会群体因与组织行为面临着共同问题，因之产生了共同目的、共同利益、共同心理等"合群意识"，对该组织的政策、目标产生具有现实的或潜在的利益关系或影响力。

上述对公众的定义可以看出：公众与受众、群众、人民、人群的概念是有区别的。

"受众"是传播学的概念，在新闻学、广告学中也通用，其含义与公众很接近，乃至在公共关系学中也经常使用这一概念。但在不同的专业或学科，人们可能用不同的方式使用同一个词，从而使同一个词具有不同的学科含义。例如，在广告媒介宣传活动和公共关系活动中，"受众"一词的含义存在着微妙的差别。在公共关系领域，正确区别"公众"与"受众"这两个概念，不但有助于理解公共关系活动的本质，同时也对有效开展公共关系活动具有重要意义。从广告学的角度来讲，受众是指信息或资料的接受者，因此消极、被动是受众天然内在的特点。公众则是与一个组织有着内在联系的群体，并且公众与组织的关系是相互的，公众给组织施加影响，同样地，组织也会影响公众。由此可见，虽然从信息传播对象、信息接受者这个角度来看，可以把公众和受众看作同义词，但从公共关系的严格意义上讲并非如此。受众天然内在的消极性和被动性是与大多数公共关系活动的目标——激起较强的公众参与是矛盾的。为解决语义上的差异和冲突，公共关系界已趋向把受众划分为积极受众和消极受众两类，公众则特指积极受众。

受众的概念只强调信息的接受和处理，公关活动的重点就是如何让受众更好地接受所传播的内容。也就是说，这里的"受众"被看作一个被动的客体，受众是消极的，他们没有必要也没有办法做出任何反馈。对于受众而言，传播活动是单向的。而在公共关系活动中,公众与组织是互动的,公众的意愿被组织所采纳,并根据公众意愿制定活动策划、实施公关活动,公众被鼓励积极参与公关活动的全过程,包括后期的活动评估。公众虽然是公共关系的客体,但它直接影响着主体的行为和发展。

"群众"与"公众"这两个概念,既有联系又有区别:群众是公众的主体部分,但群众又不等同于公众。公众概念的外延更大一些,比如,国外的投资者和商旅人员属于公众,是我们政府的服务对象和沟通对象,但却不适于用群众的称谓。同时,公众这一概念淡化了领导和统属的色彩,显得更为中性和客观。

"人民"属于政治学和社会学的范畴,量的方面泛指居民中的大多数,质的方面指劳动群众及一切促进社会历史发展的其他阶级、阶层或集团。

"人群"属于社会学用语。在量上,人群是居民中的某一部分;在质上,人群是个松散的结构,不一定需要合群的整体意识和相互联结的牢固纽带,凡是人聚在一起均可称为"群"。

二、公众的基本特征

"公众"作为公共关系的工作对象,从构成来看,包括各种类型,结构十分复杂,但是不论是哪种类型的公众都具有以下三个基本特征。

(一) 共同性

公众不是一盘散沙,而是具有某种内在共同性的群体。当某一群人、某一社会阶层、某些社会团体因为某种共同性而发生内在联系时,便成为一类公众。这种共同性便是相互之间的某种共同点,比如共同的利益、共同的需求、共同的目的、共同的问题、共同的意向、共同的兴趣、共同的背景等。这样一些共同点,使一群人或一些团体和组织具有相同或类似的态度和行为,构成组织所面临的一类公众。因此,了解和分析自己的公众,必须了解和分析其内在的共同性、内在的联系,这样才可能化混沌为清晰,从公众整体中区分出不同的对象来。

(二) 群体性

公共关系既然是一种公众关系,就不是仅仅与一个或几个人发生关系,而是一批人的量化,是面临共同问题的特定的社会群体。这些群体的共同利益,为某一个组织机构的行动和政策所影响;反之,这些群体的行为和意见也影响着这个组织机构。公众的群体性表现为三类群体关系:社会组织、初级社会群体及同质群体。

社会组织是一个社会或一个团体内各个部门相互关系的总体,是人们为合理、有效地达到自己的目标,有计划、有组织地建立起来的一种社会机构。一般来说,社会组织就是公共关系的主体。但是社会组织都是相对而言的,某个社会组织是某些公众的主体,也可以成为其他社会组织的公共关系客体,可以当作"公众"来对待。因此,社会组织是公共关系要处理的第一类群体关系。

初级社会群体是指人们在生长过程中最初加入直接形成的人际关系密切的社会群体，如家庭、邻里等。初级社会群体由于构成人数较少（一般家庭只有几个人），不能单独构成公共关系对象。只有初级社会群体组合以后（即初级社会群体组合），才可以构成"公众"，成为公共关系要处理的第二类群体关系。

同质群体是指与社会组织面临共同问题而形成的群体。同质群体既不是一般社会组织群体，也不是初级社会群体组合的群体。从社会学角度看，按年龄、性别、肤色或居住区域来划分的人不被认为是社会群体。因为他们不因存在某些社会关系而联结在一起，而仅仅是根据人的特征来划分的。但是，从公共关系角度看，人口学、种族学范畴可以转化成公众范畴。因为只要在特定条件下，这些不同性别、年龄以及不同地域或不同肤色的人面临着需要共同解决的问题（即同质群体），就可以构成公共关系对象。如同在一列火车上的旅客，他们并不是在社会交往中结合在一起的社会群体，只是在上了火车之后，面临需要解决的相同问题而形成"公众"的。因此，同质群体是需要公共关系处理的第三群体关系。

公众群体的复杂性和多样性，决定了沟通方式和传播媒介的多样性。

（三）变化性

公众不是封闭僵化、一成不变的对象，而是一个开放的系统，处于不断变化发展的过程之中。任何组织面临的公众，其性质、形式、数量、范围等均会随着主体条件、客观环境的变化而变化：有的关系产生了，有的关系消失了；有的关系不断扩大，有的关系又可能缩小；有的关系越来越稳固，有的关系越来越松弛；有的关系甚至发生性质上的变化——竞争关系转化成协作关系、友好关系转变成敌对关系等。公众环境的变化，必将导致公共关系工作目标、方针、策略、手段的变化。组织自身的变化也会导致公众环境的变化，如组织的政策、行为的变化，使公众的意见、评价、态度或行为发生相应的变化。这种变化的结果又可能反过来对组织产生影响、制约作用。公众是不断变化的，我们必须以发展的眼光来认识自己的公众。

三、政府公共关系公众的特征

政府公共关系区别于其他性质的公共关系的特殊之处就在于：它是一般现代民主政府的行政管理职能，它重视与广大社会公众建立长久的联系。因此，作为政府公共关系对象的公众还具有其特殊性，这表现在以下三个方面。

（一）数量巨大

与企业公共关系相比较，政府公共关系面临的公众范围更为广泛，数量十分巨大。在政府公共关系中，最基本的公众是公民。尽管公民会由于不同的社会地位、不同的政治经济利益和不同的居住地域、面临政府不同的各项具体施政政策和行为而分别形成不同的社会群体,即政府公共关系中某些具体问题的公众。但是,就他们都面对同一个政府这个最根本的问题而言,全体公民就都成为政府公共关系最稳定、最基本的公众。从民主政治关系来看,人民政府忽视与公民的关系,将导致政府性质的改变。因此,把大量的时间和力量投入到政府与公民的相互沟通中去,应该是政府公共关系的主要任务。

政府公共关系的公众也包括各种社会组织。社会生活的每个领域都有一定数量的社会组织。政府要对社会生活的各个方面都进行管理,就必须协调与这些组织的关系。这种关系的全面性也使组织公众的数量之多成为政府公共关系的一个特点。任何其他社会组织尽管也处于各方面的社会关系之中,但由于它们的性质和作用并不与全部社会生活直接相关,实际上不可能与其他社会组织形成如此广泛的公共关系。这样,最广大的个体公众和组织公众结合在一起,便形成了政府公共关系独有的巨大公众队伍。

(二) 结构复杂

政府公共关系的公众不仅数量巨大,而且由于个体公众与组织公众交错在一起与政府发生关系,因此还呈现出非常复杂的结构。从执政党到各民主党派、各人民团体,从各级人民代表大会到各级政治协商会议,从政府工作人员到全体公民,从各种经济组织到各种文化组织和军事组织(军队),从本国政府内部机构到外国政府机构以及广大的社会大众,都可以成为政府的公众。

从个体公众这方面看,这种复杂结构表现为个体公众的多重身份,因而会在多方面与政府发生关系。在我国,个体公众几乎都有除公民这一基本身份之外的社会身份,都分别因其经济、政治、文化生活需要而存在于相应的社会组织,成为某组织的一员而具有该组织的属性。一位公民,可以同时是工人、城市居民、学生家长、公园游客、公共汽车的乘客等。当然,其他公共关系的个体公众也可能有双重以上的社会身份,如商店的顾客可能同时是向商店提供商品的生产企业的工人。但是,在其他公共关系里,这种情况不仅单纯得多,而且在很大程度上是偶然的。在政府公共关系中,公众的多重身份问题则是必然的,单一身份的公民反而是一种偶然现象。这一特点大大提高了政府公共关系的难度,要求政府公共关系部门和工作人员更加全面地研究传播计划。例如,在向城市居民传播有关城市建设的信息时,至少要考虑公众的职业,与职业密切联系的城市交通、商业网点、文化娱乐场所的配置,中小学的兴建等方面,而不能仅仅局限于住宅建设问题。

从组织公众方面看,由于每个社会组织内部的成员都是具有多重身份的公民,因此不仅组织本身直接是政府公共关系的公众,而且可能在各个方面、各个层次上成为政府与个体公众之间的中间环节。例如,一个工业企业,它本身是政府的重要组织公众之一,而且它的职工除了作为它的成员与政府发生关系外,也作为公民而成为政府的个体公众。此外,他们还可能分别因是共产党员、共青团员、女工、知识分子的身份通过其他社会组织与政府形成新的关系。这就使政府在对企业的公共关系中,除了要传播经济活动的信息外,还应适当传播其他的有关信息,以满足企业成员从其他社会身份出发的需要。比如,在经济体制改革中,政府的经济政策就不能只传播给企业负责人,还要传播给全体职工;也不能只向企业传播仅与该企业有关的一点信息，还要把整个政策全面完整地提供给企业的全体职工，使职工能够根据自己的全部社会生活来理解与企业有关的政策，从而最大限度地争取公众对政府的理解和支持。

（三）利益多维

在我国，人民之间的利益虽然从总体上说基本是一致的，但在具体利益上又会有矛盾，存在着彼此消长的对立关系，加之政府公共关系公众本身数量巨大、结构复杂，所以其利益呈现出明显的多维性。以一定的利益关系为基础，社会公众可划分成各种不同的利益群体。这些利益群体既有共同的社会利益，又有不同的特殊利益。对政府制定的有关政策和法令，不同的利益群体会持不同的态度，这就必然会出现不同意见的社会群体。特别是在一些与人们切身利益密切相关的敏感性问题上，例如，物价问题、工资问题、住房问题、社会福利问题等，政府的有关政策会引起公众不同的反响。这些问题处理得不好，往往容易在公众与政府之间产生隔阂，引起矛盾。因此，政府公共关系工作应把握公众的这一特点，有效地运用公共关系的协调职能，统筹兼顾，调节各方面的利益，理顺各种社会关系。

第二节　政府公共关系公众的分类

对公众进行分类，是制订公关计划，实现公关目标的必要前提。因为任何组织所面临的公众都不是单一的，而是比较复杂的，政府公共关系的公众更是如此，只有实行分类，才便于把握公众的性质，了解他们的特点和要求，从而采取正确的公关策略，实现政府公共关系的目标。

一、按公众与政府的归属关系分类

根据公众的特点以及他们处在政府内部或是外部的不同归属关系，可以将政府面临的公众归结为两大类：一是内部公众；二是外部公众。对一个政府机构的内部、外部公众类型分析得越具体、越准确，政府公共关系工作的开展就会越有特点，也越有成效。

（一）内部公众

所谓内部公众，是指政府机构内部形成的特定利益群体；具体来说，就是指那些构成政府机构的各个单位和成员，它主要是指政府工作人员及属于政府范围内的所有职能部门,诸如政府公务员,为政府机关服务的职工,各级政府的各个委、办、厅、局等部门。内部公众的状况构成了政府所面临的"内部环境",它对政府的生产与发展有着决定性的影响和制约力,所以内部公众是政府公共关系的重要公众之一。

(二) 外部公众

所谓外部公众,是指在政府机构外部形成的与政府机构有直接或间接利益关系的个人、群体与组织。这类公众与政府之间的关系虽然并不像内部公众那样直接和密切,但对于政府总是具有这样或那样的利益关系和影响力;而且他们从数量上来说要比内部公众多得多,关系也比内部公众复杂,例如,媒体公众、网民公众、企业公众、社会压力团体及广大的城乡个体公众等都属于外部公众。政府公共关系机构的重要工作就是要同这些外部公众建立密切的、经常的联系,了解他们的动态和需求,同时将组织自身的各方面情况的信息和观点进行沟通、传递、相互交流,通过长期的、坚持不懈的努力,使社会公众对政府的政策和行为保持赞同、支持的态度,为政府塑造良好的形象和声誉。[①] 下面主要就政府的外部公众加以分析。

1. 媒体公众

媒体是政府与其他社会大众沟通的桥梁,因为政府在公关传播的过程中应该恰当地运用媒体传递信息。我国的媒体具有其独特的一面,即党和人民的喉舌。这就意味着,一方面媒体担负着社会舆论监督的责任,对政府的执政能力具有监督的职能;另一方面政府对其也拥有一定的主导权,可以更便利地运用媒体向社会发布信息。这种二元的角色使得公关人员在对待媒体公众时需要给予特别的注意与重视。

例如,昆明市在推行"阳光政府",打造服务型政府时,就巧妙地运用媒体传达了政府的这一政务公开的思想。为了扩大人民群众的参与范围与信息覆盖面,昆明市政府充分利用广播、电视、报纸等媒体公开政务,建立了新闻发布制度,以召开新闻发布会为主要形式,定期和适时地向社会发布政务信息。市政府先后多次召开新闻发布会,通过新闻媒体,对市长办公会、市政府常委会、市政府全会等重要会议的决策情况进行公开。此外,还在昆明人民广播电台开通了"春城热线",邀请政府职能部门领导,与群众进行对话和交流,介绍职能、宣传政策、解答问题、受理投诉。"热线"开通仅一年多的时间,市长和市属37 个部门和行业负责人先后走进直播间,现场接听群众热线电话 577 个,其中各类投诉477 件,政策咨询 100 件,当场解答 100 件,事后解决 477 件,办结率 100%。这一系列运用媒体开展的活动,很好地在市民中宣传了政府的阳光政务,为昆明经济社会发展营造了良好的行政环境。

2. 网民公众

根据中国互联网络信息中心公布的数据,截至 2021 年,我国网民规模接近 10 亿。如

---

① 齐小华,殷娟娟. 政府公共关系案例精析[M].北京:中国人事出版社,2012.

此庞大的数量显示了网民在政府外部公众中占据了相当大的规模。除此之外，网络传播的一些特点也决定了网民在一些政府信息的传播中扮演着很重要的角色。

政府相关工作人员有必要把网民作为国内社会公众的一个重要群体。首先，网络媒体把关人的缺失，导致海量信息无法究其来源，这就为假新闻创造了滋生的温床；同时，负面新闻的发布量相比正面新闻往往更多，因为这些会得到更多的关注，不论其是真实的还是虚构的。其次，网络的匿名性使得网民们在发表言论时的随意性增强，而这种开放性与匿名性也使得评论多以负面为主，发泄性的语句为多数。政府工作人员要重视网民的重要地位，一方面注意对于网络舆情的收集整理；另一方面建立与网民的长效沟通机制，确保双向沟通的进行，从而增进双方的沟通了解。这一做法有助于推广政策，及时解决问题，从而树立良好的政府形象。

3. 企业公众

企业公众对于政府来说也是个矛盾的集合体。一方面，企业的盈利状况决定当地经济的发展情况与当地政府的税收；另一方面，政府的政策颁布同时影响着企业的经营管理与盈利状况。而站在企业的角度来说，对企业而言，政府关系的处理是企业的一个基础公共关系活动项目，没有政府的支持，企业的经营管理可能遇到阻力。从这个角度而言，政府在对待企业公众时，相比于其他社会公众拥有更大的主动权和影响力。总而言之，政府与企业的关系是相互影响与制约联系的，在两者间取得一个共赢状态则是双方都希望的结果。此外，还有一点需要注意的是，政府在处理与企业公众的关系时，其决策也可能影响到其社会公众群体。

例如，2007年发生的厦门二甲苯工厂项目迁址事件就是一个典型的例子。二甲苯工厂的建立对厦门市政府和企业来说是一个共赢的决策，本来并没有什么问题，但是工厂的污染会给厦门市民的生活环境带来很大程度的影响，因此遭到了大部分市民的反对。2007年3月，全国"两会"期间，百余名全国政协委员提交"关于厦门海沧PX项目迁址建议的提案"，提案称"PX全称为二甲苯，属危险化学品和高致癌物"。于是，2007年5月30日，厦门市政府宣布缓建海沧，大部分民众反对PX落户厦门。12月15日，福建省政府召开专项会议，决定迁建厦门海沧PX项目，预选地为漳州市漳浦县古雷半岛。厦门市政府不得不为PX项目搬迁承担赔偿责任，企业不仅要求政府赔偿土地和前期投资，还要求政府赔偿其损失的两年预约订单。

由此可见，在政府与企业之间，还夹杂着其他政府公关的公众，如果只考虑二者之间的短期利益关系，则可能造成对其他公众利益的损害，从而最终损害政府的利益与形象。

我国政府以"为人民服务"为宗旨，因此要把人民的利益置于其他公众的利益之上。政府公关人员不仅要处理与企业间的关系管理，同时也要考虑其他相关社会公众受到的影响。公共关系人员在处理政府与企业公众关系的时候，要充分考虑这对其他社会公众的影响，通过公关活动消除社会公众对决策的疑虑，并广泛征集社会公众的意见，把人民群众的看法放在处理政府与企业关系的首要地位，从而形成一个多方的共赢局面。

4. 社会压力团体

此处提到的社会压力团体,特指那些在特定法律系统下,不以营利为目的,同时不隶属于政府部门的协会、社团、基金会、慈善信托、非营利公司或其他法人,也即我们经常提到的非政府组织,即 NGO(non-government organization)。它不是政府,不靠权力驱动;也不是经济体,不靠经济利益驱动;社会压力团体的原动力是志愿精神,是公民社会兴起的一个重要标志。由此可见,社会压力团体的特点为独立于政府组织之外,关心公共事务,是政府有效的"减压阀"和"稳定器",并具有不可忽视的精神功能。我国的 NGO 主要集中在环保领域、妇女领域和扶贫领域,如北京的"自然之友""地球村""绿家园志愿者"、天津的"绿色之友"、江苏徐州的"绿色之家"、云南昆明的"健康与发展研究会"等。

由于社会压力团体在某一公共领域集中的注意力与影响力,使得政府在涉及相关领域的决策中需要考虑到社会压力团体的利益,否则就会引发该组织的反对,从而引起民众的意见跟随。从某种程度上来说,社会压力团体起到了意见领袖的作用,即帮助民众对某一公共事件产生一种权威的视角与态度,从而采取对社会公众有利的立场与态度。虽然这类非政府组织在我国的发展尚不成熟,但是随着我国公民意识的觉醒,此类社会压力团体会日益发挥出巨大的作用。因此,政府公共关系人员要了解当地社会压力团体的发展状况,并与每一个组织取得联系,通过双方的沟通与联系,共同营造一个良好的公共空间,从而更好地为社会民众服务。

在政府公共关系中,对内部公众和外部公众的划分是相对的。这是因为对"政府"含义可以有不同的理解。就抽象意义而言,一个国家"政府"指的是国家行政机关,它是一个整体,是由多个部分组成的集合体。例如,按政府所管辖的权力范围划分,有中央政府和地方政府等。但是,就具体意义而言,"政府"常常是指某一特定的政府机构,如一级政府或某一部分。这就决定了我们对政府公共关系公众的内部和外部公众的划分也只能是相对的。就某一个特定的政府如某省的省政府来说,兄弟省市政府、中央政府及部门就是该政府的外部公众。就一个国家的政府总体(中央政府是其最高机关)而言,各个地方政府又构成了中央政府的内部公众。

二、按公众对政府的重要程度分类

这是按照公众对政府的重要性依次递减的原则作的划分。顾名思义,这种分类方法意在确定公共关系的工作重点。按公众对政府的重要程度分类,可将公众分为首要公众和次要公众两类。

(一)首要公众

首要公众是指与政府联系最频繁、密切,对政府组织的前途、现状至为关键的公众,也即政府最重要的公众。例如,政府部门的干部、职工等,这些人与组织利益休戚相关,是构成组织的基础力量。他们推动政府机构的运转,是促进政府发展的动力。因此,政府公共关系人员必须维持和加强这部分公众与组织的联系。又如，从政府外部来看，社会公民也是一类首要公众，他们是各级政府推行政令的重要对象，政令的推行顺利与否与之关系甚大，所以这类首要公众也不能忽视。

（二）次要公众

次要公众是指对政府的生存和发展有一定影响，但与政府的联系和利益关系又不是最密切的那部分公众。应该指出，首要与次要都是相对而言的。政府公共关系人员应该投入相当的时间、人力、财力维持和不断改善与他们的关系。在某一特定时期或特定条件下，这类公众随时有变化为首要公众的可能。他们对政府的利益和发展也有举足轻重的影响与制约力。

三、按公众对政府的态度分类

以公众的态度性质所做的划分，具体可以分为顺意公众、逆意公众和独立公众三类。例如，对社会分配不公的问题，对物价上涨、通货膨胀等问题，不同的公众总会提出一些不同的意见，这就会出现顺意公众、逆意公众和独立公众。

（一）顺意公众

顺意公众是指对政府政策和行为持赞赏和支持态度的公众。他们是推动政府机构发展的基本公众。政府公共关系人员必须不断加强同他们的联系、沟通，及时收集、分析他们反馈的信息。如有隔阂、误解应及时消除，以防止这部分公众的态度由于情况变化而逆转，产生不利的影响。

（二）逆意公众

逆意公众是与顺意公众相对而言的，是指对政府的政策和行为持否定态度或反对态度的一部分公众。在某种特殊情况下，政府部门的公共关系机构应该有针对性地采取措施，改变政府在他们心中的形象，改善政府的行为，加强信息与观点的沟通与交流，加强感情联络，力争这部分公众的态度有所变化，尽快转化为顺意公众。

（三）独立公众

独立公众介于顺意公众与逆意公众之间，他们对政府的政策和行为态度"中立"，或者"不表态""态度不明朗"。这部分公众是政府公共关系工作争取的对象，因为他们随时都有可能向顺意公众或逆意公众转化。做好这部分公众的工作，使他们转而采取支持、赞赏政府的政策和行为的态度是一项比较艰巨的任务。

四、按公众的组织状态分类

（一）组织公众

组织公众是指具有稳定的组织机构的政府公共关系公众。这部分公众的类型有社区型、集团型和权力型。社区型公众由政府公共关系主体所在地的居民组织、企业、社会团体、学校、医院等组成。集团型公众包括各种社会团体、工商企业等。权力型公众是指除了主体以外的拥有某种行政权力的公众，如政府所属各类行政管理机构。

（二）非组织公众

非组织公众是指没有固定的组织机构的政府公共关系公众。非组织公众的类型有流散型、聚散型、周期型、固定型。流散型公众是指不是按特定目标或规律聚集的公众，他们数量较多，但分散、不稳定，如临时公出的政府工作人员及一般旅客、游客等。聚散型公众是指因为事件或活动而聚集的公众，其特点是临时聚集而又很快分散，如各种展览会、博览会、报告会、运动会等的参与者。这类公众传递信息具有集中、快捷、广泛的特点。周期型公众是指按一定的规律定期形成的公众，如几年一次举行的选民、政府机关工作人员每天上下班、有计划轮训的公务员、开学放假时的学生等。政府公共关系工作可以按照周期型公众的规律，有计划、有目的地传递信息。固定型公众是指在成员上相对稳定但又未形成组织的公众，如大众传播媒介特定的读者、听众、观众等。总的来说，非组织公众人数多、分布广、流动性大，目标与需求多样化。在特定的环境和条件下，做好这部分公众的工作，对政府部门来说是十分重要的。

五、按公众的稳定程度分类

（一）临时公众

临时公众是指因某一临时因素、偶发事件或专题活动而形成的公众。例如，因飞机航班的误点而滞留机场的旅客、足球场闹事的球迷、上街游行示威的队伍等。政府机构难以事先完全预料到某些突发事件的产生，往往遭受一些临时公众构成的额外压力，这时就需要政府运用公共关系手段进行紧急应付，所以，政府公共关系部门必须具备应付临时公众的能力。当然，这种临时公众有时也可能是因为政府事先的计划不周造成的，特别是举办一些大型专题活动的时候可能会出现预料之外的事情。关于政府的临时公众，广州大亚湾核电站的例子是个很好的说明。广州大亚湾核电站最初是经中国内地、中国香港专家及国外核能专家研究后开始建设的，对外封锁消息。1986 年 4 月，苏联切尔诺贝利核电站突然爆炸，造成了许多人死亡和大面积的核污染，香港地区各界、各阶层人士纷纷反对在与中国香港毗邻的大亚湾建造核电站。中国香港地区反核组织——"地球之友"发动了要求停建广东大亚湾核电站的运动，组织了几万人的签名活动。当时工程已经上马，工期每拖一天都会造成数百万美元损失，所以即使有反对意见也不能立即停止施工。针对这一突然出现的临时公众，政府及时采取了一系列公关举措，通过渠道交流，圆满地解决了问题。

（二）长期公众

长期公众是指与政府保持稳定的相互关系的社会公众，如政府要为之负责的国家权力机关、社区人士、新闻媒介等。长期公众是组织的基本公众，甚至具有"准自家人"的性质，融合为组织的一部分，因而政府往往对长期公众采取额外的优惠政策和特殊的保证措施，以示关系亲密。一般来说，临时公众只存在于政府外部，而内部公众是最重要的长期公众。

六、按政府对公众的态度分类

（一）政府欢迎的公众

政府欢迎的公众是完全迎合政府的需要并主动对政府表示兴趣和交往意向的公众。对政府来说，这是一种两相情愿、一拍即合的关系，如自愿的投资者、慕名拜访的国内外客人、为政府采写正面文章的记者等。这种关系因双方均采取主动的姿态，不存在传播的障碍，沟通结果一般来说对双方都有利。政府公共关系的任务就是维系和加强这种合作关系。

（二）政府追求的公众

政府追求的公众是指很符合政府的利益和需要，但对政府不感兴趣、缺乏交往意愿的公众。对政府来说，这是一种在一定程度上求之不易、难以如愿的关系，如社会名流、有实力的外商和投资者等均可能是政府追求的公众。政府或希望与他们建立关系来扩大影响，或吸引外资来发展经济。但是，与之建立密切关系并非易事，故而要想方设法建立沟通渠道，讲究交往艺术，把握传播时机。

（三）政府不欢迎的公众

政府不欢迎的公众是相对于受欢迎的公众而言的，是指违背政府的利益和意愿、对政府构成潜在或现实威胁的公众。例如，在政府国际公共关系中对我国政府怀有敌意或粗暴干涉我国内政的组织。对这部分公众，政府要疏远或给以有力还击。

七、按公众的发展过程分类

根据公众发展过程不同阶段的特点,可以将政府公共关系公众分成四类:非公众、潜在公众、知晓公众、行动公众。

(一) 非公众

非公众是公共关系学的特殊概念,是指处在某组织的影响范围之内,但与该组织无关,其观点、态度和行为不受该组织的影响,也不对该组织产生作用的公众。这样的公众被视为该组织的非公众。划分出自己的非公众是有意义的,它可以帮助我们减少公共关系工作的盲目性,将非公众排除在公共关系活动的范围之外,避免不必要的浪费。

(二) 潜在公众

潜在公众是指由于潜在的公共关系问题而形成的潜伏公众、隐患公众、隐蔽公众或未来公众。这是指政府面临着自身行为和环境引起某个潜在问题,这个潜在问题尚未充分显露,或这些公众本身未意识到问题的存在,他们与政府的关系尚处于潜伏状态。这需要公关人员未雨绸缪,加强预测,密切监视势态的发展,分析各种可能出现的后果,制订多种应付的方案,积极引导事情向好的方向发展;当事情不可避免地要变糟时,采取必要的预警措施,防患于未然,将问题解决在萌芽状态,避免酿成更大的麻烦。

(三) 知晓公众

知晓公众是潜在公众逻辑发展的结果,即公众已经知晓自己的处境,明确意识到自己面临的问题与特定的政府部门有关,迫切需要进一步了解与该问题有关的所有信息,甚至开始向政府部门提出有关的权益要求。这时,潜在的公众已发展成现实的公众,成为组织不可能回避的沟通对象。因此,对政府部门来说,采取积极主动的公共关系姿态,及时沟通,主动传播,满足公众要求被告知的心情,使公众对政府产生信赖感,这对于主动控制舆论局势非常重要。因为知晓公众如果不能从有关政府部门那里获得必要的信息,便会转向其他信息渠道,各种不准确的小道消息将会流传开来,局势的演变将难以控制,事后的解释将事倍功半。

(四) 行动公众

行动公众自然就是知晓公众发展的结果。在这个阶段,公众已不仅仅表达意见,而且采取实际行动,对政府部门构成压力,迫使其必须采取相应的行动。无论公众的行动是积极的还是消极的,政府的反应都不能仅停留在语言、文字上,而必须有实际的行为。也就是说,行动公众必然促成政府公共关系行为的发生。面对着行动公众,政府除了采取相应的行动,别无选择。当然,高超的政府公共关系行动方案,必将使引动公众的压力转变为动力,转变为对政府有利的合力,这是政府公共关系人员神往的最佳效果。

把公众划分为非公众、潜在公众、知晓公众和行动公众是一个纵向的分类方法,其意义是把政府公共关系的公众理解为一个连续的发展过程,即"非公众→潜在公众→知晓公众→行动公众",其中潜在公众阶段是政府部门解决问题的好机会。

八、按公众之间的决定性分类

可以根据公众是消极的还是积极的就某个问题进行沟通的态度,以及他们对于某一组织所经营的业务是支持还是限制的方式做出反应的程度,将公众划分为消极公众和积极公众。

（一）消极公众

消极公众是与政府组织存在着内在联系,但仍对这种关系的认识不够,或尚未从自身察觉到该组织的行为对其造成的影响,同时又可能觉察、卷入和认知到这些问题,但目前对组织的行为和传播持消极不干预、不影响、不积极反馈态度的公众。

（二）积极公众

积极公众是已经与组织之间形成互动关系,对组织问题认知和卷入较深,并积极对组织施加影响的那部分公众。正是因为他们最了解、最关注政府正在做的事情,并主动对政府的政策、行为、策略或目标施加影响,因而积极公众被认为是政府公共关系计划的重要目标。如果政府部门不积极地沟通、处理同积极公众之间的矛盾或冲突,那么,这部分公众也可能形成社会压力集团,并直接与政府对抗,表现出抗议、抵制、冲突等行为。当然,消极公众随着时机的变化存在着向积极公众转变的可能性,因此,政府组织在密切关注积极公众的同时也要关注消极公众的发展变化。

九、按人口学结构分类

按人口学结构进行分类的方法应成为政府公共关系中最常用的分类,这是由政府公共关系公众的特殊性决定的。按人口学结构分类主要是指按年龄、性别、民族、职业、经济状况、文化程度、政治或宗教信仰、种族等标准来划分。政府各级部门都应对自己的公众对象进行人口结构分析,并逐渐积累这方面的基本资料。目前,我国一些部门对这方面工作的重视程度还不够,亟待加强。

政府公共关系公众分类的研究成果为实际从事政府公共关系活动的人员认识和分析自己的公众提供了理论上的指导。究竟采取哪一种分类方法来对政府公共关系公众进行分类,要从各个组织的公共关系目标出发,从具体的客观条件出发,根据不同类型公众的特点,找出准确和恰当的公众分类方法,这样才能使政府公共关系工作更有成效。

第三节 政府公共关系公众的选择

政府公共关系公众的选择是指作为公共关系主体的政府,应根据自身公共关系工作的实际需要和自己面临的公众对象的实际情况,去研究复杂的公众系统网络,挑选自己的目标公众对象。从任何一个角度进行的政府公众分类,实际上都是在进行公众选择。但是,公众选择并非仅此而已,因为对同一个具体公众对象,就可以从不同角度去进行分类。例如,对新闻媒介公众就可以根据其对政府的重要程度而视之为首要公众,也可以根据其本身的组织程度而视之为组织性公众,还可以根据政府公共关系活动的需要视之为需要集中影响的公众或需要普遍影响的公众。在一次确定的政府公共关系活动中,从众多的公众分类方法中究竟选择哪一种方法来认识该活动中的公众对象,也是一个公众选择的问题。如果公众分类的方法选择不当,就可能找不准目标公众对象。

一、公众选择的意义

政府公共关系政策的制定和公共关系方法的运用,都有赖于科学地区别不同的公众。这是政府公共关系理论中的重要部分。具体来说,政府公共关系公众选择的意义在以下三个方面。

(一) 有利于体现政府公共关系工作全面性与重点性的统一

进行公众选择,势必要对政府的公共关系目标和整个公众对象的情况进行认真的分析,这有利于防止政府公共关系工作的片面性。公众选择最后的落脚点又在于选出目标公众对象,这又有利于防止在政府公共关系工作中平均使用力量,保证政府公共关系工作的重点性。

(二) 有利于提高政府公共关系工作的针对性和效率性

通过公众选择,找出目标公众对象,再根据目标公众对象制定政府公共关系目标的战略战术,这既能使政府公共关系工作真正做到有的放矢,又能保证政府公共关系工作少走弯路并提高效率。

（三）有利于提高政府公共关系主体的认识能力和认识水平

公众选择的过程也就是探索公共关系客体活动规律的过程。在这个过程中，作为公共关系主体的政府必然会增强认识整个公共关系工作规律的能力，并且必然会逐步提高把握这种规律的水平。

二、公众选择的基本原则

任何一个政府机构在开展公共关系活动前，都要按照一定的方式对公众进行分类，精心地选择自己的公众，因为不同的政府机构具有各自不同的工作范围或职能，另外，它的公众对象不同，选择的方法也有所不同。但是，无论哪种类型的政府部门依循哪种方法进行公众分类的工作，其选择公众的基本原则都是一样的。

（一）从实际出发原则

政府在选择公众时，不能简单地照搬某一种模式，而只能从实际出发。首先，要根据政府机构自身的条件和面临的实际问题去检查环境，把握各类公众对象的脉络。不同性质的政府机构，要善于根据自己的不同性质和情况去选择不同的公众；相同性质的政府机构也要善于根据自己的不同需求去选择不同的公众。其次，要从公众需求的实际出发。任何公众都有自身的愿望和需求，政府传播的信息只有符合公众的愿望和需求时，公众才会认知自己在公关问题中的地位并采取相应的行动。如果政府传播的信息与公众的愿望和需求大相径庭，那么它对政府目标的实现将毫无意义。因此，在选择公众时，政府不仅要注意到自身面临的公关问题，同时应注意到主要公众的愿望和要求。政府在选择公众时所要奉行的原则，是指从实际出发及实事求是的唯物主义根本原则，并且在公共关系工作中要有具体体现。只有认真遵循这一原则，才能真正找准政府公共关系工作的目标公众对象，把政府公共关系工作开展得丰富多彩，充满创意，有声有色，呈现出政府机构的独特魅力。

（二）公众第一原则

公众第一原则是指政府在选择公共关系客体时要站在公众的立场上考虑问题，一切从公众的利益出发，把公众利益放在首要地位。政府公共关系活动是政府与广大公众之间的信息互动。政府在明确自己的公共关系问题或确立一项公共关系活动项目时，必须首先明确公众对此所持的态度及可能会产生的反应。如果不站在公众的立场上考虑问题，政府所进行的公共关系工作可能会产生一厢情愿、风马牛不相及甚至招惹是非的负效应。因此，收集、了解公众信息，把公众意志放在首要位置，是选择公众，进而发现问题及确立公共关系项目的基本原则。坚持这一原则选择公众，应从以下几个方面入手：第一，要分析不同公众的不同特点,包括不同公众组织的特质,同类公众的职业、国籍、民族、习俗、年龄、性别等方面的差别。第二,要分析公众对各政府机构的认识,即公众对政府形象的认识是否存在偏差,是否符合政府机构本身的实际,各类公众持何种认识等,这些因素都影响政府对公众的选择。第三,要分析公众的兴趣所在。除了对政府的兴趣外,不同的公众对不同的社会事物有着不同的兴趣;具有相同兴趣的公众容易互相吸引,否则可能会互相排斥。公众所感兴趣的事,或许正是政府机构所要确立的公共关系项目。第四,要分析公众对公共关系问题关切的程度。由于已出现或即将出现的公共关系问题对公众的利害关系不同,公众对这些问题关切的程度也就不同。一般来说,对其关切程度高的公众,必然是政府的主要公众或首要公众。总之,只有坚持公众第一的原则,以公众的利益为先,才能准确地选择和确定政府某项公共关系活动的客体,才能有的放矢地开展公共关系工作。

(三)积极主动原则

积极主动原则是选择公共关系公众的技术性原则之一,是保证政府公共关系活动顺利开展的重要因素。选择公共关系公众是解决公共关系问题的前提。由于选择公共关系公众是个完整的过程,需要有科学的依据,需要以客观情况的研究资料为基础,因此选择政府公共关系公众的主动性原则应包括以下几个方面的内容:一要主动研究公共关系问题。这里所说的问题,不仅是指物价、房改等公众关心的敏感的问题,也包括围绕政府目标而制订的公共关系计划等,只有对这些问题主动而周详地予以考虑、研究,才能准确地进行公共关系公众分类。二要主动调查公众舆论。就是对政府公共关系问题涉及的公众用科学的方式去接触,主动了解其愿望和需求,尤其要了解其对政府公共关系问题的趋向一致的看法,从而掌握公众舆论的发展方向。政府通常是运用舆论调查和民意测验等方式调查公众舆论的。三要主动分析公众情绪。对通过调查掌握的公众舆论倾向进行整理,然后逐一分析,初步掌握与公众问题有直接关联的公众类型,并对其中的情绪激烈者加倍注意。四要主动接触典型公众。这就是要注意抓典型,与典型公众主动接触,可使政府对公众的分类更有把握。五要主动沟通与公众的联络渠道。与公众联络的渠道是否畅通,如尚不畅通是否有可能畅通,这是选择公共关系公众前必须解决的问题。尤其对典型公众的联络如发生困难,应着力考虑疏通办法。六要主动区分主要公众和次要公众,这是十分关键的一步。只有正确区分主要公众和次要公众,才能准确无误地选择公共关系公众,一系列政府公共关系工作便可有计划、有目标地展开。但是,在政府公共关系运作时,上述六个方面的工作并非必须逐条、循序地开展,而应根据公关工作实际需要,统筹考虑,灵活运用,才能取得公关工作的理想效果。

(四)双向交流原则

双向交流原则是指政府选择公共关系客体时应具备畅通的信息交流渠道。对公众的选择,表面上看是政府的行为,实质上是政府机构接受或期望接受客体对自己的选择。这里主体和客体双方所采取的任何行为,都是对对方行为(或信息)的反馈。政府公共关系工作是否完满,其标志之一就是看其与广大公众信息交流渠道是否畅通。坚持这一原则选择公众,应注意以下几点:一要看政府了解公众的渠道是否畅通。政府可以通过新闻媒介了解公众的心理倾向和需求,可以通过政府信访、接待以及有关信息机构了解公众的情况和信息,可以通过政府设立的"热线电话""市长信箱"等媒介了解公众,这些都是政府了解公众的重要信息渠道,必须保持畅通无阻。二要看公众了解政府的渠道是否畅通。通过新闻媒介、政府组织开展的活动和传闻等,使公众对政府的认识逐步加深。一般而言,公众从正常的信息渠道获得的信息越多,从非正常的信息渠道获得的信息量就会减弱。因此,建立和完善公众了解政府的正常的信息渠道,是政府公共关系工作的重点之一。只有这样,公众才能获得有关政府机构的准确信息并做出正确反应,政府才能对公众进行正确选择。三要认识到政府与公众的双向交流是客观存在的。政府机构的存在本身就是一种信息,必然使公众感受到各种信息;公众的存在也是信息之源,必然会通过各种渠道表现自己。因此,不承认或看不到政府与公众双向交流的这种客观存在,必然贻误政府开展公关工作的时机,使政府公共关系活动无法开展。

（五）范围精确原则

首先,这一原则要求政府必须严格按照确定的政府公共关系目标去精心选择与这个目标紧密相关的公众对象,不随意扩大公众范围,保证目标公众的精确性。从理论上讲,一个政府被尽可能多的公众所了解、认识是一件好事,有助于提高政府公关工作的效果,塑造政府的形象。实际上,就政府所开展的具体公共关系活动而言,它却只能在有限的人力、财力、物力条件支持下和有限的时间范围内去进行。如果随意扩大公众的范围,既会消耗过多的人力、财力、物力和时间,还会模糊自己的视线,分不清工作重点,造成错误判断,并因此制订出不符合实际的公共关系计划,最后将严重影响政府公共关系工作的效率,甚至导致公共关系工作的失败。所以,只有精心选择目标公众,才能集中有限的力量对确定范围内的公众开展公共关系工作,才能保证公众是真正意义上的"组织公众",也才能保证政府公共关系工作的高效率。

其次,这一原则要求政府在开展公共关系工作时,要使选择到的目标公众对象包括所有需要被告知、需要进行协调沟通的公众都了解情况。这一点在政府面临突发性变故的情况下开展公共关系工作时显得尤其重要。也就是说,当政府与公众的关系出现冲突时,政府一定要尽量把这些已经介入危机的公众找出来,使其及时了解政府的态度和政府准备采取的措施,争取其对问题的解决给予合作,重新获得其信任。对不应该知情的公众最好使其不知情,这一举措是指当政府因行为不当而与某些公众发生了冲突,而尚未在社会上张扬时,政府在选择目标公众时就应尽量注意把没有介入危机的公众排除在外,把解决政府公共关系危机的活动限制在应知情的公众范围内进行。这样既让应知情的公众知情,又没有随意扩大公众范围,保证问题更加顺利地加以解决。

（六）持续进行原则

持续进行原则要求政府在进行公众选择时，要注意根据公众具有的变化性特点，对确定范围内的目标公众进行多次再选择。公众的变化性的表现形式之一，是在此时此地成为公共关系工作的公众对象，可能因情况的变化而在彼时彼地不再与公共关系主体发生利益关系，从而不再是原来特定的公共关系主体的公众。公众的这一特性体现了公众选择中的辩证法：一方面，政府要在公众选择中划清目标公众的范围；另一方面，政府又要注意目标公众的范围具有一定的相对性。事实上，即使是一个确定范围中的目标公众，依然是复杂的社会集合体。他们的职业特征、文化特征和心理特征都可能存在着种种不确定性。今天在目标公众范围内的公众，明天不一定还在目标公众的范围内，因此，绝不应在公众选择中把目标公众的范围绝对化，不能把公众选择看作一次能完成的工作。当原有的目标公众发生较大变化时，就需要及时地重新进行公众选择。在一个具体的公共关系目标的实现过程中，有可能发生目标公众多次变化的情况，这就需要进行多次公众选择。

案例研究：杭州市和仙桃市垃圾焚烧发电项目邻避事件

随着城市人口集聚日益加快，城市生活垃圾产生量每年以 8%～10% 的速度增长。2018 年，我国城市生活垃圾产生量约为 2.14 亿吨。从垃圾处理能力来看，我国长期采用卫生填埋的方式处理生活垃圾。面对快速增长的生活垃圾，分布于大中小城市周边的垃圾填埋场在剩余库容、使用年限上承受着较大的压力，有的长期超负荷运转。为缓解"垃圾围城"对城市发展的影响，减少垃圾填埋场对土地资源占用和地下水体污染的潜在影响，建设垃圾焚烧发电厂成为国内城市的必然选择，但由于垃圾焚烧过程中排放的烟气、二噁英等对人体健康存在潜在危害，常遭到周边公众反对。公众或当地单位因担心建设项目对身体健康、环境质量和资产价值带来负面影响而激发的嫌恶情结甚至抗争行为，即为邻避效应。

国内垃圾焚烧发电项目遭遇邻避效应的事例时有发生，其中，杭州九峰垃圾焚烧发电项目和湖北仙桃垃圾焚烧发电项目（以下简称"九峰项目""仙桃项目"），分别在 2014 年 5 月 10 日、2016 年 6 月 25 日爆发了激烈的邻避效应事件，导致项目陷入停建状态。但地方政府在较短时间内调整了设施选址决策模式，成功地化解了邻避效应，得以在原址重启项目建设，成为两起成功案例。

1. 杭州市余杭九峰垃圾焚烧发电项目邻避事件

（1）事件过程。近年来，杭州市城市生活垃圾总量快速增长，其中，2013—2016 年产生总量由 308 万吨增至 378.8 万吨，折算为全市每天生活垃圾产生量超过 1 万吨。然而现有的垃圾焚烧处理能力较弱，跟不上垃圾增长速度，全市唯一的天子岭垃圾填埋场长期超负荷运转，库容承载能力不足 6 年，急需新建垃圾焚烧厂。余杭区中泰街道原九峰石矿废弃区，四面环山，相对偏僻，政府部门经过前期勘探，拟将该地作为垃圾焚烧发电项目的选址地。2012年8月,杭州市成立了九峰垃圾焚烧项目建设工作领导小组,明确该工程由杭州城投集团、杭州环境集团和杭州路桥有限公司共同投资建设。2013年10月,项目通过立项审批;同期成立杭州九峰环境能源有限公司,着手编制选址论证报告。2014年4月22日,浙江省住房和城乡建设厅发布《关于(杭州市)杭州九峰垃圾焚烧发电工程的批前公示》,迅即引起周边村民和附近商品住宅小区居民的极大关注。公众主要担心垃圾焚烧发电厂会对环境质量、资产价值及身体健康等带来多重负面影响。此后,公众就水源地污染、环境影响评价等问题,不断向街道办、区政府、市环保局、市规划局进行信息咨询,并发起万人签名抗议活动。直至冲突发生前,地方政府和公众尚没有就项目选址达成共识。5月10日,大量群众涌上102省道和杭微高速余杭段,导致交通长时间中断,并出现打砸车辆和围殴执法人员行为,造成多名警察、辅警和群众不同程度受伤。5月11日下午,杭州市政府召开新闻发布会,通报了中泰邻避事件的发生情况。市政府领导表示,九峰垃圾焚烧发电项目需要经过严格的科学论证和报批环节,需要取得群众的理解支持,一定把这个项目做成求得最大公约数的环保民生工程。同时,余杭区政府也表示"在项目没有履行完法定程序及征得大家理解支持的情况下",承诺坚持"两不开工"原则,九峰矿区停止一切与项目有关的作业活动。至此,九峰项目陷入停滞状态。

(2)焦点问题。公众反对九峰项目的焦点问题,体现在以下3个方面:①项目建设信息公开不及时、不透明。杭州市为缓解生活垃圾快速增长与处理能力不足间的矛盾,早在2012年就已启动九峰项目的建设工作,相关部门的领导多次到九峰矿区调研选址工作。但直至2014年4月,杭州市规划局发布《杭州市环境卫生专业规划修编(2008—2020年)》征求意见稿,省住建厅发布《关于(杭州市)杭州九峰垃圾焚烧发电工程的批前公示》两则文件,有关九峰项目的官方消息才陆续为公众所知晓。在此之前已完成了项目立项审批,成立项目公司,编制选址论证报告等工作。②公众决策参与权缺失。建设垃圾焚烧发电厂是一项公共政策议程,地方政府在决策制定过程中,既要遵循科学化原则,依赖专家的专业知识和科学方法,拟订决策方案,又要注重发挥民主化优势,有序吸纳公众参与决策过程,表达意见建议或利益诉求。九峰项目的封闭式决策特征明显,主要依赖专家的风险评估与决策方案。由于公众对垃圾焚烧发电的工艺、流程、技术及有害物质排放控制等,缺乏科学理性的认知,在信息公开不透明、决策参与途径缺失的情况下,有关项目风险的虚假信息广为流传,加剧了公众高风险感知判断。③项目利益补偿机制不明晰。对项目周边公众进行合理的利益补偿,是化解邻避效应的重要手段。九峰项目在前期规划选址阶段,对外发布的主要是项目本身的信息,至于村民的土地征收、房屋拆迁补偿方案,支持地方产业发展的优惠政策和环保补偿机制等,缺乏明晰的承诺,这让公众相信邻避设施带给他们的只有健康风险和利益损失,不公平感油然而生。

2. 湖北仙桃垃圾焚烧发电项目邻避事件

(1)事件过程。仙桃市是湖北省直管县级市,为武汉都市圈西翼中心城市。2010年以来,仙桃市推进城乡环卫一体化改革,坚持"一把扫帚"扫到底,统一清扫收集城乡生活垃圾。在改善城乡环境卫生的同时,全市每天生活垃圾产生量超过800吨,节假日期间甚至达到1200吨。全市唯一的垃圾填埋场严重超负荷运行,库容告急,破解"垃圾围城"指向了焚烧处理。仙桃项目位于干河街道郑仁口村,设计能力为日焚烧垃圾 1000 吨。项目获得省环保厅环境影响报告书批复、省发改委立项核准后,仙桃市政府采取 BOT(建设—经营—转让)方式启动项目建设。2016 年 6 月 25 日,此时垃圾焚烧发电厂开工建设已逾2 年,烟囱施工至 70 米高,工程总量完成了 70%,突然遭遇邻避效应。项目周边公众反对垃圾焚烧发电厂选址,纷纷走上街头进行抗议,形成大规模群体性集聚,部分情绪激动的公众试图封堵沪渝高速公路。6 月 26 日 12 时,仙桃市委市政府宣布停止垃圾焚烧发电项目建设。

(2)焦点问题。国内其他邻避案例集中发生于项目规划选址阶段,而仙桃项目是在工程开工且工程总量完成过半时遭到周边公众的邻避抗议。从事件发生过程及项目重启建设后相关资料分析,该项目建设信息不公开、不透明异常突出,是引发公众抗议的焦点问题。作为环保民生设施,垃圾焚烧发电项目涉及立项选址、可行性研究、初步设计、环境影响评价等环节,需要经过严格的论证和报批过程。在决策上,既要发挥专家的知识、技术优势,又要吸纳公众的意见表达,统筹各方利益后形成整体性方案,从而保证项目合法合规地开工建设。然而仙桃项目建设 2 年多时间,周边公众并不知晓该工程为垃圾处理设施,施工现场甚至连工程概况信息牌都没有树立。公众偶然获知距离居住区很近的工程项目竟然是垃圾焚烧发电厂,联想到垃圾堆积产生的臭气、焚烧中排放的二噁英以及不相信政府会监督垃圾焚烧厂规范运营,出于健康风险隐忧和长期被政府蒙蔽的愤怒情绪,自发地走上街头抗议该项目。

3. 协商治理视角下邻避效应化解的策略

邻避设施是人类工业化、城市化的产物,20 世纪 70 年代以来,欧美及我国台湾地区相继爆发大规模抗议活动,国内邻避抗议对象集中于垃圾处理、PX 和核电等设施。基于当前我国社会维稳的刚性要求,遭遇邻避效应的项目大多以失败告终,这也似乎表明邻避设施的选址建设陷入无解困境。但是,杭州市和仙桃市的垃圾焚烧发电项目,在遭遇邻避效应的短短几个月后,得以在原址重启并相继于 2017 年 11 月、2018 年 4 月建成运营。由此看来,建立政府、设施建设运营企业、公众协商参与治理机制,消解公众风险感知差异,形成利益补偿与多元主体共享发展格局,是化解我国邻避效应的有效路径。具体采用了以下策略。

(1)以信息公开为基础,建立政府邻避决策信用承诺机制。邻避设施的负外部性、成本收益分配非均衡性特点,决定了规划选址和建设运营阶段易遭到公众反对,但此类设施为社会成员生活所必需,政府有责任进行规划选址和建设运营,建立政府邻避决策信用承诺机制。从国内诸多案例来看,项目规划选址和建设信息不公开、不透明,本质上为邻避效应埋下了隐患。政府部门前期耗费大量时间和成本,依靠专家进行科学化选址决策,但没有及时主动地向公众阐述项目建设的紧迫性、采用技术的先进性与安全性、给予公众补偿的合理性与持续性等核心信息,也没有严格按照项目立项的法定程序开展工作,最终造成项目建设信息一旦被公众知晓,必然会引起冲突抗议。杭州和仙桃地方政府反思项目遭遇邻避的原因后,都将信息公开透明作为做好群众工作的突破口,切实保障了公众在规划选址、施工建设和运营监管等全环节的信息知情权。同时,政府行使的是公共权力,只有坚守信用,才能赢得公众的信任。如余杭区政府提出"两不开工"承诺,仙桃市承诺没有征得群众理解支持的情况下一定不开工。事实上,两地政府最后都不折不扣地兑现了上述承诺,获得了群众的充分理解和支持。

（2）以风险沟通为前提,提升企业技术标准与社会责任能力。风险是现代社会的基本特征之一,但在风险的科学评判标准上,专家依赖科学理性计算得出的风险水平,始终与公众依赖社会理性感知到的风险水平间存在较大差异,且专家通常难以说服公众。公众对垃圾焚烧发电厂的风险感知,来自有关烟气、二噁英和地下水源污染对健康的危害。缺乏理性认知的公众,健康风险隐忧甚至成为他们反对邻避设施的唯一理由。目前,在技术层面,只要设施运营企业有较强的社会责任感,购置先进的设备和技术,规范操作,就能够较好地规避上述风险。因此,做好政府（专家）与公众间的风险沟通是化解邻避效应的基本前提。九峰项目、仙桃项目反思邻避事件后,实施了有效的风险沟通:一是积极发挥行业标杆项目的示范作用。杭州组织 82 批次,共 4000 多人次;仙桃组织 19 批次,共 2100 多人次,前往苏州市、常州市、广州市等地运营优良的垃圾焚烧发电厂参观考察,以所见所闻消除公众对垃圾焚烧发电厂的风险疑虑。二是坚持问计问需于民,开展干部进村入户大走访,创新宣传方式手段,提高公众对垃圾焚烧发电的理解接纳水平。此外,当前我国垃圾焚烧发电行业发展迅猛,企业技术水平、管理能力参差不齐,违法违规排放现象时有发生,因此,要主动引进行业技术水平领先的垃圾焚烧企业,不断改进技术标准,提高企业社会责任的履行能力。例如,九峰项目引进光大国际作为设施建设运营单位的一个重要原因,是公众参观该公司常州项目后投出的信任票。

（3）以经济补偿为动力,打造"政府—企业—公众"利益共同体。经济补偿是最早用来缓解公众邻避抗议的制度设计,如我国台湾地区创立的环保回馈金制度,主要用于垃圾焚烧厂周围环境美化,加强环境监测,提升周边居民教育文化水平或医疗保健水平等领域。我国垃圾焚烧发电项目选址主要位于城郊或偏远农村地区,周边居民从事农业为主,经济发展水平相对落后,现代产业发展能力不足。从经济发展角度分析,给予项目周边居民合理的经济利益补偿,是公众接纳邻避设施的基础动力。而当政府（企业）与公众间进行良好的风险沟通后,以邻避设施建设为契机,推动地方基础设施建设,带动新兴产业发展,获得与企业共享发展的机会,是项目周边公众的急切需求。在具体补偿措施上,九峰项目综合运用了多种补偿方式,如项目周边 300 米防护距离内实行土地征迁、房屋搬迁补偿,单独划拨一定的土地指标用于项目周边产业发展,新建高速公路进出口匝道供垃圾运输车使用,设立环境改善专项资金等。仙桃市将项目周边 6 个村庄进行美丽乡村建设改造,给予资金、政策扶持,将垃圾焚烧发电项目扩展为循环经济产业园,给周边公众带来新的发展机会。因此,打造"政府—企业—公众"利益共同体是获得公众理解支持的关键举措。

（4）以参与监督为保障,构建协商互信的邻利型社区。国内邻避效应此伏彼起,表明公众的环境健康权利意识提升,走上街头抗议邻避设施选址决策,本质上也是公众参与表达的方式之一。邻避设施建设运营是一个长期的持续过程,要保证企业合法合规地运营,除了企业坚持行业自律及政府部门加强监管外,建立有效的参与监督机制必不可缺。协商治理是吸纳公众有序参与,培育公共理性,实现多元主体互动合作的重要渠道,有利于打破政府封闭式决策模式,是提高决策民主化水平的重要渠道。在我国基层治理实践中,已涌现大量成功的协商实践案例。九峰项目和仙桃项目得以建成运营,公众全过程协商参与监督发挥了重要作用,如通过"装树联"信息公开机制,实时公布垃圾焚烧过程中废气排放指标数据,增加第三方机构二噁英检测频率,聘请村民监督代表,督促查看项目建设运营状态等。因此,围绕垃圾焚烧发电厂规划选址、建设运营全过程,政府、企业、公众三者间应通过理性协商、参与监督,达成一致性共识,提升多元主体间的信任水平,积极构建协商互信的邻利型社区。

(资料来源:邵青.协商治理视角下邻避效应化解的策略分析——以杭州市和仙桃市垃圾焚烧发电项目为例[J].中国管理信息化,2019(12):181-184.)

思考与讨论:

1. 在互联网上收集其他邻避事件的政府公共关系案例,并与本案例进行比较,分析从政府公共关系基本原理出发处理相关事件的经验和教训。

2. 如何运用政府公共关系手段避免邻避事件的发生?

3. 政府部门应该如何化解邻避效应?

实训项目:举行"基于构建和谐警民关系的基层派出所"案例讨论会

1. 实训目的

举办"基于构建和谐警民关系的基层派出所"案例讨论会,加强对政府公共关系中公众相关内容的理解和掌握。

2. 案例简介

基于构建和谐警民关系的基层派出所

2018年杭州市余杭区人口总数近300万人,其中超一半为流动人口,管控难度高。2018年余杭区接处警近百万次,有效警情40多万次,日均处警量高达150~200次,日常工作量大。然而余杭区正式民警不足900人,辅警不足5500人,警民比例低至万分之三,基层所队承受着巨大的压力。在这种情况下,余杭区各基层所、队以新时代"枫桥经验"为导引,综合考量本地区实际情况,积极探索了大量先进的基层社会治理新模式,谱写警民关系新篇章。

新时代背景下,作为平安杭州建设的主力军,余杭区公安分局所辖18个基层派出所积极探索基层社会治理新模式,涌现出径山镇"安小径"警民服务站、塘栖镇"五型"警务室、星桥街道未来社区警务新模式等一大批先进做法和经验。这是基层派出所构建和谐警民关系的最佳路径的典型代表。

1) 径山派出所以"安小径"警民服务站为牵引,积极打造"枫桥式"社会管理服务新模式

2018年至今,径山派出所以径山镇小古城村为试点,通过打造"安小径"警民服务站

线上线下平台，拓展、下沉矛盾纠纷收集化解渠道，整合优化信息收集、宣传教育、基础管理、"最多跑一次"服务等功能，积极打造社会管理服务新模式，构建良好警民关系，并初见成效。"安小径"警民服务站运行以来，累计共采集人、事、物等基础信息5300余条，对接服务代跑代办业务265人次，接受群众求助5起，接受各类社会咨询70余人次，调解各类纠纷13起，受到人民网、中新网、浙江卫视等各级媒体的争相报道。

径山派出所的成功经验主要在于：第一，继承发扬传统优势，贴近实际服务群众。径山派出所以实际行动践行了"有事好商量，众人的事情由众人商量"。[①] 第二，创新建设"一站三点"，借势借力丰富内涵。将小古城村现有村级调解体系向下延伸层级，增加一级调解机构，同时拓展信息收集的"毛细血管"，整合服务功能。它以站为圆心，延伸多元化服务；以家为站，提供全天候服务；丰富站点内涵，优化管理服务。第三，优化完善线上平台，办事一次都不跑。"安小径"开发了"小古城众议亭"微信公众号，进一步创新管理服务手段，实现了调解申请一次都不跑，房东及租客履责一次都不跑，各类咨询一次都不跑，参与村务建设一次都不跑。

2）塘栖派出所打造"五型"警务室，有力提升新时代群众工作能力与水平

塘栖派出所紧紧围绕群众工作这一新时代"枫桥经验"的重要内涵，牢牢抓住警务室这一警务工作延伸阵地，以打造"学习型、服务型、实干型、智慧型、创新型"的"五型"警务室为牵引，坚持以人为本，优化警民关系，实现警务工作和群防群治无缝对接，有效地确保了辖区社会和谐稳定，被浙江省公安厅评为"枫桥式"基层所队。

塘栖派出所的成功经验主要在于：第一，从实际出发，学有所用，贴群众之需。一方面强化业务性学习，提内功；另一方面强化针对性学习，知民需。第二，从需求出发，落实"三化"服务，暖群众的心。"三化"具体为：代跑服务集约化、上门服务日常化、志愿服务共享化。第三，从问题出发，突出实干，解群众之难。一是重"敢为"，强化矛盾纠纷化解；二是重"善为"，实行综合网格警长制；三是重"巧为"，发动群众共建共治。第四，从实战出发，指挥创新，增群众之益。一方面打造线上平台，实现便民利民；另一方面推广线下设施，实现惠民益民。

3）智慧融合，共享平安，星桥派出所探索未来社区警务新模型

人际直接交往往往产生矛盾，智慧警务模式则有效避免了这一点，且增加了民众的便利，间接助力和谐警民关系构建。星桥派出所集成运用互联网、物联网、人工智能、大数据等现代科技手段，抓住"城市大脑"建设的有利时机，以汤家社区锦绣二期为试点，积极开展了"5＋N"（即围绕五大功能，建设推广N个智能前端设备）的智慧安防小区建设实践活动，努力探索未来社区警务新模型。通过智慧安防小区的试点实践，全面提升了社会治安的预警、预测、预控水平，进一步巩固了基层基础工作，有效破解了回迁安置小区治安管防难的问题。据统计，小区流动人口登记率、准确率始终保持在98％以上，案件报警数从2017年的17起下降至2018年年底的2起，其中火灾和入室侵财型案件"零"发生。同时，接收智能用电、智能用水、智能烟感、智能充电等预警信息379条，及时排除各类安全

---

① 习近平.决胜全面建成小康社会夺取新时代中国特色社会主义伟大胜利——在中国共产党第十九次全国代表大会上的报告[M].北京：人民出版社，2017：37-38.

隐患 411 处、事故苗头 7 件次。通过"一键搜索"为走失儿童、老人提供实时查找服务 13 件,极大提升了广大居民对小区的安全感和满意度,为警民关系的新模式提供了样板。

星桥派出所的成功经验在于:第一,守住大门,实现出入留痕。第二,全程记录,实现轨迹可溯。第三,盯牢痛点,实现智慧消防。第四,精准信息,实现智能管理。第五,平台融合,实现数据汇聚。

(资料来源:徐云鹏,李辉.新时代基层派出所和谐警民关系构建路径研究——基于杭州市的地方实践[J].公安学刊,2019(6):13-19.)

3. 实训步骤

(1)全班分成以 5～7 人为单位的若干小组。

(2)结合本章学习的内容及上面实训案例,谈谈应该怎样处理好政府与其相关公众的关系。请分组讨论并形成发言提纲。

(3)各组选一名代表重点发言。

(4)教师总结。

4. 实训手记

通过训练,我的收获是_____。

课后练习题

1. 政府公共关系公众有何特征?
2. 如何进行政府公共关系公众分类?
3. 政府如何选择目标公众开展政府公共关系?
4. 如何优化政府内部公共关系?
5. 如何优化政府外部公共关系?
6. 案例分析。

青岛市的"三民"活动

2009 年年底青岛市委、市政府为鼓励公民积极参与政府绩效评估,提高政府工作能力,创造性地提出了"向市民报告,听市民意见,请市民评议"的"三民"活动。

"三民"活动共分为三个阶段:第一阶段为启动阶段,主要完成网上市民意见征集以及市民代表报名工作;第二阶段为报告评议阶段,主要是市民代表评议各部门负责人现场的述职报告;第三阶段为办理总结阶段,主要是针对市民代表现场意见建议的办理、网民意见办理以及优秀市民意见评选。具体实施步骤包括以下几个方面。

1. 筹备"三民"活动

每年的 11 月上旬,青岛市政府开始研究并部署"三民"活动的实施,成立"三民"活动联席会议办公室,由联席会议办公室在青岛政务网及青岛市相关网站发出"三民"活动市民代表邀请函，并完成市民代表遴选、确定；组织45个年终公开述职的市政府部门的分组情况，并上报审核市政府各部门负责人述职报告材料；确定"三民"活动的主、分会场，同时做好技术保障等前期筹备工作。

2. 征集市民意见建议

征集网民的意见建议即"听市民意见"。每年的11月上旬到12月上旬，网上意见征集栏目在青岛政务网的"三民"活动专题网页及微信公众号开通，鼓励市民以实名的方式依据每年的主题向地方政府提出意见建议。2017年"三民"活动中，市政府鼓励市民重点以经济发展中的"双创"，融入"一带一路"，城市治理中以"建设美丽青岛三年行动"为主题，向地方政府提出意见和建议，并且意见、建议同步链接到各大网站及微信公众号，激励广大市民和社会各界广泛参政议政。

3. 优化市民代表队伍

市民代表队伍中，除结合随机抽选和组织推荐遴选9800名市民代表外，市民还可以在青岛政务网"三民"活动专题网页中就近选择所在区市的会场报名参与，活动将从报名市民中随机抽选200名市民代表参与。为进一步优化市民代表机构以及评估结果的客观性和准确性，2017年青岛市"三民"活动中，有针对性地根据每组述职部门的特点调整了市民代表的构成，如在发改委等与民生相关的部门增加了居民、街道社区工作者等市民代表的比例，同时也提高了民营企业和小微创客等代表的比例。

4. 安排各部门述职报告会

"向市民报告"是"三民"活动的重头戏，要求市政府部门负责人分4组进行述职，述职活动持续两天，每组用时约半天，每个部门限时10分钟，主要由各部门"一把手"在主会场集中向市民代表报告全年本部门的工作情况。部门述职信息主要包括四个方面，即部门职能、工作打算、业务目标、工作总结。除主会场之外，青岛市各区（市）设11个分会场，各区（市）组织市民代表收看由主会场通过视频直播的述职报告。全市市民可以通过视频点播观看了解市政府各部门的工作情况。这种全面公开的述职报告方式，改变了传统的政府信息不公开、不透明的做法，真正实现了政府在阳光下运作并接受市民的监督。

5. 组织市民代表现场评议

"请市民评议"是邀请市民代表评议市政府各部门的年度工作报告，公众的满意度是衡量政府各部门绩效的度量准则。市民代表根据各部门的述职内容，同时基于日常对各部门的了解，以无记名的方式填写并提交评议表，经第三方汇总统计，评估结果计入市政府各部门全市综合考核成绩的社会评议指标中。同时，"三民"活动期间，"三民"活动联席会议办公室再次对参与活动的1万名市民代表进行社情民意问卷调查。"请市民评议"的环节重构了青岛市政府与公众之间的关系，树立了公民的主体地位，有利于责任型政府的构建。

活动结束后，还会评选出优秀的市民意见，将这些有价值且具有可操作性的意见，纳入下一年度的政府工作计划中。目前青岛市"三民"活动已举办十余年,取得了良好的效果,正在逐渐改变地方政府绩效评估中地方政府"既是运动员又是裁判员"的双重角色。不断地建立和完善"三民"活动的相关制度体系和评估标准,倡导政府绩效评估向"政府主导—公众参与"的多元化结构的模式发展。

（资料来源：潘乐.公众参与地方政府绩效评估的模式研究——以青岛市"三民"活动为例[J].南方论刊,2018(6)：32-34.)

案例思考：试运用政府公共关系相关知识分析评点这一案例。

第六章

政府公共关系传播

社会传播是社会这个建筑物得以粘合在一起的混凝土。

——[美]诺伯特·维纳

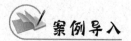 案例导入

中美乒乓外交

乒乓外交也称为"小球带动大球"，中美建交就是巧借乒乓球队之间的互访成功建立外交关系的一个典型范例，正是以乒乓球为媒，让处于封冻状态的中美关系最终实现了邦交正常化。

20世纪60年代后期起，长期处于敌对状态的中美两国开始为改善关系进行试探和接触。美国要结束越战，脱离战争泥沼，对抗苏联，需要中国的配合与支持；中苏之间因珍宝岛事件关系进一步趋于紧张，中方以实现民族统一大业，恢复和扩大国际交往，积极参与国际事务为己任，两国的战略利益促使双方产生了相互接近的要求。双方都在积极探索接近的渠道，并进行了多次试探。中美两国经过多次试探和接触后，最终通过双方的乒乓球队之间的友谊实现了两国外交上的重大转折。

乒乓外交起源于1971年春天在日本名古屋举行的第31届世界乒乓球锦标赛。在此次世锦赛前夕，周恩来总理召集有关人士开会时要求这次参赛要"接触许多国家的代表队""我们也可以请他们来比赛"。在比赛开始的第一天，中国队乘巴士从驻地前往体育馆时，美国运动员科恩由于同中国国手切磋球技而错过美国队的巴士，正在科恩无奈彷徨的时候，中国队员主动招手欢迎其搭车前往。乘坐期间，中国运动员庄则栋上前和他握手、寒暄，并赠予一块中国杭州织锦留作纪念。这个细节被在场的日本记者抓住，成为爆炸性新闻。在中方邀请加拿大与英国的球队来中国访问之后，美国队的副团长哈里森突然主动来到中国代表团驻地表示了到中国访问

的意愿。于是,4月3日,中国外交部以及国家体委就是否邀请美国乒乓球队访华问题向中央请示。经过3天的反复考虑,毛泽东在比赛闭幕前夕决定,由在日本名古屋参加第31届世界乒乓球锦标赛的中国乒乓球队向美国乒乓球队发出访华邀请。次日,美国国务院接到美驻日大使馆的《关于中国邀请美国乒乓球队访华》的文件后,立即向白宫报告。尼克松在深夜得知这个消息后,立即发电报给美国驻日大使,同意中方的邀请。事后尼克松说:"我从未料到对中国的主动行动会以乒乓球队访问北京的形式得到实现。"

1971年4月10日,美国乒乓球代表团和一批美国新闻记者来访,成为自新中国成立以来,第一批获准进入新中国境内的美国人。4月14日,周恩来在人民大会堂接见了美国乒乓球队的成员,并对他们说:"你们在中美两国人民的关系上打开了一个新篇章。我相信,我们友谊的这一新开端必将得到我们两国多数人民的支持。"

在周恩来讲话几小时后,尼克松宣布了一系列对华开禁措施,包括放松美国对中国实行了21年的禁运,对愿意访问美国的中国人可以加快发给签证,放宽货物管制,等等。作为回报,美国乒乓球队邀请中国乒乓球队访问美国,这个邀请立即被接受。尼克松还高兴地宣布:"美国的对华政策已经打开了坚冰,现在就要测水有多深了!我希望,其实我是期待着,有一天我将以某种身份访问中国。"

1971年4月21日,周恩来通过巴基斯坦向美方首脑发出访华邀请;7月9日,美国总统国家安全事务助理基辛格博士秘密访华,确定了尼克松访华日期及准备工作,为尼克松访华进行预备性会谈。

1972年2月18日,尼克松启程来华,21日到达北京,成为第一个来华访问的美国在任总统。2月28日,中美在上海发表《中美联合公报》,中美关系开始实现正常化。1972年4月11日,中国乒乓球队回访美国。中美两国乒乓球队互访轰动了国际舆论,成为举世瞩目的重大事件。"乒乓外交"结束了中美两国20多年来人员交往隔绝的局面,使中美和解随即取得了历史性突破。

中美成功建交,乒乓球作为公关媒介对此发挥了重要作用。周恩来也正是掌握了公关活动中的这一独特艺术——寻找媒介达成双方的共识,坦诚相见,才促使此次建交成功。时至今日,中美之间已经上升到了建设性战略协作伙伴关系,在经济、政治以及军事方面都有广泛的联系,共同对世界事务的处置发挥着至关重要的作用。而乒乓外交仍然为两国人民所津津乐道,纪念活动也在两国之间广泛地开展。乒乓外交成为世界各国开展外交活动的一个典型案例,并没有随着历史而终结,而是不断从借鉴中扩展形式使之在国际交往中继续发挥作用。

(资料来源:洪建设.政府公关[M].北京:北京大学出版社,2010.)

问题:

1. 结合本案例谈谈政府公共关系传播的真谛是什么。

2. 怎样才能收到最佳的政府公共关系传播效果?

第一节　政府公共关系传播概述

一、传播的基本原理

（一）传播的基本概念

传播是自人类产生以来就有的社会现象。传播行为是人类最常见、最主要的社会行为之一。任何人初降人世，他的第一声啼哭就开始了信息传播：宣告他的出生。一切生产和社会活动都离不开传播。人们的交谈、通信、微笑、握手、穿戴及新闻报道、工商广告、政治宣传都是传播行为。信息传播行为是维系人类社会的纽带，衣食住行加传播构成人类生存发展的基本条件。现代信息社会要求人类特别重视信息传播。

1. 传播的定义

在公共关系中，传播是社会组织利用各种媒介，将信息或观点有计划地与公众进行交流的沟通活动，其基本含义包括以下两个方面。

（1）传播是有计划的完整的行动过程。"有计划"是指整个传播活动必须按组织的公共关系总目标有步骤地进行。"完整"是指传播过程必须完全符合传播学的"五 W 模式"，即 who（谁）、say what（说什么）、through which channel（通过什么渠道）、to whom（对谁说的）、with what effect（产生什么效果）。

（2）传播是一种信息的分享活动。传受双方是在传递、反馈、交流等一系列过程中获得信息，因此，这不是一般意义上的单向性信息传递，而是通过双向的信息沟通，使双方在利益限度内最大限度地取得理解，达成共识。

2. 传播的基本特征

（1）传播具有社会性。传播是人类维持社会生活的一种最常见、最主要的社会行为。任何社会都不能离开传播，没有传播就形成不了社会。

（2）传播具有普遍性。传播行为无时不有，无处不在，有人就有传播。它是人类社会最普遍的现象。

（3）传播具有工具性。人类利用传播作为工具，来监测环境，适应和改造环境。

（4）传播具有互动性。传播在人与人之间进行，总是双向交流、互为主体的活动，纯单向的传播是不可想象的。

（5）传播具有符号性。人类的信息传播是依靠"符号"进行的。语言、文字、音响、图画、形象、表情、动作等符号，都是信息的表现形式。整个传播过程是：传播者将信息译成符号，传递符号；接受者接受符号，还原符号，了解信息内容。

（6）传播具有共享性。传播的目的就是与传播对象共享信息内容，以达到某种共同性。

（二）传播的要素和类型

1. 传播的基本要素

传播是一个完整的过程。传播的起点是信息的发布人，通过传播媒介把信息输出给接收者，接收者就成为传播的终点。构成整个传播过程的要素有以下几点。

（1）信源。信源也称传播者，是信息的发出者。新闻传播中的记者、编辑，政府公关活动中的公关人员，都是信息发出者，都是信息源。

（2）信息。信息实际上是包含内容和表现形式——符号两部分的综合体，二者缺一不可。只有内容没有符号的信息是无法传播的，只有符号没有内容的信息是无意义的。

（3）编码。传播者根据传播对象的特点，按照一定规则将内容制成符号系统传播出去，便于对象的接收和理解。如将新闻事实写成新闻稿。

（4）媒介。媒介是指信息传播的中介和途径。新闻传播媒介是指报纸、杂志、广播、电视等。

（5）信宿。信宿是指信息传播的归宿，即传播的受传者，或传播的对象，有的称受众、读者、听众。

（6）译码。信宿收到信息后，将信息符号译成自己理解的内容。就像战争的双方截获对方的密码，必须经过破译才能掌握其内容一样。

（7）干扰。干扰是指传播过程中放大或缩小信息量，使信息失真的因素。干扰可以出现在传播的任何一个环节，它是影响传播质量、降低传播效果的重要因素。常见的干扰有编码干扰（不会写作）、信息干扰（信息本身产生歧义，使受传者误解）、信宿干扰（信宿本身条件影响了信息的正常接受）。

（8）共同经验范围。共同经验范围是指信源与信宿之间的共同经验。共同经验范围越大，"共同语言"越多，传播效果越好。

（9）反馈。反馈是指信宿对信息所做的反应。传播者根据反馈调整或改变传播行动。反馈可分为正反馈（与传播者传出信息内容要求一致的反馈）与负反馈（与传播者传出信息内容不一致的反馈）、显反馈（明显公开的反馈）与隐反馈（隐蔽、潜在的反馈）等。

2. 传播的类型

（1）自身传播。自身传播又叫人的内向交流或个人的自我沟通。沟通的"双方"不是两个人，而是一个人，是自己与自己的沟通，其表现形式是人的自言自语、自问自答、自我发泄、自我陶醉、自我反省、自我斗争和沉思默想等。从严格意义上讲，它是个人内心的思维活动。从传播学角度看，它是人类传播的基本单位和细胞。

（2）人际传播。人际传播是指人与人之间的沟通交流。沟通的"双方"是两个人，是一个人与另一个人之间的交流。其表现形式分为面对面无媒介的直接沟通和非面对面地间接沟通两种,前者一般通过语言、手势、姿态、表情等直接沟通,能立即得到反馈;后者通过电话、电报、书信、便条等媒介进行沟通。人际传播的优点有以下几点:第一,使人感到真挚、亲切,容易建立感情。第二,信息真实,不易"变形"和"走样",说服力强。人们常用"亲眼所见""耳闻目睹"来强调信息的可信性。第三,信息反馈及时。由于直接交往,发出去的信息可得到及时的反馈,传播者可通过对方的姿态、动作、表情及语言等了解信息发出后在受众中引起的反应,并据此来检查自己的传播行为,纠正偏差和强化效果。人们往往把自己的亲身体验相互传播,无论好事还是坏事,常常一传十、十传百,比官方发布正式消息起的作用大得多。所以,人际传播这种方式在树立形象上有特殊的功效。

(3) 组织传播。组织传播是指组织和其成员、组织和其所处环境之间的沟通交流。我们每个人都生活在组织中,组织内部成员的关系和谐与否,关系到一个组织的健康与发展。组织的形成本身就有赖于传播活动。没有传播,就无法形成组织。组织传播一般有三种渠道,即上行沟通、下行沟通与平行沟通。上行沟通是自下而上的沟通形式,是基层单位或员工向上级单位或领导反映情况,汇报工作,提出建议的正常渠道。上级单位或领导主动收集信息,征求意见,听取汇报,也属于上行沟通。上行沟通最好采取"直通"的方式,以减少间接的传递,避免出现失真或误时等现象。下行沟通是自上而下的沟通形式,是上级单位或领导将政策、命令、决议等传达给下级。传达的方式是多种多样的,如口头与书面、直接与间接等。下行沟通一般信息量较小,干扰较多,直接影响沟通的效果。平行沟通是同级之间的沟通形式,是组织内外的同级机构或同级人员之间为了相互配合、彼此支持、解除误会、避免扯皮、消除冲突而进行沟通的重要方式。平行沟通可以促进部门之间的协调,从而有利于工作效率的提高和组织目标的实现。

(4) 大众传播。大众传播是指职业传播者通过大众传播媒介(主要是报纸、杂志、广播、电视等),将大量复制的信息传递给分散的公众的一种传播活动。从媒介角度看,它有两大类:印刷类大众传播媒介和电子类大众传播媒介。这种传播的特点是:传播主体的高度组织化、专业化;传播手段的现代化、技术化;传播对象众多,覆盖面极广;传播者和受传者之间的"人际关系"不复存在;信息反馈比较缓慢、间接等。大众传播的迅猛发展,是现代社会科学技术高度发展的产物。大众传播的方式,是政府公共关系人员必须掌握的。

二、政府公共关系传播的特点

(一) 传播主体的独特性

政府公共关系具有独一无二的主体,即政府组织,其组织体系之庞大、结构和任务之复杂、网络之严密,都是其他社会组织难以比拟的。政府公共关系传播就是指政府组织(包括政府机构及其公关部门)与其内部成员即国家各级政府工作人员及其所属部门的沟通与交流,也包括与外部公众即社区、企业、新闻界、社会名流及国际社会公众进行的沟通与交流。

（二）传播工具的优越性

在我国，主要的新闻单位都是由政府管理的，出版、电影事业也由政府管理，政府还办有自己的报纸。政府组织不仅掌握大量的大众传播工具，而且拥有一套系统、严密而又迅速的组织传播网络。除执政党外，其他社会组织在这一点上无法与之相比。这在客观上可以使政府公共关系计划得到严格的保证，使政府公共关系部门在围绕政府中心工作开展的公共关系活动中牢牢地掌握主动权，并且可以通过多种新闻工具从各个角度大量地、反复地传播某一信息来加深公众的印象，提高公共关系工作的效率。一方面，大多数其他组织的公共关系都只能不同程度地依赖不属于自己的新闻工具，这就使公共关系工作多了一层困难，即如何引起新闻界的兴趣；另一方面，政府公共关系在收集信息、了解公众反应方面条件也最好。记者的采访、公众向新闻单位的投诉，都包含了从公众向政府方面流动的信息。

（三）内部传播的有序性

内部公共关系的主要传播渠道是组织传播。许多社会组织在小范围内组织传播效率尚可，一旦组织过大往往会成为松散的集团，组织传播的效率就会降低。政府机构虽大却组织严密，其内部有一定的管理跨度和层级，这使政府通过规定的传播渠道，即党的信息传送系统、政府信息传送系统、人民代表大会信息传送系统、社团信息传送系统、新闻信息传送系统和学术信息传送系统等沟通体系发挥作用，采取请示、汇报、指令、批示、例会、简报、文件等方式，按一定的程序实行层级传播，传播信息准确而迅速地在组织内部流动。

（四）外部传播的大众化

政府组织面临的是数量最庞大、构成最复杂的公众。政府的固有职能及其公共关系的独特性使其公众不仅在数量上难以计数，而且在结构上也十分复杂，具有较强的广泛性和包容性。这就决定了政府公共关系在对外传播上，面临着一个具有权利能力和行为能力的十分广阔的公众环境，使政府公共关系的传播具有明显的大众化、公众化的特点。

（五）传播过程的强制性

政府公共关系传播当然也要强调"情感投资"，注意主体与对象之间利益的相关性。相比之下，政府公共关系传播过程中的"强制"色彩更加突出。这是因为政府肩负着组织和管理社会的职责，是根据国家权力机关的决定和委托，按照宪法和有关法律、法规组织起来，依法对国家行政事务进行组织和管理的执行机关。因此，它与内部或外部公众进行信息、思想等交流与沟通，与其说是其义务，不如说是其权利，是依法行政的需要，是开展正常行政管理的需要，是维护安定团结政治局面的需要。

（六）传播手段的综合性

政府公共关系面对的是一个具有不同需求和利益关系的十分复杂的公众群体。为实现政府公共关系目标，提高政府公共关系活动的效果，政府公共关系在传播上经常综合、交叉使用各种传播渠道、传播手段和信息载体。政府的许多政策都是先采取文件形式实施内部的组织传播，而后采取大众传播方式的，有时两种方式同时采用。这种多头并举的方法，在其他组织中比较少见，即使采用其效果也不如政府公共关系。

三、政府公共关系传播的原则

政府公共关系中的传播活动呈现出一种无处不有、立体交叉、灵活多样的复杂景象，它要求政府公共关系人员具有极大的创造性。同时，所有公关传播都要遵循以下原则，以保证取得良好的政府公共关系传播效果。

（一）目的明确原则

政府公共关系传播的总目标是树立、改善政府的形象，形成有利的舆论环境，获得各界公众的支持。因此，在很大程度上，政府公共关系传播是一种宣传，其最终目的是使人们改变或建立某种意见或态度，是通过传播事实和观点，引导、影响人们思想认识的过程。

政府公共关系传播在总目标指导下，每一次具体活动、工作也要有具体的目的，即想要解决什么问题，争取哪些公众，造成什么效果。如果目的不明确，随便组织传播活动，有时花了钱可能却无效果，甚至会造成负效果，所以，目的明确是政府公共关系传播工作首要的原则。

这种目的明确的传播，在很多情况下，要求目的公众也要明确，这是传播目的中的重要内容。每组织一次传播活动，接收者是谁，他们的情况如何，他们的兴趣在哪儿，政府公共关系人员必须心中有数，有针对性地组织活动，这与大众传播一般化地估计受众及特点是不同的。即使政府公共关系工作借助大众传播媒介进行传播，接收对象也是模糊不清的。但是，政府公关人员仍应有明确的传播目标，以期引起目标对象的注意、关心。政府公共关系传播一定要避免盲目性、随意性。

政府公共关系传播一般性的目的主要有以下几种。

1. 传播信息

传播信息是政府组织最基本的公共关系目标，要实现这一目标，政府公共关系人员必须利用各种传播手段宣传自己。正如国外公共关系专家所指出，良好的公共关系是优良行为与诚实、正确报道的结合，这说出了传播沟通的重要性。

2. 联络感情

联络感情是指政府组织通过感情投资,获得公众对它的信任与爱戴。感情投资是政府组织公关传播的长期目标。同时,它也是短期内可见成效的工作。

3. 改变态度

政府组织通过公共关系活动以改变公众对政府组织的原有态度,重新建立一种新的态度。改变公众态度是政府公共关系传播的主要目标,它是通过传播手段得以实现的。

4. 引起行为

引起行为是在传播信息,联络感情,改变了公众的态度,树立了良好形象的基础上进而追求的目标,因此,它应该是政府组织公关的最高目标。传播信息,联络感情,改变态度,目的都是引起公众的行为,即让公众支持政府组织,参与政府组织的活动,拥护政府的各项方针、政策,实施政府提倡的原则。做到了这些,政府组织的公共关系工作就取得了成功。

(二)双向沟通原则

政府公共关系的双向沟通原则是指传播双方相互传递、相互理解的信息互动原则。这项原则具体包含以下内容:一是沟通必须由两人以上进行;二是沟通双方互为角色,任何一方都可以传递信息,也可反馈信息;三是沟通意味着双方的相互理解,并有所交流。在政府公共关系工作中,因为对政府的各项政策措施,广大公众并不一定理解,所以双向沟通原则显得十分重要。坚持双向沟通的传播原则,往往可以更好地解决问题。

例如,20世纪80年代末,天津市政府在物价上涨这一问题上就积极采用双向沟通原则,取得了明显效果。天津饮食行业多次反映早点价格太低,要求涨价。市政府感到物价问题是个非常敏感的问题,它关系到千家万户的利益,是群众非常关心的大事,于是决定利用报纸展开讨论,让各种意见充分发表,让群众各抒己见。通过讨论,百姓们了解到豆浆等早点的原材料进价日益上涨,饮食行业陷入困境,饮食行业职工积极性受到严重挫伤,早点行业难以为继。最后老百姓自己说话了:"不涨点价是不行,不然豆浆比大碗茶还便宜了。"市政府制定了《关于早点问题的八条规定》,并登在报纸上。这一做法不仅没有引起百姓的不满,反而得到了公众的理解、支持与合作,受到早点行业职工的欢迎。

政府与公众实施双向沟通原则应注意以下两个方面。

1. 沟通双方应该存在一定的共识域

这里的共识域是指信息接传各方在经验、知识、兴趣、爱好、文化传统上有相似之处。这些相似、相近之处就是人们可以交流的范围。一则信息,从甲方传递到乙方,沟通双方以类似的经验等为条件。这种"类似的经验等"越多,其共识域越大,沟通时共同语言也就越多,信息的分享程度当然就高。

2. 沟通双方必须具备反馈意识

所谓反馈意识，是指沟通双方在理解了所接收到的信息后应做出反应的意识。它包括信息反馈要主动、及时、适路和适量等。主动是指反馈不仅要对所接收到的信息简单地表示赞成与否，还应主动提出自己的意见，或补充修正原始信息等；及时是指反馈应迅速，不延误沟通的时机；适路是指反馈的内容不要偏离中心；适量是指反馈的信息量要适当，以免冲淡主要信息的传递。

（三）有效传播原则

政府公共关系的有效传播原则是指通过沟通活动要取得预期效果的原则。任何一种传播都可能存在两种后果，即有效传播和无效传播。公共关系追求的是有效传播，即通过传播沟通使公众理解、喜爱、支持政府。在实践中，影响与公众有效传播的因素如下。

1. 信息的真实性与信息量的大小

对公众来说，虚假、空泛的内容丝毫不能引起他们的兴趣，更谈不上关注。好的消息如果信息量不足或太小，则公众就会放弃对其关注而转向另一个热点。因此，适量的传播，以及与公众利益有关的传播内容，是影响效果的重要因素。

2. 传者的方式与态度

政府公共关系人员在传播过程中一定要谦虚，要尊重别人。不管在什么情况下及什么场合中，都要设身处地为公众考虑，从公众角度讲话，这样才可取得好的效果。

3. 传播内容的制作技巧与传播渠道的畅通

前者多指文章的写作、节目的编排是否易于被人们接受；后者是指传播过程是否顺畅。文章印刷质量差，版面不清，有错别字和图像模糊，不美观，时间安排不好等，都是传播渠道不畅的表现。

第二节　政府公共关系与新闻媒介

新闻媒介是开展一切公共关系的重要工具。由于政府组织及其面对的公众的特点，开展政府公共关系更要特别注意处理好与新闻媒介的关系，充分利用新闻媒介为政府公共关系服务。

一、新闻媒介概述

所谓新闻媒介,是指以传播新闻信息为主要特征的大众传播工具,其中主要包括报纸、杂志、广播、电视等。新闻媒介是开展政府公共关系工作的重要工具之一,善于借助新闻媒介可使政府组织取得显著的公关效果。

(一)新闻媒介的传播过程

新闻媒介的传播目的,是传播者运用一定的科学手段使公众在短时间内获得准确翔实的新闻,并达到传播者所预期的效果,其基本过程可分为五个阶段。

第一阶段,新闻媒介的传播者(如报纸、杂志、广播、电视的记者等)将采访到的新闻信息进行加工,变成新闻稿、广播稿。

第二阶段,经过采访获得的信息和素材通过编辑人员的加工制作,在报纸、杂志上刊登出来,在广播、电视上播放出来。

第三阶段,刊登着新闻信息的报纸、杂志传到读者手中,广播、电视的节目播放于听众的耳边和观众面前,使公众获得欲知的信息。

第四阶段,公众通过不同方式获得新闻信息后,产生一系列心理活动,产生了传播者预想到或预想不到的各种效果。

第五阶段,新闻媒介的传播效果通过信函、电话、传言、来访等多种渠道把公众的意见反馈给传播者。

(二)新闻媒介的传播特点

1. 时效性

新闻报道必须争分夺秒,因为新闻的时效性与新闻价值成正比。新闻报道得越快越早,就越有新闻价值。

2. 空间性

新闻媒介可以在片刻之间获得广大空间各处的新闻,并在短时间内向广大空间范围报道这些新闻。

3. 公告性

新闻媒介传播的信息具有公开性和公告性,尽管有些公告并非新闻,如国家的法令、方针、政策等。

4. 真实性

新闻媒介是报道真相及传播信息的工具,因此真实是新闻的生命。只有真实的新闻,才称得上是新闻,才能与谣言和捏造划清界限。

5. 责任性

新闻媒介作为社会的重要舆论工具,负有极为重要的责任。新闻与言论都应对国家和社会负责,对法律和道德负责。

（三）新闻媒介的社会功能

1. 传播新闻,提供信息

新闻媒介的本质是以传递新闻信息为主的经常性社会传播活动,它首要的功能是满足人们对各方面的信息需求,向公众传递新近出现的信息。人类创办新闻事业,就是因为新闻能给人们带来信息。报纸、广播、电视等新闻媒介如果不传递信息,就失去了其存在的意义。因此,信息功能是新闻媒介最重要的功能。作为政府公共关系人员,了解这个特点,在同新闻媒介打交道时,就能有效地提高信息的采用率。

2. 引导舆论,实施监督

长期以来,人们把新闻媒介称为"社会舆论机关"或"舆论界"。它通过表达社会舆论,使人民的正义呼声、革新要求、正确意见天天出现在报纸、广播、电视上,每日向社会、政府和党传送着舆论的信息,使党和政府及时把握社会民情动向,以及人民群众对党的路线、政策等方面的看法,在此基础上不断地调整自己的政策,改善和加强自己的领导,这样,新闻媒介所反映的社会舆论实际上就成为一种无形的强大的监督力量。许多问题用行政命令解决不了,可是一旦通过新闻媒介诉诸社会舆论,问题就迎刃而解了。新闻媒介除了能够起到引导舆论及实施监督的作用外,还在于媒介本身对舆论的反映从来不是消极被动的,它总是从自己的立场出发洞察舆情,审时度势,或摆事实,讲道理;它也总是通过公布重大事件或对重大事件发表意见,千方百计来引起公众的关心,使之成为人们一时议论的中心话题,从而形成强大的社会舆论力量,并对社会产生重大影响。

3. 引导公众,教育公众

首先,新闻媒介以自己带有倾向性的言论来解释和分析新闻事件,从而把握住舆论的方向;或通过媒介连续宣传代表本阶级根本利益的政治观念、法律观念、道德观念,潜移默化地影响人们的思想和行为,从而逐步地取代旧的传统观念,形成新的社会风尚,这就是引导公众的作用。其次,新闻媒介根据新闻特性的要求,通过经常不断地向受众传播科学文化知识,通过向广大人民群众提供健康有益的文化娱乐节目,来满足受众各方面的兴趣爱好和精神需求,以提高全民族的科学文化水平服务,这就是教育公众的作用。

二、新闻媒介的选择原则

虽然新闻媒介有利于政府公共关系的开展,但必须做到正确利用。由于各种传播媒介都有自己的特点,在传递政府公共关系信息时,也就有各自的优缺点,因此,对新闻媒介必须进行合理的选择,才能收到良好的传播效果。

(一)根据公众对象选择媒介的原则

政府组织在不同的时期有不同的工作重点,应该确定不同的公共关系活动内容,并根据不同的社会公众接受大众传播媒介的习惯来选择媒介。政府公共关系人员在选择大众传播媒介时,首先应该考虑:你要传播的是什么信息?这些信息的接收对象是哪些社会群体、这些社会群体受教育程度如何、知识水准和专业技能怎样、经济状况如何、工作性质有何要求、生活习惯有何特点?根据这些情况确定最能接近特定社会公众的大众传播媒介来传递政府的信息,以收到良好的传播效果。

一般来说,知识水准较高的社会阶层人士喜欢看报纸;专业性比较强的工作人员喜欢看与自己专业密切相关的报纸和杂志;从事经济理论研究的人喜欢看与经济方面有关的报纸和杂志;从事商品流通工作的人喜欢看有关商业、市场、流通等方面的报纸和杂志;儿童喜欢看趣味性较强的电视节目;家庭主妇在做家务时,只能一边做,一边收听广播或听一听电视节目。

(二)根据传播内容选择媒介的原则

在政府公共关系中,政府组织向外部传播信息,其内容是十分丰富的。由于传播的内容繁多而复杂,因此选择的大众传播媒介也要适应不同的信息内容。如果要介绍某一公共关系活动的全过程,最好拍成电视或电影,以诱发公众观看的兴趣;如果传播的内容要求社会公众不断地思考、查找和保存,最好选择印刷媒介,以满足公众保存资料的要求。

(三)注重社会效益和经济效益的原则

政府组织在选择大众传播媒介时,既要注重社会效益,更多地为社会福利事业和社会公益事业的发展提供帮助和服务,又要注意在预期目标能够达到的前提条件下,尽量节省公共关系预算经费开支。

政府组织在选择新闻媒介时,不能单纯地考虑某一个方面的需求与满足,而应遵循以上原则,综合分析多方面的要求,使大众传播媒介选得切实、经济、可行,以便收到理想的传播效果。

三、新闻媒介沟通的形式

举行新闻媒体联谊会,召开新闻宣传座谈会,进行新闻媒体紧急沟通,是政府公共关系中新闻媒介沟通的主要方式[①]。

（一）举行新闻媒体联谊会

　　新闻媒体联谊会是地方政府与媒体定期沟通的一种方式。由于政府与媒体之间没有隶属关系，但长期存在工作联系，需要就地方发展中的重大决策、主要问题和舆论引导等方面进行沟通，以达成共识，形成政府新闻传播的主导意见和主流舆论。在我国目前地方党委宣传部与政府新闻办公室合署的工作体制下，新闻媒体联谊会通常由地方党委宣传部门出面，邀请当地所有媒体的主要负责人参加，也可以由政府及其组成部门直接邀请媒体负责人参加。

1. 新闻媒体联谊会的内容

　　新闻媒体联谊会由于具体操作方式的不同，在实践中主要有以下几种分类方法：一是从召开会议的形式上可分为总结式联谊会、讨论式联谊会、自由发言式联谊会、现场办公式联谊会和电视电话联谊会等；二是从参加人员上可分为首脑级联谊会、部门领导联谊会和工作人员联谊会等；三是从会议具体诉求性质上可分为工作方法联谊会、建立机制联谊会和解决具体问题联谊会等；四是从会议内容上可分为全面工作联谊会、阶段性工作联谊会、专项工作联谊会等。通常新闻媒体联谊会的议事流程主要包括三个环节：一是由政府领导向媒体介绍当前政府工作的具体情况和阶段性安排，为新闻媒体提供需要的政务信息；二是对前期政府与新闻媒体的互动、沟通、合作情况做出总结和梳理，既肯定成绩，又指出问题，同时政府向新闻媒体介绍政府新闻宣传工作重点，提出希望新闻媒体能够配合政府议程的宣传诉求；三是听取新闻媒体对政府新闻工作的意见和建议，对媒体提出的具体问题做出解释说明，尊重和理解媒体的立场，对媒体的服务需要做出回应，并通过双向沟通与交流缩小分歧，加深感情。

2. 新闻媒体联谊会的组织

　　新闻媒体联谊会的组织包括会前准备、实施和会后总结落实等具体内容。在会前准备阶段，要熟悉所在地区的媒体情况，事先了解媒体主要负责人的情况，向各家主流媒体发出邀请，不要遗漏。同时，对联谊会所需要的各种资料要做好充分的准备。一方面，要对近期媒体新闻报道情况进行收集分类，掌握地区媒体政府新闻报道动态，根据新闻规律和宣传规律对媒体的新闻传播进行评价和分析，对新闻传播效果进行评价；另一方面，根据政府工作议程和舆论诉求，确定近期合作的新闻议程，整理媒体所需要的政府政务信息，并将近期的工作评价形成书面总结材料。在实施过程中，要做好联谊会的后勤和保障工作，例如，与联谊会配套的参观、餐饮和其他活动等，要统筹兼顾，时间紧凑，彼此协调。在新闻媒体联谊会后，要做好会议的总结、落实和评价，对联谊会中提出的问题要认真对待，责任到人，积极解决；对联谊会达成的合作共识，要逐一落实，形成工作机制。同时，将

---

① 曹劲松，庄伟伟. 政府新闻发布[M]. 南京：江苏人民出版社，2009.

联谊会发言、纪要和其他相关材料送至各媒体和政府相关部门,做好政府部门内部的沟通协调,贯彻实施联谊会所做出的各种决定、计划和方案,使联谊会的效果在工作中得以迅速体现,发挥出应有的社会效益。

（二）召开新闻宣传座谈会

如果新闻媒体联谊会是政府与新闻媒体就宣传工作所做的原则性和指导性的沟通,那么新闻宣传座谈会就是政府与新闻媒体在具体操作层面进行的沟通和交流,其目的是直接就具体问题或一段时期内的重点问题交换意见,达成共识。在会议的组织上可以由地方党委宣传部门和政府新闻办公室定期约请新闻媒体负责人召开,也可以由政府组织部门根据需要不定期召开。在会议出席人员的管理层级上,一般由政府宣传工作或政府部门的分管领导和媒体的分管领导参加。

1. 新闻宣传座谈会的内容

新闻宣传座谈会应当成为政府部门与新闻媒体在具体操作层面上的常态化沟通运行机制。从政府的角度来说,在新闻宣传座谈会上,政府新闻宣传机构或政府部门的负责人可以就具体工作安排与媒体协商,表明政府在近期对媒体报道的具体诉求,提出新闻传播的时间表,并对一些敏感事件提出报道建议;同时,也可以对双方前期沟通与合作情况进行分析和评价,总结政府新闻传播成败的具体原因,寻求改进办法和途径,回应媒体的报道要求等。从媒体的角度来说,媒体要表明对政府近期工作的新闻关注点和聚焦点,提出希望政府给予采访报道配合的具体要求,并就前期的政府新闻传播提出意见和建议,指出双方沟通与合作中出现的问题和改进办法。新闻宣传座谈会的内容设定相对来说具有一定的随机性,除了上述常态的沟通内容或事先确定的专题外,还可以临时由双方提出议题,在相互交流中形成新的政府新闻议程建议和安排,使座谈成为激发双方创造性思维的平台。

2. 新闻宣传座谈会的组织

新闻宣传座谈会的组织相对来说比较宽松,双方参加人员可以根据具体需要或工作日程进行灵活安排。由于新闻宣传座谈会集中于解决具体问题,涉及细致繁杂的操作层面的沟通,所以在组织的准备阶段要做充分的资料准备:一是要对新闻媒体的报道情况进行细致梳理,了解不同媒体在一段时间内政府新闻报道的不同侧重点,对其产生的传播效果进行分析和评价;二是要对政府工作的具体资料和相关数据进行整理和总结,研究并确定新闻报道诉求和传播效果目标,做到在双方沟通中有的放矢;三是要根据政府新闻宣传的要求,整理汇编相关新闻线索和报道素材,为媒体深度报道提供方便。此外,政府可以向媒体提供一些策划方案,为媒体报道提供借鉴和指导。在座谈过程中,要充分尊重媒体的意见和建议,能够给予反馈的应当当场表态,或在会后及时将反馈情况向有关媒体通报,使座谈本身成为意见交换和优化工作方案的快速渠道。在座谈结束后,要对双方达成的共识与合作进行归纳,形成书面材料,向有关媒体和政府部门反馈,以便于尽快付诸实施。

（三）进行新闻媒体紧急沟通

在突发事件中,新闻媒体扮演着十分重要的角色。美国著名报人约瑟夫·普利策曾说过:"倘若一个国家是一艘航行在海上的船,新闻记者就是船头的守望者。他要在一望无际的海面上观察一切,审视海上的不测风云和浅滩暗礁,及时发出警告。"新闻媒体作为一种新崛起的社会政治因素和独立的社会政治势力,既是实现政府与公众沟通的桥梁和纽带,又是对危机信息进行过滤、筛选的"把关人",它是政府危机传播的中心。因此,在突发事件形成危机的情形下,政府必须建立与媒体沟通的紧急机制,一方面通过媒体及时传播相关信息,表达政府立场、态度和采取的应急措施,满足公众的知情需要;另一方面要在新闻媒体和公众的监督下,积极履行政府职责,有效地处置事件,化解社会与自身的危机。

四、新闻媒介关系策略

正确处理政府与新闻媒介的关系,有利于充分发挥新闻媒介在政府公共关系中的作用,有利于新闻媒介在政府领导下保持新闻渠道和来源的畅通。因此,要充分利用新闻媒介为政府公关服务,关键是要处理好政府与新闻媒介的关系。为此,政府公共关系人员必须注意运用以下策略。

（一）研究新闻媒介特点

政府公共关系人员要把仔细地研究各种新闻媒介的特点作为日常的基本业务之一。应研究各种新闻媒介(如广播、电视、报纸、杂志等)的性质、特征、风格、听众及读者对象、影响和覆盖面等问题,还应研究各种媒介在报道方针、报道内容、报道方法上有何特点,有何特殊要求,甚至对重要编辑、记者的工作范围以至个性和选稿的偏爱都要有深入的了解,以便在不同新闻媒介的记者前来采访时都能协助他们工作,为他们提供理想的采访对象、摄影环境、录像和录音条件,从而不错过发布新闻的时机,使政府组织有效地利用新闻媒介。

（二）尊重新闻媒介

新闻媒介人士是政府组织的重要公众之一。政府组织在其他公众中的相互尊重、平等、互相促进等宗旨,也应在新闻媒介关系中表现出来。政府组织要与新闻媒介建立良好的关系,必须注意各自不同的特点。政府公共关系人员同新闻记者的目的、职责并不相同,有时甚至是矛盾的。在这种情况下,就必须尊重新闻界的职业特点,向记者提供真实、准确、客观的信息,尊重记者地位的独立性,不能将新闻媒介看成纯粹宣传政府组织的工具,诱使或强迫其报道有利于政府组织的信息。新闻媒介机构无论其规模大小、人员多少,由于其任务的规定性及其本身的特殊性,都会在一定范围内产生不同程度的影响力。

因此,对新闻媒介一定要平等相待、一视同仁。如遇重大事件,需要记者协助采访报道,最好一一通知本地所有的新闻单位。这是尊重新闻媒介的要求。

(三) 坚持客观公正

所谓客观,就是政府公共关系人员要站在政府组织和人民的立场上观察事物,采取实事求是的态度,不能只写一面之词、只讲一面之理。这就要求政府公共关系人员要以科学的态度来认识、分析问题,不仅从现象上认识事物,而且从内部联系上认识事物,这样的信息才会受新闻媒介的欢迎,才会有广泛的指导意义。

所谓公正,就是主持公道,坦白相陈,既报喜又报忧,对就是对,错就是错。对政府的实绩要宣传,对过失也不去掩盖;对批评的意见要传递,对反批评的意见也要传递;报道犯错误,也要报道改正错误。唯有公正,政府才能树立自己的良好形象,政府的各项工作才能为公众所接受和支持;当政府工作出现失误或碰到困难时,也较容易取得公众的谅解和理解;对新闻媒介来说,也愿意尽心竭力帮助政府克服困难,渡过难关。

(四) 注意三大关系

1. 服从上级领导和独立负责的关系

就新闻单位和新闻工作者而言,应当服从党和政府的领导,贯彻上级的指示。同时,新闻单位有其独特的新闻活动的要求和规律,新闻工作者有在宪法和法律范围内独立处理各种具体问题的权利。因此,上级领导机关除在重大问题上必须给新闻单位以明确指示外,不应干涉新闻单位的日常具体工作。作为政府公共关系人员,在跟新闻单位打交道的时候,切忌摆出上级机关领导的姿态。除需经请示才可提供发表的重大新闻外,什么样的新闻该发,什么样的新闻不该发,还有采用新闻的版面、文字、音响、技术处理等问题,一般都应由新闻单位来决定。

2. 信息控制与新闻自由的关系

社会主义社会中的信息控制和新闻自由都是以人民的意志和利益为准绳的,是对人民负责的。它们作为一种客观存在,是对立统一的。作为新闻单位,最关心的就是报道受众欲知而未知的新鲜事,抢发独家新闻,以形成自身的优势中心,给受众留下深刻的“第一印象”。作为政府公共关系人员,虽然也对公众负责,但其侧重的毕竟是为建立本组织的形象服务,首先要考虑政府组织的利益,注意一些信息的保密和控制,在这种情况下,就要慎重地处理好两者的关系,尽量减少对信息来源不必要的和不正确的控制。要处理好这对矛盾,除提高政府公共关系人员和新闻记者的自身素质外,还要尽快建立相关法律,形成一种民主与法制的政治氛围。

3. 贯彻政府意图与遵循新闻工作规律的关系

作为政府公共关系人员,无疑要贯彻好政府的意图,使每个新闻工作者正确地理解政府的重大决策、方针、政策，不断提高新闻工作者的思想觉悟和政策水平，同时也要强调按新闻规律办事。因为与新闻媒介良好合作，最终是建立在符合新闻工作客观规律的基础上的。只有正确处理好这个关系，才能在政府公关过程中正确地体现政府的意图和政策、策略思想，才能避免出现新闻工作中忽左忽右的现象，并真正把政府意图贯彻到实处。

第三节　政府新闻发布

一、政府新闻发布及其制度

政府新闻传播可以通过多种方式和渠道加以实现，在长期实践中政府新闻传播已形成了自身体系，即由政府信源到受众的多种传播与媒介作用体系。在这一体系中，政府新闻发布占据着主要角色，是政府借助大众媒介进行新闻传播的主渠道，能够有效起到沟通信息，协调关系，引导舆论和改善形象的作用。

（一）政府新闻发布的含义

政府新闻发布，简而言之就是政府新闻信息的开诚布公。关于政府新闻发布的概念，文化部政务公开领导小组是这样定义的：通过举行新闻发布会，接受记者采访，提供新闻稿件等多种形式，发布有关新闻或阐述政府、部门的观点立场。有专家通过对新闻传播活动的传播者、受众和传播渠道三大要素进行系统的分析，对"新闻发布"做如下论断："政府新闻发布指的是政府通过新闻发言人以及其他信息传播途径，向媒体和公众公布有新闻价值的信息，传达政府的立场和态度。"还有专家在谈到政府信息公开与政府新闻发布时，认为政府新闻发布是指："政府部门在日常工作中，以及公共突发事件发生时期，及时或定期地通过一定的形式向社会、公众公开有新闻价值的信息。"有的书中将政府新闻发布定义为：各级政府或政府有关部门，通过多种大众传播方式公开其政务活动，发布有利于公民实现其权利的信息资源。

政府新闻发布并不是近代才有的事物，从政府存在起，就存在着新闻发布这种信息公开的形式，只是早期新闻发布制度服务的对象不是公民而是统治阶级。新闻发布也不是政府独有的行为，是"政府、组织、企业、事业对某一特定信息通过媒体对公众进行传播的一种传播形式"[①]。即便在新闻发布制度近代的起源地美国，企业的新闻发布制度也早于政府新闻发布制度的产生。20世纪初，美国工商界对公众利益的无视激起一些正直的媒体记者的愤慨，掀起了一场揭露企业丑闻、呼唤正义与公平的"扒粪运动"。面对这些谴

责,为了工商界自身的生存和发展,重塑自身的社会形象,改善与新闻媒介以及公众的关系,企业广泛地开展公共关系活动。现代西方政府的行政事务日趋复杂,很难在一切问题上获得公众的赞同,常常会受到来自各个方面的指责。在这种情况下,借鉴工商界的成功做法,政府将其职能活动视为公共关系活动,有效地开展公共关系活动,树立良好的公众形象,以赢得公众的舆论支持,政府公关随之产生,这样新闻发布制度才真正从统治者的传播工具转化为保障公民知情权的现代意义上的新闻制度。

新闻发布制度的演进以及现代新闻发布形式的运用,是政府信息化及透明化的结果。与简单的信息公开不同,新闻发布是"信息公开的一种特殊方式,一般意义上的信息公开是静态的、被动的,而新闻发布是动态的、主动的"①。政治学家伯纳德·科恩认为,媒体无法决定人们怎样想,但可以在大部分程度上影响人们想什么,这一论断同样适用于政府新闻传播。政府新闻发布过程正是政府站在自身立场,根据政府运作需要和公众的公共信息需求,通过对媒体进行议程设置,来达到宣传自身,推行政策,引导公众舆论的效果。

（二）政府新闻发布的意义、任务

1. 政府新闻发布的意义

（1）政府新闻发布工作是深入贯彻毛泽东思想、邓小平理论和"三个代表"重要思想,全面落实科学发展观,推动习近平新时代中国特色社会主义思想深入人心的要求。

（2）政府新闻发布工作是发展社会主义民主政治,建设社会主义政治文明,坚持科学执政和民主执政及依法执政,加强党的执政能力建设的要求。

（3）政府新闻发布工作是深化改革,扩大开放,完善社会主义市场经济体制的要求。

（4）政府新闻发布工作是推行政务公开,提高政府工作和政务信息透明度,加强政府自身建设的要求。

（5）政府新闻发布工作是对外全面准确和主动及时地介绍中国,向国际社会展示我国良好形象的要求。

2. 政府新闻发布的任务

（1）紧紧围绕党和政府的中心工作,全面、准确、主动、及时地向国内外公众介绍我国在改革开放、经济建设、社会发展等方面的重大方针政策及其执行情况和取得的成效,增进国内外公众对我国政府工作的了解和理解。

（2）针对境内外舆情动向,及时发布权威信息,解疑释惑,消除不实或歪曲报道的影响,维护我国社会稳定和良好国际形象,为政府工作营造良好的国际国内舆论环境。

---

① 殷晓蓉.议程设置理论的产生、发展和矛盾——美国传播学效果研究的一个重要视野[J].厦门大学学报,1999(2):109.

（三）政府新闻发布的内容

政府新闻发布通常划分为五种主要类型,这基本涵盖了政府新闻发布的主要内容①。

1. 政策发布

政策发布是政府对法律法规、政府规章和相关实施办法的解读和介绍,目的是使公众了解政策出台的背景、主要内容及其对社会生活的影响,并形成相应的社会舆论氛围,引导人们自觉主动地配合与支持政府新政的实施。

2. 统计发布

统计发布是指定期将政府所掌握的某一方面的数据信息进行新闻发布,这些数据信息具有统计的特征,是政府及其相关部门依据法律、法规或工作规范所掌握的准确信息。这一类型的新闻发布具有信息规范性、更新周期性、对比分析性和传播解释性等特点,是政府信息公开的常态化信息。从统计发布的内容上又细分为综合信息、专题信息和调查信息,在政府新闻发布中要针对相关信息的内容特点有所区别。

3. 重点发布

重点发布是依据政府在某一阶段内的重点工作安排进行的新闻发布活动,旨在为政府营造有利于工作推进的舆论环境,或通过展示工作成果树立良好的政府形象。在政府新闻发布中,重点发布的频率相对较高,已成为政府主动运用媒体推动工作,落实成效,扩大影响的一种有效方法,新闻发布运用得当,能够起到事半功倍之效。

4. 应急发布

应急发布是政府没有主动做出预期安排和策划,面对一些突发情况和紧急事态,或者涉及公务人员责任和政府形象的事件及舆情,而组织的相关新闻发布。应急发布不是简单地从发布内容上加以分类,而是着眼于在组织发布过程中的应急特点,通过信源疏导实现对新闻传播效果的控制。

5. 热点发布

热点发布是指政府就社会舆论关注的热点问题进行的专门发布,突出强调在媒体和公众的普遍关注下,如何就相关议题与公众进行有效沟通,通过解析和回应社会热点,引导舆论朝着有利于推进社会发展和政府工作的方向延伸,将舆论热点的传播效应转化为社会动员的精神力量。热点发布在涉及的内容上可能与其他发布类型的内容有所交叉,但其发布的媒体环境、公众认知和传播诉求则呈现出独特性,区别于其他类型的发布,进而在政府传播中的实践要求也不尽相同,因此我们单独将其作为一类加以研究。

---

① 曹劲松,庄伟伟. 政府新闻发布[M]. 南京：江苏人民出版社,2009.

（四）政府新闻发言人制度

政府新闻发布既是一项制度，又是一项系统化的工作，新闻发言人制度是其中一个重要组成部分。政府新闻发言人是指那些由政府及其下属机构所任命或指定的新闻发布人员。其主要职责是就政府或本机构责任范围内的重大事件和现实问题，或举行新闻发布会，或约见记者，提供相关的新闻事实，阐释政府的立场、观点，介绍政府已经采取的和将要采取的对策措施，并作为政府或机构的代表回答记者的提问。[①]

1. 新闻发言人的制度设计

新闻发言人是国家、政党、社会团体任命或指定的专职或兼职新闻发布人员。新闻发言人的主要职责是利用新闻发布会，接受记者采访等发布形式，就某些特定的政府新闻信息通过媒体向社会公开发布。这些要素的固定化和制度化，就构成了新闻发言人制度。新闻发言人制度一般是对新闻发布会的组织部门和人员、召开的时间、包括的内容、涉及的单位、发布的对象及媒体的参与等方面所做的规定。政府新闻发言人是政府新闻发言人制度的核心要素，正是政府新闻发言人的特质规定及系列活动才构成了新闻发言人制度。国务院原新闻办公室主任赵启正曾指出，新闻发言人不是"人"，而是制度，并从微观和宏观两方面分析了新闻发言人之所以是制度的原因。但我们必须明确一点，广义的政府新闻发言人是指新闻发言人制度，狭义的新闻发言人即承担发言人任务的个体，只是新闻发言人制度的一个组成部分。

在政府新闻传播体系中，政府新闻发言人作为一个"制度人"的设计，通过各种形式来为政府代言，发布政府新闻，沟通媒体和公众。由政府新闻发言人召开新闻发布会是政府新闻发布的最主要形式之一，可以及时、准确、高效地向媒体和公众介绍政务信息，阐明政府的立场和观点，并对媒体和公众关心的问题给予答复，建立并维护政府、媒介、公众三者之间的良性互动关系。目前我国政府新闻发布会主要包括三个层次，即国务院新闻办及国务院各部门、省级政府及组成部门、省级以下政府举行的新闻发布会。就新闻发布会的基本类型而言，既有定期的例行发布会，称为"自主"发布会，记者可以就各个方面的政府事务提出问题；也有为配合国家有关重要方针政策出台、发生重大或突发公共事件时介绍情况、应对不实舆论报道和向公众解疑释惑而举行的不定期的专题新闻发布会，通常发言人仅就所发布的专题内容与媒体记者进行交流。

2. 我国新闻发言人制度的历史进程

源自西方国家的新闻发言人制度，在我国开始于 1983 年。中国记协首次向中外记者介绍国务院各部委和人民团体的新闻发言人，正式宣布我国建立新闻发言人制度。当时主要是出于外交的考虑和对外宣传的需要而基本局限于中央一级人民政府，多年的新闻发布实践，满足了对外宣传的需要，向世人展现了中国的良好形象。在中华人民共和国成

---

① 曹劲松，庄伟伟. 政府新闻发布[M]. 南京：江苏人民出版社，2009.

立前和中华人民共和国成立初期,中国共产党已经用记者招待会的形式进行新闻发布,但并没有形成制度。

我国新闻发言人制度的全面启动是在 2003 年。由于"非典"事件的刺激,加上经济全球化浪潮外部冲击和政治经济体制改革内在要求的双重压力的推动,中国新闻发言人群体脱颖而出,各级政府部门的新闻发言人制度如雨后春笋般涌现。有学者指出,2003 年"非典"事件,既是对政府危机公关的考验,同时也是实施政府新闻发言人制度的推进剂。

从 2004 年开始,我国政府新闻发言人制度全面推开。新闻发言人制度以国务院、国务院各部委和地方政府三个层次开始在国内广泛确立,中国新闻发布会的次数明显增多,涉及范围非常广泛,几乎涉及所有主要的重点领域。2004 年,中共中央在《中共中央关于加强和改进新形势下对外宣传工作意见》中明确指出,"建立中央对外宣传办公室,国务院各部委及省级三个层次的新闻发布工作机制,明确职责,注重策划,加大对新闻发言人的培训力度,提高新闻发布的效果和权威性,做到经常化和制度化。"2005 年 3 月,中共中央办公厅下发《关于进一步推进政务公开的意见》,将中国政府新闻发布制度建设列为中国政府政务公开的一项重要内容。这使得政府新闻发布会数量大增。

2008 年 5 月 1 日,《中华人民共和国政府信息公开条例》正式施行。条例明确规定了政府信息公开的范畴和方式:"行政机关应当将主动公开的政府信息,通过政府公报、政府网站、新闻发布会以及报刊、广播、电视等便于公众知晓的方式公开。""行政机关应当及时、准确地公开政府信息。行政机关发现影响或者可能影响社会稳定、扰乱社会管理秩序的虚假或者不完整信息的,应当在其职责范围内发布准确的政府信息予以澄清。"这意味着报刊、广播、电视的政府报道与信息披露将有法可依,公众知情权和新闻发布制度的完善进一步得到法律上的保证。

我国的新闻发言人制度目前已从国家部委推广到地方区县一级的政府部门。建立新闻发言人制度既是为了保证媒体和公众的知情权,也是为了促进政府提高工作透明度。作为新闻发布会的主角——政府新闻发言人正在越来越引起公众的关注。

二、政府新闻发布的主要形式

只有灵活运用政府新闻发布的各种形式,才能获得好的传播效果。选择不同形式来进行新闻发布,本身也是政府立场、态度的一种鲜明体现。不同的发布形式会在很大程度上影响发布效果。新闻发言人不仅要细心甄别和考虑各种发布形式的适用范围和实际操作效果,还要在新闻发布前根据即将发布的信息的自身特点和发布时的环境参数(如舆论热点、记者需求等)选择适合的发布形式。政府新闻发布的形式主要有 6 种[①]。不同的新闻发布形式在正式性、灵活性、公开性和可操作性等方面各有不同,也因此带来了适用情况的区别。

---

① 国务院新闻办公室新闻局.《政府新闻发布工作手册》连载之三:政府新闻发布的主要形式[J]. 对外传播,2008(4):60.

（一）举行新闻发布会

政府新闻发布会是指政府或政府有关部门举行的向新闻媒体介绍政府立场、观点、态度和有关方针、政策、措施等政府信息的问答式会议。新闻发布会为公务人员提供了一个通过媒体向公众传达信息的机会，也为公众提供了一个通过媒体向公务人员提问和获得信息的机会。当前，这种新闻发布形式已成为公众比较熟悉的形式之一。新闻发布会体现出政府的高度重视，便于政府和诸多媒体直接双向交流。

在安排一次新闻发布会之前，请首先思考以下问题。

（1）是否是最好的方式？

（2）是否有足够有新闻价值的信息使媒体记者满意而归？

（3）是否为回答记者提问做好了充分准备？

只有当发布主题足够重要，内容足够丰富，对记者具备足够的吸引力时，才适合举行新闻发布会。

（二）召开背景吹风会

背景吹风会是新闻发布工作中常用的一种形式。背景吹风会的内容大多被要求不做报道，或在报道中不直接加以引用。由于背景吹风会所提供的信息能影响和引导记者有关这类题材的报道，所以它是新闻发布会的一种重要辅助形式。

背景吹风会不必定点定时，形式相对简单，有时要求在报道中隐匿消息来源，可锁定部分目标媒体进行小范围的发布，发布者对信息的掌控度高。

（三）组织记者集体或单独采访

组织记者集体或单独采访是指通过主动和应邀约见或安排独家或多家媒体的采访来发布新闻信息。这种发布形式灵活机动、时效性好，可体现政府主动性，又可有选择地接触媒体，有利于深入交流和树立发言人的良好形象。

（四）以政府新闻发言人的名义发布新闻公报、声明、谈话

以新闻发言人名义发布新闻公报是指新闻发言人由党和政府授权，郑重宣布某项新闻事实，或者对某项政治事件发表声明，这代表着党和政府的立场、态度和主张。声明和谈话则是新闻发言人就有关事项或问题向社会表明本部门、本单位的立场、态度和观点等，这是在特定场合使用的具有相当政治严肃性的新闻发布形式，新闻公报、声明和谈话可以在报刊登载，也可以通过广播、电视播发。公报、声明、谈话发表之前一定要慎重考虑，经反复审定后，选择恰当的媒体播发。

（五）利用电话、传真和电子邮件答复记者询问

遇有热点新闻出现或是媒体需要确证某些新闻信息时，政府新闻办公室常常需要用电话、传真和电子邮件等方式来及时回复记者询问。这种方式及时、简便、灵活、针对性强，需要反应快速。

当一些重大突发公共事件、热点、焦点新闻发生时，或者记者需要立即求证某些重要信息时，这种新闻发布方式用处很大。公开新闻发言人的名单和联系方式，开通媒体与政府联系的"快速通道"，本身也是政府透明、开放的一种重要体现，对那些需要异地采访的外地或是境外记者更是非常方便。

（六）通过政府网站发布新闻信息

随着互联网的迅速发展，政府新闻办公室在官方网站上发布政府的重要文件、档案、报告和其他信息，上传新闻发布会的多媒体记录等，成为政府信息发布的重要形式之一。在公共危机事件或其他突发公共事件爆发时，政府如果能充分利用网络传播所具有的时效性、广泛性和互动性特点，第一时间给出政府的态度和声明，就可以展现出政府主动沟通、积极应对的姿态，有效地稳定民心，防止不实报道带来的负面影响。

（七）通过政务微博发布信息

2009 年，新浪网率先在中国门户网站推出微博服务。随后，腾讯、搜狐、网易等网站巨头纷纷于 2010 年力推微博服务，标志着中国互联网进入"微博元年"。2011 年，中国微博用户呈现爆炸式增长，以微博为代表的新兴媒体成为民间舆论场而备受关注。政务微博也从此诞生。2009 年，湖南桃源县最先开通"桃源网"政务微博，随后政务微博如雨后春笋般不断涌现。2011 年被称为"政务微博元年"。进入 2012 年，政务微博继续保持不断增长的态势，覆盖面、应用水平和综合影响力等方面均呈现不断提升的趋势。2016 年，国务院发布的《"十三五"国家信息化规划》中明确未来将实施"互联网＋政务服务"等信息惠民工程。作为"互联网＋政务服务"的先行者，政务微博已经为亿万群众打开了"方便之门"，成为连接政府与群众的有效桥梁。

根据《现代汉语规范词典》，微博是微博客的简称，是一个基于用户关系的信息分享、传播以及获取平台，用户可以通过 Web、WAP 以及各种客户端组建个人社区，以 140 字左右的文字内容更新信息，并实现即时分享。2016 年年底，微博对全体用户取消了字数限制，经测试，最多可输入 2000 字。虽然只显示 140 字，但在句末加上了一个"显示全文"的提示。顾名思义，政务微博即代表政府部门运用微博进行权威信息发布，宣传方针政策，沟通群众，接受监督的新型互动平台，已逐渐成为各类政府部门提升社会治理能力和自身形象的重要工具。政务微博一般由专人负责，日常发布紧扣各部门工作的内容，适时回应热点问题。由于其具有传播快、覆盖广、影响大、社会动员能力强等特点，因此在实际

运作中,政务微博在维护政府形象的同时也以群众的信息需求为中心,及时发布新闻信息,从而促进社会公众对政府政策的理解和支持。由于政务微博主体是政府机构,它担负着向公众发布信息、与公众互动交流等任务,因而其功能和使命与其他微博有所不同,呈现出新的特点。

1. 传播内容的权威性

党政机构和职能部门的权威性,决定了政务微博发布信息的权威性。政务微博的主体是党政机构和政府公务人员,他们可以通过可靠的信息渠道获得与事件有关的最权威、最全面、最准确的信息,这是其他微博主体如名人微博与草根微博等无法做到的,因此成为政务微博最明显的特征之一。

2. 传播媒介的双向互动性

微博的最大特点就是互动性,政务微博也因其强大的互动性成为与政府网站等媒介相区别的最大特征。微博平台很好地实现了政府和网民之间的直接沟通,完美对接,这种面对面的交流方式更主动有效,公众通过回复、关注、评论、转发等方式实现了与政府的互动。政务微博把一个个受众连接在一起,形成了一个有"传"又有"受"的闭合舆论圈。它不仅是现实政务的真实反映,也是政务在现实中的延伸,这种"短平快"的传播优势,弥补了传统信息反馈中存在的滞后问题,不仅拉近了政府与网民的距离,更打造了交流活泼、互动活跃的党政民众互动平台,发挥了政务微博了解民意、为民解忧的作用。

3. 传播途径的及时性

由于微博传播的即时性和互动性,微博平台上的信息鱼龙混杂。一旦有突发事件发生时,微博平台就会及时反映。政务微博作为党政部门社会管理和服务的一部分,如果信息不能及时更新或回复,错过黄金处理期,舆论格局就很难短时间内改变,为后续舆论宣传引导工作带来不利的影响。因此,突发事件或重大问题出现时,政务微博要发挥传播途径的及时性特征,切忌拖沓等待,唯有正确及时应对,才能引导舆论向积极健康的方向发展。

未来,政务微博的发展趋势不单单是推送信息,而是要更好地提供信息服务,这也符合我国政府机构职能改革的要求,体现了"为人民服务"理念的延伸。因此,政务微博运营管理人员要转变观念,有意识地调整政务信息发布类型,由告知类信息向互动型信息及反馈类信息等综合信息转化;要维护好自己的粉丝,使线上信息在线下能得到实际的解决。微博问政也是未来微博功能的主要体现,政府也希望通过这种信息公开的方式促进政令的流通和社会的有序管理。作为政府社会管理的一种补充形式,微博要使线上的正能量传递到线下,必然离不开线下资源的调动和整合,以及与报纸、电视、广播等大众传媒的协调合作,因此,积极构建良性发展的舆论环境,也是政务微博未来发展的重中之重。为了更好地构建参与型政务微博,政务微博还可以积极实践微公益、微活动、微探讨等,并借助传统媒体平台扩大影响,使虚拟的"微博力"与现实的行动力对接,充分发挥政务微博在公

益方面对政府、对社会的助益作用。^①

（八）通过政务微信发布信息

　　微信是由腾讯公司于 2011 年 1 月 21 日推出的为智能终端提供即时通信服务的免费应用程序，有公众平台、朋友圈、消息推送等功能，用户可以随时随地发布及转载图片、视频、简短信息、评论等有字数限定的信息，可以即时与人互动。微信打破了传统媒体在时空上的限制，只要有移动终端，所有客户都可以将自己的所感、所想表达出来并和其他人分享。目前，有些政府部门已经率先开通使用政务微信，通过政务微信发布信息，与公众沟通，提供便民服务，做好舆论引导等工作，使得政务微信成为一个全新的"网络问政"平台而备受关注。

　　政务微信是指政府机关及其相关部门基于政务需要推出的用来发布政务性、事务性、服务性信息，沟通公众，管理社会，服务民众的官方微信公众号^②。通过政务微信，用户动动手指就可以关注政府动态、了解政务信息、办理各项业务，所以政务微信又被叫作"指尖上的政府"。

　　通过政务微信，政府可以发布各类政务信息，包括政府决策、政策法规、人事任免等。微信不仅可以发送包括文字、图片、音视频在内的信息，还有关联小程序、关联网站链接等功能，加上微信传播信息的速度快，可以精准推送，所以，政务微信成为很多政府部门发布信息的首选。

　　政府利用政务微信发布信息，要注意以下几点：一是注重信息的时效性和热度，加强热点事件追踪。时事政治、突发事件或者社会热点问题的时效性强，政务微信要想提高关注度，就要注重信息的时效性和热度，加强热点事件追踪。"蹭热度"的同时，也能给用户提供一些有用的信息，如果发生了突发事件，通过对突发事件的持续报道，一方面可以保证公众的知情权，另一方面还能发挥政务微信舆论引导的作用。二是丰富政务信息的类型与形式，提高政务微信影响力。除了文字外，政务微信还可以采用图表、语音、视频、音乐、动画等多种信息表达方式，增加信息的趣味性和生动性，从而提高用户对于政务微信的关注度和兴趣。三是加强互动能力，拉近政府与民众距离。最简单的互动方法是及时回复用户的留言，通过人工回复和自动回复相结合的方式，增加政民沟通；网络投票也是加强政府与网民互动的重要手段，通过用户参与投票活动及转发投票链接加强互动；另外，通过社群建设组织线上线下活动，可以在活动中实现政府与民众的互动。四是控制信息数量和发布时间，增加点击率和阅读量。控制信息发布的数量，目的是要优化信息，保证信息质量。信息的发布时间尽量选择在用户使用微信的高峰期，腾讯公司发布的《2018 年微信年度数据报告》显示，早上七八点和晚上 10 点以后，是微信用户阅读文章和刷朋友圈的高峰期，可以作为发布信息时间的参考。五是拓宽宣传渠道，加强多平台联

　　① 石银.浅谈政务微博的有效运营[J].视听,2020(1)：159-160.
　　② 王勇,孙刚,张建龙.功能、特征、问题与对策：我国政务微信研究述评[J].昆明理工大学学报(社会科学版),2018(5)：91-100.

动,打造一站式运营模式。通过举办网络投票,用户转发投票链接可以起到宣传的作用;通过社群建设组织线上线下活动,也是一种宣传手段;政府部门还可以邀请意见领袖成为自己的用户,鼓励他们转发分享政务信息或者参与留言,利用意见领袖的影响力、活跃度加快信息传播的速度,达到宣传目的;通过和其他政务媒体联动,起到互相宣传的效果;通过"一站式"运营模式让市民享受一站式的政府服务,提高政务微信影响力,形成品牌效应,是最有效的宣传手段。[①]

(九)通过政务短视频发布新闻信息

随着互联网技术的发展和智能手机的普及,短视频平台已逐渐发展成为新的流量聚集地。为适应公众需求变化,促进政务信息的有效传播,各级政务部门积极入驻各大短视频平台。作为短视频平台的佼佼者,抖音俨然已成为政务新媒体的一个重要阵地。

政务短视频是指政府机关及其相关部门基于沟通公众,管理社会,服务群众,应对舆情,宣传形象等政务需要,通过其在短视频平台开通并实名认证的短视频账号发布的有关政务性、事务性、服务性、宣传性信息的短视频。在生活中,目前我国政务短视频所指比较宽泛,泛指党政机构、行政事业单位及一些社会团体通过其开通的短视频账号发布的短视频,一般将党委、人大、政协、政法、共青团等部门通过其开通的短视频账号发布的短视频也都归于政务短视频。政务短视频是继政务微博、政务客户端、政务微信之后"互联网+政务"的新发展,是随着近年来抖音、快手等短视频 APP 的异军突起而快速发展起来的。政务短视频已成为当今最为活跃的政务新媒体之一,特别是其传播力、影响力已不亚于政务微博、政务微信等政务新媒体。短视频的出现为政务新媒体的迭代和突围提供了新的契机,政务新媒体的发展进入向短视频平台进军的 3.0 时代。[②]

作为"三微一端"的重要组成部分,政务短视频不同于微博、微信、客户端等政务新媒体重在推送图文信息、以政策资讯的单向输出为主的传播模式,它具有如下传播特点:一是音画同步,更具故事性。政府机构运用抖音、快手等短视频平台发布短视频信息,往往不是简单的信息灌输,而是运用软件对文字、图片、音乐、动画、视频等多种信息符号进行切割、合并,配以创意情景和解读,实现二次编码,制作出具有本机构内容赋能、独特表现力的视频作品。通过短小精悍的情景故事,吸引受众,引发共鸣,起到了良好的宣传教育效果。二是时长较短,更具传播性。短视频要在较短的时间里通过优化主题、亮点、表现形式和互动模式等要素配置实现传播力最大化。时长平均为几十秒的视频故事,运用小切口完成完整的表意和点评,通过构建戏剧性叙事结构将较为专业的政策法规、警示案例、科普知识逐一分解,突出要点,精准传播,运用受众的碎片化时间,高效完成政策传达。同时占用流量较小也适合转发推广,扩大了传播范围。三是通俗易懂,更具亲和力。视听语言相较于文字语言具有可视化、非理性、更具冲击力等特点,特别是通过设置机构代言

---

① 郝亚新.新时期如何利用政务微信提高政府服务水平[J].智库时代,2020(2):19-20.
② 冯帆.政务短视频:政务 3.0 时代的创新与突围——以抖音平台政务短视频为中心的考察[J].新闻战线,2018(5):21-23.

人、卡通形象等方式，以通俗易懂的语言，解读较为枯燥的内容，提升内容的亲和力，通过塑造"人设"，强化粉丝效益，增加受众黏性，获得持续流量关注。四是互动交流，更具社交性。除了新媒体常见的点赞、收藏、转发、评论等基本互动功能外，政务短视频还通过加标签等方式进行议题设置，邀请网民参与互动话题，通过号召参与短视频制作，提升特定话题的传播热度和传播效果。同时，运用直播手段，开展讲座、带货等活动，进行弹幕交流、分享、下单等行为，使得观看短视频从单向传播变成线上线下联合互动。

通过政务短视频发布新闻信息，要注意突出两大功能：一是提高政务信息传播效果。在政策解读和政务信息传播方面，政务短视频的视觉呈现方法是将数据映射为视觉符号，信息的可视化可以帮助人们更好地理解信息和获取信息，因此，政务短视频可以提高政务信息的传播效果。政务短视频可以把人口、经济、发展等政务数据做成视频，将静态数字转变为动态的趋势变化，吸引受众收看；政府可以利用短视频来解读政府文件和公共政策，突破传统政务传播模式，让晦涩抽象的政务信息以可视化的动画和影像的方式出现在大众面前，极大地方便了大众理解和接受政务信息。二是开发政务传播资源。政务短视频作为一种新的传播方式，不但能够激发政府传播活力和积极性，而且能够挖掘和开发更多的政务传播资源，使更多的数据资源和内容信息通过政务短视频进行传播，面向公众开放，从而开拓和丰富了政务传播。比如，目前许多政务微博、政务微信以及政务网站上既有价值又有趣味的信息，被政务传播机构挖掘了出来，拍摄成短视频在抖音等平台发布，在短时间内便引起了网友的广泛关注。此外，很多政务短视频的内容，源于政府部门安装的视频监控设备和摄像头产生的 TB 级数据。这些数据具有很高的传播价值，只要对这些视频资源稍加剪辑，就能制作出记录真实社会生活、场景自然、满足受众好奇心的短视频。[①]

总的来说，短视频应用在政府信息传播的时政类内容中，提高了传播效率和传播效果，使受众和传播者双方都受益。

三、政府新闻发布的策划

政府新闻发布要取得成效，必须精心策划。这里将由国务院新闻办公室新闻局编辑的《政府新闻发布工作手册》的相关内容整理如下，以对政府公共关系人员的新闻发布工作予以指导。

（一）确定发布主题

新闻发布会"说什么"，也就是要确定发布的新闻主题。这是因为除了突发公共事件新闻发布中事件本身就构成了新闻主题之外，其他各种新闻发布都要确定一个到多个新闻主题。所要发布的新闻主题要切合三个"点"，即"政府要说的、媒体关注的、公众关心

---

① 张子帆,李怀苍,王勇.我国政务短视频的特征、功能及发展研究综述[J].昆明理工大学学报(社会科学版),2021(8)：113-122.

的"。如果发布的主题不符合这三点,发布会的吸引力就会减弱,传播面就会变窄,效果就不会好。

新闻发布会的主题要有新闻性,新闻性体现在所要发布的新闻是否具有新闻价值。新闻价值的判断主要有下列 5 个标准。

1. 重要性

所要发布的新闻事件是否对当前的社会生活、公众利益产生重大影响。影响越大,所要发布主题的新闻性越强。

2. 时效性

所要发布的新闻事件是否是最近发生的。新闻发布离事件发生的时间越短,所要发布主题的新闻性越强。

3. 接近性

所要发布的新闻与公众是否有"地缘"或者"心理缘"的密切关系。地缘接近性是指新闻事件是否是发生在公众身边的事情,心理缘接近性是指新闻事件是否在经济、文化等诸方面与公众有密切关系。例如,上海发生的新闻对上海市民体现出地缘接近性,而对在北京生活的上海人会体现出心理缘接近性。

4. 显著性

著名人物、单位、团体的动态往往引人注目,知名公众人物或单位的动态总是具有一定的新闻性。

5. 趣味性

富有人情味,能引起人们情感共鸣的事件通常也具有新闻价值。

任何一个事件,只要兼具时效性和以上其他任何一个特性,就有成为新闻的可能。当然,所符合的标准越多,事件的新闻价值就越高。通常我们会通过考察主题的新闻价值大小,也就是主题是否具有新闻性,来判断是否发布此主题。

一般来说,对发布主题新闻性的要求是首先要考虑的问题,因为必须避免新闻发布会没有"新"闻的情况,没有"新"闻的发布会只会让公众和媒体质疑发布部门的专业能力。

对每一个主题都要进行精心包装,以使主题新闻性更强,传播效果更好。在包装主题的时候,要充分利用影响新闻价值大小的几个特性,充分突出这些特性,增强主题的新闻性。

(二)确定发布人

新闻发布人通常情况下是本部门的新闻发言人或是最为了解新闻事实的决策参与者。新闻发布人要有权威性,权威性与发言人对所发布新闻事实的参与度相关,参与度越高,权威性越高。对某些专业性较强的主题,由部门的分管领导发布显然更具权威性。而且分管领导更专业,更加熟悉台前幕后的情况,能够轻松自如地应付意想不到的问题。在考虑新闻发布人权威性的同时,也要考虑新闻发布人的政治素质、新闻素养、语言与知识素养、气质外形等条件。

考虑到发布主题涉及面比较广,某些部门要求多人参与,各自负责属于自己方面的问题,而事实上这样的效果并不好。新闻发布台上人数要少,要避免把一些没有发布任务的领导安排陪坐,不要形成传统会议中的主席台模式。因为往往有些热点问题总是对准其中某一个人,避免造成其他人陪坐到终场的局面。而且会议主席台式的落座方式造成一种政府办公会议式的严肃气氛,不利于场内交流气氛的形成。

所以,新闻发布人要尽量全面熟悉情况,原则上只安排一位新闻发布人。特殊情况可以安排2～3人,最多不超过3人,但是要以一人为主,其他人做补充回答。

（三）选择发布时机

选择新闻发布的时机,有几条原则可以遵守。

1. 围绕中心,设置议程

政府中心工作往往会成为公众和媒体高度关注的话题,因此要围绕中心工作设置新闻发布的议程,特别是要紧紧抓住政府出台重大政策措施、法律、法规的时机,在重大决策、重要文件、重要法律法规出台时尽可能举办新闻发布会,公布、介绍和解读权威信息,这样有利于权威信息的快速、准确传播,从而为公众所了解、接受和支持,最终有利于政府中心工作的推进与实施。

2. 公共事件,快速发布

突发公共事件或者是重大突发新闻,新闻发布的时机要遵循时效性原则,越快越主动。千万不能拖沓观望,等到小道消息或者非官方消息充斥各处时,再做补救式的新闻发布,否则会让本部门处于极端被动的地位,造成公众对政府的信任危机。

3. 把握由头,吸引媒体

某些需要向公众说明的问题需要找到新闻由头,不着痕迹地带出主题,这样对媒体更有吸引力,效果更好。

4. 发稿时限,方便媒体

在具体考虑一场新闻发布会的召开时间时,还要适当照顾各类媒体的发稿时限。例如,报纸的截稿时间,电视主打新闻节目的截稿时间,是否要配合电视直播做连线互动等。如果预留的时间太短,记者可能只能提供简讯式的稿件,很难写出高质量的稿件。另外需要注意的是,某些专业性媒体是以周报或周二刊的形式出版,有些专业性话题要照顾到周报的出版周期。

5. 避免"打架"，适时发布

还要考虑避免其他重大新闻"冲"掉所要发布的新闻，以免造成新闻"打架"的情况。要尽量避开可以预见到的"大"新闻，寻找合适发布时机。

（四）选择发布地点

1. 新闻发布厅

常规新闻发布会一般都在专用的新闻发布厅举行，发布厅的布置相对固定，设备齐全，运作方便，在准备阶段可以节省很多精力。某些时候，如条件不具备，可以临时使用会议室做发布厅。会议室大小要符合预计出席发布会的记者人数。这种情况要事先充分考虑新闻发布基本设备的需要，以及交通和停车等问题。

2. 现场

突发事件的新闻发布一般在现场进行。现场发布极具新闻性，有极强的吸引力和感染力。突发事件发生时，记者往往蜂拥而至，事件现场发布可以造成强烈的临场感。

（五）确定发布受众

1. 按主题选定核心受众群

政府新闻发布的对象是广大公众，但是每个主题必然有其特定的核心受众群。新闻发布要考虑受众的情况，根据内容确定传播目的和范围。例如，有关城市"低保"问题的新闻发布会，最为关心此话题的受众基本上都是低收入人群，根据这一特点，我们确定传播目的是提高新闻在城市低收入人群中的知晓度，获得他们的理解和支持。据此，通过研究得知城市低收入家庭的媒介使用偏向于电视和广播，报纸、杂志和网络的使用率较低，所以在召开新闻发布会的时候要重点照顾到电视和广播媒介。为获得理解和支持，会后可以重点给电视记者采访的机会，有条件可以就此主题参加电视或广播访谈节目，配合新闻发布会进一步宣传。

2. 根据目的选择不同媒体

根据新闻发布的目的不同，可以选择覆盖不同地区和人群的媒体。例如，有关房地产政策的新闻发布会，不仅需要邀请综合性媒体，还要邀请房地产和经济类的专业媒体出席。

3. 向中外有资格的媒体开放

目前，我国的发展受世界关注度越来越高，政府新闻发布会除有特殊安排外，应向所有具有采访资格的中外新闻媒体记者开放。

四、政府新闻发布会的组织

新闻发布会是政府公关新闻发布的重要方式之一，也是政府公共关系实务的一项重要内容，其目的在于通过大众传播媒介的途径与广大公众沟通信息，协调政府与公众的关系，树立政府的良好形象。随着我国政治体制改革的逐步深入，我国政府部门形成了经常举行新闻发布会的制度。实践证明，通过新闻发布会使重大情况让人民知道、重大问题经公众讨论，有利于提高决策领导机构的开放程度，促进社会主义民主政治的发展。

（一）新闻发布会的筹备工作

为了确保新闻发布会的活动效果，政府组织必须做好新闻发布会的筹备工作，进行细致、扎实、周到、充分的准备，这是会议成功的关键。

1. 选择新闻发布会主题

政府召开新闻发布会，首先要明确发布哪些重要新闻，从什么角度说明这些新闻内容，新闻发布会的主要基调是什么，新闻发布到何种程度。这些基本问题需要在新闻发布会之前由政府决策部门慎重地进行研究，并形成一致的认识；确认新闻发布会的上述基本点后，才能有针对性地做好各项准备工作。

2. 撰写新闻发言稿

新闻发布会的发布内容主要反映在新闻发言稿中。政府有关部门必须组织专人或专门班子负责新闻发言稿的撰写。在动笔之前全面收集资料，了解国家宏观的方针、政策和具体问题的背景材料。在获得大量信息的基础上列出大纲，写出文字精练、准确生动、重点突出的新闻发言稿。同时，对记者可能提出的问题，预先准备好基本的回答提纲，供新闻发言人参考。新闻发言稿的撰写还要掌握新闻发布会的口径和分寸，注意不要泄露国家机密。新闻发言稿完成以后，要交给新闻发言人审阅，征求新闻发言人意见后，再进行修改。定稿后，安排打印、校对、装订，形成正规的新闻发言稿。

3. 选择时间和会址

确定新闻发布会的具体时间，在不与重大社会事件或节日相冲突的前提下，应力求及时，否则就会失去新闻发布会的良好时机。会址的选择以政府正规会议室为好，会场布置要围绕新闻发布会主题的内容，烘托出主题的气氛，与新闻发布会的基调相一致。还要预先准备好辅助工具，如图表、画片、地图、放大照片、模型样品、幻灯、录音、录像设备等。在记者招待会前也可准备一些现场参观或参观图片展览和实物展览。新闻发布会的时间和地点确定以后，要及时用书面的形式通知公众，并用电话查询落实。

4. 拟定邀请的记者

邀请记者的覆盖面要广,尽量照顾各个方面的新闻机构。不仅要有报纸、杂志记者,还要有电台、电视台的记者;不仅要有当地的记者,还要请外地甚至外国记者;不仅要有文字记者,还应有摄影记者。对记者要一视同仁,不能厚此薄彼。如果财力和时间许可,可以在新闻发布会或参观活动后,邀请记者参加工作午餐或晚餐。这也是一种相互沟通的机会,可以利用这种场合融洽与新闻界的关系。

(二)新闻发布会的注意事项

1. 活跃气氛

会议主持人应充分发挥主持和组织的作用,活跃整个会议气氛,引导记者踊跃提问。当记者的问题离会议主题太远时,要善于巧妙地将话题引向主题。会议出现紧张空气时,能够及时调节缓和,不要随便延长预定会议时间。

2. 善待提问

不应随便打断记者的提问,也不应以各种动作、表情和语言对记者表示不恭。即使记者提问带有很大的偏见或带有挑衅性,也不能激动发怒,应以平静的话语和确凿的事实给予纠正或反驳。遇到回答不了的问题,不能简单地说"不清楚""不知道""无可奉告"等,应采取灵活、通情的办法给予回答,切忌引起记者的不满和反感。对于不愿发表或透露的事情,应婉转地向记者作解释,切忌吞吞吐吐。

3. 准确无误

所发布的消息必须准确无误,若发现错误应及时予以纠正。

(三)新闻发布会后的工作

尽快整理出新闻发布会的记录材料,对新闻发布会的组织、布置、主持、回答等各方面工作进行总结,将总结资料归档备查。收集到会记者发出的报道,进行归类分析。对记者所发稿件的内容和倾向逐一分析,作为以后举行新闻发布会邀请记者的参考依据。收集记者对新闻发布会的反映,检查新闻发布会的准备安排工作是否有欠妥之处,以便今后改进工作。若有不正确或歪曲事实的报道,应立即采取行动,向报道机构提出更正要求。

案例研究:失败的新闻发布会

2011年7月23日晚上8点30分左右,北京南至福州D301次列车与杭州至福州南D3115次列车发生追尾事故。7月24日晚,在"7·23"甬温线动车追尾事故发生26小时后，铁道部召开"7·23"甬温线特别重大铁路交通事故首次新闻发布会，铁道部新闻发言人王某通报了事故情况，并回答了部分记者的提问。

整个发布会过程混乱，记者情绪激动，争相提问。根据之后《法制日报》记者对王某的采访获知，他当时的信息并不多。发布会一开场他就表达了以下信息："既然今天我来了，我肯定会面对所有的问题，而且我不回避任何尖锐的问题，包括我可能答不出来，我就告诉你，我确实还不了解。但是我必须坦诚地回答你们的每一个问题，请你们相信我，你们相信吗？给予我信心。"

以下是当时新闻发布会的文字实录摘录。

记者：能否按照购票实名制公布死者名单？为什么要在现场掩埋车体？是不是想毁灭证据？

王某：在把工作都做到位的情况下，我可以负责任地告诉你，我们会公布死者名单。事实是无法掩埋的。掩埋得了吗？我们已经不断地通过各种途径，向社会澄清这一点。关于掩埋，后来他们（接机的同志）作了这样的解释。因为当时在现场抢险的情况，环境非常复杂，下面是一个泥潭，施展开来很不方便，所以把那个车头埋在下面盖上土，主要是便于抢险。目前他的解释理由是这样，至于你们信不信，我反正信了。

记者：你在以前接受媒体采访的时候说死了 41 个人，而刚才发布会说只死了 35 个人，这是怎么回事？

王某：作为铁道部新闻发言人，我掌握的情况就是死了 35 个人，至于网上说我发布了死亡 41 个人的数字，我在这里说一声，我没有接受过相关的采访，没有在网上提供这样的数据。

记者：遇难的 35 个人包括失踪人数吗？

王某：这是已经证实死亡的数字。

记者：我们得知今天下午又从现场发现一名生还的小女孩，为什么在你们宣布救援行动结束后，在拆解车体的时候仍然还能发现生还的女孩子？

王某：这是一个奇迹。我们确实在后面的工作当中发现了一个活着的女孩，事情就是这样。

记者：我们上午得到消息，说晚上 6 时发生事故的路线会通车，但事实上没有，是不是发生了新的问题？

王某：我们上午曾经说在晚上 6 时以前争取把路线抢通，确实我们对事故抢险的艰难性、复杂性估计不足，虽然在晚上 7 时左右路线事实上基本具备了开通条件，但是后来大家也知道，天气恶化，电闪雷鸣，我们也是从安全、保险、万无一失的角度考虑，没有立即开通。

记者：那么到底什么时候开通？

王某：现在已经具备了开通的条件。

……

1. 网友质疑调侃

当新闻发布会通过电视直播、新闻报道的形式被公众获知后，王某顿时成为全国关注的焦点,陷入了一波接一波网民的调侃。

"这是一个奇迹",还有"至于你们信不信,我反正信了",这两句话在网上被无数次地引用,网友同时对发言人王某,以及对该事故的发生和善后调查进行质疑。另外,还有网友用"×××是奇迹,至于你们信不信,我反正信了"作为高铁体进行造句。而王某在讲这句话时用力一甩脑袋的这段画面也被制作成 GIF 动画,在微博上发布。

腾讯微博上出现一位叫"高铁体"的网友,发动了一个叫"高铁体造句大赛"的活动,以表达对事故的质疑。该网友称:"以×××,至于你信不信,我反正信了"为句式进行造句,优胜者将获得 10 万 Q 币。"高铁体造句大赛"有 7000 多网友参与,大多数的造句都是网友对铁道部的质疑和讽刺。

王某除了语言存在问题外,他在新闻发布会上面带笑容的表情也让广大网友不满。

2. 媒体批判评论

"新周刊"把王某称为"逻辑帝",并设计了一件 T 恤,上面印上"至于你信不信,我反正信了"。如果仔细看,还能看到该款 T 恤的标签上印着一个铁路的标志。

白岩松在 7 月 25 日的《新闻 1+1》栏目中也进行了批判性的评论:怎么说呢? 今天我们都得到了这样一个消息,铁路 7 月 23 日的事故段落,可以说今天恢复了通车,但是恢复的仅仅是通车。由于近一段时间以来接连出现的各种各样的铁路事故,让我们对铁路的信心和信任恢复起来可就大大需要时间了。可能也正是因为这样的原因,昨天(7 月 24 日)晚上铁道部的新闻发言人在举行新闻发布会的时候也意识到了这一点。我帮他统计了一下,他向所有的记者和在场的人员提出这种反问,你们相信吗? 一共提出了不少于 3 次。他的回答是"我相信"。是,我相信他必须得说"我相信"。但是你要问我呢,我的答案是,一个多月之前我愿意相信,但是现在我不敢信,不能信。如果我简单地信了,对铁路纠错也不一定很好。要想让人真信,铁道部有很多的工作要做。

7 月 28 日下午,教育部的一位原新闻发言人在其博客上发表了长达 6300 字的信,语重心长地与王某进行了一场"隔空谈心",称王某在 7 月 24 日"7·23"甬温线特别重大铁路交通事故新闻发布会中的表现欠妥,语态太强势,语调过于高亢,神态也不合适,更不该说"至于你信不信(由你),我反正信了"之类的话。

3. 事件进展

2011 年 8 月 16 日,王某被铁道部免除了新闻发言人的职务,这条新闻和铁路降速一起,成为当日的大新闻。

据人民网 17 日报道称,王某将被外派到波兰工作。哈尔滨铁路局党委书记韩江平将出任铁道部新闻发言人。这是铁道部八年来首次更换新闻发言人。

(资料来源:王某回应质疑称动车事故发布会未说真话[N]. 法制日报,2011-08-01;温州动车追尾事故铁道部新闻发布会实录[N]. 新京报,2011-07-25;至于你们信不信,反正我信了[N]. 现代快报,2011-07-27;齐小华,殷娟娟. 政府公共关系案例精析[M]. 北京:中国人事出版社,2012.)

思考与讨论:

1. 为什么说"7·23"甬温线特别重大铁路交通事故新闻发布会是一次失败的新闻发

布会？

2. 政府部门新闻发言人应具备怎样的职业素养？

3. 在平时以及危机发生时，政府应如何真正借助媒体与网络传播为社会解决问题？

实训项目：模拟新闻发布会

1. 实训目的

收集你所在城市或省份近期新冠肺炎疫情状况信息和新冠肺炎疫情防控相关信息，召开一次行之有效的新闻发布会。

掌握新闻发布会的礼仪和程序，懂得新闻发布会的筹划及准备工作，并能在新闻发布会中运用相关技能。

2. 实训时间

2 课时。

3. 实训地点

模拟会议实训室。按新闻发布会要求进行现场布置。

4. 实训步骤

（1）指导教师将本班同学分为 2~3 组，每组指定一个组长，由组长扮演省（市）政府新闻发言人，其他同学扮演其助手。

（2）请各组分别制定新闻发布会的程序，并拟写发言提纲。

（3）其他各组扮演受邀的各新闻单位，并挑选记者，准备提问。

（4）由其中一组举行新闻发布会，其他各组成员担任记者，进行现场演练。

（5）各组对本次实训进行总结，指导教师进行点评。

5. 实训要求

本项目可选择模拟会议室、教室等场所进行，但应对环境作适当的布置。

每组进行演练的时间应控制在 20 分钟以内；条件允许的情况下可以将新闻发布会的过程制作成录像，在实训结束后进行讨论。

课后练习题

1. 传播的要素和类型有哪些？

2. 政府公共关系传播的特点是什么？

3. 举例说明政府公共关系传播的原则。

4. 政府新闻媒介沟通的形式有哪些？

5. 政府应如何处理与新闻媒介的关系？

6. 政府应如何成功地进行新闻发布？

7. 案例评析。

北京 2008 奥运会媒体公关

作为人类文明庆典活动,奥运会是一次体育盛会,也是一次媒体盛会。据统计,共有 32278 名中外记者参加北京奥运会报道,其中注册记者 26298 人,非注册记者 5980 人,其数量不仅超过了参赛运动员总数,也创造了历届奥运会记者人数之最。此外,还有 225 家特权转播商参加电视转播工作,同样创造了历史纪录。北京奥运会的媒体公关工作,对象之广泛、工作之复杂、任务之艰巨,迄今罕见。北京奥运会的媒体公关工作坚持"及时准确、开放透明、有序开放、有效管理、正确引导"的工作方针,把握新闻传播规律,运用现代传播技术,努力提高媒体服务的专业化、国际化水平,实现了"有特色、高水平"的目标。

北京奥运会出色而有效的媒体公关工作,不仅对确保北京奥运成功举办发挥了重要作用,也对塑造中国和北京形象,乃至提升我国国家软实力发挥了其他活动难以替代的重要作用。北京奥运会在媒体公关方面积累的宝贵经验和成功做法,已经成为我国开展媒体公关工作的范本。其主要特点如下。

1. 开放境外记者采访,兑现申办承诺

2006 年 11 月 1 日,国务院发布《北京奥运会及其筹备期间外国记者在华采访办法》(477 号令),按照国际惯例,以开放的姿态欢迎外国记者采访北京奥运会。此举得到国际社会广泛好评,为北京奥运会媒体工作赢得了主动,也为北京奥运会后继续开放外国记者在华采访报道提供了可能。正是在 477 号令的基础上,国务院于 2008 年 10 月 17 日公布施行《外国常驻新闻机构和外国记者采访条例》(国务院 537 号令)。

2. 及时发布和提供权威信息,满足媒体需求

北京奥运会向媒体提供信息的方式多种多样:新闻发布会、新闻吹风会、集体采访、个别采访,以及电视发布、网上发布等,通过多种形式满足媒体需求。北京奥运会主新闻中心和 2008 年北京国际新闻中心在奥运期间共召开自主设计新闻发布会 134 场次,平均每天在两场以上,内容涉及与北京奥运会有关的各个领域。北京奥运会组织新闻发布的数量、规模、密度和强度都创下了奥运会历史纪录。发布会吸引了大批来华采访的境外记者,他们普遍认为这些新闻发布会时效性强,具有权威性,内容广泛,为其报道提供了大量第一手素材。

3. 提供采访线索,帮助记者完成报道任务

围绕"绿色奥运、科技奥运、人文奥运"三大理念,以"新北京、新奥运"为主线,根据记者需求发布信息,精心推荐记者集体采访的路线。对外界关注的一些问题,如城市治安和恐怖主义威胁、奥运场馆质量、奥运与民生、环境和空气质量、兴奋剂等,及时组织权威发布,澄清事实,以正视听。奥运会期间,主新闻中心共组织了 30 场现场参观采访,2008 年北京国际新闻中心组织现场采访 83 次。针对境外记者的采访需求,加强"采访线工程"建设,建立了 10 条采访线 100 多个采访点。这些采访活动既给境外媒体提供了接触中国的机会,又丰富了他们的采访内容。

4. 增强服务意识，为媒体采访提供方便

本着"善待媒体"的原则，北京奥运会媒体服务在硬件和软件两方面均达到一个新的水平。北京奥运会主新闻中心、国际广播中心和 2008 年北京国际新闻中心，以建设"记者之家"为工作目标，为中外记者提供了专业化、人性化的媒体服务，提供了功能齐全、快捷舒适、充满人性关怀的工作环境。如为一揽子解决境外记者来华采访遇到的各类行政审批问题，中央和北京市 17 个管理部门成立了"一站式"服务机构，受理境外记者来华采访涉及的 30 多项行政审批事项，实现申请受理、审批、批准、协调落实等环节的"一站式"服务。"一站式"服务实现了"零投诉""零差错"的工作目标，得到境外媒体的称赞。

5. 高效率受理采访申请，尽力满足记者个性化采访要求

记者的采访要求能否得到满足，是做好媒体公关的一个重要环节。为做好记者采访申请的受理工作，工作在一线的人员按照"有求必应、有应必备、有备必给、有给必快"和"不拒绝、不应付、不回避、不耽误"的原则，对所有的采访申请做到件件有答复，件件抓落实，实现"零拒绝"。奥运会期间，主新闻中心和 2008 年北京国际新闻中心设立采访台，24 小时工作。主新闻中心共受理书面采访申请 840 件，落实 810 件，答复率 100%，落实率 96%。2008 年北京国际新闻中心采访申请 478 件，落实 451 件，答复率 100%，落实率 94%。

6. 加强做国际主流媒体工作，争取其发出更多客观报道

加大了"请进来""走出去"的力度，北京奥运会筹备期间，有计划地邀请西方主流媒体的负责人和名记者、专栏作家来华访问，精心组织接待工作。奥运会期间，邀请了 86 位外国主流媒体负责人参加开幕式，取得了良好效果。组委会还加强了与境外媒体的项目合作，制作中国国家形象广告在 CNN、BBC 等西方主流媒体上播出，并在《华盛顿邮政》上刊登宣传中国的广告。加强与美国、欧洲、日本等国家或地区的著名电视机构的合作，与其联合制作了一批反映我国经济发展、社会生活、历史文化和有关奥运筹备等内容的影视节目。奥运会前，还邀请英国、法国、意大利、伊朗四国和中国香港地区的 5 位知名导演来京拍摄了 5 部城市宣传片。

（资料来源：王国庆. 北京奥运会媒体公关与城市形象塑造［EB/OL］.［2009-08-10］. http://www.china.com.cn/news/txt/2009/08/10/content_18310539.htm.）

案例思考：

（1）北京奥运会采取了哪些举措协调与新闻媒体的关系？

（2）北京奥运会媒体公关的意义何在？它为什么能够取得成功？

政府新闻发布应对两次公共危机的对比

"非典"事件和"新冠肺炎"事件是两起重大的突发公共卫生事件，是政府面对的两次公共危机。

我国的"非典"事件首例发生于 2002 年 12 月 5 日，由广东省向国内其他省市扩散。在病发初期并没有得到当地政府应有重视，更不用说召开新闻发布会。因此，并未及时向

公众广泛告知以下情况:"非典"病毒的传染性、临床特征、治疗手段、针对性措施等。直到2003年4月3日,时任卫生部部长张文康还在对外宣称疫情并无大碍。

我国的"新冠肺炎"事件首例发生于2019年12月8日的武汉。武汉卫健委于12月31日就向社会发布了通报,并首次提到华南海鲜市场。从时间上来看,这无疑是一种进步。从2020年1月23日开始,全国各地的新闻发布会通过政务新媒体、"互联网+政务服务"等方式进入实时更新模式,主动向社会发布了以下信息:"新冠肺炎"的传染性、临床特征、治疗手段,以及戴口罩、少出门、勤洗手、勤通风、消毒等预防措施,还及时发布全国疫情、海外疫情、各省疫情、附近疫情、患者救助、现存确诊、现存疑似、现存重症、累计确诊、累计治愈、累计死亡、辟谣信息(政策、官方、防护)、问责处理、风险等级、医疗废物清运、模范事迹、复工复学、公益捐助、脱贫攻坚、物价统计及福建省泉州市欣佳酒店"3·7"坍塌事故调查等消息。可以看出,新闻发布会及时、科学、客观地公布消息,既引导了社会舆论,又提升了政府的公信力。

(资料来源:徐鑫.新时代全面提升政府新闻发布效能的路径分析——以有效应对公共危机为视角[J].新闻传播,2020(3):30-31.)

案例思考:运用政府公共关系新闻发布的有关知识分析点评本案例。

"冰花男孩"事件分析

2018年1月9日,一张头顶风霜的男孩照片在网络上迅速走红,引起了网民们的广泛关注。随即,"云南共青团""共青团中央""重庆共青团"等一批影响指数很高的官方政务微博,相继对"冰花男孩"事件进行了报道和转载。据了解,照片中的王福满是云南一名三年级的留守儿童,家距离学校足足有4.5千米,平时需要走一个多小时才能到学校。当天气温达-9℃,走了一个多小时的王福满到教室的时候已经满头冰霜。

经过微博的转载和传播,冰花男孩很快成为热搜头条。在社会舆论的推动下,当天傍晚,云南共青团、省青基会、省志愿者协会,面向全省各级团组织和广大团员青年及社会各界爱心人士倡议启动"青春暖冬计划",以期能够集聚关爱的力量,温暖更多的"冰花少年"。很快,"冰花男孩"收到了来自社会各界共计30万元的慈善捐款,鲁甸县教育局对善款进行了分配和使用,并在网络上公布了粗略的善款使用情况。不过,有网友对款项的分配进行跟踪,指出"冰花男孩"仅分到了30万元善款中的500元。这种大幅度的"善款缩水"引起了捐款人和社会各界的广泛争议,对教育局的行为产生怀疑。对此,鲁甸县教育局回应称,30万元捐助是属于捐赠人没有指定用途的善款,将用来救助更多类似的学龄儿童。虽然政府部门及时的回应一定程度上缓解了舆论的压力,但答复并没有终结网友们的质疑。

网友们认为,面对500元与30万元的差距,大家希望通过翔实的数据来了解善款的具体使用情况和下一步的工作计划。当地教育局的回应虽有提及,但仍然没有改变传统行政管理中"我说你听""你问垒部,我回答部分"的思维模式和回应方式。

也有网友提出了质疑,捐款人给"冰花男孩"王福满个人的捐款,政府无权在没有征求捐款者意见的前提下,自行将其分配给其他学生。捐赠人的爱心变成了教育局的扶贫。教育局的出发点也许是好的,但这种自作主张的做法是否会让捐款人产生"被代表"的感觉,是否和捐款网友的出发点一致？政府的行为深切关系到政府机构在人民群众心中的形象和公信力。

还有网友认为,"冰花男孩"只是代表,真正需要解决的是广大边远贫困地区孩子的教育问题。捐款的出现才让当地教育局想起还有这样一个群体需要关注和扶持,政府在日常的工作中是否真正做到了细致负责,政府扶贫资金有没有发挥它应有的效用？

同时,一些影响力较大的政务微博在 2018 年 1 月 9 日、10 日对"冰花男孩"的事件进行转载报道之后,对于事件的后续进展并没有进行跟踪反馈,而是由其他的个人媒体或地方媒体进行宣传报道。如果能通过更具代表性的政务微博进行群众回应,是否会让答复更具权威性和影响力？

针对公众的质疑,昭通市青少年发展基金会于 1 月 16 日通过官方微信平台说明"前期需要一定时间对候选资助孩子的实际情况进行走访、了解。项目执行将在 1 月 31 日以前完成,届时会把所有善款使用明细和相关情况及时公布,欢迎社会各界的监督"。此举在一定程度上缓解了公众的疑虑,消散了部分网络戾气,是一次成功的官民网络互动的案例,在打造"信息化政府""回应性政府"和"服务型政府"形象方面,取得了良好的示范效应。

（资料来源：夏晓璇.互联网时代官方媒体对政府形象和公信力的影响机制——以政务微博"冰花男孩"事件为例[J].中国管理信息化,2019(15)：189-191.）

案例思考：运用政府公共关系传播的有关知识分析点评本案例。

第七章

政府形象塑造

形象意味着一切。

——[美]安德鲁·阿加西

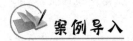 **案例导入**

"今日俄罗斯"重塑国家形象

在全球化背景下,国家形象作为一种软实力,在国际竞争中扮演着日益重要的角色。伴随信息技术的迅猛发展,传媒成为国家形象塑造、传播和提升的重要载体。俄罗斯政府全力打造"今日俄罗斯"电视台(以下简称 RT),正是利用媒体提升国家形象的成功案例。成立 15 年来,"今日俄罗斯"成功地反击了西方媒体的抹黑,打破了西方主导的新闻传播体系,有效地提升了俄罗斯的国家形象。

1. "今日俄罗斯"的成立背景

(1) 抵制西方诋毁,防范颜色革命,重塑民主形象。2000 年普京上台执政后,为实现"强国富民"的政治抱负,一改叶利钦时代以"三权分立"为核心的"民主政治",推行俄式特色的民主政治。普京的俄式民主引起西方国家的不满,将普京的执政方针视为压制民主。以美国为首的西方国家大肆鼓动俄罗斯右翼势力发动"颜色革命",夺取国家政权。面对以美国为首的西方国家的"民主攻势",俄罗斯政府意识到自身在国际舆论场中所处的劣势地位,必须采取有效宣传措施来消除西方社会及民众对俄罗斯民主的误解,防止"颜色革命"的发生。

(2) 打破刻板印象,提升国际地位,增强对外吸引力。苏联解体后,俄罗斯的国家形象严重下滑。在很多西方受众的眼中,俄罗斯的形象还是与"共产主义""大雪纷飞"以及"贫困"联系在一起。因此,俄罗斯政府决定打造国际强势媒体来重塑国家形象。2005 年12 月 10 日,在俄罗斯政府的全力资助下,俄罗斯第一家 24 小时英语电视频道——"今日俄罗斯"开播。电视台成立伊始,就明确了自己的定位和发展目标——"反映俄罗斯在重大国际政治问题上的立场"和"向世界介绍俄罗斯发生的各种事件以及俄罗斯人民生活"，呈现一个"没有偏见的俄罗斯国家形象"。

2."今日俄罗斯"重塑国家形象的具体做法

（1）跳出西方"议题设置"，凸显"俄罗斯视角"。当西方媒体口径一致地报道某新闻事实时，RT总是能够提供不同视角。"RT的报道目标不是提升俄罗斯立场，而是勇于质疑西方立场，打破西方对话语解释权的垄断。"电视台的座右铭——question more（多一些质疑）也很好地说明了这一点。正是凭借超越西方主流媒体呈现的单一视角，填补现有新闻报道的缺失之处的策略，RT赢得了大批喜欢多视角审视事件的西方受众。

报道视角的差异化，不仅为RT赢得了大批受众，还有效地传递了俄罗斯声音，维护了其国家形象。RT成功发挥媒体武器的作用，主动引导舆论走向，与西方媒体展开针锋相对的斗争，一步步地把俄罗斯的形象扭转成包容负责的大国。除在与俄有关的重大国际事件上主动捍卫国家利益外，RT还致力于报道西方媒体不愿提及或者边缘化的议题，来争夺公共话语权。例如，美国爆发"占领华尔街"运动时，美国各大媒体都没有给予示威群众发声渠道，而RT则派出摄制团队24小时现场直播。此外，西方媒体忽视的灾难、犯罪、反恐、宗教、种族等议题也是RT关注的重要内容之一。

RT在国际重大事件上以不同于西方的鲜明观点争夺话语权，同时积极为弱小国家及边缘群体发声，在国际上树立起有发言权和负责任的大国形象。

（2）积极探索新媒体，构建全媒体传播格局。随着信息技术的迅猛发展，传播发生深刻变革，人们对互联网等新兴媒体的需求和依赖愈发强烈。RT敏锐地捕捉到这一发展趋势，积极创新传播形式，重视新媒体新技术的应用，成为目前跨国电视台中运用新媒体策略最为完善的机构之一。

首先，RT高度重视和强化自身门户网站建设，支持多语种、多客户端浏览，满足不同用户的需求。其次，RT还非常善于利用社交网站和视频平台进行传播，在YouTube、Facebook、Twitter、Instagram等平台上均建立了自己的频道。其中在YouTube的热度最高，早在2013年RT就已成为该平台上首个浏览量达10亿的电视台。2020年年初，RT在YouTube上的视频播放量已经突破100亿。

近年来，RT更是抓住直播、VR等新技术的风口，积极将VR应用到新闻直播，推出了专属的RT360VR应用，成为首批以沉浸式360°视频形式制作新闻内容的国际媒体之一。此外，电视台还联手三星公司，制造了系列炫酷全景。2016年11月，成为历史上第一个将观众"传送"到太空的电视台。媒体融合发展为RT实现弯道超车创造了新路径，借力新媒体RT成功地影响那些"容易受影响的人"，在全球各地年轻网友中树立了良好的国家形象。

（3）树立全球视野，推动电视台的海外落地。RT非常重视对外传播过程中的本土化运作，从节目生产到管理、从编辑到记者、从语言到节目风格，均针对不同市场采取符合当地需求的本土化运营策略。

积极搭建本土化传播平台。在全球多个地方建立记者站和采编中心，能够第一时间向总部发出第一手的新闻资讯。此外，RT还深入重点国家"腹地"，在华盛顿、纽约、伦敦、柏林、加沙等重点城市均设有分社,并在华盛顿和伦敦实现了节目本土化采制和播出。

用人机制灵活,不拘一格大量招募当地记者、编辑,实现了人员的本土化。早在 2005 年电视台筹备之初,RT 就在英国《卫报》上刊登招募广告,征聘"有天赋、有经验""有独特视角与激情"的记者和编辑。再如 RT 美国台(RT America)的记者、编辑等基本是美国人。这些本土化的传播人员不仅能拉近与受众的距离,赢得信任,还能采用当地受众乐于接受的方式、易于理解的语言,将俄罗斯的声音更好地传递出去。此外,电视台还花重金招揽了不少当地媒体圈"大腕"来提升关注度和话题度,例如,美国王牌脱口秀主持人拉里·金、美国著名节目主持人舒尔茨等的加入都曾引发不小的轰动。

节目形态及内容与传播对象国接轨。RT 精准地把握了西方受众重视不同观点争论的特点,在新闻报道中多从当地新闻事件出发,采用西方受众喜欢的新闻评论、脱口秀等形式进行报道。

本土化的运作模式,实现了电视台与当地受众的近距离沟通互动,提升了电视台的公信力,在一定程度上纠正了西方媒体宣传的"专制""野蛮"的俄罗斯形象。

(资料来源:闫欢欢."今日俄罗斯"重塑国家形象的经验与启示[J].青年记者,2020(11):99-100.)

问题:

1. 请从政府公共关系的角度谈谈"今日俄罗斯"在重塑国家形象方面有何意义。

2. "今日俄罗斯"对我国国家形象提升有哪些启示?

政府形象塑造是政府公共关系的一个重要内容和基本职能之一。作为社会组织,一个在公众心目中良好的形象是政府做好各项工作的有力保障。本章重点探讨了国家形象塑造,城市形象塑造,政府领导形象塑造,政府公务员形象塑造四个关于政府形象塑造的重要方面。

第一节 国家形象塑造

一、国家形象的含义和要素

(一)国家形象的含义

在全球化背景下,作为国际关系的主体,国家发展战略特别是全球战略的实现与否,与国家在国际社会的形象直接相关。国家形象的好坏影响到一个国家在国际上的声誉和地位,并且直接关系世界范围内的人心向背。良好的国家形象,有利于争取世界人民的认同,争取国际舆论的同情和支持;反之,恶劣的国家形象则会招致国际社会普遍的反感,疏离与其他国家人民的合作关系。

所谓国家形象,是国际舆论和国内民众对特定国家的物质基础、国家政策、民族精神、国家行为、国务活动及其成果的总体评价和认定。这种评价和认定，主要来自国际新闻流动，来源于国际新闻媒介的新闻和言论报道中所呈现出的虚拟影像。国家形象是国家物质力量和精神力量的综合表现，是国家最重要的无形资产，也是国家立足于国际舞台的重要实力来源[①]。

（二）国家形象的要素

国家形象的基本要素可以概括为物质要素、制度要素和精神要素三个层面。

1. 物质要素

构成国家形象的物质要素是指支撑国家生存和发展的自然物质基础和各种物质要素的总和，其中既包括疆域、人口、自然资源，也包括在此基础上形成的国家的经济、科技、军事实力、体育等综合国力要素。这些因素是国家存在和发展的物质支柱，对国家形象有着极大的制约性。

2. 制度要素

人们在社会实践中形成各种社会关系，这些社会关系在政治、经济、文化等各个领域以规范的形式固定下来，形成各种不同的制度。

从人类社会的历史来看，不论在何种社会形态和历史时期，国家在政治、经济、文化、军事、科技、外交等方面的规范共同构成了国家制度系统。这些制度以国家权力为中心凝结为一个整体，共同规范着整个社会的运行和人们的各项活动，从而成为构成国家形象的重要元素。

公民权利得到保障的程度和范围、政治过程的透明度、公民政治参与的途径、媒介传播的自由空间等，成为评价国家形象的重要指标因素。一个具有自由、民主形象的国家，比一个专制独裁的国家往往具有更大的道义力量，其外交和对外传播也有更大的公信力和说服力。

3. 精神要素

在一定意义上讲，国家形象是一个国家民族精神和民族性格的象征和表现。"民族精神是一个民族赖以生存和发展的精神支撑。一个民族，没有振奋的精神和高尚的品格，不可能自立于世界民族之林。"[②]因此，国家形象的精神要素集中体现在国家的民族精神或民族性格上。民族性格往往也被称为国民性，它在一定的历史环境中，在长期的生产生活实践中积淀而成，对该民族成员的情感意向、审美态度、思想方式、行为准则和生活习性等基本取向会产生广泛而深刻的指导作用，因此，民族性格一旦形成，就具有鲜明性和相对稳定性。

---

① 张昆，徐琼. 国家形象刍议[J]. 国际新闻界，2007(3)：11-16.
② 李寿源. 国际关系与中国外交——大众传媒独特的风景线[M]. 北京：北京广播学院出版社，1999.

　　有史以来,各个民族所经历、创造的一切都不同程度地沉淀在各自的民族文化中,从而使各民族形成自己独特的民族个性和民族精神,这种民族个性通过长期的文化传承逐渐稳定下来,形成了各个民族各自不同的文化传统、情感态度、思维模式、价值观念等。所有这些,都从不同侧面和程度上映射着该民族的精神和国家形象。如我国传统文化深受儒家思想影响,形成了团结统一、爱好和平、勤劳勇敢、自强不息的民族性格,这些民族性格也会反映到国家形象上。

　　构成国家形象的三大要素相互依存、相互制约、相互渗透,构成一个相互作用的严密整体,从多层次、多侧面、多角度反映着国家形象,每一方面都会对国家形象产生不可忽视的影响。一个国家若想在国际社会中拥有和维系良好的国家形象,必须同时重视以上各要素的建设,只有这样才能在强化内部凝聚力及增强国家综合国力的基础上,树立国家的良好形象,以赢得国际社会的普遍认同,提高国家在国际社会的美誉度。

二、国家形象的特点

　　国家形象是一个由多种要素组成的综合体,是一个完整有序的整体结构。[①] 国家形象具有三个明显的特点。

（一）系统性

　　国家形象是一个国家综合实力的体现。所谓综合国力,是一个国家实际存在的综合力量,是指一个主权国家自下而上所拥有的全部实力——物质力和精神力及对国际影响力的合力,综合国力中的各要素几乎包括了维护一个国家生存与发展的所有要素和国家内外活动的各个方面,这涉及资源、经济、政治、科技、教育、军事、社会发展、国际关系等基本领域。在国家形象这个系统中,国家综合实力诸要素所占的地位各不相同,发挥作用的方式和程度也不同,共同构成了国家形象这个完善的体系,并从不同的侧面向社会公众发出各种不同的信息,从而使国家形象同时呈现系统性的特点。

（二）稳定性

　　国家形象一旦形成,就会对国内外公众的心理产生影响,使其形成对相关国家的具体印象。一般来讲,在国际传播过程中,国家形象具有相对的稳定性。这种稳定性首先取决于国家形象所具有的客观物质基础,这些要素在短期内不会有大的改变,只要国家形象的各要素相对稳定,国家形象也是相对稳定的。即使国家形象的具体部分会随国家各种相应的活动和行为的调整而发生某些细微的变化,但是这种变化不会马上改变国内外公众心目中已经存在的形象。

---

① 张昆,徐琼. 国家形象刍议[J]. 国际新闻界,2007(3)：11-16.

（三）动态性

国家形象的相对稳定性，并不意味着国家形象一成不变。时代在进步，事物在发展，国家形象必然会随之发生这样那样的变化。随着国际环境的变迁，各个国家内外政治、经济、外交、军事等要素也会因时而异，因而国家形象也处于一个持续、动态的变化过程中。

历史证明，国家形象应该是开放的、动态的，良好的国家形象的确立更是一个渐进的过程。当今世界，致力于发展本国经济、社会、文化等事业，积极投身于各种国际活动，以期在国际社会建立一个良好的国家形象，已经成为各国的共识。所以，国家形象持续的变化应该是预料中的事情。

（四）差异性

国家形象对内对外存在着一定的差异性。从国家内部来看，每个国家都有一个"自我期望形象"，即国家希望自己具有的理想社会形象，它是国家自我期许和自我评价，是国家发展的内在动力和国民凝聚力之所在，任何国家都希望自己有一个正面积极的形象，因此这一形象通常是以国家自身为主来塑造的。由于民族情感和爱国主义精神的影响，国内公众对国家的评价，在一般的情况下趋向于正面，肯定的可能远高于否定的可能。从外部来看，每个国家都存在一个"实际形象"，即国家在国际社会公众心目中的主观印象，这是国际社会舆论对某一国家的政策行为、实际状态的综合评价。国家的"实际形象"通常是由国家本身和国家外部的力量共同塑造的。由于国际社会存在着复杂的利益关系和价值标准，这个"实际社会形象"通常与国家的"自我期望形象"存在着或多或少的差距，而很少有一致的时候。有时对于同样一件事情，引发的社会评价，在国内国外可能完全不同。只有国内国外的认知、评价基本一致时，才说明国家形象是接近真实的，国家形象的塑造才算是成功的；当两者存在着差距时，国家必须积极寻找原因并致力于缩短这种认识差距，以改善国家形象。

三、国家形象的传播策略

为了更好地开展政府公共关系，塑造良好的国家形象，我国国家形象的传播应注意采取以下策略。

（一）全面展现，增进了解

对外宣传与传播最重要的历史使命，就是在目标国家的对象面前，展现祖国的完整形象，让世界了解"我的"祖国。只有让其他国家的公众了解中国，中国才能为他们所接纳，最终获得他们的认同。只有得到了国际社会的认同，中国才能够顺利地融入全球体系，利用和平的国际环境,充分地发展自己,壮大自己,以实现中华腾飞的战略目标,更好地开展政府公共关系,塑造国家形象。

1. 传播本国民族精神和弘扬历史文化传统

让目标对象了解中国人的精神风貌、思维方式和民族性格,把握中华民族在世界文明进化过程中的历史贡献。所谓人之相交,贵在知心。这种介绍就是在做推心置腹的工作,目标对象了解了我们的心,就容易与我们坦诚相待了。

2. 介绍本国政府领导人,传播大政方针

尤其是国家领导人,作为本国人民的代表,本身就是国家形象的体现。中国作为正在和平崛起的世界大国,其政治领导人应该表现出大国风范。此外,对外宣传与传播媒介还要向国外的目标对象介绍中国的基本国情,如中国壮丽的山河、丰富的物产、多民族的和谐共处、人口与宗教格局、经济发展的实际水平、基本政治制度等。目标国家的对象如果能够从这些层面了解中国,把握中国,中国正在崛起的负责任的世界大国形象就容易树立起来。

3. 善于借助普通人,传播国家形象

国家形象传播还要善于借助普通人,介绍与国家"大事件"相关的"小人物",扩大传播效果,助力国家文化软实力的提升,树立良好的中国形象。例如,2021年3月11日,《人民日报》发布2021年励志大片《中国再出发》。作为国家形象片,《中国再出发》着力书写"出发"这一主题,向全世界展现中国在取得新冠肺炎疫情防控阻击战阶段性胜利后,中国人民的拼搏精神与对未来美好生活的期盼。国家形象的构建与提升,对培养公众民族自豪感与爱国主义情怀,树立我国在国际舆论场中的形象具有重要意义。截至2021年4月1日,《人民日报》对这一短片的微博报道已累计获得近140万次转发,约百万次点赞。《中国再出发》一改国家形象片传统的制作模式,在近3分钟的短片中,描绘社会中代表性人物的奋斗画面,并通过构建社交化传播,激发了受众对国家的认同感,强化了受众对自身使命感的认识。《中国再出发》从传播者方面进行创新,为国家形象片在数字时代寻得了全新的传播路径,取得了令人瞩目的传播效果。

一是善用新生代明星影响力,提升传播效果。《中国再出发》选用当下极具"热度"的青年演员王一博为形象片进行全程旁白配音,整部短片时长约两分半钟,看完却让人心潮澎湃,身为中华儿女的骄傲与自豪感油然而生。此次王一博参与了形象片的制作过程,赋予了国家形象片更多的流量关注。2020年2月,王一博参与共青团中央宣传部指导下的《有你在身边》歌曲的录制,致敬抗疫一线工作者。2020年3月,受北京冬奥组委会邀请,王一博献唱抗疫歌曲《因为我们在一起》。同年,王一博被授予"北京冬奥文化推广使者""湖南省文明交通形象大使"等多个称号。通过这些活动,王一博逐步构建起公众心中正能量的形象,其形象符合《中国再出发》的媒介定位,形成了公众对其正向的认同感,王一博的加入,更为该片引入更多粉丝受众群体,尤其是其受众群体主要为"95后"及"00后",是社交媒体中极为活跃的人群,吸纳他们对国家形象片的关注,最大限度地提升了

《中国再出发》在互联网空间的讨论热度,促进形象片的扩散度与影响力呈指数级增长,形成较好的传播效果。

二是叙事内容宏观与微观并重,介绍与国家"大事件"相关的"小人物",提高了国家形象传播效果。《中国再出发》通过叙事内容宏观与微观并重,在呈现大国实力"硬画面"的同时,不乏触动人心的"软画面"。在宏观叙事内容选择上,该片涵盖中国航天、中国女排、中国天眼等;在微观叙事内容选择上,其包含一线医护人员、货车司机、乡村教师等普通人。在宏观与微观内容交叠下构建的国家形象,唤醒了受众对过去一年间国家"大事件"与"小人物"的记忆,触动了受众的真实情感,为该片的广泛讨论及二次传播打下了坚实的受众基础。此外,宏微观叙事并重,更能体现我国在大国风范与人文关怀的紧密契合,符合我国科技兴国、以人为本等国家战略意志,使国家形象片具有更浓厚的中国属性。[①]

（二）表达立场,驳斥攻击

在国际事务中,在重大国际国内问题上,中国自然有着自己独特的利益考量。绝不可能再现过去一边倒的现象,绝不会人云亦云,随其他大国的指挥棒跳舞。在国际交流中,对外宣传与传播媒介应该为表达中国自己的主张、立场、态度辩护。这是捍卫国家根本利益的前提。因为,作为国际关系的主体,国家的主张、态度和立场,只有为伙伴国家所了解,才能得到他们的尊重。对于重大的国际事务、重大的国际问题,一个国家的合法政府没有自己的态度,不发表自己的主张,这无论如何是说不过去的,更何况是一个正在崛起的具有全球影响的世界大国。

在国际关系的舞台上,国家利益是主权国家国际交往的出发点。为了国家的根本利益,国家和国家之间难免发生矛盾和冲突甚至引发战争。至于主权国家之间通过信息传播手段进行的争论、攻击,更是十分普遍。当全球力量平衡被打破,国家之间的利益格局发生变化时,几乎所有新崛起的国家都会引起周边社会普遍的怀疑甚至敌视,随之而起的必然是大规模的妖魔化宣传;将新崛起的国家描绘为可怕的威胁,将力量格局变化视为万象纷乱之源,将新兴国家发展过程中出现的问题无限放大,而对他们取得的成就则视而不见。于是新崛起的充满活力的国家及其形象就会遭到敌对国家政府及宣传媒介的诬蔑、歪曲。

中国对外宣传与传播媒介当然应该理直气壮地、以确凿事实的依据进行有说服力的辩驳,还原事实的本来面目,向国外的公众展现中国社会发展的真相。

（三）正视差异,贴近受众

在任何传播过程中,传播对象对传播内容都是有一定选择的。大众传媒进行对外宣传,建构国家形象,面对的不是一般的对象,而是文化背景、价值观念、语言和思维习惯与

---

① 叶哲佑.国家形象片的创新传播路径——以 2021 励志大片《中国再出发》为例[J].传播与版权,2021(5):41-43.

我们差别很大的海外受众,他们对传播内容的选择就更为苛刻。对外宣传要达到预期的传播效果,就必须认真研究和分析海外受众的特性,切实知道在哪些方面与之有"共同语言",在哪些方面存在分歧和差异。比如,从思维方式看,一般中国人偏好形象思维,西方人则偏重抽象思维;中国人偏好综合思维,谈问题往往从宏观、全面的问题入手,西方人则偏好分析思维,谈问题一般从具体问题开始。由于存在这种差异,在中国人看来很正常的事情,可能会引起西方人的疑惑、不满和反感。因此,在确定对外宣传内容时,不能只考虑我们想介绍什么,而应该看海外受众感兴趣的是什么,尽量满足其信息需求,这样才有可能为他们所接受。在这方面一个有效的途径就是借鉴国外传播的有效表现形式,尽量从直观上拉近与海外受众的距离,从而起到事半功倍的宣传效果。

(四)营造环境,拓展渠道

国际环境有狭义和广义之分。狭义的国际环境主要是指物质环境,即国家之间客观存在的政治、经济及其他物质利益关系;广义的国际环境包括物质的硬环境和精神的软环境,舆论环境就属于国家生存和发展不可或缺的精神软环境,这种软环境直接关系到主权国家在国际上被认可、接纳的程度,影响到国际舆论对主权国家的内政外交的评价。

每个国家都会赋予其政府支配下的对外宣传与传播媒介,争取国际舆论的重视,营造有利于国家利益实现的舆论环境,增强本国在国际社会中的亲和力、可信度,展现本国和平崛起的真诚意愿,说明本国的崛起对维护世界和平与安全的重要意义。

营造国际环境离不开传播渠道。尽管一些国际传媒对中国的报道和评析不公正甚至带有偏见,但我们要看到国际传媒的本质就是传输信息,从这个意义上讲,国际传媒本身也可以成为中国形象进入国际社会的重要渠道。首先,要逐步加强与海外主流媒体的联系与合作。把宣传的目的和宣传的手段区分开来,只要是对建构国家形象有益的做法,我们就应该加以采纳。其次,要充分借助中立媒体和第三媒体力量壮大自己的声音。如果能借用曾长期说过我们坏话的国际传媒为我宣传,不仅国际传播渠道更为通畅,传播效果也会更加有效。

(五)网络传播,增进效果

目前,在全球互联网的信息中,来自以美国为主的发达国家的英文信息占90%以上,中文网站只占1%。网上有关中国的负面报道和小道消息,通过各种渠道进入中国,已经成为造成国内社会不稳定的因素之一。同时,我国的网络对外传播在题材及内容设置上还不够合理全面,节目"本土化"落地模式还需进一步拓展。21世纪我国的网络对外传播虽然面临着良好的发展机遇,但也面临着严峻的竞争挑战,肩负着更为艰巨的任务,塑造我国的国家形象必须重视网络传播。

1. 负面信息也要报道

长期以来,我国的对外传播一直坚持正面报道为主的原则,大量报道改革开放以来我们在政治、经济、人权等方面所取得的成绩，而对于负面信息的报道总是顾虑重重，从而延误了有利报道时机，影响了传播效果。事实上，有时适当地、恰如其分地反映我国发展规律过程中的某些不足和问题，不但不会影响我国的国际声誉，反而会提高我国对外传播媒体在海外受众中的可信度。

网络传播作为新兴媒体具有传统媒体无法比拟的特点。事实证明，利用网络官方媒体报道负面信息，这些来自可靠信源的信息既满足了受众的知情权，稳定了受众情绪和社会秩序，又赢得了接受国际救助的机会。虽然这样的"负面报道"透视出了悲剧色彩，但它是对灾难本质性的反映，是对新闻真实性的最好诠释。

2. 及时报道突发事件

信息时代的网络对外传播一定要讲究时效性，在现有条件下以最快速度让信息与受众见面。对于重大的突发事件，则要在正确处理宣传纪律和新闻报道关系的基础上进行判断和报道，而不能采取瞒报、迟报或压制某些新闻报道的方法。

只有及时报道突发事件，利用新闻来宣传中国的形象，才能在国际新闻竞争中稳操胜券。

3. 利用网络进行文化交流

对外文化交流是打破意识形态壁垒，与国外受众进行对话，实现国家形象塑造目标的有效形式。特别是我国具有 5000 年历史的文化，是国外受众对中国感到神秘和向往的一个重要原因。因此，文化类题材作为一个重要的对外报道领域，不仅是我们的优势，也是外国人及海外华人感兴趣的。

对外传播网站要充分发挥网络的特点和优势，着眼于世界文化发展前沿，通过网络文化交流来大力传播我国优秀文化、现代科学技术知识和世界优秀传统文化成果，用文化的内涵来展示我们的价值观和政治立场，从而达到国外受众易于接受传播效果的目的。同时，对外传播网站还要不断创新内容、方法和形式，增加信息量，扩大覆盖面，提高时效性，增强感染力、说服力和影响力，从而使我国的优秀文化得以广泛传播，产生深远影响。

（六）话语体系，融通中外

调查显示，境外部分民众对中国存在不解、误解的情况。究其原因，这不仅有观念层面的问题，还有语言表达如何融通中外的问题。这就需要加强自身文化的主体性，建构与世界接轨的对外话语体系。

1. 夯实话语根基

话语体系的产生离不开文化的影响和文明的进步。调查显示，中餐、中医药、武术是海外受访者认为最能代表中国文化的元素。这在一定程度上反映出，中国对外传播将传播内容过多聚焦于传统历史文化上，尽管给海外受众留下了较深刻的印象，却也减慢了新时代更多中华文化走出去的步伐。要讲好中国文化故事，不仅需要从话语概念、逻辑和知识体系层面实现"去西方化"的表述,还要在坚守中华民族传统历史文化内核及保留自身体系原有风格和特色基础上,避免夸大对中国传统历史及其代表元素的宣传,更要对中国社会生活发展现状进行现代化转化,建构强调不同文明间合作及关注跨文化对话的多元价值格局。

2. 坚定话语自信

中国共产党执政的新思想、新理念,具体表现为道路自信、理论自信、制度自信和文化自信,构成了话语自信的基础。要进一步坚定话语自信,需要用中国理论阐释好中国实践,用中国实践升华中国理论,构建自信的对外话语体系。一方面,要主动设置议题,聚焦中国模式、中国道路、中国经验,挖掘能够打动海外受众的生动素材;另一方面,要用自信的话语解释中国实践,提炼出精准阐释中国国情,解读中国制度,反映中国理念,描述中国道路,表达中国精神的话语,打破西方单一的叙事逻辑。

3. 创新话语表达

话语表达的新概念、新体系、新表述,凸显话语的时代价值。随着各国民众对新时代中国特色话语体系的理解和认同的不断深入,未来更需要从实践的角度创新话语体系。在微观层面,要以对话意识取代主客意识,围绕全面建成小康社会、脱贫攻坚、国家治理等重大主题,将实现中华民族伟大复兴中国梦的实践故事巧妙传递给海外受众。在宏观层面,要对接全球化世界格局,以人类命运共同体话语为核心,打造由"一带一路"话语、周边外交话语、新型大国关系话语等构成的特色对外话语体系,为实现中国立场的国际表达提供话语支撑。此外,还要在国际环境中反复检验,调整话语表达模式,将中国声音传得更广、更远。[1]

第二节　城市形象塑造

城市形象的塑造,既是城市发展的必然要求,也是地方政府公共关系的重要内容。它对于振兴城市经济,带动城市经济的整体提升,促进国民经济的发展和社会进步,是一项重大举措,同时也是地方政府公共关系实务的有效战略。因此,城市形象塑造是开展政府公共关系,塑造政府形象的题中应有之义。

当前,随着我国城市化建设的迅猛发展,一方面是给整个社会经济发展带来了无限生机和活力,另一方面也无疑导致了城市特色的逐渐消退,使我国城市与城市之间原本不清晰的界限愈加模糊,单纯注重城市的经济发展还导致城市功能单一化,城市的生态环境逐渐恶化,市民生活质量不断降低。这一切引发了人们对"城市形象"的特别关注,希冀从这

---

① 丁一.新时代对外传播构建国家形象的四个策略[J].对外传播,2020(9):51-53.

一角度来研究城市的建设和发展。

一、城市形象的内涵与特点

（一）城市形象的内涵

"城市"在《辞海》中解释为以非农业活动和非农业人口为主,具有一定规模的建筑、交通、绿化及公共设施用地的聚落;城市从它的词义解释是作为防御和交易的场所。城市的产生,按照马克思主义的观点是社会生产力发展到一定阶段的产物,因此,城市的发展是与社会进步密切相关的。

树立美好的城市形象,不仅是全体市民和城市政府的良好愿望,更是规划师忠贞不渝的规划职责。究竟什么是城市形象?

城市形象,欧洲有很多学者将城市形象即城市的内在特质,视为城市发展的动力来源。在其看来,城市形象是城市内外公众对城市总体的、抽象的、概念的认识和评价,代表了一种由个人和集体的共同意向所支持的现实。

综合国内外学者们的观点,我们认为,城市形象是城市内在特色的外在艺术表现,集中反映出城市整体的素质、品位和文化。

城市形象是一座城市内在历史底蕴和外在特征的综合表现,是城市总体的特征和风格。理论渊源上,城市形象是城市意象的一部分,属于城市地理学的感应空间范畴。它表示城市客体在行为人体的心理映射,即主体对客体的感应程度。

城市形象既是一种客观的社会存在,又是一种主观的社会评价。一方面是城市的内在素质和文化底蕴在外部形态上的外在表现,另一方面又是城市内外公众对城市的现状和未来发展趋势做出的总体的、抽象的、理性的概括和评价,并且公众的看法和评价将影响城市的生存与发展。其中,城市的内部和外部公众包括城市的常住人口和非常住人口,即市民、外来务工人员、外来商务人员、游客和其他关心该城市发展的人。影响城市的因素是多方面的,包括政治、经济、社会、文化等。城市形象的组成要素包括城市景观形象、城市功能形象、城市经济形象、城市文化形象、城市政府形象、城市市民形象、城市市容形象和城市潜能形象等若干子形象。城市形象的结构可简要概括为城市理念形象、城市行为形象、城市视觉形象,并且这三部分结构与城市形象的各子系统相互融合交叉[①]。

（二）城市形象的特点

1. 自然性

城市形象是生活在城市中的人们长期生活方式和社会实践熏染的结果,是城市文化

---

① 陈柳钦.城市形象的内涵、定位及其有效传播[J].湖南城市学院学报,2011(1)：62-66.

风貌的自然体现,具有自发性和自在性,而非领导决策或专家杜撰的再造品。

2. 独特性

城市形象应该是被识别城市独有的,是"我有你无"和"独一无二"型的,而非放之四海而皆准的普适性标识。

3. 象征性

城市形象必须具备让人们产生自然想象力的功能,即看到这个词就能够联想到这座城市。提及北京,人们会想到大气,想到天安门、故宫和长安街;提及上海,人们会想到洋气,想到外滩、南京路和"十里洋场"。

4. 多样性

从构成要素上看,城市形象可以是城市建筑、山脉、水体等物质文化景观,也可以是城市人的共性特质、城市人际互动的关系特质和城市独特文化等精神文化景观。

5. 差异性

不同人对同一城市具有不同的意向性,仁者见仁,智者见智。广州本地人对珠江、白云山、北京路、天河城等记忆深刻,外地人可能对火车站、汽车站、工厂附近的地摊和小吃店感兴趣。

优美的城市形象,不仅对提高城市知名度、创立城市品牌、提升城市品位、繁荣城市经济,有着十分重要的作用,而且对于增强城市实力、优化城市功能有着重要的促进作用[①]。

二、城市形象的构成

城市形象是一个涉及面很广的立体系统。简而言之,它是由体现城市外在总体特征和风格的"硬件"和体现内在总体特征和风格的"软件"两部分组成[②]。

(一)基础建设——城市形象的"硬件"

基础建设是城市形象的物质层面,是城市形象设计与实施的基础。一般认为它主要由以下三种因素组成。

1. 经济发展水平

经济发展水平是衡量任何一个城市形象的最基本的因素。一座经济发达的城市既可以为城市建设投入充足的资金,又可以以雄厚的经济实力吸引外来资金和技术,寻求合作

---

① 黄景清.城市营销[M].深圳:海天出版社,2003.
② 蒋春堂.政府形象探索[M].北京:中国国际广播出版社,2001.

伙伴。另外,它往往又和高水平的科学化管理、良好的投资环境相关联,给外界留下良好的印象。

2. 市政建设与生态环境

市政建设指城市的规划布局,包括建筑形式与风格、工业及生活区域的合理安排、市区交通和医疗及购物是否便捷。市政建设在科学化、合理化的基础上应突出城市的特色,展示城市的个性,增强城市独有的"魅力"。

城市的生态环境是指城市及其周边地区的环境质量。空气、噪声、水质这些环保因素与市民健康息息相关。人们渴望生活在一个拥有蓝天、碧水、清新的空气、悦耳的鸟鸣、绿化美化良好的城市环境中。追求人与自然的和谐、共存与发展应是城市环保工作的目标。

3. 完善的服务

城市的服务功能主要体现在公用事业服务(自来水、电、市内交通)、医疗保健服务(医院、疗养院、妇幼保健院)和消费服务(餐饮、旅游、通信、金融、保险、娱乐)三个方面。人们希望得到热情、周到、方便、高效的服务,以满足工作与生活的需要。完备的服务机构和设施,良好的服务态度和技能是发挥城市服务功能的必备条件。

（二）精神内涵——城市形象的"软件"

人是要有一点精神的,城市也要有一种精神,如果不是这样,城市就不会"鲜活"起来,就不会生机盎然。城市精神是一座城市本质特征的提炼,是历史传统与时代精神的融合,它以无处不在、潜移默化的形式支配着城市决策者及市民群众的行为与观念,给城市形象增添一抹抹亮色。譬如,深圳市政府倡导的拓荒牛精神,就是深圳市人民勇做改革的排头兵,知难而进,永不退缩精神的象征。它既以极大的感召力,激励着深圳人在新的征途上奋发图强,艰苦创业,同时又在全国人民面前展示了深圳——这个全国改革开放窗口的良好城市形象,赢得了海内外的广泛赞誉。

城市形象的精神内涵主要由下列因素构成。

1. 精神理念

如前所述,精神理念是城市本质的提炼和概括,是统率城市一切工作的指导原则。作为一种观念,它是含而不露的,但作为一种行为体现,它又是随处可见的。它像"随风潜入夜,润物细无声"的春雨,浸润着人们的心田,规范着人们的行为,陶冶着人们的情操。当前我国很多城市都已经形成了自己独特的城市精神。例如,重庆具有重山重水、重情重义的城市精神;长春具有宽容大气、自强不息的城市精神,这些城市精神都代表了城市整体形象和特色风貌。从城市发展的角度来看,只有打造出自己的城市精神,才能对外树立形象,对内激发民众积极进取,为城市的生存和发展注入能量。城市精神的打造不是一朝一夕可以完成的,应该在城市的发展过程中自然形成。由于城市的历史文化、地域、发展水平等方面的差异,每一座城市的精神都应该与众不同,因此,城市精神无论是内涵还是文字表述都要反映出自身的特色。

2. 市民风尚

一座城市的市民风尚集中体现在公共道德、邻里关系、社会责任感等诸多方面。一个崇尚科学文化、遵纪守法、睦邻团结、助人为乐的社会，不但能为市民提供一个良好的社区环境，而且会为外来者所称颂，为城市形象增光添彩。

3. 文化氛围

经济文化一体化已成为当今社会发展的共同趋势。我们不可能在一片文化荒漠上建成一座经济发达的现代化城市。一座缺乏深厚文化积淀的城市，其经济发展必将是十分脆弱的。一座城市的文化氛围固然有历史的因袭，但也有现代的影响。如何使二者结合，使古城焕发现代光彩，是值得我们研究探讨的问题。一座城市的文化氛围还应包括当地的文化设施、教育发达程度、出版状况、戏剧音乐等艺术的繁荣程度与发展状况等。

4. 历史遗迹与人文景观

中国有五千年辉煌灿烂的文化。中国人民有长期反侵略斗争的光荣传统。祖国各地散布着大量的历史遗迹和人文景观，这些都是对人民群众，特别是对青少年进行爱国主义和革命传统教育的好场所，如北京的圆明园遗址和长城、西安的碑林和兵马俑博物馆、南京的静海寺和中国人民抗日战争纪念馆等。"前事不忘后事之师"，一个不忘记历史的民族才是有希望的民族；只有从历史和传统中汲取经验和力量，才能增强我们建设现代化国家的决心和自信心。

三、城市形象的定位

城市形象定位是指从城市长期发展战略出发，在充分发掘城市形象资源优势的基础上，把城市的历史、现状和未来发展方向紧密结合，对城市形象建设的方向和目标进行定位[1]。城市形象定位的实质是对城市形象建设的方向和城市产品进行定位。城市形象定位要充分体现城市建设与发展的一般规律和趋势，从城市的功能和性质（质）、城市规模（量）、城市产业结构（向），特别是要从反映具体城市历史文化和特色的文物古迹等形象要素和资源条件（形）出发，充分体现城市形象的视觉识别、行为识别和理念识别三个特点，遵循现代城市建设与发展的一般规律和趋势，注重其整体风貌特色及前瞻性，既要符合时代要求，还要体现城市未来的发展前景[2]。例如，江西省赣州市在对自身资源优势与特色分析的基础上，对赣州的城市形象进行了"质""量""向""形"的四维定位，以帮助自身找到经营城市的准确路径和方式。赣州城市功能（质）定位——中西部地区承接产业转移第一城；赣州城市规模（量）定位——赣粤闽湘四省通衢区域中心大都市；赣州城市产业结构

---

①　卢燕. 西安构建区域性金融中心的目标定位模式选择与对策研究[J]. 商业时代,2011(13)：140-141.

②　王苏洲. 城市形象的四维定位——以简析赣州为例[J]. 科技经济市场,2011(5)：69-70.

（向）定位——工业主导产业、农业优势产业和现代服务业协调发展；赣州城市形象（形）定位——"江南宋城""红色故都""客家摇篮"。

（一）城市形象定位的体系

城市定位体系包括资源定位、产业定位、功能定位、属性定位、综合定位五个方面[①]。城市资源环境是存在、发展、竞争和发挥作用的基础，包括自然资源和人文资源。根据轻重缓急不同，城市产业定位一般分为主导性产业、前瞻性产业和辅助性产业。功能定位是城市为实现最大化收益，根据自身条件、竞争环境、消费需求等及其动态变化，确定自身主要发挥作用和担负任务的主要领域、空间范围、目标位置做出战略性安排。城市基本属性定位是对城市各方面属性的定位，包括城市性质、城市规模、城市质量、城市结构等的定位。城市综合定位是在具体属性和部分定位的基础上，通过全面与重点的综合进行的概括和提炼，包括城市总体目标、城市核心理念、城市的视觉形象。产业定位是基础、功能定位是核心、综合定位是灵魂。各城市应根据自身情况选择恰当的定位方式。

（二）城市形象定位的原则

1. 准确性

由于地理条件、经济水平、历史角色、文化底蕴、人文风情、产业优势、发展前景等具体需求存在多方面差异，定位城市形象应当视具体情况而定，城市所确定的形象必须符合自己的真实市情，绝不能名不副实。否则定位不准确，必然给城市的设计、推广工作带来诸多不利影响。

2. 导向性

富有导向性的城市形象，应对广大市民具有激励性，对城市发展具有推动作用。具体来说，对内应具有凝聚力，对外应具有吸引力和辐射力，它对城市的繁荣和健康发展应具有引导作用。所以，导向性是城市形象定位不可缺少的原则之一，有组织地进行城市形象定位必须考虑形象的导向性。

3. 统一性

城市形象有总体形象和次级形象之分，但城市形象首先是城市整体化的精神和风貌，是城市全方位、全局性的形象，包括城市的整体风格与面貌、城市居民的整体价值观和精神面貌及文化水平等。所以次级城市形象只不过是根据城市优势的某一方面得出的定位结论，不管它多么鲜明和重要，但是它绝不能超越和代替总体形象，而只能从属于和服务于总体城市形象。

---

① 王莉. 论城市形象管理的内涵、原则及程序[J]. 长沙大学学报，2012(5)：24-33.

（三）城市形象定位的策略

1. 提高认识，高度重视

城市形象定位是指在与别的城市相比较的基础上，从本城市现状和历史出发，充分发掘本城市的各种资源，并对关乎本城市发展的各种因素进行综合分析，着眼于城市的历史、现在、未来的继承和统一，按照特殊性、科学性的原则，找到城市的灵魂和精神，选取富有个性的城市形象资源加以凸显放大，确定城市建设的目标和方向。城市形象的定位是城市形象管理的基点，准确的城市形象定位能够反映一个城市的特点和优势，激发城市的内在潜能，为城市特定时期的发展提供目标指向。

准确的城市形象定位对城市形象塑造具有十分重要的意义。首先，能够提高城市的知名度和美誉度，使城市获得更多的经济、政策支持；其次，有助于城市整合各方面资源打造品牌城市；再次，有助于增强市民的凝聚力和自豪感，使市民在城市建设中更多地发挥聪明才智；最后，能够为公众提供差别化利益，通过定位向公众传递与众不同的信息，使城市的个性清楚地凸显在公众面前，从而引发他们的联想与支持[①]。因此，城市政府应该从城市实际出发，对城市形象做出科学的、有城市特色的、符合城市历史文化的定位。

应从思想上正确地认识城市形象，才能准确地定位城市形象。城市形象定位的着眼点是城市精神理念、城市的性质和城市的社会经济发展战略目标。城市形象定位反映着城市的灵魂，是城市优势的浓缩，更是城市发展的指向，城市形象的定位对于城市形象管理和城市开发有着深远的意义，城市政府对此必须给予足够的重视，城市形象的定位并不是为了夸大城市实力而做的广告，所以城市政府应认清本城在全省、全国甚至全球的地位，明确城市的现今发展阶段。政府有关职能部门和决策者应以科学的发展观和清晰的全局观，抓住城市发展机遇，以明确的思路指导关乎城市未来发展的定位。

2. 抓住特色，突出形象

城市形象定位要抓住城市形象特色。城市形象是一座城市以物质和非物质为载体的各种信息向人们（包含城市的内外公众）传递与交流的外在形式与综合反映，是融合时间、空间与人共同建构的有别于其他城市的代表该城市特质的整体形象[②]。城市的特色是丰富多彩的，有历史的、有传统的；有民族的、地方的；有时代的、新兴的；有景观的、环境的；也有产业的、功能的，等等。

从世界各地已经形成的特色城市的个性与共性看，特色城市大致可分为五种类型：第一种是政治型城市，如纽约、日内瓦等；第二种是经济型城市，如鹿特丹、中国香港等；第三种是文化型城市，如威尼斯、戛纳等；第四种是宗教型城市，如耶路撒冷、麦加等；第五种是旅游型城市，如桂林、苏州等。

特色是城市过去和现在的浓缩，是物质实体和历史文化的提炼，是城市形象的精髓和

---

① 钱志鸿，陈田. 发达国家基于形象的城市发展策略[J]. 城市问题，2005（1）：28-32.
② 陈柳钦. 城市形象的内涵、定位及其有效传播[J]. 湖南城市学院学报，2011（1）：62-66.

灵魂，也是一座城市的独特的优势，对推动城市发展具有十分重大的意义和作用。

城市的特色是在城市的发展过程中形成的，是城市极富价值和竞争力的个性所在，具有稀缺性，城市形象定位必须维护好城市的特色。每座城市都有自己独特的地理环境、产业结构、民族风情，城市政府能够把握并突出城市的特质，是城市形象定位成功与否的一个决定性因素。世界上没有两片相同的叶子，更没有两座相同的城市，因此政府要充分认识到城市特色的可贵，在城市形象定位中不能盲目仿效其他城市，而应以特色为旗帜，对城市的环境、历史地域条件、产业以及民俗等特质做深入的研究，有所侧重地显示出强烈且鲜明的城市风格[①]。

3. 依靠市民，以人为本

在城市形象定位过程中应贯彻以人为本的理念。市民是城市的主人，城市政府在定位城市形象时必须以人的需求为出发点，本着利民、便民的原则进行操作，塑造以人为本的城市形象，使城市形象定位有利于创造出适合市民生存发展的空间环境和人文环境。市民是城市形象的最直接的评判者，具有用脚投票的权利，所以城市形象为了能获得人的肯定和赞许必须以人为本，实现人的长远利益和发展。城市政府应积极培养市民的主人翁意识，提高市民的综合素质，实现人的全面发展，使城市形象在定位时就有丰厚的现代人文精神，使良好城市形象的根基更为稳固。

4. 挖掘资源，重视调研

城市形象定位必须建立在城市本身现状及公众对城市现有评价的基础之上。城市的定位不可以闭门造车，不可以由内向外而应该由外向内。所以确定一个城市形象之前必须了解外界是如何评价这座城市的，而不可以一厢情愿地自以为是。

调查研究是形象定位的基础，全方位地去调查和分析各种竞争和市场要素是定位城市形象的前提。要想成功调研，首先，从本地资源优势、未来发展、市民意向和政府的城市发展规划入手，立足于城市现实基础，全面分析和研究城市面临的现状基础。其次，则是利用专业机构向本地区包括海外的受众，进行各种形式的访谈和问卷调查，了解公众、周边城市和国际社会对城市的评价。在此基础上对城市现有形象进行系统、科学的分析评估，以找出城市现有形象的缺陷和不足，发现城市现有形象与城市期望形象之间的差距，从而找出城市形象策划的立足点和切入点，得出客观而科学的结论，为下一阶段的工作提供决策依据。

城市形象定位不仅仅是建立在对城市现状调查研究和分析的基础上，而且更重要的是在现有基础上全面挖掘城市形象资源，使城市形象定位做到静态与动态的统一、现实与未来的结合。所谓城市形象资源，是指一座城市所拥有的或所能利用的能够使城市公众对城市产生良好心理感受、形成良好主观印象的某些自然资源，也包括某些人文资源；既包括某些物资层面的资源，还包括制度层面的资源。城市形象资源具有明显的城市形象识别功能和城市形象吸引功能。任何一座城市的形象建设都必须基于对城市拥有的或可

---

① 于洪平. 论城市形象的塑造与营销[J]. 东北财经大学学报，2007(6)：67-71.

能利用的各种形象资源的充分开发和利用。正因为如此，在城市形象定位中充分挖掘城市形象资源，是一个非常重要的基础工作①。

四、城市形象塑造的策略

（一）塑造城市理念形象

理念识别是城市形象识别系统的核心和原动力，因为它规划城市精神，制定经营策略与经营信条，决定城市性格等理念，是城市形象的高度概括。

城市理念形象是城市行为形象和视觉形象的精神内涵。没有理念形象，城市行为形象和城市视觉形象都只是简单的装饰物。在创建市场品牌中，理念形象对提升城市文化形象的层次、格调、风格起决定性作用。随着城市经济社会的快速发展，人们追求的目标逐渐转向精神文化。有再好的硬件、硬环境，也会因为市民的价值观、法制观、道德观、信誉观等都极差而难以树立代表品牌城市的形象。正因为城市理念形象是城市所有社会组织和市民的精神信念、心智状况的总和，一座城市必须有明确的精神追求、正确的价值观念、较高的思想境界和品德风貌以及强烈的创新意识。而这些核心观念或价值取向来源于一座城市上层建筑的功能导向和长期文化积淀。

一旦在城市形象塑造中加入"观念"（理念），其形象传播就具备了超能量，具备了"内圣外王"的超能力——对内，可凝聚民心；对外，可展示城市软实力，输出价值观念。

（二）塑造城市行为形象

城市行为是指本城市为实现既定形象，在理念指导下所做的一切努力，是以城市经营理念为核心，制定城市的制度、组织管理方式、教育规范、行为准则等。城市的社会公益活动、赞助活动、公共关系等都是城市行为形象的重要表现。

城市行为形象的基础是城市的文明与文化，作为城市行为形象具体体现者的城市核心主体——市民，既是城市文化的创造者、发展者，又是城市文化形象的体现者和传播者。城市文化形象的塑造者，首先取决于城市人的品位和整体修养。城市人的素质高低取决于城市文化形象的品格和内涵。城市建筑文化、城市公共文化、城市市政文化、城市制度文化、城市环境文化等都是城市文化形象的表现形式，其中背后的决定因素就是人的整体素质。只有具备文明素质的市民，才会有高尚的城市公共意识，才会有高水平的城市公共文化形象。

另外，城市公务员是城市市民的重要组成部分，他们对城市事务的参与不仅仅是自身形象的发展，更重要的是他们是政府行为的缩影，是市民的参照体，因此，公务员的管理水平决定着城市文化建设的成败。有什么样的公务员队伍，就有什么样水平的城市文化形象传播效果。可以说，公众可以从城市的功能形象、环境形象、市政形象、政府形象中看出

---

① 于洪平.论城市形象的塑造与营销[J].东北财经大学学报,2007(6)：67-71.

城市公务员的素质和水平。也就是说,全面提升城市市民特别是公务员管理水平是塑造城市行为形象的关键所在①。

(三) 塑造城市视觉形象

视觉识别是城市形象识别系统中最直接、最有效地建立城市知名度和塑造城市形象的方法。视觉形象是城市的外在体现,是在自然条件的基础上,人类经过长期物化劳动所形成的城市物质环境,包括城市标识、建筑物为主体的人工环境(含各类装饰、文字、图形、广告等)和自然风光(含地形、地貌)等。

如今很多城市已经有了自己的形象标识,如重庆的"人人重庆",杭州的由篆书演变的"杭"字等,各城市的面貌、个性和文化都融合在这些分辨度高并且容易记忆的标识中,使人们一看到它,就能感受到该城市的氛围,进而对该城市产生良好的印象②。鉴于城市视觉识别系统的重要性,国内越来越多没有确定城市形象标识的城市也纷纷效仿重庆、杭州、东莞等城市,陆续进行城市形象标识的公开征集活动。如成都市在 2010 年 6 月 1 日至 2010 年 7 月 31 日公开征集成都形象标识。国内部分城市形象标识见图 7-1。

图 7-1　国内部分城市形象标识

提升城市建设管理水平,重点体现在城市标志性重点地段、标志性建筑物与广场以及绿化、雕塑、广告、灯光等方面的建设和管理。就原则性来讲,应该按照城市设计的要求和现代城市经营的理念来开发、建设与管理。

城市设计是城市开发建设的依据,建立在科学城市定位基础上的城市设计,不应随政府领导的更迭和规划与设计者的偏好而任意改变。现代城市经营理念就是要把城市资源运作好、包装好,不仅如此,还要把它营销出去,让公众接受它、认同它,有了这样的吸引力以后,城市发展自然就会有后劲,就会提升竞争力。塑造城市视觉形象,应该按照这样的思路和原则来进行,违背哪一项,都不会取得成功。

(四) 推出优秀的城市形象宣传广告语

城市形象宣传广告语又叫城市形象口号、城市营销口号或者城市形象表述语,是指通过一句精炼的话语或者几个词语,专门对城市形象进行宣传和推广的个性化语言。优秀的城市宣传广告语,能够准确反映一座城市的灵魂,全面提升城市的品位,能够最大限度

①②　胡艳.论城市形象塑造中的公共关系[J].学理论,2010(10):100-101.

地提高城市的知名度和美誉度,从而最终扩大城市影响力,吸引更多人前来投资兴业、旅游观光和消费购物。因此,城市形象宣传广告语在提高城市竞争力及促进城市经济更快更好发展方面起着十分重要的作用。那么,如何设计和创作优秀的城市形象宣传广告语呢?优秀的城市形象宣传广告语,应该具备以下特质。[①]

1. 定位准确,个性鲜明

一座城市就是一个综合性的世界,城市形象宣传广告语就是对该城市综合形象的准确定位和个性描述。城市形象宣传广告语所反映的城市文化、城市理念、城市资源、城市风光、城市发展目标必须是这个城市所独有的。城市形象宣传广告语要想体现城市鲜明的独特个性,只有充分挖掘和分析城市的内涵,充分凸显出与其他城市的差异,才能给人留下深刻印象。因此,要做好城市形象宣传广告语,就必须为城市准确定位,深度挖掘或培育城市鲜明的个性特征。如山东曲阜的宣传广告语——"孔子故里,东方圣城"就比较成功。曲阜,是我国著名思想家、教育家、政治家、儒家学派创始人"至圣先师"孔子的诞生地。孔子诞生于曲阜,曲阜继承了孔子的衣钵,传承了孔子的思想文化,这是曲阜得天独厚、独一无二的旅游文化资源,无疑为其他地方所没有。一句"孔子故里,东方圣城"就非常完美地把曲阜最具代表性和典型性的个性特点表现出来了,广告语突出了人文特色,能让人在第一时间感受到浓厚的文化氛围。因此,可以说该广告语定位准确,抓住了曲阜城市的文化特点,仅仅8个字就充分体现了曲阜鲜明的文化个性特征。

2. 语言简明,易于传播

优秀的城市形象广告语,从语言特点及其内容来讲,首先,一般要求简洁明了,通俗易懂,易于传播。城市形象广告语的长度一般以4~12个音节为宜,一般不超过12个音节,这样的广告传播开来印象最深,效果最好。在央视"朝闻天下"栏目里滚动播出的成都广告口号就是简简单单的"成都,都成",4个汉字,4个音节,听起来眼前一亮,给人深刻的印象。人们耳熟能详的央视荧屏上播出的广告口号"好客山东欢迎您""灵秀湖北欢迎您""福山福水福州城""走遍四海,以及威海""梦里草原,神奇赤峰""愚公故里,魅力济源""中国晋城,晋善晋美"等,效果就很好。俗话说"浓缩的都是精华"。的确,城市形象广告语要吸引眼球,简洁的语言是前提,现在是快节奏的社会,如果洋洋洒洒一大堆,是没有人愿意停下来洗耳恭听与品读的。

其次,易于传播的广告语要求流畅、念起来朗朗上口,要求适当讲究语音、语调、音韵搭配的和谐,这样可读性强,容易抓住受众的眼球和受众的心。做到这些,常见的办法是多使用对称的四音节词语:一是因为四音节结构语音上成双成对,念起来朗朗上口,节奏鲜明,能产生动听的音乐效果,能增强语言的音乐性和表现力;二是受中国传统文化的影响,四字韵文和成语影响较大,城市形象广告以古语诗文形式出现,可以增强广告的文学艺术性。另外,现实生活中有许多商品广告语都是讲求押韵的,比如"农夫山泉,有点甜"。城市形象广告语中如浙江义乌的"小商品的海洋,购物者的天堂"、三亚的"美丽三亚,浪漫

---

① 钟应春.城市形象宣传广告语应具备的几个特质[J].城市学刊,2017(6):94-98.

天涯"也都使用了押韵的方法,效果较好。总之,押韵使语句音调和谐悦耳,富于音乐节奏,好唱易记,便于传播。当然我们也不要刻意地去追求合辙押韵,否则会削足适履,弄巧成拙。

3. 艺术表达,讲究修辞

广告语的创作要有一定的文采,要依靠艺术的手段将广告诉求生动形象地表现出来。比如"七彩云南,梦幻丽江""走遍神州大地,醉美多彩贵州""人间仙境,梦幻烟台""梦幻之旅,神奇贵州""塞上江南,神奇宁夏""雾凇冰雪,绿色吉林""雪域净土,青藏高原""海上花园,温馨厦门""巴渝风情,山城重庆""世上湖山,天下常熟""日出黄山,绿染合肥"等广告语文字精练,文采斐然,语言充满诗情画意,富于美感,这些广告语对于传播城市形象具有积极的作用①。因此,为了增强语言的艺术性,运用一定的修辞手段必不可少。常用的修辞手段或修辞手法主要有以下几种。

（1）谐音仿拟。如晋城宣传语"中国晋城·晋善晋美"化用成语"尽善尽美",利用谐音,仿拟成"晋善晋美",形式上既保持了与原有词语近似的特点,内容上又获得了新意,给人以新鲜活泼、生动明快的感觉。

（2）拆词别解。常州宣传语"创意常州,常乐之州",运用重新解释、词语别解的方法,将"常州"拆解为"常乐之州",十分自然,不留痕迹,彰显了处在幸福生活之中的常州人民的自豪感与幸福感,自然也会对四方游客产生巨大的吸引力,让人不禁想要亲身感受一下"快乐常州"了。

（3）双关。常熟宣传语"江南福地,常来常熟"。"常熟"一是城市名;二是"熟"作"熟悉"解,指经常来"常熟"就会经常"熟悉",一语双关,给人的印象极深。"镇江,一座美得让您吃'醋'的城市。"镇江这句别出心裁的城市口号,既让人对当地著名景点充满向往,又让人记住了当地的特产香醋,可谓一举两得。镇江是产醋的地方,也有很多人文美景,这句话把二者联系起来,可谓一语双关。

（4）顶真兼循环。"成都,都成"。四个字循环往复,兼及词语别解,意蕴丰富,饶有趣味。

（5）反复。成都的另一广告语"成功之都,多彩之都,美食之都";乐山市的广告语"乐山乐水乐在其中";福州的广告语"福山福水福州游";最近湖南益阳为扩大影响,也设计了一个很好的广告语"益山益水,益美益阳"。这些广告词都有一个共同的特点,就是重复使用某一个字眼,重磅出击,突出要表达的中心意思,起到了强调主题思想及增强旋律美的作用。

（6）引用。像引用或化用历史名句"上有天堂,下有苏杭""桂林山水甲天下"分别作为城市苏州、杭州与桂林的广告语,名句本身广为人知、家喻户晓,故能显示广告城市深厚的文化底蕴,极易引起受众的共鸣。

（7）夸张。昆明的广告语"昆明天天是春天"明显是夸张说法,昆明虽然四季如春,但也不至于每天都是春天。又如宁乡炭河古城,以跨越千年爱恋的《炭河千古情》剧作作为

---

① 彭小球. 关于公益广告文案创作的几个技巧问题[J].写作,2014(9)：24-27.

吸睛之笔,大做广告,吸引了众多省内外游客前来旅游观看,广告词"一生必看的演出",明显也运用了夸张手法。这些广告口号加以合情合理的渲染,使人感到虽不真实,却胜似真实,从而引起广大受众的强烈共鸣,起到了应有的广告效果。①

第三节　政府领导形象塑造

目前,我国正处于社会转型期,人们对政府领导的形象问题十分关注,政府领导的形象问题已成为一个社会的热点问题。政府领导形象是政府形象的重要组成部分,是政府公共关系的重要载体,政府领导形象的好坏,不仅影响领导的个人形象,还影响一个政府、一个地区的形象。良好的政府领导形象不仅对政府领导班子和政府公务员起到积极的精神导向作用,还会在民众中产生强大的号召力和凝聚力,有效实现政府管理的目标。因此,开展政府公共关系,塑造政府形象就必须重视政府领导形象的塑造。

一、政府领导形象概述

(一)领导是政府形象的重要输出者

政府形象是由政府与社会民众之间的信息交流而产生的一种社会影响和心理印象,它对社会心理、普通民众的政治文化观念具有很强的调节作用。任何一个政府首先要关心的就是在社会民众心目中的形象是怎样的,只有塑造的政府形象得到社会认同,才能保证政令畅通。毫无疑问,领导是政府形象的重要输出者,这是由领导所处的特殊地位所决定的。

1. 领导是政府的核心

领导在政府中居于核心地位,大部分决策都是由领导做出的。而政府形象的塑造在很大程度上得益于良好的政策,这就决定了领导不仅是政府体制上的核心,而且也是政府形象中的核心。

2. 领导代表的是整个政府

一个人一旦走上领导岗位,成为政府的领导,其角色就发生了转移。因为在很多场合,领导代表的并不是其个人,而是整个政府,所以领导的言谈举止都是在输出政府的形象,人们往往从领导的修养与气度来判断政府形象的高低,这样就对领导的素质提出了更高的要求。

---

① 曹炜,高军.广告语言学教程[M].广州:暨南大学出版社,2009:142-146.

3. 领导是社会民众和新闻媒介关注的焦点

领导的特殊地位决定了他总是社会民众和新闻媒介关注的焦点，这样就为领导输出政府形象提供了更大的便利，也提出了更高的要求。政府公关可以利用领导的这一优势而营造诸多社会效应，使政府形象通过信息交流不断得到改善。

（二）领导形象的内涵

所谓领导形象，就是领导在他人心目中的印象和看法。具体地说，领导形象是群众（包括下属）对领导的总体、概括的一种认识、一种判断、一种评价，或者说是领导各自的内在素质与外在行为给周围群众的心理形象。领导形象有个体和集体之分。两者是统一的，相互依存，相互影响。集体领导形象是个体领导的总体反映和有机融合。每一个个体领导形象都是集体领导形象的反映。在一个有机体里，无论是"班长"还是其他领导成员，其整体形象是不可分割的。如果其中一个成员有了问题，那么整个领导班子的形象都要受损。因此，从维护整个集体形象出发，只能提拔一些综合素质高的人。

二、政府领导形象的内容

领导形象是领导干部自身修养的外在表现。作为一名领导干部，只有从多方面加强自身修养，才能塑造良好的领导形象[①]。

（一）信仰坚定

信仰坚定就是坚定的共产主义理念、信念，在思想、政治、行动上与党中央保持高度一致，创造性地贯彻执行党的路线、方针、政策，坚定不移地走有中国特色社会主义道路。只有这样，才能在错综复杂的国内外形势面前，使广大人民群众看到光明的前途，树立起为实现有中国特色社会主义伟大事业而团结奋斗的信心。

（二）公道正派

公道正派就是具有坚定的原则性和高度的纪律性，使自己成为一个品德高尚的人，领导干部做人为政要坚持真理，主持正义，刚直不阿，依法办事，在重大问题上能够坚持正确的原则和立场。为人处世要做到忠实、坦白、心胸开阔，有德有理，有情有义，站在党的立场上秉公办事，平等待人。在用人问题上，严格按照党的干部政策和"四化"方针选贤举能，重素质、重业绩、重公论，大胆提拔德才兼备的干部走上领导岗位，不搞团团伙伙、亲亲疏疏。

---

① 杨利. 谈领导形象及其塑造[J]. 中共合肥市委党校学报，2003(2)：19-20.

（三）廉洁奉公

廉洁奉公就是克己自律,不谋私利,全心全意为人民服务。廉洁奉公历来是我们党对领导干部思想道德修养的基本要求。在执政的条件下,各级领导干部能否做到这一点,不仅是对自身的严峻考验,更是关系到党的生死存亡的大问题。廉洁奉公的核心是正确处理公与私的关系,作为领导干部,要解决好掌权为什么、掌权干什么、掌权靠什么三个基本问题,做到时时处处以党和人民的利益为重。始终保持艰苦奋斗的政治本色,"先天下之忧而忧,后天下之乐而乐"。

（四）勤政务实

勤政务实就是勤勤恳恳、兢兢业业地忘我工作,以优良的作风和政绩回报党和人民的信任。就是要求领导干部必须勤于学习、思考、理政,不断提高自己的领导水平;不图虚名,不尚空谈,埋头苦干,工作上不断有所建树和贡献;说实话,办实事,求实效,为官一任,保一方平安,富一方百姓;深入实际,深入群众,调查研究,开拓进取,在创造性工作中争创一流政绩;迎难而上,百折不挠,无所畏惧,在克服困难中不断进取。

三、塑造政府领导良好形象的策略

（一）转变观念

对领导形象观念上的转变,是形成领导形象的基础条件。以前在领导的心目中是"做官",这种观念会使一些领导忘记了自我,养成了"自以为是,官味十足"等一些官僚作风。无形中领导形象就走样了,被歪曲了。旧的领导形象观念有必要完全转变过来。"管理就是服务,权力就是责任""做领导就是做事,做事就要尽责,尽责就要见效"。人的思想观念的转变,会引起精神状态、思维方式的转变,以及工作作风的转变。"领导就是榜样""正确领导是无声的力量",这里的"领导"已经人格化了,他们的言行举止,无疑是代表一种信念和一种力量,足以使被领导者产生敬重感。领导要以精神服人,以品德感人,自己要作风正派、平等待人。领导要坚持党的基本路线,做到自重、自醒、自警、自励,努力做一个高尚的人、一个有道德的人、一个纯粹的人、一个脱离了低级趣味的人、一个有益于人民的人。认识到一点,才能解放思想,才能使树立领导形象成为可能。

（二）工作创新

领导要有"创新、务实、廉洁、高效"的工作新形象。工作新形象中,首先突出的是"创新"精神。工作创新,首先要求思维要有创新。思维创新包括三个方面:一是思维的流畅性;二是应变的灵活性;三是反映的独创性。也就是说要善于思考和发现问题;

要敢于标新立异，不蹈前辙；要善于提出新问题、新观点，并顽强地进行实践，因而思维创新就是指高层次的思维能力和实践能力相结合的"脑"与"手"的最完美协调。比如，第一，工作中要深入贯彻落实科学的发展观，全方位地思考问题；第二，工作中不是泛泛而谈地空喊，更不是脱离实际地空想；第三，工作中要学会融合三情（国情、党情、民情），创造性地决策，创新性地实践；第四，工作中要以实为本；第五，工作中还要有良好的工作作风[①]。

工作创新精神就是领导必须在自己的岗位上不断学习、实践、总结，再学习、再实践、再总结，不断往复，不断前进，使自己具有政治家的胆略、思想家的深邃、企业家的精明、外交家的活力、哲学家的睿智，在改革中不断创新，在创新中不断改革，而创新、改革又必须紧紧围绕"务实、廉洁、高效"的精神，这样，领导的工作创新能力的音符才会在工作中起到主旋律的作用。

（三）营造环境

从教育学的角度来说，在人的性格培养过程中，环境所起的作用是最大的。不管什么样的人，把他放在淡定的环境里，随着时间的推移，总能把他改变为测试者所预期的性格的特点，到达预期目标。在一个领导集体里，如果周围的人都有好的领导形象标准，天长日久，某一个人或某几个人的领导形象就自然形成了。如"让时间分高低，凭实绩论英雄""凭实绩用干部，靠改革出活力""把创业有功的人用起来，把敬业有进的人留下来，把无所作为的人调下来，把败业有余的人撤下来"等，这些格言营造了领导形象的"大气候"和大环境，促进了领导形象的形成。

领导形象主要靠"硬环境"和"软环境"来形成。"硬环境"是指政策和制度环境，就是规定领导怎样做并形成制度。之所以叫它"硬环境"，就是因为它有强制性和法律效力。有了一个积极的运营"硬环境"，规范了领导形象的养成。所谓"软环境"，是指领导形象的文化环境和文化氛围，就是在人民群众的眼里领导形象应该是什么样的，希望是什么样的。这样的思想已经扎根在干部和群众的心里。群众的眼睛是雪亮的，领导的一言一行、举手投足都被群众看到眼里，记在心里；他们心里有一杆秤，会时刻评论领导的形象。领导为了避免非议，会时刻注意自己的言行和举止，这无形中会影响领导形象的成长。领导形象就是在这样的"软环境"和"硬环境"被培养出来的。

（四）提升素质

1. 坚持读书学习

善读书是领导能力的资本。读书学习是领导干部加强党性修养，坚定理想信念，提升精神境界的一个重要途径，读书学习是领导胜任领导工作的必然要求，领导干部加强读书学习也是推动学习型政党、学习型社会建设的需要。习近平总书记建议领导干

---

①　李小园. 提升领导形象　增强领导能力[J]. 党政干部论坛，2010(3)：18-20.

部读当代中国马克思主义理论著作,读做好领导工作必需的各种知识书籍,读古今中外优秀文化书籍,并要坚持阅读与思考的统一,为的是把书读活;坚持书与实际相结合,为的是把知识转化为能力。锲而不舍、持之以恒地读书,是因为读书是一个长期的需要付出辛苦的过程,不能心浮气躁,浅尝辄止,而应先易后难,由浅入深,循序渐进,水滴石穿。

2. 加强道德修养

良好的品德是自身形象塑造之魂。一个领导良好的品德能为其自身形象注入一种强大的精神,能起到一种表率作用,"其身正,不令而行,其身不正,虽令不从"。这种表率是一种无声命令,会起到潜移默化的作用。领导好的一言一行、一举一动都会带动群众并鼓舞群众,也会被群众所赞赏、所效仿,因而一个领导必须有一流的人品做底子,否则品质太差,即使能力很强,也注定会失败。

因此,作为领导,要特别注重思想道德修养,要有全心全意为人民服务的公仆意识,要有无产阶级的世界观、人生观、价值观。在执政中,要廉洁奉公,严于律己,宽以待人;切不可高高在上,滥用职权,做点工作就讲条件和讲价钱,自己伸手要好处和要荣誉。要在经济大潮冲击下,始终保持党员的光荣本色,率先垂范,以身作则,以良好的形象带动和促进党风和社会风气的好转。

3. 注重仪态美

人的仪态美,指的就是出自那些看似最不经意的细节姿态。一位资深美仪专家说:"在公共场合如果懂得一些姿态上的技巧,不但会使我们举止优雅,而且也是一种生活的修养。"所以每一位领导应时刻提醒自己:在上下楼梯进出门时、上下汽车时、拾取地上东西时是否会注意自己的仪态?在站、坐、行走的时候是否会忽略了一定的姿态标准?在与他人握手时是否会忘了规矩?在接听电话时是否轻声细语?这些看似不经意的细节,正是值得我们特别关注的地方,有时往往是决定一个人事业成败的关键,需要政府领导给予足够的重视。

第四节 公务员形象塑造

国家公务员是政府管理的主体、政令实施的执行人和政府权威的塑造者,其地位的重要性和职业的特殊性决定了形象塑造的必要性。因此,研究和分析国家公务员形象的基本内容,在此基础上明确其形象塑造的重要意义,并寻求一条保持和提升国家公务员形象的有效途径,是十分有意义的,它是关系到我国改革开放和社会主义现代化建设事业能否成功的重大问题。

一、塑造公务员形象的重要意义

依据《中华人民共和国公务员法》，公务员是指"依法履行公职，纳入国家行政编制，由国家财政负担工资福利的工作人员"。"公务员是干部队伍的重要组成部分，是社会主义事业的中坚力量，是人民的公仆。"他们是一切行政活动的实施者，其行为直接影响到政府职能的有效性，其形象反映了一个国家的整体形象。要维持政府的合法性，提高人民对政府的信任，以及保障国家的大政方针能够科学地制定、正确地贯彻和有效地实施，就必须塑造一群具有高素质、形象良好的国家公务员队伍。塑造公务员形象具有如下意义。

（一）全心全意为人民服务的需要

公务员是国家公务的具体执行者，广大人民群众评价中国共产党是否真正做到"以人为本"，不是凭抽象的语言和口号，而是看每一个党员特别是领导干部能否以身作则，看在党的领导下每一名公务员是否廉洁从政，是否全心全意为人民服务。

（二）维护党和政府良好形象的需要

人民对政党、政府的信任是执政党、政府合法性的真正来源，也是经济发展和社会繁荣的社会基础，而公务员是政府行政权力的实际行使者，他们大多是共产党员。因此，党和政府的良好形象是由一个个良好的公仆形象得以体现的，每一名国家公务员形象的好坏，都会直接或间接地影响党和政府整体良好形象在公众心目中的树立。简单地说，公务员在政务活动中，言谈讲究礼仪，可以显得文明；举止讲究礼仪，可以显得高雅；穿着讲究礼仪，可以显得大方；行为讲究礼仪，可以显得高贵。

（三）建设高素质公务员队伍需要

一群具有良好形象的国家公务员，必然能在履行职责过程中扮演正当与重要的角色，不畏强权，不人云亦云，并在公共服务使命的召唤下，考虑长远的全民利益，坚持与捍卫立国精神，保障和提升公民道德，以此不断适应现代社会对高素质公共管理者的迫切需要。

（四）维护政治清明和社会安定的需要

公务员的腐败问题是当前干群关系中一个比较突出和尖锐的矛盾。公务员是否廉洁，直接关系到民心向背，而且在很大程度上决定着一个政府或政党，甚至一个国家、民族的前途命运。腐败亵渎了公民的信任，导致人们丧失对政治体系的信心，失去对政治权力的认同，最终可能招致严重的社会危机，影响国家稳定。因此，要解决这个问题，必须标本兼治,既要加强法制建设,加大反腐败力度,健全监督制约机制,又要教育公务员克己自律,在人民群众中树立起廉洁、勤政的形象,以此建立政府与公众之间相互理解、相互信任的良好气氛和融洽、稳定的关系。

（五）促进社会主义精神文明的需要

良好公务员形象的树立,必然对整个社会产生巨大的正面效应,促使广大人民群众自觉遵纪守法,坚决抵制各种不良风气,形成公正、公开、公平、透明的宏观环境,有利于保证改革开放和现代化建设遵循正确的轨道和方向进行,充分发挥社会主义的优越性,并大幅度地促进社会主义精神文明建设的发展。

二、塑造公务员良好形象的内容

（一）政府形象

国家公务员代表政府的良好形象,代表国家政府的形象是国家公务员最基本的形象,它是指国家公务员在对社会公共事务管理过程中始终代表国家利益,体现国家政府意志的行为。从这个意义上说,每一个国家公务员牢记自己的使命和职责,有义务为政府良好形象的塑造而严格要求自己,约束自己,提高自身素质和完善自我,努力把自己塑造成代表国家政府形象的公务员。

（二）公仆形象

国家公务员的公仆形象是最能反映公务员本质的形象。因为国家公务员的宗旨是全心全意为人民服务。公仆形象的实质含义,就是塑造国家公务员为民为公共事务服务的形象,它与封建等级官僚制度及专制独裁制度截然相反,它要求国家公务员是为民服务,清正廉洁的模范,而不是骑在人头上作威作福的官僚。因此,塑造国家公务员公仆形象,就可以保证国家公务员真正做到而且永远做到为人民服务。

（三）执法形象

国家公务员执法形象对我国公务员而言是最重要的形象,它是指国家公务员依法行政,以执法确保国家法律、法规的正确实施的行为反映。良好的国家公务员执法形象是国家公务员法律地位的必然要求,国家公务员的执法形象最能反映国家公务员队伍履行管理公共事务职能的形象,同时也是全社会公众最为关注的社会热点问题。因此,只有国家公务员具备良好的执法形象,才能换回一个纯正上进、廉洁文明的社会风气,才能真正地使我国社会实现法治。

三、塑造公务员形象的策略

（一）加强管理

首先,要进一步完善国家公务员管理法规,把国家公务员法及相关法规不断加强完善,使它能以国家公务员的最有力度的法律形式表达出来,进一步加强对国家公务员的约束力,从而保证国家公务员队伍的纯正性和严肃性。

其次,要净化国家公务员组织,把严公务员组织的入关口,确保最优秀的人员成为国家公务员组织的一员。为此,一要就现有的国家公务员严格考核,对德、能、勤、绩、廉的考核内容要量化标准,对不适合做国家公务员工作的人员一定要给予辞退;二要对愿意从事行政管理工作并有一定能力资格的人员严加考核,按公开、平等、竞争、择优的原则任用。

最后,不断加强对国家公务员的培训、轮训的工作,不断提高国家公务员对新科学、新知识的掌握能力。通过学习提高国家公务员的知识水平和理论水平,更深入地理解党的方针、政策和国家的法律、法规,从而保证在行政执法活动中的良好形象。

（二）规范执法

努力提高公务员的依法办事能力,也就是要求国家公务员在执行公务过程中一定要依法行政,把握好执法尺度。一定要行使好自己手中的行政权力,在执行公务的过程中做到:该自己做出的行为一定要做到位,要求他人做出的行为一定要规范好,抑制某种不该发生的行为一定要准确。只有当国家公务员真正做到了这些,才能确保提高依法办事的能力。

（三）加大宣传

加强国家公务员良好形象塑造的宣传力度,不断培养国家公务员心目中的形象意识,让每一个国家公务员都时刻牢记自己的行为始终代表着政府形象,从而增强国家公务员的责任感,保证国家公务员的良好形象的树立、巩固和不断地持续下去。

（四）强化监督

行政组织是以层级关系形成的体系,在其组织系统之中,上级对下级基于隶属关系具有控制的权力,以维持与下级之间的命令服从关系。行政组织针对国家公务员在履行职责过程中所出现的各种合理与不合理的问题均有监督的权力。当然,除行政机关外,立法机关、司法机关都不同程度地享有监督国家机关人员行政行为的权力。

由于公务员行使职权的过程并非是其单方面形成的,而是公务员与公民的互动过程。一般而言,公务员本身不易从内部主动地改造,公务员的为善为恶、尽责与失职在很大程度上是公民是否尽了合理的督促作用。因此,在塑造公务员形象的问题上,公民的参与十分重要,它是反腐败、反对不道德行为的强有力手段,它对公务员形象的纠正、完善有巨大的推动作用,应当发动广大群众积极参与公仆形象的有效监督管理。

总之,权力监督和社会监督是制约系统的重要组成部分,即干部纪检部门依照规范对所辖干部的形象进行法制监督管理的一种组织上的根本管理;社会舆论是形象评估的另一种有效监督,它们都是对公务员行为实行规范和约束的重要力量。只有把这两种监管方式有机地结合起来,才能把公仆形象管理得更好。

(五)自我完善

1. 不断强化公仆信念

公务员要塑造良好形象,必须加强自我校正、自我完善和自我修养,而这首要的是不断强化公仆观念。

社会实践证明,国家公务员公仆形象的不断完善,关键要靠内因,内因的变化发展起根本性作用;教育等外因只是其发展变化的外部条件。我们提倡公仆形象的自我完善和修养,是指依照干部原则不断进行的自我革命、自我改造、自我反省和检讨。在当今复杂的思想形势下,不但要提倡个人的思想改造,还要澄清各种模糊认识。各级干部只有无情地严于律己、自我革命、自我解剖,有的甚至要脱胎换骨,才能实现自我形象的修正和定位,达到党和人民的要求。

2. 展现良好的外在形象

国家公务员要想保持和展现良好的外在形象,首先必须养成良好的生活习惯。对公务员而言,充实的生活内容、良好的生活习惯、高雅的生活情趣是组成身心健康生活方式的重要内容。

公务员在做好本职工作的前提下,应当不断扩大自己的生活领域,充实自己的生活内涵,全面提高生活质量,使上班时段与业余时光同样充实,物质生活与精神生活同步发展,职业工作与休闲娱乐同时并重,集体活动与家庭生活同等快乐;要养成良好的生活习惯,遵守社会公德、职业道德和家庭美德,摈弃各种不良风气,保持良好的个人卫生习惯,培养健康向上的家庭生活习惯。要培养健康高雅的生活情趣,不断提高审美意识和审美水平。一方面要懂得美,欣赏美,体验美;另一方面要开发潜能,通过艺术(如各种文艺形式)、生活(如日常生活)等途径,积极参与美的创造,从中获得美的体验,净化灵魂,完善人格,陶冶情操。要坚持经常进行体育锻炼。健康的身体是革命的本钱,是树立阳光形象的依托,并且只有保持健康的体魄,才能一如既往的兢兢业业,勤勤勉勉,才能更好地为人民谋利益。经常的体育锻炼可以衬托出健康向上的精神状态,为公务员的美好形象加分。

每一位公务员都必须学习、掌握一定的现代礼仪常识。在外在形象的包装上,除了符合一般形象礼仪外,还要根据工作的特殊要求做到正规和规范。

（六）内求团结

加强国家公务员内部的团结与合作，使国家公务员整合为一个完整统一的整体，并保持整体的良好形象，是塑造国家公务员形象的最终结果。因此，必须要强化内部团结与合作，绝不允许行政部门之间、上下级之间以及国家公务员之间出现严重不协调现象，努力做到行政协调、全体一致地完成提高行政效率这一行政管理的最终目的。

案例研究："杭州"城市形象塑造的经验

杭州市政府在多个新媒体渠道均对自身城市形象塑造做出了努力，这里选取有代表性的两个实例来对此进行探讨。

1. 政府新媒体平台应用

（1）政务微博"杭州发布"。新浪微博账号"杭州发布"是杭州市人民政府新闻办的官方微博账号，同时，新闻办也拥有同名的微信账号。该账号发布内容主要包括：城市重要报道，天气提醒，旅游提示，健康贴士等。整体风格比较中规中矩，平均转发量在 70～80，平均评论量在 20～30，此互动数据与粉丝量相去甚远，比例也十分不协调，说明该政务微博没有起到足够的作用，使粉丝乃至广大网友不太愿意与其互动。只有当出现爆炸性新闻或与民众切身利益相关程度很高的消息时，才会有比较大的讨论量。在这样的情况下，政务微博应当转变语气，减轻说教感、通知感，使用网民尤其是年轻人喜爱的语气与粉丝交流，而不是单纯将传统媒体上的新闻复制粘贴到新媒体上来。应当充分理解并掌握新媒体强大的交互性，学习运营较好的政务微博的经验，利用微博这块在当代舆论中影响巨大的工具，塑造自身的形象。

值得一提的是，"杭州发布"官微链接了"微官网"，可以便捷地找到市内各党政部门的微博和各区县市的微博以及本地的媒体微博。另外，在"粉丝服务"菜单中，还可以直接通过网络实现部分民生及交通服务，如查社保、在线挂号、车牌摇号、违章查询等。

（2）杭州城市宣传片。2012 年，《中国名片》之"杭州篇"亮相，片中拍摄精美的风景和历史人文底蕴立即引发了线上线下的大讨论。其在纽约时代广场播出之后，更是引发了更多身在国外的华人华侨的关注。杭州市政府顺势在长三角重点城市的地铁站和户外广告屏上助推宣传片播放势头，并在微博和视频网站多点营销，将杭州的城市形象以这样一种具象的方式向外推广。

一个城市的政府形象是与其城市形象往往分不开的。政府部门对城市形象的重视和主动输出，说明了在新时代政府观念的转变和进步。事实证明这一次的输出是成功的，宣传片中历史、人文、风光的完美融合，引发了新媒体平台用户自发的转发与讨论，用户直发传播使宣传片达到了更佳的影响效果。

2. G20 峰会与杭州

2015 年 1 月 16 日,习近平主席在土耳其的安塔利亚宣布:中国会在 2016 年 9 月 4—5 日在浙江省杭州市举行二十国集团(G20)领导人第十一次峰会,中方把 2016 峰会的主题表达为"构建创新活力、联动、包容的世界经济"。

2016 年二十国集团峰会定于杭州,主要有三方面的理由。

(1) 杭州是中国传统文化的名片之一。除了"上有天堂,下有苏杭"的美誉之外,杭州还拥有西湖和大运河两项世界文化遗产和大量历史遗迹,以及较高的世界知名度。

(2) 杭州拥有发达的互联网经济。G20 峰会是一个全球经济合作论坛,其举办城市的确定,会将经济发展纳入一个比较重要的参考,而杭州市是中国长三角经济区的一个核心城市,经济发展成就十分突出。

(3) 杭州曾在中国外交史上扮演过重要角色。1972 年,尼克松访华,在杭州八角楼就《中美联合公报》达成一致。2015 年,中美战略与经济对话第五次反洗钱和反恐融资研讨会也在杭州举办。另外,2015 年,文化和旅游部在全国旅游工作会议上宣布了"旅游外交"这一崭新的理念,而作为蜚声海内外的特色旅游城市,杭州市也领先对"旅游外交"进行了试验和践行。

大型国际会议会展作为一种城市行为对主办城市的影响,体现在以下三方面:一是提高主办城市的知名度和美誉度,吸引更多国际会议到此举办,打造"国际会议之都",类似于瑞士的日内瓦。会展业是一个新兴的服务行业,优势十分明显,影响力广大,上下游联结度较突出,且不存在工业污染,同时,也能够对投资和旅游产生吸引。二是借国际会议举办的东风,倒逼基础设施建设加速,促进城市转型升级,推进城市现代化,走向国际化。三是借该特定类型国际会议、会展之力,如"世界互联网大会"之于互联网产业、"国际动漫节"之于动漫产业,促进城市内相关产业的转型升级,加速本城市该产业链的发展。

从 2016 年之后,杭州的发展进入快车道,其对内对外输出的形象也越来越有国际大都市的气象。

(资料来源:高萍.融媒体与政府公共关系[M].西安:世界图书出版西安有限公司,2020.)

思考与讨论:

1. 请运用政府公共关系形象塑造的有关知识分析点评杭州的城市形象塑造。

2. 在新媒体时代应如何更好地塑造城市形象?

3. 作为一名城市市民,应对城市形象负有什么样的责任?

实训项目:举行中外国家领导人形象展示会

1. 实训目的

通过举行中外国家领导人形象展示会,进一步掌握政府形象塑造的策略和方法。

2. 实训组织

（1）将全班同学分成若干个小组，每组 5～6 人，并选出小组长 1 人。

（2）每组通过互联网、报纸、杂志、书籍等收集中外领导人形象的案例、图片等资料，形成《某领导人风采》的 PPT 文件。

（3）以小组为单位在全班交流。

（4）老师对各组进行指导。

3. 实训手记

通过训练，我的收获是：_____。

课后练习题

1. 国家形象有哪些特点？应如何传播国家形象？

2. 城市形象的构成要素有哪些？

3. 你所在的城市是如何进行城市定位的？在塑造城市形象方面有哪些好的做法？

4. 举例说明政府领导形象的塑造。

5. 如果你是一名公务员，你认为应该具有怎样的形象？

6. 案例评析。

燕昭王取信于民

经历了燕国"子之之乱"后，燕国国内景象凄凉：田地荒芜，房屋坍塌，百姓在废墟上啼饥号寒。新即位的燕昭王下决心要复兴燕国，但如何才能觅求治理国家的贤才，燕昭王一筹莫展。

为此，昭王诚恳地向老臣郭隗请教，郭隗答道，如果大王能放下架子，礼待那些德才兼备的士人，甚至甘愿屈身上门求教，当他们的学生，那么，不但他们会心悦诚服地出力效劳，而且还能吸引强十倍、百倍的贤才前来投奔，这是自古以来治理国家获取人才的规律。接着，郭隗讲了一个故事。古时有个国君，打算用千金去求千里马，但 3 年也没买到一匹。一名内侍自荐为国君去购买。3 个月后，辗转打听到千里马的消息，可惜刚一赶到，那匹马已死了。内侍就花重金把死马的骨头买了回来。国君大怒，说他要的是活千里马，而不是没用的马骨头。内侍从容答道，别人听说大王肯花钱买死马，那活马自然就会有人送上门来。果然，不到一年，好几匹千里马就从四面八方被送来了。

讲完这个故事，郭隗说出了自己的打算，大王如果真想招贤纳才，不妨就从他身上做起，让天下人都看到，像他这样不才的人尚且受到大王如此的尊重，更何况那些德才大大超过他的人呢？这样国内外的贤才就会不远千里向燕国聚集了。

燕昭王听了后大受启发，回去后，马上为郭隗盖了一座金碧辉煌的公馆，并且还拜郭隗为师，天天上门向郭隗求教。此外，昭王还在沂水之滨，修筑了一座高台（后世称为"黄金台"），用以招揽天下贤士。台上放置黄金千两，作为赠送贤士的进见礼。各国有才干的人听到燕昭王如此求贤若渴,纷纷赶到燕国求见,其中最出名的便是赵国人乐毅。燕昭王拜乐毅为亚卿并请他整顿国政,训练兵马,燕国果然一天天强大起来。

（资料来源:洪建设.政府公关[M].北京:北京大学出版社,2010.)

案例思考:

(1) 试运用政府公共关系的相关知识分析评点这一案例。

(2) 这一案例对今天开展政府公共关系有何启示?

"李子柒"系列短视频呈现出的中国国家形象

李子柒在 YouTube 上发布首条短视频的时间是 2017 年 8 月 24 日,截至 2020 年 5 月 26 日,她已经在 YouTube 平台上发布了 107 条短视频,粉丝订阅量达到 1050 万,短视频累计播放量超过 14 亿次。从数据层面上来讲,李子柒短视频在海外市场具有巨大的市场价值,其主打古风与美食制作,这种独特的内容形式,使其内在的文化输出变得格外温和滋润。她在日常的田园生活中,让广大的海外友人了解到与新闻媒体报道中不一样的中国,可以欣赏到专属中国人的诗意栖居的生活哲学,感受到与他们自身不一样的自由自在的生活态度。"李子柒"系列短视频内容蕴藏着丰富的文化内涵,同时基于 YouTube 的海外平台内容分发,涉及跨文化传播和国际传播,对中国国家形象建构起着积极的推动作用,客观上让世界对中国和中国民众的生活态度、精神追求有了新的认识和理性的评价。"李子柒"系列短视频呈现出以下几方面的中国国家形象。

1. 文化形象

"民以食为天",饮食文化可以说是李子柒视频主线,对美食的关注是全世界人民的共同追求。据《中国国家形象全球调查报告 2019》显示,超五成海外受访者表示中餐最能代表中国文化。[①] 从上文分析可知,美食制作是李子柒视频主要内容。中国饮食讲究四季有别、风味多样。李子柒既呈现了柳州螺蛳粉、腊味煲仔饭、四川豆瓣酱、长白山人参蜜、兰州牛肉拉面等充满地域特色的美食,也展示了年货小零食、年夜大餐等切合中国独特习俗的节日美食,还有浆果蛋奶冰激凌、深秋蜂蜜柚子茶、冰镇黄桃罐头等时令美食,这极大丰富了海外用户对我国饮食文化的认知。

除此之外,李子柒美食视频更是完整还原了食物种植、生长、采摘、制作的整个流程,把一种食物从播种到做成各种美食的"后台"呈现给了前台的海外受众。比如,她在 2020 年 7 月 10 日至 9 月 14 日接连发布了《番茄的一生》《黄瓜的一生》《秋葵的一生》《玫瑰花的一生》《西瓜和葡萄的一生》等系列视频,完整还原了这些食物从播种到制作的全流程,给国外受众看到了不一样的中国美食。这不仅是一种奇观化视觉展示,也暗示了中国美食取材天然、原生态,符合当代人"养生"理念。

传统手工艺既是中华文化的重要组成部分,也是展现东方魅力的重要窗口。在高度工业化的西方,海外用户对中国传统手工艺抱有好奇心和求知欲,工艺品制作对西方受众

---

① 当代中国与世界研究院. 中国国家形象全球调查报告[R/OL]. [2020-06-03]. http://www.accws.org.cn/achievement/202009/P020200915609025580537.pdf.

来说也是一种奇观呈现。从上文可知，李子柒视频除了美食之外就是工艺品制作。具体而言，既有蚕丝被、竹沙发等生活用品的制作，也有蜀绣、扎染等衣物工艺的展示，甚至还有手作胭脂、眉黛膏这些传统美妆用品的呈现。李子柒重拾中国传统技艺文化，获得了海外用户高度评价，这对于当今中国传统技艺传播和传承意义重大。

2. 人物形象

我国人物形象长期处于西方"他塑"之下，是典型的"他者"形象和"被凝视者"，长期以来没有摆脱被言说、被描绘的命运。在西方媒体叙事之下，往往把中国人民作为陪衬来证实西方优越，他们以自我优越感拍摄中国，对中国人物形象塑造带有明显意识形态意味。而人物也是李子柒视频主要展示画面，其通过日常生活场景自我建构了众多人物形象，在其"自塑"之下，我国人物形象更为饱满、真实。视频中李子柒的辛勤、乡亲的质朴、奶奶的慈祥，皆从正面表征了我国国民形象。

首先，友善互助是李子柒视频中国人物主要形象，其邻里相处相亲相爱，互帮互助。视频中，有不少李子柒与邻居共同劳作、互相帮助、一起分享的画面（见图7-2）。比如，乡亲们帮助李子柒收割稻谷、小麦，李子柒和乡亲们共享美食。海外观众看到的是友善互助的中国人民，民风淳朴，邻里相亲。

图 7-2　李子柒与乡亲们共同劳作的画面

其次，和蔼的奶奶更是表现了中国传统祖辈形象。其视频《关于小麦的一生》封面即是奶奶拿着麦芽糖微笑，《玉米的一生》视频封面也选取了李子柒与奶奶同剥玉米皮的画面，祖孙之情，触人心怀。

最后，李子柒的出现有助于纠正西方对东方女性的文化偏见，改善西方受众对东方女性的刻板印象。作为新时代女性，李子柒以一己之力完成全部美食、工艺品制作，在海外用户眼里，她是坚韧勤劳的中国女性。不少海外用户在评论里称她是了不起的中国女孩，从她的视频里得到了力量。中国女性的智慧、独立、勤勉在李子柒身上得到了充分诠释，中国女性不再是男性附庸，而是勇于追求新生活的新时代独立者。

3. 环境形象

当前，国际舆论场表现为"西强东弱"，而环境生态历来是国际话语权博弈的重大议题,我国环境形象也经常被西方媒体选择性甚至歪曲性塑造。^①西方媒体偏好以"脏、乱、差"来表征我国生态。在西方话语塑造之下,中国以破坏环境,破坏生态为代价换取了经济腾飞,甚至于西方一度出现"中国环境威胁论"的呼声。因此,长久以来,我国环境形象在海外用户心中倾向于负面。

作为中国网红,李子柒视频用大量空镜头表现了我国乡村自然风景的秀丽(见图7-3)。纵观其视频,画面背景基本是乡村风光的展现。海外受众可以看到中国农村原生态自然之美:夕阳西下、丛林茂密,透过云雾缭绕的青山、涓涓的流水、十里的繁花,乡村自然风光直观呈现在海外受众眼前。李子柒骑马穿越花间、林间捡拾板栗,于河水畔垂钓,这种奇观化异国风光和生活场景略带神秘感,很容易抓住异国受众眼球,也展现出了一个生态良好、人与自然和谐相处的国家形象。

图 7-3　李子柒视频所展示的乡村美景

(资料来源:张举玺,王琪.论新公共外交视域下中国网红对国家形象构建的作用——以 YouTube 平台中国网红李子柒为例[J].新闻与传播评论,2021(5):108-120;肖信华.短视频时代下国家形象的建构——以李子柒系列短视频为例[J].今传媒,2021(7):20-23.)

案例思考:

(1)中国网红"李子柒"对国家形象构建有何作用?

(2)短视频时代应如何建构中国国家形象?

深圳十大观念与传播方式

"深圳十大观念"是指在深圳经济特区建立 30 周年之际,由专家与市民共同推选出的"时间就是金钱,效率就是生命""空谈误国,实干兴邦""敢为天下先""改革创新是深圳的根、深圳的魂""鼓励创新,宽容失败""让城市因热爱读书而受人尊重""实现市民文化权利""送人玫瑰,手有余香""深圳,与世界没有距离""来了,就是深圳人"等十大观念。回顾深圳发展史,能吸引那么多人寻梦深圳也正是"深圳十大观念"的魅力,不只是这里的高楼大厦和物质财富等这些看得见、摸得到的环境。与此同时,深圳也正在对全国进行观念和价值的反哺,敢闯敢试、敢为人先,解放思想,突破传统观念的束缚,大胆探索和实践,正在成为全面深化改革的普遍的观念动力。深圳十大观念是与其各自独特而多样的传播方式分不开的。

---

① 徐明华,李丹妮,王中字."有别的他者":西方视野下的东方国家环境形象建构差异——基于 Google News 中印雾霾议题呈现的比较视野[J].新闻与传播研究,2020(3):68-85,127.

1. 户外标语传播："时间就是金钱，效率就是生命"

深圳经济特区的实践是作为改革开放的"窗口"与"试验田"而展开。"以习仲勋同志为班长的广东省委，从广东的实际出发，以人民利益为重，准确把握时代发展的脉搏，积极争取中央的政策支持，率先倡建经济特区，带领广东在改革开放中'先走一步'，使广东成为中国改革开放的'试验田'和'排头兵'，将'潮起珠江'的改革开放事业持续推向前进。"[①]1979年4月中央工作会议期间，习仲勋在发言中提出让广东省"先走一步"，并向邓小平做了专题汇报。在讨论贸易合作区的名称时，邓小平提议："还是叫特区好，陕甘宁开始就叫特区嘛！中央没有钱，可以给些政策，你们自己去搞，杀出一条血路来。"[②]1979年5月5日，广东省委向中央报送《关于试办深圳、珠海、汕头出口特区的初步设想》。1979年7月15日，中央下发了《中共中央、国务院批转广东省委、福建省委关于对外经济活动实行特殊政策和灵活措施的两个报告》（中发〔1979〕50号文件）指出："关于出口特区，可先在深圳、珠海两市试办。"[③]

1980年8月26日，第五届全国人民代表大会常务委员会第十五次会议通过了《广东省经济特区条例》，新中国改革开放史上第一个特区——深圳经济特区正式登上了历史舞台，这一天被后人称为"深圳生日"。

深圳经济特区的思想观念也是在深圳作为改革开放的"窗口"与"试验田"的伟大实践历程中形成并发展的。

1981年，用红油漆写在三合板上的"时间就是金钱，效率就是生命"竖立在深圳蛇口工业区。1984年10月1日，在庆祝中华人民共和国成立35周年盛大庆典的游行队伍中，上百部彩车中唯一的一部企业彩车是深圳蛇口工业区的彩车《双龙戏珠》，彩车上有一幅醒目的标语"时间就是金钱，效率就是生命"。自此，这一标语被广而告之，它是对"发展是硬道理"的形象表述，折射出改革开放初期对发展速度、发展效率的渴望与追求。

2. 户外标语传播："空谈误国，实干兴邦"

1992年年初在通往蛇口客运码头的大道旁竖立起了"空谈误国，实干兴邦"的标语牌，如今这块蓝底白字的标语牌仍然矗立在蛇口南海大道边。

1992年1月19日至2月20日，邓小平相继视察深圳、珠海、上海，发表了著名的"南方谈话"。"空谈误国，实干兴邦"这个口号，旗帜鲜明地表达了实事求是的思想观、价值观、发展观，呼应了"发展是硬道理"的时代主题。

习近平总书记在多个重要场合强调"空谈误国，实干兴邦"。2012年11月，习近平总书记率中央政治局常委在参观《复兴之路》展览后指出："'空谈误国，实干兴邦'。我们这一代共产党人一定要承前启后、继往开来，把我们的党建设好，团结全体中华儿女把我们国家建设好，把我们民族发展好，继续朝着中华民族伟大复兴的目标奋勇前进。"2012年

①　广东改革开放史课题组.广东改革开放史[M].北京：社会科学文献出版社,2018：23,191.
②　中共中央文献研究室. 邓小平年谱(1975—1997)(上)[M].北京：中央文献出版社,2004：510.
③　广东省档案馆.改革开放三十年重要档案文献——广东[M].北京：中国档案出版社,2008：16.

12月,习近平总书记在广东考察时指出:"我要再一次强调'空谈误国,实干兴邦'这个口号。这个响亮的口号就是邓小平同志在1992年视察南方途中提出来的。我国改革开放30多年的实践充分证明了这个真理。面向未来,全面建成小康社会要靠实干,基本实现现代化要靠实干,实现中华民族伟大复兴要靠实干。"[①]

3. 报纸标题传播:"敢为天下先"

1992年1月19日至29日,邓小平视察深圳经济特区发表重要讲话,鼓励深圳大胆地试,大胆地闯。在邓小平视察深圳期间对改革开放发表的重要讲话还没有公开发表之前,在中共深圳市委的领导下,《深圳特区报》《深圳商报》结合深圳改革开放的实际,紧扣邓小平讲话精神,分别以"猴年八评"和"八论敢闯"的社论形式连续发表评论文章,宣传了"敢为天下先"的改革开放精神。直到1992年3月26日《深圳特区报》发表长篇通信《东方风来满眼春——邓小平同志在深圳纪实》,邓小平"南方之行"与"南方谈话"的详细内容才公之于世。

1992年春,"敢为天下先"的观念迅速流行起来,成为深圳激励自身勇做改革开放排头兵的坚定信念。

"敢为天下先"是深圳特区文化的精神品质。深圳是一个移民城市,深圳人来自"五湖四海",既带来了多元的文化属性,也创造了一种新的城市文化形态——深圳特区文化。

4. 政策法规传播:"改革创新是深圳的根、深圳的魂"

2005年3月25日,深圳市委工作会议提出了"改革创新是深圳的根、深圳的魂"。随后颁布了《深圳经济特区改革创新促进条例》。

从20世纪90年代开始,深圳经济特区发展开始着力于制度创新、机制创新以及推动高科技产业发展。深圳制定了《建立社会主义市场经济体制总体规划》,提出了构建市场经济十大体系的目标。深圳"构成了社会主义市场经济体制基本框架的主要内容,也成为我国建立社会主义市场经济体制的重要借鉴和依据"。

"改革创新是深圳的根、深圳的魂"是对深圳经济特区跨越式发展经验的总结,也是对深圳未来发展的规划。深圳始终要向改革创新要发展动力,要发展资源,要发展空间。

5. 政策法规传播:"鼓励创新,宽容失败"

"鼓励创新,宽容失败"是深圳魅力的体现。深圳正是靠包容的创新精神,创造了无数个中国第一。深圳率先开启了中国经济特区发展的历程,率先开启了"三来一补"发展模式的历程,率先打破了"铁饭碗"等计划经济管理模式,率先推动建立社会主义市场经济体制。一个有魅力的城市,不仅要为成功者喝彩,而且要包容失败者。从一个城市对待失败的态度,更能体会到这个城市的魅力。深圳建构了全国首个以企业为主体的城市科技创新体系,政府层面也形成了有效支持企业自主创新的服务体系,以及"鼓励创新,宽容失败"的城市创新文化。

---

① 习近平.深入学习习近平同志系列讲话精神[M].北京:人民出版社,2013:165.

6. 文化活动传播："让城市因热爱读书而受人尊重"

每一个城市都有独特的文化特质，深圳这座改革开放的移民城市选择了"读书"。从2000 年开始，深圳市每年 11 月举办"读书月"，在 2005 年第 6 届"深圳读书月"活动中，提出了"让城市因读书而受人尊重"的口号，充分体现了深圳文化强市的发展战略，体现了坚持"以人为本"的理念。①

读书让人与人的关系走得更近，读书让深圳与现代化走得更近；读书传播了文化知识，提高了人文素养，丰富了精神生活，擦亮了城市文明的名片。

7. 文化活动传播："实现市民文化权利"

在 2000 年第一届深圳读书月期间，深圳提出了"实现市民文化权利是文化发展根本目的"的理念。深圳在发展经济的基础上，不忘记全力推动构建公共文化服务体系，繁荣中国特色社会主义文化市场，营造出良好的城市文化氛围。

这句口号也体现了对物质文明建设与精神文明建设同等重视的发展理念。1983 年4 月 29 日，邓小平在《建设社会主义的物质文明和精神文明》一文中指出："在社会主义国家，一个真正的马克思主义政党在执政以后，一定要致力于发展生产力，并在这个基础上逐步提高人民的生活水平。这就是建设物质文明。过去很长一段时间，我们忽视了发展生产力，所以现在我们要特别注意建设物质文明。与此同时，还要建设社会主义的精神文明，最根本的是要使广大人民有共产主义的理想，有道德，有文化，守纪律。"从"两手抓"到"五位一体"总体布局，体现了中国特色社会主义建设不断迈上新台阶。

8. 义工活动传播："送人玫瑰，手有余香"

"送人玫瑰，手有余香"源自民间谚语，表达了奉献精神，成为深圳义工的独特理念。这句口号没有提出的具体日期。但与共青团深圳市委发起的深圳市义工联合会的建立与发展关系密切，该义工联传播"送人玫瑰、手有余香"理念，倡导"参与、互助、奉献、进步"的精神，走出了一条具有深圳特色的义工发展之路。

9. 体育活动传播："深圳，与世界没有距离"

"深圳，与世界没有距离"，这是深圳申办 2011 年第 26 届世界大学生夏季运动会提出的一句口号。这句口号表达了深圳迈向国际化城市的决心。2011 年也是深圳经济发展的一个节点。2011 年深圳 GDP 首破万亿元，进入"万亿元城市俱乐部"。其中，社会消费品零售总额 3528 亿元人民币，增长 18%；出口总额 2440 亿美元，增长 19.5%，实现十九连冠。2011 年，深圳全社会研发投入占 GDP 比重达到 3.66%，高新技术产品产值增速高于工业增速 7 个百分点，生物技术、互联网、新能源三大战略性新兴产业整体增速高于GDP 增速 2 倍以上。数据显示，以自主创新引领未来发展的深圳，正在缩短与世界的距离。

---

① 徐来.浅论深圳读书月模式的成功原因与推广路径[J].南方论刊，2011(10)：76,83-84.

10. 户外标语传播："来了,就是深圳人"

这句口号在深圳的机场、火车站,以及各个公交站台的标示牌上特别醒目,让来到深圳的异乡人心头非常温暖。这句口号传递了包容与开放。"来了,就是深圳人"也是用另一种方式对深圳经济发展模式的认可。来了深圳,就要有工作,就要有收入。外来人口愿意来到深圳,就在于这座城市有吸引力,能够提供足够的就业岗位。从这个角度看,以创新驱动发展才是"来了,就是深圳人"的底气所在。

人因城市而聚集,城市因人而发展。改革开放以来,百万民工到深圳,在推动深圳经济发展的同时,也增加了收入,提高了生活水平。从1979年的31.41万人,到2019年的1343.88万人,40年间,深圳的常住人口增加了约42倍。从2014年年底到2019年,深圳共增加266万人,年均增长53.2万人。

（资料来源：赖明明. 深圳十大观念的变化历程与传播逻辑[J]. 教育传媒研究,2021(1)：30-33.）

案例思考：

（1）深圳城市十大理念传播对深圳城市形象塑造有何作用?

（2）如何使城市理念深入人心?

（3）你所在的城市有哪些城市理念?

第八章

政府危机管理

每一次危机既包含了导致失败的根源,又孕育着成功的种子,发现、培育,以便收获这个潜在成功机会就是危机管理的精髓。

——[美]诺曼·奥古斯丁

 **案例导入**

浏阳"12·4"烟花厂爆炸事故

浏阳"12·4"烟花厂爆炸事故是 2019 年 12 月 4 日上午 7 时 50 分,发生在湖南省浏阳市澄潭江镇达坪村的浏阳市碧溪烟花制造有限公司石下工区的一起因违法、违规生产引起的爆炸事故,爆炸从包装车间引起,致使工房倒塌、引发山火,最终致 13 人死亡、13 人受伤。但在事发后的二十天内,伤亡人数出现三次变化,后经查实,存在严重的谎报、瞒报和失职、渎职行为。最终,当地多名领导人被免职,企业相关负责人被控制,全市相关企业停业整顿。

1. 事发背景

在事故发生地澄潭江镇达坪村,村民大多从事花炮生产,多数没有外出务工的村民都会选择在花炮厂工作。早期浏阳市花炮生产以家庭作坊为主,随后经过对花炮行业的整合提升,使其从作坊式生产转变为集团式。近年来,随着当地其他产业发展以及各地对环保的重视,再加上人力成本、原材料成本、生产机械成本的上升,使当地花炮企业的生产成本增加,销量受阻,也因资金缺乏无法转型升级,企业陷入发展困境。在此次爆炸事故发生之前,因违规生产,当地已经断断续续出现数起类似事件,行政主管部门也多次进行督查,限令整改,但事发企业长期无视国家安全生产法律法规,仍违法进行生产。

2. 爆炸经过

事发地点为厂区的封装车间,厂区这样的车间共有 3 个,彼此相互隔开,中间留有通道。封装车间内人员较多,一般有几十人上班。经初步调查,事故系 13 号封装车间职工在将盛装半成品的塑料筐拿出工房时出现抛甩动作,因摩擦撞击引起药饼爆炸,并引发12 号封装车间发生爆炸。

3. 事后反应

2019 年 12 月 5 日,澄潭江镇立即启动应急响应,浏阳市组织相关部门第一时间赶往现场积极开展救援处置:及时救治伤员,逐户排查统计房屋受损情况,维修、更换村民家中受损的窗户。同日,浏阳市委根据湖南省委、省政府关于安全生产事故问责有关规定,免去澄潭江镇党委书记、党委副书记、浏阳市应急管理局副局长、公安局危爆大队大队长等人职务。企业相关责任人员陈某某、杨某某被公安机关控制。并从 12 月 5 日零时起,对全市烟花爆竹生产企业进行停产整顿,全面开展安全隐患大排查、大整治,彻查“三超两改”等问题。12 月 6 日,湖南省安委办通报了浏阳市碧溪烟花制造有限公司“12·4”特大爆炸事故,要求各级各部门深刻吸取事故教训,堵塞漏洞,完善落实监管责任,坚决防范和遏制较大及以上事故发生。

(资料来源:李霖.完善政府公共危机管理——以浏阳“12·4”烟花厂爆炸事故为例[J].中共郑州市委党校学报,2021(1):60-63.)

问题:
1. 面对浏阳“12·4”烟花厂爆炸事故,政府危机管理中存在哪些问题?
2. 浏阳“12·4”烟花厂爆炸事故给政府危机管理带来哪些启示?

第一节　危机与政府危机

任何社会都不可避免地会遭受各种各样的灾难,从而面临各种公关危机的强烈冲击。危机不仅会造成人在生命、财产方面的巨大损失,对经济和社会的基础设施造成巨大的破坏,也会引起环境的恶化,阻碍社会的可持续发展,甚至可能导致社会和政治的不稳定。

我国正处于改革的攻坚阶段和发展的关键时期,经济体制深刻变革,社会结构深度变动,利益格局不断调整,思想观念急剧变化。在这一进程中,环境变化和体制变革相互影响,国内矛盾和外部冲击相互作用,各类风险易发高发。互联网催生的碎片化、多元化、去权威化的公共传播表象,更加剧了社会治理的复杂程度和难度,尤其是网络舆论环境中围绕不同议题爆发的舆情事件,要求政府提高危机管理能力,妥善处理舆情事件,转危为机。

对一个政府而言,建立完善的公关危机管理机制,形成有效的政府制度安排,实施有效的对策选择,不断增强政府公共危机管理能力,使危机状态下的社会事务被有序地管理起来,把危机给社会造成的危害减到最小,无疑成为政府管理活动中的一个重要内容。

一、危机相关概念辨析

近年来，"危机管理""危机传播"是研究热点，特别是当某些负面事件爆发时，总会出现大批如何对危机事件进行管理、公关等应用型研究文章。尽管"危机""危机管理""危机公关""危机传播"等词语看似都是关于危机的应对之道，其实涉及学科不同，含义也不同。

（一）危机

首先从"危机管理""危机公关""危机传播"的共同客体来看危机的含义。危机是指突然发生或可能发生的危及组织形象、利益、生存的突发性事故或不确定性事件等，本质上是对一个社会系统的基本价值和行为准则架构产生的严重威胁。其表现形态是损害或负面影响，包括对组织及其人员、产品、服务、资产和声誉的损害。这些事故、事件的发生、发展及走向具有高度不确定性，但往往会被媒体广泛报道，引起公众深切关注，处理不当会严重干扰组织正常运行，影响组织品牌形象，甚至影响组织的长远发展。危机及其处理情况可能会带来三种不同的结果：一是组织及时采取果断有力的危机管理措施，最大限度地减少损失，组织从危机中获得生机；二是组织未能采取正确、及时的危机管理措施，使组织在危机中丧失机遇，遭遇失败；三是组织虽然采取危机管理措施，使组织避免或摆脱暂时困境，但从长远看来能使组织真正恢复生机。

（二）危机管理

管理是人类各种组织活动中最普遍和最重要的一种活动，是指组织中的管理者对组织所拥有的人力、物力、财力、信息等资源进行有效的决策、计划、组织、领导、控制，以期高效地达到既定组织目标的过程，对其成员来说具有一定的强制性和约束力。

结合危机的含义，危机管理是一个全过程的动态性管理。为应对各种突发性或灾难性危机，企业、政府部门或其他组织根据管理规范或过往经验采取各种措施，如规划决策、制订计划、分配资源、组织员工活动、沟通信息等。危机管理的最终目标是要消除或降低危机所带来的威胁和损失。从这个定义来看，危机不是危机管理的对象，组织作为危机处理的核心，应对危机时的组织行为才是危机管理的对象。

危机管理主要在组织内部进行，是组织对资源在危机困境中的动态调整和协调规划，是按照危机发展的时间脉络，以科学合理的管理技术来提出不同时期的应对策略，注重危机管理过程中的资源调配、人员安排、媒体协调及公众沟通，确保应对危机的执行步骤。因此，危机管理关注组织发展，并要应对危机造成的损失，以维护组织长期发展的目标来面对危机。

（三）危机公关

公共关系具有公共管理的属性，强调公众的参与性，注重组织与公众的互动沟通。狭义地讲,危机公关是指组织充分采用公共关系技巧,通过有组织、有计划地制订和实施系列管理措施和应对策略来解决突发事件,促进公众沟通,其目标在于恢复和强化组织的正面角色和形象。广义地讲,危机公关是指从公共关系角度对危机的预防、控制和处理。危机公关处理能力是衡量组织公关综合实力的标准。危机公关是一个系统工程,组织日常公关工作逐步积累的社会关系网络在应对危机时能发挥积极作用。

容易与危机公关混淆的还有一个词语,即公关危机。公关危机是指组织在公共关系活动中因执行操作不当而引发的对组织有负面影响,甚至带来灾难的事件和因素。信息的沟通和传播是公共关系活动的重要组成部分。目前网络舆情事件多因沟通不畅而引起或恶化,如政府没有及时公布事件调查进展或企业发表不当言论等,容易引发对组织的质疑和不满。

危机公关更强调组织在面对危机时应采取的公关措施,是行动;而公关危机更多是指组织在公关过程中所遇到的危机,是现象。

(四) 危机传播

任何危机事件的发酵扩散都会经历传播过程。危机传播是指针对危机现象和事件,企业组织或政府如何利用大众传媒及其他手段,与社会公众就危机解决而进行的信息沟通传播。其特点在于依照新闻传播和社会传播规律,发掘组织(或企业)、公众、政府就危机信息之间的互动,推动危机事件的解决。危机传播的研究目的可能是组织自身减少危机损坏程度的现实考虑,但更可能是客观的学科研究,旨在发现和找寻人际关系、社群影响、媒介传递在危机事件发展中的共同规律。如以下 6 个方面是从危机事件的发生发展过程来研究危机传播:第一,什么类型的危机最容易引起受众关注而被传播?第二,该危机是如何被传播和放大,如何到达受众的?第三,危机通过什么渠道最容易传播,尤其是新媒体环境下的新兴媒体?第四,谁是传播过程中的重要推动者?第五,危机传播可能会引发什么后果,危机事件的舆情状况如何?第六,政府部门、组织、媒体和公众等各个信息主体在危机发生发展过程中的信息交流。

(五) 概念辨析

危机管理研究最早源于政治学和管理学等学科,但公共关系学、传播学、修辞学、社会学等其他学科提供了不同层面的理论视角,进一步丰富和完善了该理论,因此产生了不同的研究取向:管理取向、公关取向、传播取向,相应地产生了危机管理、危机公关及危机传播。目前关于危机事件的论述中,危机管理、危机公关及危机传播常常混用,三者都是为了推动危机的妥善解决,降低危机损害,维护组织的形象和信誉,但其实它们的侧重点不同。

危机管理侧重研究组织科学管理的方法,探讨危机的性质、特点及发展过程,为消除或降低危机影响所需要考量的资源调度组织管理、人员配置、决策执行能力、救援安抚等,旨在最大限度地避免公共危机(如自然灾害、医疗卫生、食品安全等)的爆发。危机公关侧重公共关系中的技巧性协调和沟通机制,强调危机各个阶段与公众的有效沟通,维护组织的良好形象,旨在最大限度地避免组织形象危机(如组织在危机事件中"不作为""乱作为""滥用权力"等)的爆发。危机传播主要采取传播学概念及研究方法,关注传播过程中的传播主体、传播效果、传播媒介和受众(公众),寻找危机信息传播及其传播系统的共性特征,旨在建立组织内外部可靠的危机信息传播渠道。[①]

二、政府危机的含义和特性

（一）政府危机的含义

按照国际社会的一般看法,危机是指对一个社会系统的基本价值和行为准则架构产生严重威胁,并且在时间压力和不确定性极高的情况下,必须对其做出关键决策的事件。政府危机是指在政府管理国家事务中,突然发生的如台风、地震、流行病、经济波动、恐怖活动等对社会公共生活与社会秩序造成重大损失的事件。它包括自然灾害、技术灾害、冲突危机和公共卫生事件四个大的类型。其中任何一个危机类型的事件都与公众的安全和安定息息相关。这些政府危机事件会给人民带来不可估量的危害,具有严重的威胁性,能否及时发现和处理政府危机事件也成为考验政府能力的一部分。

（二）政府危机的特性

在现代社会中,危机的发生已经成为社会生活中一种常见的现象。通过对危机源起的分析考察,可以发现危机具有以下特点。

1. 突发性

突发性即不可预测性,"那些能够预防的'危机'都只能称为问题,只有那些无法预知的、被忽视的、具有颠覆性的意外事故,才算得上真正的危机"[②]。政府危机真实发生的时间、地点具有一定的不可预见性,特别是人为因素造成的危机事件,由于很难发现造成危机的原因,无法找到危机的根源,使得危机的解决颇为棘手,公共对策很难对事件的发生和发展做出预先的判断,待到危机发生时,事物原有的发展格局突然被打乱,使公众和政府感到非常突然,陷入被动和慌乱。同时不断出现的新情况也往往是无章可循的,需要时间进行分析和应对,这时就出现了"政策真空",危机中的混乱局面使人们既得利益丧失或可能丧失,使政府和公众面临一个全新的、不熟悉的环境,人人有一种强烈的希望回到原来状态的心理,使人们更加深刻感觉到危机是突发性的。

---

① 谭昆智,路月玲,李春凤.政府公共关系[M].北京:经济贸易大学出版社,2021.
② 劳伦斯·巴顿.组织危机管理[M].符彩霞,译.北京:清华大学出版社,2002.

2. 破坏性

危机所造成的危害性在强度和烈度上表现得特别显著。危机会造成损失,这种损失可能是有形的,在物质方面造成巨大的损失;危机造成的损失也可能是无形的,波及局部地区甚至是全局范围内的经济、政治、文化等各个领域,更为严重的是危机会在社会公众的心理层面产生普遍的恐慌、不安全感,甚至使公众对政府管理社会的能力产生怀疑。如发生在美国的"9·11"恐怖袭击,直接经济损失 900 多亿美元,伤亡数以千计,在美国民众心理上造成了不可磨灭的伤痕,对全球政治格局产生了深远的影响,这次危机不仅被描述为文化的冲突,而且引发了世纪初的阿富汗战争。可见危机的破坏力是多么巨大啊!

3. 不确定性

在危机事件的开端,一切都是瞬息万变的,是无法用常规性规则进行判断的,而且其后的发展和可能涉及的影响也没有经验性知识进行指导。若按照以往的经验和统计规律去判断危机常常是不确定的,容易犯错误,不利于进行危机管理。同时,信息时代的发展,事物之间的联系越发呈现多元和共时的特征,资源的有限性也会导致事实上顾此失彼,由此危机引起更大、更多的彼危机,形成"连带效应"。"因为这些危机就像一粒石子投进池水中引起阵阵涟漪那样,对外部会产生一系列的负面影响。初始危机就像投入水中的石头,所引起的冲击破坏可能包含石子撞击池底、在水面及周边溅出水花和涟漪激荡而引起的波动。米卓夫和皮尔逊把这种由于危机初期管理不善而造成的涟漪效应称为'连锁反应'。"[①]它使危机的影响进一步扩大,不确定性进一步增强。全球经济一体化的趋势,加深了"连带效应"的发生,使得国内问题国际化的特征越发明显。一个国家发生的危机,往往不再只是一个国家内部的事务,对世界范围内的政治、经济造成很大的影响,如美国的"9·11"事件引发全世界股市暴跌就是一个明显的例子。

4. 紧迫性

不但危机的发生是突然的,而且危机的发展也是非常迅速的,"危机一旦出现,它就会像一枚突然爆发的'炸弹',在社会中迅速扩散开来,对社会造成极大的冲击。"[②]随着危机的进展,危机影响面越来越广,危害日益增多,危机造成的损失会越来越大。政府对危机的反应越是快速,危机反应决策越是准确,那么损失就会越小。所以危机中,时间非常紧迫,对时间的把握程度很大程度上决定了危机管理的有效性,"若控制不力或行动迟缓,必产生严重后果,所以必须牢记'兵贵神速'这一兵法格言",强调危机管理的时效性。

5. 信息不充分

在危机中,原有的沟通渠道如通信设施可能会遭到破坏,使信息无法有效地沟通。在危机中,公众处于惊慌状态,会因为过度紧张而对客观情况反映失真或夸大危机的微妙之

---

① 罗伯特·希斯. 危机管理[M]. 王成,宋炳辉,金瑛,译. 北京:中信出版社,2001.
② 张岩松. 企业公共关系危机管理[M]. 北京:经济管理出版社,2000.

处,从而使危机管理者接受的是错综复杂而又真伪并存的信息,在这种状态下,对危机管理有用的信息是非常不充分的。

6. 资源严重不足

在危机中,用于解决危机的资源是非常有限的。因为在危机中资源会遭到破坏,而用于危机反应的备用物资资源,或者遭到破坏,或者离危机现场很远,远水解不了近渴,即使资源充足,由于危机中对资源的需求量非常大,而且资源的使用速度非常快,也难以满足危机反应和恢复的需要,加之政府还要动用过去的积累资金去应付危机,组织的资金资源也显得非常紧张。危机中的资源紧张还表现在人力资源的紧缺,未受过训练的人在危机中会惊慌和感到压力,无法冷静地参与解决危机,而训练有素的危机管理人员毕竟是有限的,危机规模加大时就会感到人力资源的缺乏。

7. 公共性

政府面对的危机是专指在公共管理范围内的危机。即对一个社会公共系统的基本价值和行为准则架构产生严重威胁的危机。其影响和涉及的行为主体具有社群性,这与个体、经营性组织所面对的危机有着本质差别。危机发生后,会像一根牵动社会的"神经",迅速引起社会各界的不同反应,令社会各界密切关注成为社会热点。于是,事件必须要通过调动相当的社会公共资源,进行有序的公共组织力量协调,并在公众心理状态上和公共评价体系中消除不利影响才能予以妥善解决。

8. 非常规性

我们知道危机具有信息不充分、资源严重不足、突发性、紧迫性、不确定性等特性,危机发生之前潜伏着的焦点问题的形成和聚焦,使组织所面临的环境达到了一个临界状态,而且政府应对危机的成效直接影响到政府组织系统是处于崩溃、维持原状还是进行良性变革,这就决定了危机从本质上是非程序化决策。因为对于危机状态,正是要在有限的信息、有限的资源、有限的时间的条件下寻求"满意"的处理方案,整个事件都具备独特性,无法用处理常规事件的方法来应对和处理,必须在相当有限的时间里做出重大决策和反应。因此危机的处理是任何政府都必须认真面对的问题,它甚至比任何常规性决策都更能考验一个国家政府的治理结构和治理能力。

自2003年"非典"事件以来,我国政府高度重视危机管理,在危机中借鉴、学习和反思,将危机管理纳入政府工作之中,相应出台了一系列政策措施,各级政府形成了危机管理部门,制定了危机管理预案,逐步建立和完善了危机管理机制,并将其纳入中国特色的政府公共关系体系。

对各级政府而言,危机管理既是需要在短期内制定政策,集中调动资源,克服突然性事件的行为过程,更是一项要在长期内研究危机因素、完备政策体系,建立危机管理机制的政治工程。

政府公共危机管理具有重要意义。危机的发展中隐藏着"双重置换"的机会,它既是一次危机因素的总爆发,充满对抗和混乱,又给予了重塑与再造的机遇。诺曼·奥古斯丁描述到"每一次危机既包含导致失败的根源,又孕育着成功的种子",所以"发现、培育,以便收获这个潜在成功机会就是危机管理的精髓"①。如果政府在危机中表现出了令人赞赏的决策能力和执行效率,那么一个临危不惧、应对有方和处置得当的政府,将以此赢得公众的尊重和信任,甚至可以依托危机的解决获得在其他政策行为中的有利地位,推动自身主体合法行为的进一步提高。可以说,政府危机管理是对政府的管理能力和效力的全面考察与综合鉴定,是衡量和反映政府是否具有维持和确立一个和平、安宁、持续发展的社会环境的重要方面,它集中体现了政府的统治力量。

三、政府危机的类型

根据不同的划分标准,可以将政府机构及其工作人员可能面对的政府危机分为不同的类型,这能够帮助我们从不同的层面更深刻地理解政府危机。

(一)根据政府危机的性质划分

根据政府危机的性质,可以将其划分为舆论危机、信任危机和形象危机。

1. 舆论危机

舆论危机是指社会公众公开表达对政府的负面意见,威胁政府正常运行发展,损害政府组织形象。传统语境下,舆论公开表达要依赖大众媒介,舆论危机主要是由媒体筛选后呈现的公众负面观点。随着互联网尤其是移动互联网的高速发展,信息传播效率大大提升,舆论危机的掌控权被分散,舆论场也在不断发生变化——媒体舆论场、网络舆论场及官方舆论场,尤其是网络舆论场,能快速聚集并发酵负面观点。

从影响后果来看,舆论危机可以分为两种:一种能被慢慢平息或退出公众视野后讨论减少,但会沉淀在公众记忆中,塑造公众认知。一旦同类事件再次发生,会爆发更大的舆论危机;另一种是推动危机事件发酵,或发生舆论焦点转移,催生次生舆情事件。在当前环境下,舆论对危机事态发展和社会秩序起着越来越重要的作用。

2. 信任危机

公众对政府的信任主要体现为对公务人员素质和品德的信任、对政府机构绩效能力和意愿的信任、对国家体制和社会秩序的信任。良好的政—民关系管理是政府公共关系建设的重要目标,即政府与公众相互信任、相互肯定,双方在遵守一定的社会道德准则和规范的基础上通过合作实现一致的利益目标,达到共赢。信任危机意味着政府执政权威的下降和道德模范作用的减弱,容易引发公众对政府决策执政能力的质疑,很可能导致社会关系紧张,陷入"塔西佗陷阱"的怪圈。

① 诺曼·R.奥古斯丁. 危机管理[M]. 北京新华信商业风险管理有限责任公司,译. 北京:中国人民大学出版社,2001.

所谓"塔西佗陷阱"，得名于古罗马时代的历史学家塔西佗所著历史书中的一段表述："一旦皇帝成了人们憎恨的对象，他做的好事和坏事就同样会引起人们对他的厌恶。"通俗地讲，就是指当公权力陷入信任危机时，公众对政府抱有固定的负面情感，无论政府说真话还是假话，好事还是坏事，都会被认为是说假话、做坏事，体现出对人不对事、放任情绪的状态。在网络发达的今天，"塔西佗陷阱"事件屡见不鲜，政府及公务人员都是舆论的主角。如副区长视察居民区被淹现场，县委书记上街大扫除等照片都引发了大量网民对公务人员作秀的嘲讽和质疑。①

3. 形象危机

良好的政府形象反映了政府及其工作人员正确的价值观、优秀的组织实力、良好的办事效率、优质的服务水平等，有助于应对和化解风险，激励和动员公众共同应对危机；有助于推动政策的施行和调动目标实现的可利用资源。一旦发生政府形象危机，就可能降低政府的威信。政府形象危机主要包括政府机构形象危机和政府公务人员形象危机。由于传统的官本位思想，"门难进，脸难看，话难听，事难办"的形象长期扎根公众心里，部分政府部门被认为"不作为""慢作为""乱作为"，出现"部门跑断腿、窗口瞎折腾"等新闻报道。而政府公务人员形象危机则主要是贪污腐败、失职渎职、个人作风不正、造假、能力不够等问题。

（二）根据政府危机爆发的原因划分

根据政府危机爆发的原因来划分，可将政府危机归结为以下五大类。

1. 因突发事件引发的政府危机

自然灾害、事故灾害以及公共卫生和社会安全等突发事件，具有非预见性和破坏性，涉及面广，会对人民群众的生命和财产造成重大损失，对政府工作的正常运行造成巨大冲击。这主要因为：

（1）突发事件爆发后，公众会出于对利益受损的担忧而密切关注政府行为，对错误处置方式的容忍度较低。

（2）公众希望能全面获知突发事件的相关信息，但政府在短时间内无法快速了解复杂的事态来回应公众，公众会怀疑政府的管理能力和应对能力。

（3）媒体往往重点关注突发事件中的政府行为，寻找突发危机与政府监管、政策执行、应对机制等方面的相关联系，通过议题设置来突出政府在突发危机中的角色和功能。归根到底，这是因为全能型政府被赋予了极高的公众期待，一旦无法达到公众和媒体的要求，就会招致怀疑。

2. 因行为不当引发的政府危机

政府在行政过程中，如果手段不恰当，程序不合法，决策不合理，或个别公务员的行政

---

① 朱明刚，庞胡瑞.破解"塔西佗陷阱"的舆论怪圈［EB/OL］.［2012-06-26］. http://media.people.com.cn/n/2012/0626/c40606-18379544.html.

理念不正确,违背科学的管理规律和实际情况,就容易引发危机。如某些公务人员在利益的驱动下出现权力寻租、越权执法等行为;某些办事人员缺乏业务技能和法治意识,不坚持相关规定和法定程序违规行政;某地过度追求 GDP 增长而造成环境污染等。此类危机由于是政府组织本身的责任,最易受到公众的批评和媒体的抨击。

3. 因谣言引发的政府危机

一些信息在未查明前就被故意放大或片面传播,甚至出现无中生有的恶性攻击和虚假信息的广泛流传,都会引发公众对政府的质疑,降低公众信任感,进而引发政府危机。这些信息一方面,有可能是少数人在自身违法犯罪行为受处理后恶意散布虚假信息,诋毁政府形象;另一方面,有可能是境内外敌对势力通过捏造虚假信息,利用某些利益事件来煽动群体性事件,并通过境外媒体广泛传播,挑拨政民关系;还有可能是公众无法获知事件信息,缺乏安全感,在谣言中弥补信息空白。传谣容易而辟谣难,不管何种谣言,都为政府危机管理增加了难度,因此需要警惕。

4. 因媒体报道引发的政府危机

政府一直是媒体报道的重要对象,因媒体报道引发或推动的政府危机不在少数。具体有两种情况:一种是媒体报道内容准确无误,揭露政府的不当行为或违规情况,使政府部门处于被动状态;另一种是媒体报道内容不准确,片面解读或完全歪曲事实,按自身思维定式来分析和看待事件,产生错误的舆论导向。

5. 因宣传失实引发的政府危机

政府可以借助媒体报道及新媒体平台进行舆论宣传工作,发挥政府话语权的作用,提升影响力和塑造良好的公众形象。从宣传手段来看,对典型人物进行生动描写,对细节进行艺术加工,对思想进行挖掘拔高,都无可厚非。但与其他社会组织不同,政府具有毋庸置疑的权威性,普通公众易将内容视为事实,更可能以严苛的态度来审视政府行为,若宣传过当,内容失实,包装刻意,可能引起公众反感,宣传效果就会适得其反。[①]

第二节 政府危机管理机制的构建

对一个政府而言,面对各种危机,最重要的战略选择应是建立一套比较完善的公共危机管理机制,并在此基础上不断增强政府以及整个社会的危机管理能力。

构建政府危机管理机制,本质上就是非程序化决策行为的程序化,危机事件处理相对于社会秩序的常态,是非程序化决策,但是在相对独立的、非常态的危机管理体制内

---

① 谭昆智,路月玲,李春凤.政府公共关系[M].北京:首都经济贸易大学出版社,2021.

部,又应该是相对程序化、模式化、法定化的。在面对层出不穷、类型各异的危机事件时,科学的政府危机管理体系是预防和降低危机损害的关键所在。作为政府必须构建开放的、有机合理的、协同运作的危机管理机制,以便尽可能地吸纳各种社会资源参与危机管理,扩大危机管理体系的组织和资源吸纳能力,实现系统有序化、规范化和可操作化。特别是现阶段处于危机事件高频发生时期的中国,更应当完善常设性的具有极大的强制性、权威性的社会稳定预警系统的设计和运行,建立强大的反"黑客"措施和极其严密的"防火墙",从而把危机事件对公共利益的损害程度降低到最小。我国现有的危机管理机制主要依赖于各级政府的现有行政设置,没有专门的危机管理部门和完善的危机管理制度,至多是针对一些专门事件的非常设性机构与经验办法,缺乏专业人员和应急运作的规则、程序,导致危机预警能力不足,应急反应迟缓,事态控制办法单调,跨部门协调动员机制不顺,绩效考核体系不健全,激励、惩罚机制错位,责任无法明晰,一些地方政府对待危机的态度往往是"捂盖子",从发生危机事件到处理、分析、防治都很表面化甚至各行其是。

一、树立强烈的危机意识

"科学的危机意识是策略化、实效化、艺术化处理危机的保障[①]"。危机意识是这样一种思想或观念,它要求一个组织的决策者管理者从长远、战略的角度出发,在和平、发展的时期,抱着遭遇和应付危机状况的心态,预先考虑和预测组织可能面临的各种紧急的和极度困难的形势,在心理上和物质上做好对抗困难境地的准备,预期或提出对抗危机的应急对策,以防止在危机发生时束手无策,无法积极回应,而遭受无法挽回的失败。因此,政府管理者必须建立起危机管理,不只是对危机发生后政府的迅速回应和对危机局势的严厉控制,更重要的是政府要有解决社会问题,防止剧烈危机爆发的意识。

具体来说,我国的各级政府首先应从关系党和国家进步生存发展的高度上认识危机处理的重大意义,保持敏感度;实时调整、更新危机应对战略;在日常的公共决策中,则应确立以广大群众利益为先导,采取科学民主的决策方式,在源头上减少危机事件发生的可能;在应急的非常规决策中应制订行之有效、有的放矢的危机管理计划,并及时总结,以修正、调整常规性决策,标本兼治,建立科学合理的危机治理结构;公众的参与是整个社会危机管理的基础,政府应通过公共信息的传播、教育和多学科的职业训练等方式,强化社会公众的危机管理意识、知识和技能,提高其危机管理意识与能力。

二、建立有效的危机管理系统

危机管理是一门科学,更是展现人类高超管理艺术的活动。在危机发生以后,一个有效的公共危机管理系统是政府是否能够成功管理危机的关键。通过有效的危机管理系

---

① 张岩松.企业公共关系危机管理[M].北京:经济管理出版社,2000.

统,政府对危机的管理被纳入一个有步骤、有条理的进程中,能够将危机给社会带来的各种影响减小到最低程度,包括以下几个方面。

(一)完善危机管理组织体系

危机管理是政府基本职能和职责之一。为了强化政府管理危机的能力,政府有必要建立统一领导、分工协作的组织体制。除了政府之外,市场组织、非营利组织都可以在危机管理的过程中发挥重要作用,因此,政府应该发展危机管理的伙伴关系,把危机管理的网络扩展到整个社会。此外,在经济全球化的时代,加强与国际组织的合作也十分重要。

(二)建立有效的危机管理信息系统

在危机管理的整个过程中,信息发挥着十分重要的作用。通过良好的沟通和有效的信息交流,整合和协调危机管理的行动,及时收集、传递和共享信息,能够舒缓危机,降低危机的损害。更重要的是,一旦出现灾难和危机,信息沟通和交换可以保证政府做出及时和准确的决策,并在公共危机的早期预警中发挥作用。

(三)建立公共危机管理的资源保障体系

有效的危机管理是建立在充分的资源保障基础上的。政府有必要把危机管理的资金纳入政府的预算之中,建立应对各种灾难和危机的专项基金,并通过社会保险等方式扩大资金的供给。政府应完善战略性资源的储备,编制资源目录,以利于有效地调动资源。国家和社会应该加强人力资源的培训和训练,为危机管理提供充足的人力资源。

(四)绩效考核系统

绩效考核系统是对不同部门、不同地区,以及不同的人员在危机管理中的行为与成绩进行考评,这既是有效激励的依据,也是政府危机管理系统整体改进的依据。我国现有现行危机管理的绩效考评系统还存在很多错位,常常出现默默无闻避免危机得不到奖励,轰轰烈烈解决危机成为英雄的现象,还有直接引起危机者得到惩罚,而在体制上造成的危机却可以逃避罪责。因此,我们的绩效考评方法、程序,以及相应的激励与奖惩机制都还有待于进一步地科学化、规范化,有待于在制度上为各级政府的行为选择提供相应的正向激励,增加综合性社会发展要求,减少单纯的指标性要求,等等。

三、全面加强制度建设

任何形式的冲突和危机,归根到底,与稀缺的资源分配不均存在直接或间接的关系,因此,建立一个内容健全、组织有序、反应灵敏的制度体系是危机管理取得成效的根本保障。要制定好为防范危机发生所需的应急政策,各种危机发生时政府的干预政策,危机发生后控制事态所需的紧急状态法规,危机救治中的各种管制条例等,以便需要时尽快依法实施。此外,还要加快电子政务建设,切实实现各级政府运作的公开化、程序化、透明化,扩大公民的政治参与,树立统一的"以民众为中心"的理念。

四、建立危机预案机制

为了有效地预防和回应各种危机,制定切实可行的危机管理战略、政策和规划是必要的,即建立危机预案机制。它有助于明确危机管理的目标,指导危机管理的行动,统一调配危机管理的资源,强化危机管理的能力。危机预案机制就是指建立针对各种危机的预备方案制度。一旦有危机发生,该制度就自动启动,马上发挥作用,迅速反应,减少损失。危机预案必须全方位地覆盖危机管理的事前、事中、事后。危机预案机制大体包括以下五种类型[①]。

1. 危机评估预案

分析恐怖袭击事件、紧急突发事件、灾难事故,以及对生命、财产、环境有潜在危险的因素,并将其备案。

2. 灾情缓解预案

依据危机评估预案,制订降低和消除灾难发生可能性的预备方案,如提高航线安全以避免恐怖袭击,完善防恐怖袭击体系,环境检测,应急物资的储备和规划等。

3. 预防预案

对于恐怖事件、重大灾难,灾情缓解预案没有做到或不可能做到的工作,需要政府和相关单位制定救援和减灾的有效措施,并进行政府备案,如统筹中央、地方政府的物资,进行模拟训练,安装预警系统,配置紧急救援部队等。

4. 快速反应预案

对恐怖袭击、紧急事件和灾难发生以后,政府应该如何及时应对和组织紧急救援工作,制订科学有效的应急反应预案,如政府应如何组织搜寻、营救、避难、医疗供应、食物供给等救援工作,以及政府应如何快速稳定社会局势并避免再次遭到重大损失等。

5. 恢复重建预案

灾难后的系统恢复和重建预案包括两部分内容。

(1)短期恢复预案即恢复受难者的生命支持体系,达到最低保障水平的措施方案,如

---

① 曲士正.论我国政府危机管理的含义、原则及对策[J].理论界,2006(8):216-217.

灾难现场清理,恢复电力供应,搭建临时房屋,保证食物和水的供给。

(2)长期恢复预案即制定持续多年地或长期地使受灾地区完全恢复或比灾难发生前更好的政府规划,如重建贷款、法律援助和社区减灾规划等。

我们必须意识到,面对挑战,必须直面危机,勇于变革,抓住有利时机,掌握改革的主动权。其中,建立现代危机管理机制就是主动应对危机的关键点。当然,从根本上说,单纯的危机管理机制的形成并不能保证社会的全然无忧,危机管理的最佳途径是优化程序性决策从而有效避免危机的发生,长治久安根本上还是取决于公共治理结构的优化:治理主体由过去单一的政府变为由政府、企业和社会组织各方有序参与的合作集体;治理规范由过去单纯的国家法律变为法律、道德和社会及公民的自主契约等并存;治理程序从仅仅考虑效率变为公平、民主和效率等并重;治理的手段由过去单纯强调法治变为重视法治、德治和社会公民自觉自愿的合作相互补充;治理的方向由过去单一的自上而下变为上下左右互动[①]。

第三节 政府危机处理的程序与策略

"如何积极化解危机,这是现代社会面临的一个大问题。"[②]政府公共危机发生后,由于情况紧急,不免使政府和各级组织都感到手忙脚乱。为了使危机处理有序进行,必须坚持正确的处理程序和采取有效的策略。

一、危机处理的程序

危机正确的处理程序,对危机事件的有效处理十分重要。这个工作程序应该和危机应急方案相衔接,同时根据当时情况予以调整。其基本程序如下。

(一)成立机构,专人负责

危机发生后要迅速成立处理危机的专门机构,由政府的主要行政长官担任领导人,会同有关职能部门,如医疗救护、安全力量、消防等组成,必要时还要配备新闻发言人,代表政府向社会公众和社会各界发布政府的有关工作情况,稳定公众情绪。

---

① 薛澜,张强,钟开斌. 危机管理——转型期中国面临的挑战[M]. 北京:清华大学出版社,2003.
② 德罗尔. 逆境中的政策制定[M]. 王满传,等译. 上海:远东出版社,1989.

（二）深入现场，收集信息

除了政府主要领导人要到达现场之外，还要有调查事故的专业人员，确定弄清事件发生的时间、地点、原因、人员伤亡和财产损失情况，并掌握事态的发展和控制情况。了解公众的情绪和舆论的反应，要尽可能多地、全面地掌握有关信息。

（三）分析研究，探寻根源

在掌握危机的第一手情况，了解公众和舆论反应的基础上，在政府重要领导的直接参与下，探寻危机产生根源，这可以暂时安抚公众的情绪，保持社会稳定，为进一步采取危机处理措施奠定基础。

（四）评估后果，确定对策

评估危机可能产生的后果，评估时要注意危机衰落曲线、转瞬即逝的机会和意外事变的关注，因为这些都能为危机的处理提供很多启示和重要参考。值得注意的是，这种评估必须注意一定的公开性和有利于社会稳定的隐蔽性的结合，有时必须从较好的方面引导公众。在评估的基础上，确定应采取的对策和措施，这是危机管理的关键。对策和措施不仅要考虑危机本身的处理，还要考虑如何处理好危机涉及的各方面关系。

（五）组织力量，落实措施

组织力量并落实措施是危机管理的中心环节。公众和舆论不仅要看政府的宣言，更要看政府的行为。政府领导人要亲自组织和协调力量，落实危机管理措施。落实措施情况要详细记载并及时向公众和媒介宣布，表明政府正积极、认真地处理危机。

（六）总结反思，消除后果

政府应当从公共危机事件中吸取教训，反思制度建设和政府决策方面存在的问题以及深层次的社会发展问题，改进工作不足，改善治理结构，改革制度理念，提高执政水平，推动社会稳定和持续发展。对危机造成的后果要及早消除：对生命和健康的损害，政府要进行相关的医治和抚恤并关心受害人今后的状况；对物质损失政府要发挥指导作用，促进经济恢复，减少人民损失；对社会公众心理层面的伤害，政府必须认识到救治的难度和长期性。

二、危机处理的策略

政府危机处理的策略是指具体进行政府危机处理所采取的对策和方式及相应原则规

范。采取政府危机处理策略,对于尽快平息政府危机并逐步恢复政府形象和地位,具有十分重要的意义。

(一) 强制干预,快速反应

在解决危机中,政府的积极强制干预及快速反应是十分必要的。在危机状态下,决策者会处于一种非理性状态,要么亢奋,要么保守,很难达成妥协和统一,有时还会出现较大的分歧,因此要对付危机,政府中枢决策系统就必须享有发号施令的权威,并且可以制定和执行带有强制性的政策。[①] 依靠政府权威,在最高一级政府总的组织、协调和指挥下,有分权的各级政府同时高效率地采取干预措施,必定会掌握危机控制的主动权。

(二) 真诚坦率,规范传播

从某种意义上说,危机管理也就是传播的管理。危机发生后,各种传闻、猜测都会发生,媒介也会予以广泛关注。此时若不能及时与公众沟通,这一真空必然会被谣言、误解和胡言乱语所填充。在危机管理中采取"无可奉告"的态度,只能激起公愤。因此,学会规范传播,采取真诚坦率的态度,直言相告,全部、尽快、准确地把情况告诉公众[②],对有效地处理危机至关重要。如在处理 2003 年"非典"危机过程中,党和国家领导人不时在国内外公开场合表明态度,提出建议措施;职能部门和政府有关部门召开新闻发布会,坦诚面对记者,回答来自社会各方面的询问,通过正式公开的新闻传媒表明态度,以免媒体发生不规范的报道,产生不应有的负面影响。

(三) 心理抚慰,稳定社会

对社会来说,危机造成的最大危害在于社会秩序遭到破坏,并由此带来社会心理的脆弱,所以保持稳定的社会秩序,保持原有的社会运行轨迹是首要选择。要促进社会的正常运转,就应尽可能保证社会公共生活的正常。公众心理的脆弱使他们需要强大的政府,政府必须加强公关,以维护政府在危机中的形象。在操作上坚持以人为本,政府宁可遭受经济损失,也要保证把人民生命安全和健康放在第一位。

(四) 全员参与,协调运作

参与危机处理的人员和力量来自各个方面,包括交通、通信、消防、信息、搜救、食品、公共设施、公众救护、物资支持、医疗服务和政府其他部门的人员,以及军队、武装警察官兵等,有的时候还有志愿人员参加,广泛的社会力量参与危机处理,不但可以缓解危机对

---

① 德罗尔. 逆境中的政策制定[M]. 上海:远东出版社,1989.
② 郭惠民. 当代国际公共关系[M]. 上海:复旦大学出版社,1995.

公众产生的副作用，使公众了解真相，去除恐惧，消除危机制造者希望危机伴生的流言、恐慌等负面情绪，起到稳定社会及恢复社会秩序的作用，而且因为社会力量的参与，信息交流通道得以畅通，政府决策的可信度和可行性得到提高，可以降低政府政策的制定、执行以及处理危机的成本。全员参与要求危机应对中协同一致运作就显得特别重要。不同职能管理部门之间实现协同运作，明晰政府部门与机构的相关职能，优化整合各种社会资源，发挥整体功效，才能最大可能减少危机损失。在今天，危机原因和结果往往是世界性的，所以加强全球合作也显得十分必要。在对危机的处理上，尽管世界各国存在着地域上和意识形态上的差异，但是反应是相似的。[①] 通过全球合作，可以提高危机处理效率，获得更多的谅解，有效消除危机，恢复社会秩序，重建文明世界。

总之，在一个国家的社会生活中，可以说危机是不可避免的，但危机却是可以管理和控制的。一个国家危机管理体现出国家的能力和政府管理水平，特别是政府决策机构及其领导人的执政能力。同时，在现代社会条件下，危机管理是一个国家综合国力的反映。政府危机管理虽然是政府在非常时期的管理，但它是"危难之时显身手"的管理，运用这套政府危机管理的科学理论和方法取代政府对危机自发的混沌管理，就能化"危机"为"良机"，最大限度地清除危机的负面影响，提高政府公信力，塑造良好的政府形象。

第四节　政府网络危机管理

一、政府网络危机的内涵和特点

（一）政府网络危机的内涵

政府网络危机类属于公共危机，与其他公共危机不同的是，政府网络危机一般体现为网络舆情的积聚，且这些网络舆情针对政府，并且对政府不利。

政府网络危机可以定义为，公众（或网民）在网络公共领域内针对公共事件或网络曝光所形成的各种否定的、负面的和不良情绪、态度和意见的总和，并由此导致对政府的合法性和形象形成了严峻威胁和挑战的一种状态。如政府公务人员的某些不恰当言论或行为在网络上迅速传播而引发众多负面舆论，这些网络舆论力量会迅速集聚，以至整个网络舆论方向完全一边倒，使政府处于极大的舆论压力之下而不得不回应。

政府网络危机管理是在网络舆论越来越多地影响到社会政治生活背景下，政府以突发性网络危机事件为目标指向，对突发性网络危机事件及其相关联事物的管理活动，目的是通过提高政府网络危机发生前的预见能力、危机发生时的反应能力与控制能力、危机发生后的救治能力，及时、有效地处理各种网络危机事件，缓解社会矛盾，提升政府形象，从

而保证社会的正常秩序。

（二）政府网络危机的特点

掌握网络危机的特点，对于处理和化解危机至关重要。政府必须在对网络危机全面了解的基础上，用先进的理念及科学的策略来化解、处理危机。

政府网络危机作为公共危机的一种表现形式之一，其有公共危机的一般特征。同时，由于网络危机的传播途径是网络，其载体的这种特殊性决定了政府网络危机不同于一般公共事件危机，它还具有独特的个性[①]。

1. 突发性

公共危机都具有突发性的特点，但由于网络信息在网络公共领域传播的速度快、手段多，以至于政府网络危机的突发性尤其突出。

一般地，公共事件危机无论由自然事件引起，还是人为事件引起，可能在危机爆发之前都有一些征兆，有一个"能量"积聚过程，通常这个积聚过程还比较长。但网络危机则不一样，网络信息在网上传播速度以秒记，网络危机没有任何时间限制，在任何时间节点上都有可能爆发。再加上网络舆论常受到"群体极化"机制的影响，在极短的时间里，相关舆论可能就走上极端化道路，将整个舆论发展方向定格下来，大大减少了留给政府危机处理的反应时间，尤其是随着微博、社交网等工具的广泛应用，它总是以极端突然性出现在政府面前。人民网舆情监察室提出的官方处置公共危机事件的"黄金4小时"法则很容易被挥霍掉，使政府危机管理工作变得更困难。

2. 易发性

网络是开放的，没有边界，网络上的价值观念与道德标准呈多元化，网络是现实价值标准的碰撞地。据统计，超过80%的网民在上网时都会浏览各类网络新闻，而新增的高知识网民群体更是对网络新闻特别关注。由于社会转型而出现的各种社会问题总是能激起众人的不满情绪，而传统的政治参与渠道又难以排解这种不满，因此，这些网络话题被众多网民共同关注并参与讨论时，就很容易形成针对政府的谴责和讨伐，引发网络危机事件。

3. 扩散性

互联网就像一个无数管道相通的网，没有区域和国家之别。各大网站就是网上的各个结点，只要点击鼠标，任意两个结点之间都可以随意交换信息，而且通过强大的网络搜索引擎，可以将不同网站所有有关信息都连接起来。这种信息串联机制使得网络舆论的形成往往非常迅速，一个热点事件加上一种情绪化的意见，就可以成为点燃一片舆论的导火索。当某一个事件发生时，网民可以立即在网络媒体上发表意见，如果加上一些别有用心的人的煽动，网民个体意见可以迅速地汇聚起来形成负面的公共舆论。同时，各种渠道

---

① 谢金林.网络空间政府舆论危机及其治理原则[J].社会科学,2008(11)：28-35.

的意见又可以迅速地进行互动,从而迅速形成强大的舆论声势,产生严重的负面影响。

4. 难控性

在网络公共领域,网民个体和政府在话语权上是对等的,任何人都能成为新闻发布者和信息传播者,都可能成为信息权利的中心。舆论主导权被分散,以至于没有谁总是能够成为意见领袖。很多网络危机往往起源于一些网民的临时或偶然行为,包括偶然拍摄的照片或视频等,这使得地方政府往往难以预防与掌握。同时,网络的匿名性剥去了网民在现实生活中的"理性外衣",保证网民可以态度偏激、言语激烈甚至无所顾忌地表达观点,这就使得那些形成的所谓基本一致的看法其实是带有很多的偏见、偏激成分的。如果再加上一些别有用心的"网络领袖"的煽风点火和网民的盲目跟从,则网络上群体极化现象较现实情况就更为明显,经过网民热烈参与和讨论的网络舆论,经常以形成极端观点为结局。如果一些地方政府没有能力和手段处理,或者不够明智、采取压制信息传播的手段,网络危机就会演绎得更加激烈,使地方政府处于更为被动的局面,从而不易控制。

5. 广泛性

在传统媒体占据垄断地位的时代,危机的局部特征性强,某种负面信息第一时间只能影响到媒体覆盖区域;而在网络时代,网络传播信息的空间远远超过传统媒体。互联网上每个节点间,彼此有着无数通道都能够随意交换信息,而且通过强大的引擎,可以将不同网站所有同类事件报道都连接起来。这种信息串联机制使有关政府某一事件的负面舆论,可能在极短的时间内就传遍世界任何一个网络所能够延伸到的角落,地区性危机常常演变成全国性甚至国际性危机。

6. 持续性

持续性即危机延续性时间长。由于网络信息具备可以多次重复的传播特性,导致政府在危机结束后很长一段时间内,仍需继续关注网络上关于危机时间的报道、网民的反应。因为,尽管危机可能早已结束,但是一些对政府造成负面影响的消息仍有可能不断地被复制、粘贴去误导其他公众,从而给政府造成新的危机。

7. 严重性

公共事件危机挑战的只是政府决策能力与反应能力。只要政府在危机爆发之时及时做出反应,科学决策,及时化解危机,就能使政府公信力得到极大的提高。网络言论虽然只是公众意见的表达,甚至有时仅仅是公众情绪的反应,但是网络公众舆论不仅涉及政府形象,传播快、覆盖面广,还有可能会导致政府合法性危机,所以,政府网络危机相比公共危机而言,对政府形象所造成的危害可能会更大。

虽然网络危机与公共事件突发危机有不同的特点,但它毕竟是危机,也具有危机的特性。因此网络危机也表现为以下五个阶段。

(1)危机酝酿期。尽管网络危机由于信息传播速度快导致危机酝酿时间可能非常短,但是网络危机的诞生还是一个从量变到质变的过程。如果政府对网站或论坛出现批评性或负面言论的帖子没有进行及时处理,很可能导致网络危机的爆发。

(2)危险爆发期。当事件突破预警防线,网络危机便进入爆发期,并会威胁到政府的形象,如果不立即处理,危机等级将进一步上升,其强度会更大,范围会更广。

(3)危机扩散期。当网络危机大规模爆发时,会对其他领域产生连带的影响,有时会冲击其他领域,造成不同程度的连锁危机。

(4)危机处理期。危机处理期是危机生命周期最重要的关键时期,后续发展完全取决于政府决策者的专业水平。

(5)后遗症期。网络危机经过紧急处理后,可能得到解决,但无效的处理可能使网络危机的残余因素经过发酵,使危机进入新一轮的酝酿期[1]。

二、政府网络危机管理的原则

(一)注意态度

危机发生时,政府对网民应采取真诚沟通的方式,尤其杜绝居高临下、自以为是的态度。公权力是人民赋予的,政府在行使公权力的同时必然要顾及公众的情感。尤其对于网络受众这一特性突出的客体,公众很在意政府是否关注自己的利益和感受,危机公关能否有效的关键首先取决于政府作为主体的态度。

(二)承担责任

有些公务人员在突发事件发生时,考虑的不是如何及时处置问题,而是如何在第一时间消除对自己政绩的不良影响,这样的做法在网络推动下很容易被识破和遭到批判,必然会导致群众对政府的公信力下降,进而损害政府在人民群众心目中的形象。因此,推卸责任是不可取的,政府应做的是严查事实真相,采取果断措施,才能控制事态发展。

(三)迅速反应

网络媒体的时效性在所有传统媒体之上,因而突发事件一旦发生便会迅速传播,非常考验政府部门的迅速反应能力。如果等到舆论哗然还按兵不动,甚至根本没有察觉到危机的发生,就失去了危机公关的黄金时机,最终在社会舆论推动下被动地反复道歉和解决问题,这也是政府和社会不愿看到和经历的。

(四)公开表达

网络公众最需要的是知情,人对未知的东西才会产生畏惧与强烈的求知欲。网络危

---

① 林景新.网络危机管理[M].广州:暨南大学出版社,2009.

机事件性质不明和过多的猜测，往往是谣言产生和传播的重要原因。当网络事件演变成公共事件后，面对受众的疑惑，相关政府机关便无权保持沉默，有责任让公众了解事件的真相。公众追问真相，政府给出真相，才能在捍卫公众知情权、参与权、表达权、监督权时形成良性互动；才能保护公众参与热情，重振政府公信力；才是真正对地方、对全国人民的"负责任"之举。

三、政府网络危机管理策略

（一）构建网络危机预警体系

政府网络公关预警体系是指对政府管理过程中出现的风险，通过筛选、评估、分析、监控、处理及反馈等各个环节，以达到化解危机重塑政府形象的目的而形成的一套管理系统。

政府网络公关预警系统结构的设计：按管理信息系统的基本组成并结合政府网络公关预警系统的特殊设计而成，由网络风险感染区、评价指标和网络风险预警区三部分组成[①]。

1. 网络风险感染区

网络风险感染区包括以下方面：一是未验证网络信息。这是指未经过网络审查部门审查通过的遍布于网络载体的各种离散型信息。大量未验证网络信息的出现，给政府网络监管带来很大的困难，给网络环境及社会的良性运转带来巨大的危机，成为网络风险的主要来源。二是风险因子。未验证网络信息的出现既是一个制度问题，也是一个技术问题。而一些通过审查的网络信息也有演变成网络风险的可能。网络投机、网络牢骚、网络炒作、网络谣言等这些基于不同背景和复杂目的的大胆运作，使网络成为一个熔炉，将那些通过验证和未通过验证的网络信息演变成夹杂着巨大危机性的网络感染源。

2. 评价指标

风险因子只有经过严格的风险评估才能进入预警系统。我们从事件的发生发展过程中提炼选取以下四个比较典型的指标构建网络风险评价指标体系：一是网络关注。网络的开放性，使得经常出现一些热点话题并形成关键词语，吸引着网民注意并讨论这些事情。网络关注这一指标的出现，弥补了传统上的仅以信息接收率单一指标作为网络信息考察工具的弊端。网络关注指标由信息点击率、信息搜索排行榜和信息链接及转载率三个指标构成二级指标。二是网络评论。它是网络媒体的旗帜和灵魂，是判断一个网络媒体是否把握正确舆论导向的标尺。好的网络评论，不仅能开掘新闻事件的内涵，还是强化舆论引导功能的重要手段，能引导网民对新闻事件和社会问题的理解和评论。网络评价按评价的形式来说，有论坛上的评论、新闻跟帖、专家或网民的专栏评价等。长时间地持续接触这类语言符号会改变一个人对于这些内容的认识和看法。三是媒体介入。当网络

---

① 宁凌,刘亮,贾宝林. 政府网络危机公关中的预警体系和风险控制[J]. 重庆科技学院学报,2011(3)：34-35.

热点事件发展到足够引起社会的关注时,各种新闻媒介为了取得新闻的时效性纷纷介入。新闻媒介主要包括新闻事业整体、新闻媒体实体和新闻工作者。这些新闻媒介主体的新闻伦理观念的差异和责任感的不同,将可能会使一些网络热点事件演变成为承载着巨大网络风险的商业行为,甚至演变成群体性事件,给社会的良性运转带来巨大危机。四是社会吸收和过滤。任何网络行为和网络操作最终都将面对社会公众,并对社会公众产生影响。因此,这些夹杂着各种意图,混合着多种利益的网络信息,都将考验着网络公民和社会公民的心理观念和生活理念,从社会群体来看将可能影响整个社会发展模式,对整个社会发展和运作构成极大的挑战,使一些网络风险变成社会风险。

3. 网络风险预警区

一是事件导入系统。它是对经过评价指标筛选过的危险事件进行初级的细化分析,具体可以从事件缘起、事件属性、社会反应度这三个指标进行梳理定位,这一环节实际上是整个预警系统细化分析的开始。二是专家分析系统。它是一个建立在专家分析基础上的数据库,把专家的分析结果整理成案例,以便在未来的处理事件中进行智能化模拟,通过计算机进行初步分析。在公关预警中,专家分析系统主要从事件敏感度、网民意愿、监管干预、其他热点事件干扰、预警级别判断五个指标进行分析,最后对所要考察的网络危机事件进行预警级别判别,以供政府网络管理者和相关决策者的参考,杜绝网络风险演变成网络危机事件。三是预警对策系统。危机事件的危机性不同,所要采取的预警对策也有所不同,主要包括技术处理、宣传引导、网络监管、法律惩戒四种措施。对于危害国家安全的网站、论坛、博客、QQ 群和境外 IP 等,可以依据相关法律规定予以查封。对于大多数网站来说,如果发表了不当言论,可采取网管人员及时提醒、删除、取消发言权等方法,控制错误言论传播。四是风险反馈系统。任何网络危机事件的处理都会有一个结果,或者是预警对策得力、网络危机事件淡化和消除,或者是预警对策不当、网络预警升级。第二种结果是非常危险的,将可能导致网络危机事件恶化升级转变成社会范围内的群体性事件,危害社会和谐。因此,及时、有效地采取科学化方案将危机事件扼杀在萌芽状态是十分必要的。

(二)积极传播应对网络危机

很多热点事件都有这样的传播规律:网络播种,传统媒体发芽,网络开花,传统媒体结果。因此,发生舆论危机时政府要发挥网络传播与传统传播的合力,既要通过传统媒体进行积极的形象传播,引导舆论方向,同时又要通过政府门户网站、微博积极主动地公布信息,还要运用超链接的功能与著名的商业网站、论坛建立合作关系,将政府形象传播搬到网络空间。具体要抓住传统媒体、政府网站、微博和主流网站等开展积极而有效的传播沟通[①]。

① 鲁远,甘根华,龚齐珍,等.信息公开——化解政府网络危机的有效途径[J].中共南昌市委党校,2012(10):46-51.

1. 发挥传统媒体优势

在新媒体兴起之后，传统媒体的影响力依然不可小觑。与新媒体相比，传统媒体的优势表现在以下方面。

（1）影响范围比较广，公信力较高。新媒体传播的技术平台是网络，所以在时效性方面传统媒体在公信力、专业性方面有着独到的优势。在新媒体传播中，尤其是在论坛、博客、微博中每个人都可以发布信息，且信息量大都未经审核，因此谣言与真相并存，可信度不高。而传统媒体的"三审"制度保证了新闻的真实性，因此也使之具有高于新媒体的公信力。

（2）传统媒体人员素质高、专业性强。传统媒体的从业人员是职业化的新闻传播工作者，他们接受过专门的新闻传播理论教育和事业训练，能够把握新闻传播事业的本质和内在规律。在如何最大限度地揭示事件真相，如何最准确地传达各方观点，如何最深入地报道事件等方面，传统媒体都有着其他新兴媒体所不能比拟的优势。

因此在危机发生后，政府要善于与传统媒体合作，充分发挥传统媒体在公信力、专业性方面的优势。要利用传统媒体及时对危机的处理过程进行全面的披露和解读，深度报道危机事件及处理过程，传达政府态度观点，从而稳定公众情绪，引导公众的思想和观念，凝聚社会力量，形成有利于危机解决的良好的社会氛围，树立政府良好形象。

2. 利用政府网站权威

政府网站是各级政府对外的主要窗口，是公众与政府交流的平台，获得政府信息的主要渠道。目前我国各地、市、县、区基本上都建有政府网站，但很多地方政府网站由于资源匮乏，深度有限，内容更新不及时，投诉建议不回复等问题，导致网站认知度不高，丧失信息传播权威的地位，使政府在网络舆论危机应对中常常处于旋涡的边缘，没有能力引导舆论走向。

政府网站要树立自己的权威地位，首先要完善政府信息公开机制，丰富信息公开形式。将传统媒体与网络平台结合，建立多层次、全方位的信息公开渠道；加大信息公开力度，进一步推进涉及公众的政府信息的全面公开。信息公开面要广，程度要深，信息更新要及时，群众意见和建议要及时处理和反馈。只有日常工作做好了，才能获得公众的广泛认可，危急时刻提供的信息才能得到公众的信任。

危机发生后政府应在自己的门户网站上迅速采取行动，公开事实真相，解释事件的具体情况，及时更新事件的发展情况。由于公众对危机事件的关注度很高，他们迫切希望获得相关的所有最新消息，因此，政府网站要随时更新反映突发事件进展的信息，确保公众每次登录政府网站都能获得最新消息。还可在网站中合理设置议程，将有关事件的相关信息发布在网站首页的突出位置，充分利用网络新闻、电子公告、网络论坛等形式及时准确地发布有关危机的最新、最真实的消息。让公众感觉到政府正在采取恰当的行动，力争尽可能地修复危机所造成的不良影响，提高公众对政府的信任度，为政府解决危机营造良好的舆论环境。

3. 借助微博开展沟通

微博在中国兴起于 2009 年,但自从出现后,就势如破竹,席卷全国。2021 年 3 月 18 日微博对外发布的 2020 年第四季度及全年财报显示,在运营数据方面,截至 2020 年 12 月 31 日,微博的月活跃用户数为 5.21 亿,同比增长约 500 万,月活跃用户数中约 94% 为移动端用户;平均日活跃用户数为 2.25 亿,同比净增加约 300 万用户。微博之所以获得公众如此的认可,除了极低的门槛之外,还与它体现的传播内涵有关。它改变了传统的信息传播模式。之前主流媒体的传播方式是自上而下的威严传播,即便是后来的互联网也仍然是网站主导信息传播,信息传播方式是单向的,信息的传播源头是少数的,人们获取信息的内容也是被动的。而微博出现之后,信息传播方向是信息通过人与人之间的"关注""被关注"网络,将自己和自己所关注的人所发布的信息,通过"转发",一层层地对外传播开来。这种裂变式的传播效应,一旦成功发起就会四下蔓延,快速复制,并在极短的时间内获得极大的传播效果。微博的低门槛使得用户前所未有的广泛,一百多字即可成文,手机即可发布,使任何人、任何时候、任何地点都可以发布信息,每个人都是信息发布的源头。微博成为新的信息来源、舆论阵地、围观中心,甚至是公民维权的武器。

信息公开的目的就是要实现公开的最大化,而微博用户广泛及传播迅捷的特点正可以实现这一目的,所以政府应该充分重视微博平台,使之打造为大众与官方沟通的渠道。微博的传播速度很快、范围很广,短时间内即可聚合信息,形成舆论风暴。政府一方面可以通过微博掌握舆论风向,制定危机管理对策;另一方面可以利用微博的"短、平、快"天然优势,实时跟踪报道事件发生的过程,及时准确地公开信息,发布权威消息,进行舆论引导。

4. 主流网站回复信息

危机发生后争取权威的第三方为你说话,是危机公关能否成功的一个重要因素。第三方声音规模越大,声势越大,其影响也越大;第三方可信度越高,其说服效果越显著。公众在危机中追求的是真实、公正,与危机没有直接关系的"第三方"说的话更容易让人觉得真实、公正。从危机公关的角度,不同的组织应借助不同的第三方力量,如媒体、网民、专家学者、政府政要、学者、专栏作家等。目前,很多国家第三方都由媒体担任。

在我国,传统传媒作为政府宣传的"喉舌"一直没有完全独立于政府部门,所以在政府网络危机发生初期,在公众对政府部门一片质疑的情况下,不适合作为与事件没有直接联系的"第三方"。而新媒体中浏览量大、信誉好、有影响力的主流网站,由于与地方政府联系少,并且具有传统媒体不能企及的即时性、全球性、活动性,可以作为很好的第三方力量。所以地方政府要学会与主流网站合作,积极探索同网络媒体的合作模式,共同设置危机新闻的内容,引导公众对危机的看法。

首先,应当充分发挥网络多媒体的特性积极为网站提供图片、文字、视频等各种信息,借助网络媒体专题设置和链接详细介绍有关危机的知识,将整个危机发生的背景、地点、相关人物、过程、动态等情况,在网站上立体地全方位公开。

其次,可以邀请事件当事人、专家、学者、网络意见领袖、政府公务人员多角度解读事件,将事件可能产生的影响以及各方对危机的反思进行全景式展示,着重对政府措施予以详解,借助深度报道的形式来表露政府处理危机的举措。通过"第三方"传达政府部门解决问题的真诚态度,引导公众对危机的看法,最终实现转"危"为"机"。

（三）做好政府网络危机管理的基础工作

1. 加强网络公关队伍建设

加强网络公关队伍建设要着重建设好两支网络公关队伍:一是组建一支网评员队伍,把对负面舆情的引导作为政府日常工作的一部分。网评员通过在网上发表评论文章、博客、新闻跟帖等,用正确的思想教育公众,权威的信息满足公众,生动的形式吸引公众,为网民阐释社会热点,理性分析新闻事件,澄清事实,舒缓情绪,批驳谣言,牢牢掌握网络舆论的主导权。二是创建一支舆论引导员队伍,通过论坛问答、系统公告及主动导帖、积极跟帖、审核帖子的方式,达到对网上过激言论、消极思想进行引导的目的,强化舆论引导,发挥网络宣传工作的应有功效。

2. 正确对待"意见领袖"

据统计,网络上 80％的声音一般由 20％的网民发出,这 20％的网民就是网络社会的"意见领袖"。在"大众传播—意见领袖—追随者"的传播过程中,"二级传播"往往比直接的大众传播更有说服力[①]。因为意见领袖的传播更有针对性、更灵活,更容易被受众接受和相信。"意见领袖"往往具有较高的理论素养、广阔的视野和较强烈的社会关怀,能够左右网民的判断并最终引导网络舆论的走向。因此,政府应尽量找到一些恰当的方式与这些"意见领袖"沟通,减少破坏性意见,增加建设性意见,或者聘请一些新闻评论家、行业权威的"意见领袖",更好地引导网络舆论。

3. 提高网络危机意识

随着我国网络舆论监督向纵深发展,越来越多的民众认识到网络在帮助他们"解决问题"时的可行性和重要性,因此,网络危机频发,深刻考验着基层干部的危机处理能力。

学会正确处置网络舆情危机,已经成为当前地方党政干部面临的避不开、躲不过的现实课题。[②] 基层政府公务人员不仅要提高预防网络危机的认识,强化其危机意识,也要提高其处理网络危机的能力。

首先,要培养基层干部尊重网络民意的意识。网络危机归根结底是网络民意的极端体现,只有将网络舆论看成了解民意的通道,才能更好地发挥引导效应。

其次,要深刻挖掘网络危机的发生、发展规律,洞察网民的心理特征,才能有针对性地进行网络危机的处理。

最后,要提高处理网络危机的技巧,善于利用网络管制,借助各种手段,通过有效的信

息沟通,化解网络危机。基层政府公务人员可以通过专门的网络危机培训,来提高认识及培养危机意识。

4. 建立良好的网络媒体关系

要掌握网络舆论主导权,首先政府要转变思维,积极建立与网络媒体的良好关系。通过举办各种交流会,推动政府与网络媒体合作,高度重视和积极推动网络媒体发展;提高政府和公共机构的透明度和公信力,促进社会各界的相互理解和交流;鼓励和支持网络媒体在搞好舆论监督和保障人民知情权、参与权、表达权、监督权等方面发挥重要作用。

5. 建立网络危机管理机构

可由地方政府设立一个专门的网络危机管理机构。机构职能至少要包括:安全预警,危机状态跟踪,危机应急处理,危机影响评估。安全预警是通过对网络信息进行采集,收集有关社会危机发生的信息,对可能引起危机的各种因素和危机的表达进行严密的监测,及时掌握危机变化的第一手材料,对未来可能发生的危机类型及其危害程度做出估计,并在必要时发出危机警报。危机状态跟踪,是在危机发生后,给政府提供需要全面的事态的现状及发展态势,帮助政府制订出具有针对性的危机解决方案,第一时间将危机处理好。危机应急处理承担着危机管理过程中的决策任务,要遵循危机处理原则及操作流程,还要考虑人员应急设备调度,危机状态的信息发布,民众危机反映意见的收集等工作。

6. 建立网络危机管理制度与流程

对政府而言,设立了组织结构后,还要用制度保证政府在危机处理过程中能有制可依,用流程规范危机处理时政府的行为。

政府网络危机管理,特别需要制定一整套全面、系统、可操作的危机管理制度和处理机制,以备不时之需。建立制度与流程应符合危机处理原则,应遵循科学性和有效性的特点。危机处理制度要能够知道决策者在考虑危机处理决策方案时,应符合国家和个人的哪些方面的利益,从而更明确地引导决策者去实施什么,避免什么。危机处理流程是危机发生时,政府各部门应充分遵守的具体活动实施细则。处理流程和制度必须根据相关领域的一系列科学方法和手段来进行,比如,充分运用运筹学、管理科学、行为科学、经济学等学科现有的发展水平来使具体活动的效果达到最优,或在活动选择上达到最优。

7. 加强网民培育工作,提升网民素质

政府应加强对网民的培育工作,通过教育、培训、宣传等多种途径来提升网民素质,引导网民理性思考和探讨问题。首先,不断完善网络伦理规范体系,利用学校、社会团体、各种媒体,对其进行思想政治教育和技能培训,增强其质疑和批判能力。还要加大法制宣传力度,使网民自觉遵守上网的法律法规。其次,网民自身也应该提高自我教育意识,努力学习网络知识和网络法律法规,从而不断提升自己的道德素质和媒介素养。

案例研究：武汉新冠肺炎疫情的危机应对

2019年12月，武汉市陆续出现多例不明原因肺炎患者。12月31日，国家卫健委专家组抵达武汉，对疫情进行研判。2020年1月7日，专家组初步判定本次不明原因肺炎的病原体为新型冠状病毒。1月12日，WHO（世界卫生组织）将此次新型冠状病毒命名为"2019新型冠状病毒"（2019-nCoV）。1月11日，武汉卫健委曾称未发现人传人证据。1月14日，国家卫健委称病毒在人与人之间的传播能力还需进行严格的监控。1月20日，国家卫健委发布2020年1号公告，将新型冠状病毒感染的肺炎纳入《中华人民共和国传染病防治法》规定的乙类传染病，并采取甲类传染病的预防、控制措施。截至1月20日24时，中国新冠肺炎累计确诊病例291例（湖北270例，北京5例，广东14例，上海2例），14省（市、区）累计报告疑似病例54例。1月23日，武汉市启动"封城"战术。截至1月25日，全国有30个省（市、区）启动了公共卫生突发事件一级响应，我国进入全国警戒状态。2月19日，中国31个省（市、区）的新增确诊病例下降到1000例以内，我国的疫情防控工作初见成效，疫情局势初步好转。3月6日，我国新增确诊病例首次跌破100例，我国的疫情防控形势基本好转。4月8日，离汉离鄂通道解除管控，标志着我国的疫情防控取得阶段性胜利。

新冠肺炎疫情暴发后，我国政府采取了高度重视的态度，迅速做出了防控部署工作，企业、媒体以及民众等主体均积极响应政府的号召，全力参与疫情的救援工作，取得了新冠肺炎疫情防控的胜利。

1. 政府层面参与新冠肺炎疫情联合防控

新冠肺炎疫情暴发以来，各级政府在认识到疫情严峻性的基础上，纷纷制定并实施了严格的防控措施。这里按时间序列对各级政府在新冠肺炎疫情防控中的举措进行了汇总，如表8-1所示。

表8-1　各级政府在2019年新冠肺炎防控中的举措

时　　间	部　　门	防　　控
2019年12月中下旬	武汉市卫健委	病例搜索和回顾性调查
2019年12月29日	武汉市卫健委	将病例上报到中国疾病预防控制中心
2019年12月30日	武汉市卫健委	发布《关于做好不明原因肺炎救治工作的通知》，要求各医疗机构做好不明原因肺炎的收治、治疗和上报工作
2019年12月31日	武汉市卫健委	首次公布不明原因肺炎病例的确诊情况
2019年12月31日	国家卫健委	国家卫健委专家组抵达武汉，对武汉市的肺炎防控工作进行相应的指导
2020年1月1日	国家卫健委	疫情应对处理领导小组成立，负责防控策略的部署工作

续表

时　　间	部　　门	防　　控
2020 年 1 月 6 日	中国疾控中心	中国疾控中心内部启动二级应急机制
2020 年 1 月 7 日	中共中央	习近平总书记主持召开中央政治局常委会会议，对疫情的防控工作提出明确要求
2020 年 1 月 8 日	国家卫健委	国家卫健委第二批专家组抵达武汉
2020 年 1 月 11 日	国家卫健委	国家卫健委在官网上表明，将与 WHO 分享检测到的新型冠状病毒基因组全序列
2020 年 1 月 17—18 日	国家卫健委	派出 7 个督导小组，加强对广东、河北等 8 个省份的监察督导工作
2020 年 1 月 18 日	国家卫健委	派出包括钟南山、李兰娟在内的 6 名专家前往武汉进行疫情考察工作
2020 年 1 月 20 日	中共中央	习近平总书记做出"坚决遏制疫情蔓延势头"的重要指示
2020 年 1 月 20 日	国家卫健委高级专家组	证实"人传人"现象，呼吁人们做好自我防护工作
2020 年 1 月 20 日	武汉市新冠肺炎疫情防控指挥部	武汉市新冠肺炎疫情防控指挥部成立，以实现对武汉市整体疫情防控的统一指挥
2020 年 1 月 22 日	中共中央	习近平总书记在中央政治局常委会会议上指出，要加强对湖北省人员外流的管控工作
2020 年 1 月 22 日	湖北省新冠肺炎疫情防控指挥部	湖北省新冠肺炎疫情防控指挥部成立，负责组织、协调、指挥湖北全省的疫情防控工作
2020 年 1 月 22 日	湖北省政府	湖北省启动公共卫生突发事件二级应急响应
2020 年 1 月 23 日	武汉市政府	武汉市实行"封城"战术以减少人员的流动
2020 年 1 月 23 日	各地地方政府	浙江、广东、湖南三省启动公共卫生突发事件一级应急响应
2020 年 1 月 24 日（除夕）	中央军委	组建新冠肺炎疫情医疗队，并于当日夜晚抵达武汉
2020 年 1 月 24 日	湖北省新冠肺炎疫情防控指挥部	发布第 1 号通告，其中指出启动湖北省突发公共卫生事件一级响应
2020 年 1 月 24 日	各地地方政府	安徽、天津、北京、上海、重庆、四川、江西、云南、贵州、山东、福建、广西、河北 13 个省、自治区、直辖市启动公共卫生突发事件一级响应
2020 年 1 月 25 日（正月初一）	中共中央	成立由李克强总理担任组长的应对疫情工作领导小组，全面指挥和领导抗击疫情的防控工作
2020 年 1 月 25 日	各地地方政府	江苏、海南、新疆、河南、黑龙江、甘肃、辽宁、山西、陕西、内蒙古、吉林、宁夏、青海 13 个省、自治区启动公共卫生突发事件一级响应
2020 年 1 月 27 日	西藏自治区政府	西藏自治区启动公共卫生突发事件二级应急响应

续表

时　　间	部　　门	防　　控
2020 年 2 月 5 日	中共中央	中央全面依法治国委员会第三次会议召开，会议通过了《中央全面依法治国委员会关于依法防控新型冠状病毒感染肺炎疫情，切实保障人民群众生命健康安全的意见》
2020 年 2 月 10 日	中央赴湖北省指导组	对武汉市副市长等三人进行约谈
2020 年 2 月 13 日	中共中央	任命应勇同志为湖北省委委员、常委、书记
2020 年 2 月 24 日	湖北省新冠肺炎疫情防控指挥部	湖北省新冠肺炎疫情防控指挥部召开会议，决定在指挥部下成立综合专家组

（1）中央政府层面。首先，在得知疫情信息后，习近平总书记亲自研究部署抗疫，其他中央领导人亲赴现场督战，同时紧急组织专家组赴武汉调研，及时对疫情定性，以最快的速度找到了引发疫情的病原体并向世界公开其全基因组序列，又向联合国和其他国家发布预警及求助；其次，我国政府高度重视信息公开，及时通过电视台、广播、网络等媒体公布疫情进展及支援信息，保障各项数据、举措公开透明；再次，对武汉和湖北政府关键领导人换帅立令，重振抗疫决心并派驻专家组及全国各地的医疗援助队对武汉进行抗疫援助；最后，全国大部分省市均采取了"封锁"的防控措施，有效抑制了疫情的蔓延。

（2）湖北省、武汉市政府层面。疫情初期，武汉卫健委提出的"没有发现人传人的证据"的误判，降低了政府及社会各方对疫情预估的准确性，公众防范意识降低，大量医护人员被感染，在造成疫情蔓延的同时也产生了大量的负面影响。同时，武汉市政府及湖北省政府的危机意识及危机防控能力不足，疫情初期采取了"外松内紧"的处理方式，没有公开疫情信息，没有采取强力的控制措施，错过了防控疫情的最佳时期，致使疫情严重程度已超出属地政府的管控能力范围。在请示中央后，武汉市政府采取"封城"的疫情防控战术，但"封城"前未进行舆论引导和信息公开，造成民众恐慌，引起了武汉"封城"前的大逃离，导致疫情蔓延，增加了防控难度。之后，武汉湖北换帅，在新任领导的主抓下紧急建设方舱医院，并对本地人口进行全面地毯式排查，对出现新型冠状病毒性肺炎相关症状的人员进行紧急救治、隔离，将与其密切接触的人员进行隔离观察，并进行时时动态监测上报。同时，多种防控措施迅速落地：要求民众非必要不外出，外出佩戴口罩；实行社区网格化管理，设立关卡严查严检出入人员，防止疫情扩散。

（3）其他各级地方政府层面。迅速启动重大突发公共卫生事件的一级响应，协调本地的应急处置工作。各省在做好自身疫情防控工作的同时，还积极响应中央政府的决策部署，为湖北地区提供了对口支援。全国 19 个省市打破了地理边界，对口支援湖北省除武汉市之外的其他 16 个地市，弥补湖北地区医疗卫生资源的缺口，点对点地接收并救治湖北地区新型冠状病毒性肺炎患者，同时还实行实地支持、远程医疗等多种举措开展对口支援工作，集中各种优势资源支援湖北地区。

2. 企业层面参与新冠肺炎疫情联合防控

新冠肺炎疫情暴发后，我国企业表现出了极强的社会责任感，积极服从我国政府安排,主动配合政府的抗疫支援工作,利用自身的优势投入疫区的支援行动之中,通过捐钱、捐物、提供后勤保障、转产扩产医疗物资及运用高新技术的方式,为疫区提供物质支持、技术支持和精神支持,在疫情防控中发挥了重要作用。这里结合各企业的支援范例,对我国企业在抗疫支援中的常见举措进行了描述,如表 8-2 所示。

表 8-2　企业在抗疫支援中的常见举措及范例

抗疫支援举措	范　　例
捐钱、捐物	截至 2020 年 2 月 18 日,某房地产集团已向武汉市捐赠了 2 亿元现金和 5000 吨蔬菜; 截至 2 月 18 日,蒙牛集团分 6 次累计捐赠价值 7.4 亿元的款物
强化基础保障	电信企业为湖北地区建设 257 个基站,并投入 14437 辆应急车辆,以保障湖北地区的用网问题
转产扩产医疗物资	上汽通用五菱对自身的生产线进行改造,成为我国第一家既生产口罩也生产口罩机的企业; 国药集团率先研发出用于监测 2019 新型冠状病毒的核酸分子检测试剂盒; 新兴际华集团每天可生产 4.5 万套医用防护服
运用高新技术	腾讯先后研发了十多种应对疫情的产品,其中最受推崇的为疫情在线问诊功能和打击谣言功能; 电子通信企业为居家办公、居家学习的用户提供云会议、云课堂系统; 互联网企业研发新型冠状病毒性肺炎患者同行程查询工具

(资料来源:《中央企业支援保障新冠肺炎疫情防控情况新闻发布会》[1]以及《扛起防控责任工作落实落细》[2]的相关报道。)

然而,部分企业见利忘义,发疫情财,还有部分传统落后企业受疫情的冲击而宣告破产,导致失业人口增多及经济衰退,给政府防疫增加了难度。

3. 媒体层面参与新冠肺炎疫情联合防控

新冠肺炎疫情暴发后,媒体架起了政府与民众沟通交流的桥梁,传达政府的各项指令,表达公共意见,起到了"上情下达、下情上传"双向传递的作用,促进了政府与民众之间信任关系的建成。例如,由《人民日报》重点打造的移动新媒体聚合平台人民号、短视频 APP "人民日报＋",央视全力推出的视频类 APP"央视频""CCTV 微视"等融媒体平台,通过大力传播疫情期间的防护科普知识,有效传达政府的防控指令;而快手、抖音这两大平台,则是通过展现各地"硬核"广播、标语,人们宅在家中苦中作乐或自制美食的日常场景,一线医务人员工作状态、武汉方舱医院内的生活等,反映底层民众在疫情期间的生活状态和精神面貌,起到了"下情上传"的作用。这里对媒体在抗疫支援中的主要举措及其作用进行了整理,如表 8-3 所示。

---

① 任洪斌.中央企业支援保障新冠肺炎疫情防控情况新闻发布会(文字实录)[EB/OL]. http://www.sasac.gov.cn/n4470048/n13461446/n13651656/n13651666/c13832257/content.html,2020-02-18.

② 人民日报.扛起防控责任　工作落实落细[EB/OL].https://cnews.chinadaily.com.cn/a/202002/18/WS5e4b32d5a3107bb6b57a0533.html,2020-02-18.

表 8-3　媒体在抗疫支援中的主要举措及其作用

抗疫支援举措	作　用
播报新型冠状病毒性肺炎的初期症状	便于广大民众进行自我检查，发现症状后主动投医，从而及时发现肺炎患者，做到早发现、早报告、早隔离、早治疗
普及 2019 新型冠状病毒的防范措施	提高广大民众的自我保护能力，督促民众做好自身防护，减少病毒传播的可能
深入宣传中央政府的重大决策部署	便于民众了解政府的防疫举措，减少民众恐慌
及时报道各地联防联控取得的成效	增加疫情报道的暖色调，引导广大民众树立起战胜疫情的信心
实时更新新型冠状病毒性肺炎的确诊情况	做到数据公开透明，避免引起民众恐慌
公开新确诊人员的行程踪迹	便于寻找因与其接触而感染的人员，避免疫情产生更大的扩散
进行正确的舆论宣传	引导公众舆论走向理性，提高社会凝聚力
主动回应国际的关切，共享疫情信息及防控策略	努力讲好中国抗击疫情的故事，争取获得国际社会的理解和支持

但在疫情发生的早期，媒体关注的焦点并没有放在查明肺炎原因上，对肺炎疫情的关注和报道不够，没有起到对有关部门的督导作用，也没能引发民众的广泛重视，降低了民众对疫情的预估程度，没有履行好媒体的职责。

4. 民众层面参与新冠肺炎疫情联合防控

我国民众响应政府号召，减少了外出，取消了春节聚会、聚餐及走亲访友等活动，采取全面居家隔离的方式抗疫，同时，广大民众还自发通过红十字会和其他慈善组织向湖北地区捐钱捐物，甚至还直接购买口罩、防护服等医疗物资邮寄到武汉各大医院。此外，还有民众通过送奶茶、咖啡、面包等食物给抗疫一线的医护人员。但部分民众由于信息匮乏、防疫意识薄弱，没能做好有效的防护措施，为病毒的传播提供了可能；部分武汉市民在"封城"之前"逃离"武汉，人口的流窜加快了病毒的传播，也加大了疫情防控的工作量；极少数民众在出现新冠肺炎症状后采取瞒报来逃避隔离和治疗，增加了防疫难度。

在风险社会的大背景下，人类面临的风险和危机越来越多。回溯新冠肺炎疫情事件的始末，我国在新冠肺炎疫情的联合防控中取得了较为显著的阶段性成效，为世界抗击疫情贡献了中国智慧和中国方案。抗击新冠肺炎疫情的战"疫"仍在继续，坚信在中国共产党的领导下，在中国强大的政治制度优势及治理能力的保障下，在各方力量踊跃参与下，中国终会战胜疫情，并帮助世界其他国家一起交上优异的抗疫答卷，为构建人类命运共同体做出努力。

（资料来源：冯朝睿，尹俊越.风险社会公共安全危机社会共治体系构建——以新冠肺炎疫情防控为例［J］.云梦学刊，2020（7）：115-124.）

　　思考与讨论：

　　1. 请从政府危机管理的角度分析我国政府为什么能取得武汉新冠疫情防控的胜利。

　　2. 本案例对你有哪些启示？

实训项目：举行政府公共关系危机处理研讨会

1. 实训目的

掌握政府公关危机处理的基本工作方法，能够成功地开展政府危机管理工作。

2. 实训时间

2课时。

3. 实训地点

实训室。

4. 实训背景

（1）上海仁济医院赵晓菁事件。

2019年4月24日下午，上海仁济医院医生赵晓菁被警察铐走的短视频在微信朋友圈中传播。碎片化的视频信息及医生和警察的冲突场面迅速引发舆论的关注。4月25日，微信自媒体发布相关文章，大多将矛头指向警方的暴力执法，事件不断扩散。4月26日，"仁济医院赵晓菁事件""上海警察暴力执法"等话题相继登上微博热搜榜，事件舆论大多指责警察暴力执法，主要声音大多为支持医生。

在事件不断发酵、舆论不断升温的情况下，4月26日17时，上海浦东公安分局官方微博@警民直通车—浦东发布情况说明，但因其否认患者插队和未显示患者伤情原因，导致舆论认为官方通报内容避重就轻，引发网民的不满。后拥有众多粉丝的网红人物纷纷发声，其中，以明星胡歌的表态为节点再度引发舆论高潮，纷纷呼吁警察出示完整视频，还原事情真相，当晚微博话题"仁济医院赵晓菁事件"的阅读量破亿。

4月27日，中国医师协会官方微博发表"上海仁济医院4·24冲突事件"相关声明，一方面承认医院本身没有做好相关保卫工作，另一方面呼吁警察对医务人员慎用械具，指出应该同时兼顾"尊医重卫"和尊重警察的执法权。同一时间，澎湃新闻微博发布文章《对话"仁济医院纠纷"医生和警察，多点相互理解风波本可避免》，文中采访了涉事的赵晓菁医生和派出所所长，双方均对自己在事件中的不当行为予以反思，至此医警和解，民众舆论渐渐归于理性，舆情降温。

（资料来源：杨苑婷.新媒体时代政府网络舆情危机应对之道——以"上海仁济医院赵晓菁事件"为例[J].新媒体研究,2019(12)：86-87.）

（2）上海外滩踩踏事件。

2014年12月31日23时35分左右，正值倒数计时跨年时分，和往年一样，大量市民和游客聚集在上海外滩等待新年来临。外滩陈毅广场东南角通往黄浦江观景平台的人行通道阶梯处底部，大量向观景台上方行走和从观景台下行的人流拥挤在此，突然有人跌倒，继而引发多人摔倒、叠压，使得拥挤踩踏事件发生，该事件造成36人死亡，49人受伤。

事件发生后,虽然政府部门开展了救援并采取了危机应对措施,但网络上迅速出现了各种猜测情况和原因的信息,不明真相的民众在网上发表和转发各种不实消息,一时间各种流言蜚语迅速扩散。

2015 年 1 月 21 日,上海市公布 12·31 外滩拥挤踩踏事件调查报告,认定这是一起对群众性活动预防准备不足、现场管理不力、应对处置不当而引发的拥挤踩踏并造成重大伤亡和严重后果的公共安全责任事件。

（资料来源:周枫.新媒体时代政府公共危机管理研究——基于 4R 理论视角对于上海外滩踩踏事件的分析[J].管理观察,2017(24): 45-49.）

5. 实训步骤

（1）将学生分成若干个小组,分组讨论,针对"案例背景"中的危机事件任选其一,制订出具体的方案。

（2）每组选出一名代表进行总结性发言,发言分两部分:一部分为小组危机处理方案的陈述,另一部分为答辩,针对方案,其他同学可以自由提问。

（3）教师总结、点评。

6. 实训手记

通过训练,我的收获是:＿＿＿＿＿＿＿＿＿＿＿＿＿＿＿＿＿＿＿＿＿＿＿＿＿＿＿＿。

课后练习题

1. 举例说明什么是政府危机。
2. 政府危机的特点和类型有哪些?
3. 如何构建政府危机管理机制?
4. 政府危机处理的程序和策略有哪些?
5. 如何进行网络危机管理?
6. 案例评析。

嘉陵江铊污染事件

2017 年 5 月 5 日 18 时,广元市环境保护局监测中心,监测到嘉陵江由陕入川断面水质异常,发现为本地居民提供饮用水的西湾水厂水源地铊元素超标 4.6 倍。根据我国有关标准,国家地表水源地铊元素的标准值为 0.0001mg/L。严重的铊超标,给居民生活用水安全带来威胁,造成了广元市区大面积停水,引起了市民的恐慌。[①] 经过川陕两省的联合排查,最终确定污染源来自陕西省汉中市宁强县燕子砭镇汉中锌业铜矿有限责任公司的铊废水排放。

水污染发生后,广元市环保局随即上报省环保厅和市政府,根据省环保厅的指示,广

---

① 关于嘉陵江水质铊超标应急处置情况通报[R].广元市环境保护局,2017-05-06.

元市政府立即启动二级应急响应,成立应急指挥部,为保证水质,采用净水处理和进一步加密监测,停止西湾水厂产水工作。为保障居民用水,市政府启动城市应急供水,日产量3万~4万吨,同时,水污染发生第二天,市政府下达命令,为老城片区、广元市南河、雪峰等缺水地区进行车辆运水,缓解用水荒。在市环保局和相关部门的大力配合与积极处置下,截至5月6日6时,西湾水厂水源地水质铊浓度降至2.2倍;10时,降至1.1倍;21时,水质稳定,符合供水条件。经市委、市政府同意,7日8时前恢复市城区供水。

嘉陵江铊污染事件是对广元市政府应对公共危机处理能力的重大考验。虽然水污染给城区居民用水安全造成严重威胁,但从此次事件市政府及相关部门所采取、启动的应急措施上可以看出,广元市地方政府在应对公共危机方面已经取得了较大进步,运用较快的速度解决居民缺水问题,同时在短时间内稳定水质并恢复城区供水,赢得了市民的赞扬与信任,所取得的成效如下。

1. 积极应对,区域联动

嘉陵江铊污染事件发生后,广元市政府按上级指示立即启动应急预案,下令停止西湾水厂继续供水,启动城市应急供水,通过将元坝水厂管网接入城区主管网、启用城区12口机井和城北水厂处理地下水等措施,保障受影响区居民的用水需求及用水安全。同时,启动应急监测程序,与陕西省有关地方部门及环保部门达成协议,建立信息互通机制。为及时找到污染源,两省公安、环保部门建立联合执法机制,组织联合排查嘉陵江两省交界上下游10千米,并对辖区内涉污企业进行污染源排查处置。

2. 领导亲赴,高度重视

嘉陵江铊污染事件发生后,广元市委、市政府高度重视,市长邹自景于当晚23时11分召开应急处置会议,研讨应对策略,并会同相关部门,根据《广元市环境监测应急预案》,及时制定出了《嘉陵江铊污染事件四川省广元段应急监测方案》。次日凌晨,四川省环保厅分管领导姚东生率应急工作组抵达事件现场,指导和协助广元市应急处置工作,并根据环境专家的分析、建议进行科学研判。5月8日11时,省环保厅领导姚东生同志在市环境监测中心相关人员的陪同下,慰问正在进行铊污染应急监测的工作人员,并详细查看样品分析数据,给予一线监测工作人员一致的鼓励与认可,极大地鼓舞了“士气”。

3. 信息公开化程度增强

5月6日,广元市环境保护局官网首页,发布了首条关于嘉陵江(广元段)铊污染事件的相关消息,名为“关于嘉陵江水质铊超标应急处置情况通报”,正式将此次水污染事件公布于众,提醒广大群众警惕注意并节约用水。5月6—11日五天时间,广元市环境保护局官网陆续发布67条关于嘉陵江铊污染事件的相关消息,其中62条是嘉陵江水质污染应急监测快报,不定时地向社会公布监测结果以及铊浓度变化图,及时的信息报送,使受影响群众能第一时间了解到水污染的变化情况和处理进程,缓解受影响群众焦躁情绪,同时,也能更好地加强舆情引导。

4. 事中事后监控进一步加强

铊污染事件发生后,在省环保厅的指示下,广元市环境保护局立即按程序启动应急监测预案,在嘉陵江广元段科学设置监测点进行加密监测:一是对广元市朝天区域内汇入嘉陵江的 8 条支流的铊指标进行排查监测;二是在嘉陵江入川和出境界面全面布点,及时、准确地监控污染源在广元境内的运行情况;三是每小时对重点点位进行一次加密监测;四是为确保数据采集的连续性,请求外援,调集相邻两个市(绵阳、巴中)的监测力量;五是为提供过硬的技术支撑与准确的监测数据,与汉中市监测中心开展联合监测。截至 8 日,监测数据达到 330 个。

(资料来源:王一惠.浅谈地方政府公共危机处理中存在问题及对策——以嘉陵江铊污染事件为例[J].新西部,2018(6):24-25.)

案例思考:

(1) 广元市地方政府公共危机处理有何不足之处?

(2) 针对提高政府危机处理能力,你还有哪些建议?

陕西奥凯电缆事件

2017 年 3 月 13 日,一名自称是陕西奥凯电缆有限公司员工的网民,在天涯社区发表了一篇题为《西安地铁你们还敢坐吗》的帖子。帖文中称:西安市地铁三号线整条线路的电缆均是由陕西奥凯电缆有限公司提供的。该厂生产的电缆全部为偷工减料产品,地铁施工方需要 95 平方米的电缆,奥凯公司将 70 平方米的电缆用 95 平方米型号包装后提供给施工方。电缆的线径偏小,会造成电缆电线的发热过大,严重的时候还可能引发火灾,危及成千上万乘客的生命,恳请各位领导彻查此事。奥凯事件的发生引起了社会舆论的一片哗然。

事件历经两年后,西安市中级人民法院于 2019 年 3 月 29 日宣判了对陕西奥凯电缆有限公司及王志伟等 8 名被告的判决。被告单位陕西奥凯电缆有限公司被罚人民币3050 万元;被告人王志伟被判无期徒刑、剥夺政治权利终身,并处罚金人民币 2150 万元;其余 7 名被告人分别判处有期徒刑七年至十二年不等的刑期,并处罚金。宣判当天,西安中级人民法院通过其官方微博对庭审过程进行全程直播。

西安市政府和奥凯公司在"电缆事件"危机发生以后,面对媒体的立场、态度及不同的应对策略,最终产生了完全不同的结果。

1. 危机事件发酵期

危机事件的发酵期常常是指引发危机事件的初端,通常是由难以控制的、突然爆发的、具有一定破坏性的事件而引起,例如,恐怖事件、社会冲突、天灾人祸、大量谣言等。"奥凯电缆"危机事件的发酵期,是由天涯网上一则匿名帖文引起的。

2017 年 3 月 13 日《西安地铁你们还敢坐吗》的帖文在天涯社区曝光,其主要涉及的内容有两点:一是陕西奥凯电缆有限公司生产的电缆全部为偷工减料产品,各项生产指标都不符合地铁施工标准。在三号线施工电缆安装期间,西安市质量技术监督局多次对三号线电缆进行抽检,抽检结果均为不合格产品。二是奥凯电缆有限公司的老板利用人际关系向相关政府人员行贿,将抽检结果修改为合格产品,并且奥凯电缆有限公司还将继续为地铁三号线整条线路供应电缆。

2006年西安市政府成立西安市地铁建设指挥部,市长亲自担任总指挥。8月,西安地铁前期准备工作领导小组办公室更名为西安市地铁建设指挥办公室,合署办公,负责西安地铁资金筹措、工程建设、运营维护及资源开发。突然曝光的检举西安市地铁三号线重大安全隐患帖文,无疑对西安市政府形象和公信力产生了一定的冲击。从事件曝光到2017年3月20日电缆质量检测结果的公布,这一阶段是电缆危机事件的发酵期。

危机事件的发酵期,仅仅只是消息的扩散阶段,并未引起受众对危机事件的广泛关注。这一阶段是危机处理的最佳时期,策略运用得当就能够赢得主动,就能够积极地影响和引导舆论。西安市政府和陕西奥凯公司分别采取了不同的做法。

西安市政府的媒介应对举措:2017年3月16日23点50分,西安市政府通过官微"@西安发布"就危机事件做出首次回应,称将针对有关电缆随机抽样,不论涉及谁,一律依法依规严惩不贷。2017年3月17日上午11点45分,西安市政府新闻办召开有关新闻发布会,西安市常务副市长就相关事件又做出了相关的回应,主要内容有三点:一是告知民众在事件发生后,西安市政府已经采取了相关措施对地铁的运营安全进行巡查、检查、让广大市民放心乘坐西安地铁;二是向公众说明市政府已经成立了联合调查组,调取地铁三号线电缆采购合同等资料,对帖文所反映的情况进行调查,并且将曝光帖文中所反映的电缆抽样送检;三是表明政府态度,向广大市民保证此次事件无论涉及谁,一律依法依规严惩不贷。

西安市政府在事件发酵期,敏锐地觉察到这一帖文在网络媒介酝酿的风险危机,政府组织及时回应并运用新闻发布会的形式,显示了政府对此事件的高度关切,表明了市政府对违法事件将严惩不贷的立场。

西安市政府采用了减少敌意、消除对立、强化支持、淡化危机的媒介策略,这一策略产生了良好的效果。以前政府在危机事件发酵期,常常因为惧怕受众获得负面消息而采取"外松内紧"的封锁政策,这种策略往往导致流言四起。这次事件中西安市政府一改惯常做法,通过发布微博,召开新闻发布会,在第一时间向公众告知此事,并且及时公布调查进程与结果,这种坦诚相见的态度,降低了受众对政府的负面抵触情绪,为政府通过媒介和广大受众沟通建立了良好的基础。

陕西奥凯电缆有限公司媒介应对举措:2017年3月15日18点02分,奥凯公司针对危机事件发表声明称,帖文中所谓的"一家不符合国家标准的小作坊""电缆全部为偷工减料""违法进行招投标"等表述均无任何事实依据,属于恶意抹黑,已经向公安机关报案,要依法维权并追究相关人员的法律责任。3月16日,奥凯公司在其官网上再次发布辟谣声明,称其公司电缆完全符合相关标准,在参与西安地铁建设的招投标中,程序、实体均不存在违法情况。在西安地铁三号线施工期间提供的整条线路的电缆已经经过质量认证,质监局多次抽检的结果均为合格产品,并贴出上海电缆研究所国家电线电缆质量监督检验中心给出的编号CT16—4470的检验合格报告。

奥凯公司对曝光帖文的首次回应,采取了直接否认的媒介应对策略,即"否认做过被指责的行为或否认危机的发生。"可是奥凯公司无法否认电缆产品不合格的事实，抽样送检的电缆产品一旦查出问题，奥凯公司将没有任何回旋的余地，其使用的否认策略将完全失效，加之西安市政府步步紧逼，真相将很快会水落石出。

2. 危机事件爆发期

危机事件的爆发期常常是指危机事件被事实或权威机构证明是真实存在的，并且被媒体大范围报道，使得信息迅速扩散，在社会上引起了受众极大的关注，产生舆论轰动。爆发期西安市政府与奥凯公司采取了不同的应对策略。

西安市政府的媒介举措：在 2017 年 3 月 20 日 21 点 30 分，西安市政府第二次召开新闻发布会，公布了抽样检测的样品为不合格产品。结果的公布迅速引起了广大网友对"电缆事件"的高度关注。由于检测结果的公布，信息在各种媒介上迅速扩散，受众对相关信息的搜索量极度增长，社会舆论逐渐形成。传统媒体与新媒体交相呼应，有关事件信息发布量急剧上升，特别是在 20 日检查结果公布之后，网友对该事件的关注迅速上升。

面对受众关注度爆发式的增长，西安市政府有关负责人代表西安市政府对此次电缆事件进行道歉，道歉中称："地铁安全是人命关天的大事，不能有丝毫差错。出现如此严重的问题，说明市政府工作没有做好，相关职能部门和单位没有尽职尽责。我们深感愧疚和自责，由此给广大市民出行造成极大的隐患和担忧，我代表市政府向全市人民道歉，并愿为此承担责任。"其次表示将对此次事件的发展进行及时公布，实事求是，坦诚相见，公开透明。

在事件爆发期，西安市政府并没有因为想要急于减少公众的负面情绪而弱化自己应承担的责任，将其转移到企业身上，反而坦然承认其管理存在一定问题。正是因为这种做法，使得公众减少了对政府的抵触情绪，弱化了对立与分裂，为以后与受众沟通和媒介形象的逐渐修复打下了基础。

西安市政府在公布了电缆检测结果为不合格之后，奥凯公司法人代表王志伟才出面道歉，承认以次充好。由于奥凯公司在危机事件发酵期采用了完全否认的策略，并且反击曝光者，声称要追究其法律责任，但实则欺骗了受众，所以，谎言之后的道歉并没有得到公众的谅解，反而被认为是一种丝毫没有诚意的表演，更加引起了公众的不满，完全失去了公众的信任。

3. 危机事件消退期

危机事件的消退期是指在危机事件爆发期之后，事态的发展逐渐趋于平缓，事件的发展趋势日渐明朗，危机事件中的矛盾与冲突在媒体上已经得到了充分呈现，社会关注度降低，事件不再成为媒介报道的热点。

据央视新闻、澎湃新闻、凤凰网等媒体报道：2017 年 3 月 23 日，陕西省工商局撤销了奥凯电缆著名商标，并且对在该商标认定中存在审核、把关不严的 3 名工作人员进行处分。3 月 24 日，陕西省咸阳市杨陵区法院裁定，查封陕西奥凯电缆有限公司部分财产以及王志伟儿子名下的房产。直至 3 月 28 日，因奥凯电缆事件已致 14 人接受检查。在曝光帖文中，与陕西奥凯电缆有限公司有关的成都地铁、昆明铁路纷纷自查，并与奥凯公司解除了一系列的合作关系。奥凯公司因为此次事件受到了严重的惩罚。

随着事件的发展,网民由起初对西安市政府的质疑到最后处理结果的公布时,改变了态度,总体上对西安市政府积极回应给予了正面评论。不但有微博大 V"老李随想"评论到:"说实话,这事,从出现网络举报开始,西安市政府就很快回应舆论,网上回应,网下新闻发布会,然后行动,送检。不捂盖子,这次敢于办事,值得肯定。"人民日报更是评论:"西安市政府的公开不遮掩、直面问题、迅速行动的态度给焦虑中的公众吃了一颗定心丸,也体现了解决问题及维护安全的诚意。"如今政府对待危机事件的做法已在逐步改变,对危机事件的把控能力在逐步提高,也为以后政府对此类事件的应对和形象的修复提供了很好的借鉴案例。

（资料来源：李佳敏.危机传播与政府媒介形象修复——基于陕西奥凯电缆事件的案例研究[J].今媒体,2020(1)：48-53.）

案例思考：请运用政府危机管理相关知识分析点评西安市政府对陕西奥凯电缆事件的处理。

参考文献

[1] 谭昆智,路月玲,李春凤.政府公共关系[M].北京：首都经济贸易大学出版社,2021.

[2] 高萍.融媒体与政府公共关系[M].西安：世界图书出版西安有限公司,2020.

[3] 姜波,于嵩昕.政府公共关系新论[M].南京：南京师范大学出版社,2019.

[4] 唐钧.政府公共关系[M].2版.北京：北京大学出版社,2016.

[5] 许开轶.政府公共关系学[M].南京：南京师范大学出版社,2016.

[6] 夏琼,周榕.大众媒介与政府公关[M].北京：人民出版社,2014.

[7] 张岩松,张国桐.政府公共关系[M].北京：清华大学出版社,2014.

[8] 齐小华,殷娟娟.政府公共关系案例精析[M].北京：中国人事出版社,2012.

[9] 张岩松,张国桐.公共关系实务[M].北京：清华大学出版社,2012.

[10] 费爱华,李程骅.政府媒体公关[M].南京：江苏人民出版社,2011.

[11] 冯丙奇,齐小华.政府公关操作[M].北京：清华大学出版社,2011.

[12] 廖为建.政府公共关系[M].北京：中国人民大学出版社,2010.

[13] 洪建设.政府公关[M].北京：北京大学出版社,2010.

[14] 曹劲松,庄伟伟.政府新闻发布[M].南京：江苏人民出版社,2009.

[15] 唐钧.政府公共关系[M].北京：北京大学出版社,2009.

[16] 林景新.网络危机管理[M].广州：暨南大学出版社,2009.

[17] 詹文都.政府公共关系[M].广州：华南理工大学出版社,2009.

[18] 唐钧.政府公共关系策略与实务[M].北京：中国传媒大学出版社,2008.

[19] 张岩松.增强政府开展公共关系的能力[N].大连日报,2008-08-08.

[20] 谢昕,王小增.基于公共行政理念的政府公共关系发展历程探析[J].湖北社会科学,2005(9)：
     14-16.

[21] 张岩松.构建社会主义和谐社会的政府公共关系[N].光明日报,2004-12-02.

[22] 张岩松.政府危机管理机制与对策初探[J].行政论坛,2004(3)：12-14.

[23] 张岩松.政府公共关系[M].青岛：青岛出版社,2002.

[24] 蒋春堂.政府形象探索[M].北京：中国国际广播出版社,2001.